中 国 高 教 研 究 名 家 论 丛

韩延明 张茂聪 主编

U0641296

# 高等教育发展战略与宏观政策

马陆亭 著

山东教育出版社

·济南·

**图书在版编目（CIP）数据**

高等教育发展战略与宏观政策 / 马陆亭著. -- 济南：
山东教育出版社，2025.2. --（中国高教研究名家论丛 /
韩延明，张茂聪主编）. -- ISBN 978-7-5701-3315-4

Ⅰ. G649.21

中国国家版本馆 CIP 数据核字第 20248HE668 号

ZHONGGUO GAOJIAO YANJIU MINGJIA LUN CONG

GAODENG JIAOYU FAZHAN ZHANLüE YU HONGGUAN ZHENGCE

中国高教研究名家论丛 　　　　　　　　韩延明　　张茂聪　主编

高等教育发展战略与宏观政策 　　　　　　　　　　马陆亭　著

主管单位：山东出版传媒股份有限公司

出版发行：山东教育出版社

　　　　　地址：济南市市中区二环南路 2066 号 4 区 1 号　　邮编：250003

　　　　　电话：（0531）82092660　　网址：www.sjs.com.cn

印　　刷：济南精致印务有限公司

版　　次：2025 年 2 月第 1 版

印　　次：2025 年 2 月第 1 次印刷

开　　本：787 mm×1092 mm　1/16

印　　张：30.75

字　　数：413 千

定　　价：146.00 元

（如印装质量有问题，请与印刷厂联系调换）印厂电话：0531-88783898

# 总序

习近平总书记在党的二十大报告中强调，要"加快建设教育强国、科技强国、人才强国"，"加快建设高质量教育体系"，"加快建设中国特色、世界一流的大学和优势学科"。这些重要论述，为新时代高等教育高质量发展提供了根本遵循。在推进中国式现代化建设的当下，党和国家对高等教育高质量发展的期盼比以往任何时候都更为迫切。新形势下要实现高等教育高质量发展，需要有清醒的判断和正确的选择；需要进一步拓宽视野，守正创新；需要积极应对新技术和新方法给高等教育发展带来的新挑战；需要研究探索新时代高等教育服务治国理政和国家重大发展战略的新路径与新方法。

山东师范大学与山东教育出版社联袂推出的这套《中国高教研究名家论丛》（以下简称《论丛》），着眼于国家重大需求，探讨了高等教育发展的内在规律，回应了社会各界对高等教育发展的重大关切，是按照理论研究的科学范式和实践探索的应用要求编撰而成的一套高水平的高等教育书系。

《论丛》不拘一格，尊重每位学者的兴趣和专长，初定学术专著20本，分2辑出版，共600余万字。《论丛》站在高等教育的学科前沿，紧紧围绕"高等教育发展与前瞻"的主旨，遵循理论研究与实践应用相结合、应然建构与实然建设相结合、国际借鉴与国内经验相结合、历史回眸与未来前瞻相结合的原则，采用多学科、多视域、多元化的研究方法，以专题探索与体系构建为根基，以传承、改革、发展为主线，以国内外高等教育理论研究和实践经验探索为主题，从高等教育大系统、大拓展、大革新、大跨越的角度，对高等教育发展战略与宏观政策、高等教育组织与治理、高等教育研究何为、高等教育学及其理论问题、中国高等教育的时代命题、高等教育的理论探究、改革时代的高等教育发展、学科与研究生教育高质量发展，以及大学转型、大学治理、大学创新、大学文化、大学的未来等诸多层面和视角进行了全景式理论研究和全方位实践探索。《论丛》站位高远、立意新颖，中外结合、古今贯通，设计前卫、异彩纷呈，以国际视野打造中国高等教育的实践案例，彰显教育创新精神，凸显扎根中国大地办教育的理念，是新时代具有高等教育舆论导向、决策参考、理论指导和实践应用价值的精品力作。

本《论丛》的作者包括中国高等教育学科创始人、厦门大学资深教授潘懋元先生在内的20多位高等教育学界专家，分别来自厦门大学、北京大学、中国人民大学、浙江大学、中国教育科学研究院等全国知名高校和科研院所。这些作者绝大部分我都比较熟悉，有的已经认识、交往多年，也经常读到他们的论文或著作，他们在高等教育理论领域躬耕多年，贡献了许多真知灼见。他们扛起了高等教育学科理论大旗，创榛辟莽、研精覃思，坚守学术责任，襄袂引领国家教育改革决策，为中国高等教育改革和发展作出了重要贡献。

据韩延明教授介绍，潘懋元先生生前对这套《论丛》很支持、很关心，曾一度答应为丛书作序，这彰显了这位国内外著名教育家对我国高等教育研究的高度重视和对后辈学人的鼎力扶持。我和潘先生是多年的学界挚友，我一直视他为我的先辈，40多年来，我们的交往最多、最频繁、最亲密。现在他走了，但他的精神永存，我们永远怀念他！

"最是书香能致远"，欣闻《中国高教研究名家论丛》即将出版，甚为高兴，聊抒所感，是为序。

2023年5月25日于北京

# 编撰说明

党的十八大以来，习近平总书记站在中华民族伟大复兴战略全局的高度，对新时代教育强国、高等教育高质量发展、建设世界一流大学等，作出了一系列重要指示批示，深情似海，厚望如山。《中国高教研究名家论丛》（以下简称《论丛》）正是在这一宏阔发展愿景和踔厉奋进背景下由山东师范大学和山东教育出版社联袂策划、组织、编撰、出版的一套接续性大型理论研究丛书。

**（一）《论丛》基于新时代教育强国建设的使命担当**

习近平总书记在党的二十大报告中强调，要"加快建设教育强国、科技强国、人才强国"。2023年5月29日，他在主持中共中央政治局第五次集体学习时又明确指出："建设教育强国，是全面建成社会主义现代化强国的战略先导，是实现高水平科技自立自强的重要支撑，是促进全体人民共同富裕的有效途径，是以中国式现代化全面推进中华民族伟大复兴的基础工程。"而"建设教育强国，龙头是高等教育"。这些重要论述，指明了新时代教育强国和高等教育高质量发展的方向，开启了高等教育强国建设的新征程。我国高等教育要立足实现中华民族伟大复兴，心怀"国之大者"，勇攀世界高峰，提升高等教育服务强国建设的能力和水平，强化高质量高等教育支撑中国式现代化建设的责任意识和使命担当。

**（二）《论丛》致力于打造高水平的高教研究智库**

本丛书整合集聚了国内高等教育学界领航专家和全国知名高校教授有影响力、有代表性的创新学术成果，倾力打造高等教育高水平研究与高质量发展的理论智库、决策智库与实践智库，致力于为新时代高等教育发展编撰一套具有学术价值、实践指导、高水平决策咨询作用的精品书系。

作者队伍由来自北京大学、中国人民大学、北京师范大学、大连理工大学、华东师范大学、上海师范大学、苏州大学、南京师范大学、浙江大学、厦门大学、中国石油大学（华东）、山东师范大学、华南师范大学、云南大学、西北工业大学、兰州大学、中国教育科学研究院等全国知名高校（以教育部官网公布的《全国高等学校名单》排列）和科研院所的高等教育专家学者构成。这些作者扛起高等教育学科理论大旗，为高等教育研究、改革、发展作出重要贡献。特别是著名教育家、中国高等教育学科创始人、中国高等教育学会高等教育学专业委员会首任理事长、厦门大学原副校长、资深教授潘懋元先生，更是殚精竭虑、建言献策、著作等身，构建了中国高等教育的学科体系、学术体系、话语体系，开创了中国特色、中国风格、中国气派的高等教育理论。

在遴选内容上，《论丛》着眼于国家重大发展战略，聚焦于高等教育发展规律，旨在与国家发展大局同向同行、与社会发展布局同频共振、与教育发展格局相辅相成。书稿均是经作者反复斟酌、精心选择的具有较高学术价值的代表性学术成果。有的成果虽已公开发表，但作者也进行了适当的修改和完善，还有一些是首次正式发表的具有学术含量的论文、报告、演讲、随笔、访谈、政论等，凝练了高等教育的中国智慧、中国方案和中国实践。有的著作还研究、解析、借鉴了国外高等教育发展的经验和创见。

**（三）《论丛》科学建构高等教育的理论研究体系**

《论丛》站在高等教育研究与发展的前沿，以多学科、多视域、多元化研究路径，按照理论研究的科学范式和实践探索的应用要求，遵循高等教育科学方法论，深入探讨创新人才培养、科研成果转化、教学质量提升、大学文化传承以及人文精神培育等高等教育实践中的热点、难点和焦点问题，为高等教育理论研究"描全貌"，为高等教育实践探索"留档案"，为高等教育发展"绘蓝图"。

《论丛》由潘懋元先生担任编委会主任，教育部原副部长、教育部普通高等学校本科教育教学评估专家委员会主任、中国高等教育学会副会长（主持工作）林蕙青任编委会副主任，临沂大学原校长、山东师范大学特聘教授韩延明与山东师范大学副校长张茂聪教授任丛书主编，计划分2辑出版（共20册），倾力打造国内高等教育理论研究丛书中的标志性、创新性书系。

　　《论丛》在编撰出版过程中，得到了教育部领导、全国相关专家学者、山东省委宣传部、山东师范大学、山东教育出版社的大力支持。潘懋元先生生前多次电话催问和指导《论丛》的编撰工作；著名教育家、教育部教师教育专家委员会主任、中国教育学会名誉会长、北京师范大学原副校长、资深教授顾明远先生不仅多次悉心指导，还在百忙中为《论丛》撰写"总序"；林蕙青同志欣然担任《论丛》编委会副主任，为圆满完成潘先生的遗愿而尽心竭力；各位作者认真梳理、修改、完善文稿，精益求精，付出了艰辛劳动；厦门大学教育研究院副教授陈斌博士，为搜集、整理、校对潘懋元先生《教育的未来》一书的文稿精辑细核、倾情奉献；山东教育出版社杨大卫社长、孟旭虹总编辑积极筹划、悉心组织；李红主任、郑伟副教授协助丛书主编做了大量相关工作。在此，我们一并表示诚挚的感谢！

　　由于编撰出版时间紧迫，加之面广量大，难免有疏漏，不妥之处，恳请同人和读者批评指正。

韩延明　张茂聪　谨识

2023年11月10日于济南

# 前言

　　本书是作者从事高等教育研究30多年学术成果的集成结晶，从专题维度和历史脉络对几十年来我国高等教育发展的战略、规划、管理、政策给予系统分析，依据300多篇学术成果摘录、组合、改写而成。

　　在内容覆盖上，分14个专题，由思想开篇到教育数字化收尾，中间既包括高等教育强国、发展规划、高校分类、体系建设、投入保障等蓝图设计，也包括人才培养、学科调整、重点建设、服务社会、对外开放、制度建设、评价改革等实践探索，当然它们也是交互作用的，反映了改革开放特别是跨世纪以来高等教育战略与政策的完整画卷。

　　在内容深度上，按时间顺序或逻辑递进逐步深入。如在教育发展规划制订部分，由20世纪90年代提出的科教兴国战略谈起，分别对"十五""十一五""十二五""十三五""十四五"时期教育工作的重点和教育规划的特点系统阐释，有历史感；在一流大学建设部分，从新中国成立以来高等教育的重点建设谈起，对建设思路的一以贯之及与时俱进，"211工程"、"985工程"、"双一流"建设的推进与拨款、"中国特色世界一流"大学新路探索等全面分析，有战略性和政策感；在高校分类发展部分，由理念到计算再到实践，对高等学校层次的结构、分类设计、国内外实践、体系建设等多维描述，能引发思考；在制度建设部分，从体制改革到现代大学制度建设再到治理现代化，分析了改革发展的逻辑，并对现代大学制度建设框架和章程制定给予深度解剖，有助于深入认识改革发展的理论与实践。

所以，本书有如下特点：

系统性。内容系统完整，基本涵盖了近几十年来高等教育改革发展的重大战略和政策，从自己发表的300多篇文章中精选部分内容，重新编排和改写，尽可能形成逻辑关系的一致性。

时代性。反映着世纪之交以来高等教育改革发展的路径、成就与经验，各章节尽可能呈现各个时间段的历史状况，在保持原汁原味的基础上体现与时俱进的特点。

独特性。我作为工学博士和教育学博士后，又长期在教育宏观政策研究岗位工作，参加过多项重大政策调研、文件起草和课题研究工作，与大学教授、行政领导思考问题的方式和角度有所不同。

思想性。各部分内容的选择尽量体现思想性、学术性和前瞻性，反映智库特点，不就政策文本单纯解读，重点反映自己在参与决策咨询工作中就发展趋势和难点问题形成的看法思路。

建设性。各章节针对问题，不无病呻吟，且给出了解决问题的办法，回答了所提出的问题，目的是推动教育事业更好地发展，总体体现了政策咨询研究的特点。

可读性。文风典型地反映了工科思维方式，思路简洁明了，论证充分，直接给出答案，用最直接的叙述语言写出，除了少量数学公式、模型计算外其余内容基本上都易阅读和理解。

当然，这是一部学术性专业书籍，专业性是其基础。

本书适用于教育行政部门领导、大学管理者、教育研究者特别是教育政策研究者及高等教育方向的研究生阅读。

马陆亭

2023年8月

# 目 录

# 第一章

## 以思想引领教育改革发展

改革开放以来特别是进入新时代，我国高等教育取得的成就举世瞩目，这与高等教育改革发展始终坚持党的领导、坚持正确发展道路和坚持教育规律密不可分。理论超越问题，思想引领行动，高等教育前行的每一步都体现着理想信念、理论思想的先行指导。政策是形成共识的过程，共识度越高，选择正确路径的可能性越大。高等教育研究不断针对现实问题，总结历史和国内外经验，不断进行思想观念的大讨论，形成了相应的理论、模式、对策。学术探索不断为高等教育的现代化积聚思想养分，从而保证能以先进的思想、用科学的理论回答前进中的现实问题。

# 第一节 "九个坚持"是教育思想的重大创新

我们党历来高度重视教育工作。新中国社会主义制度的建立，为我国教育现代化建设提供了根本政治前提和制度保障；改革开放后，我国建成了世界上最大规模的教育体系，不断满足经济社会发展的需要；党的十八大以来，在以习近平同志为核心的党中央的领导下，教育紧紧围绕立德树人的根本任务，事业取得了全方位、开创性的历史性成就。源于中国特色社会主义教育的伟大实践，面向"两个一百年"奋斗目标，习近平总书记在全国教育大会讲话中提出了"九个坚持"的重要论述。"九个坚持"形成了一个完整的教育理论体系，是新时代党的教育理论的重大创新，必将指引中国特色社会主义教育实践谱写出建设教育强国的时代新篇章。

## 一、"九个坚持"是新时代中国特色社会主义教育的根本遵循

"九个坚持"系统阐释了新时代中国特色社会主义教育事业的政治性质、根本任务、工作目标和实现路径等基本问题，揭示了新时代中国特色社会主义教育的基本规律，是教育支撑中华民族伟大复兴的根本遵循。

坚持党对教育事业的全面领导，是新时代中国特色社会主义教育事业的根本保证。自从中国共产党诞生，中国人民谋求民族独立、人民解放和国家富强、人民幸福的斗争就有了主心骨。中国特色社会主义最本质的特征是中国共产党领导，中国特色社会主义制度的最大优势是中国共产党领导，党的领导是教育事业兴旺发达的根本保证。教育部门和学校要增强

"四个意识"、坚定"四个自信"、拥护"两个确立"、做到"两个维护",确保党始终总揽教育全局、协调各方,确保党把方向、谋大局、定政策、促改革的领导核心作用。

坚持把立德树人作为根本任务,是新时代中国特色社会主义教育事业的核心要义。青年一代有理想、有担当,国家就有前途,民族就有希望,立德树人是对新形势下培养什么人、怎样培养人、为谁培养人的科学回答。要以德为先、能力为重、发展素质教育,使学生具有中华文化底蕴、坚定理想信念和服务社会的能力,把立德树人融入思想道德教育、文化知识教育、社会实践教育各环节。学科体系、教学体系、教材体系、管理体系要围绕这个目标来设计,教师要围绕这个目标来教,学生要围绕这个目标来学,努力构建德智体美劳全面培养的教育体系。

坚持优先发展教育事业,是新时代中国特色社会主义教育事业的战略定位。教育是民族振兴、社会进步的基石,是功在当代、利在千秋的德政工程,对提高人民综合素质、促进人的全面发展、增强中华民族创新活力、实现中华民族伟大复兴具有决定性意义。党和政府历来高度重视教育,把教育摆在优先发展的战略地位,坚持把优先发展教育事业作为推动党和国家各项事业发展的重要先手棋。全社会必须牢固树立抓教育就是抓发展、谋未来的理念,将教育发展同人民幸福生活的现实需要和国家民族复兴的长远目标紧密结合起来,把人才资源作为第一资源,在国家现代化全局中超前规划、优先发展教育,主动适应不断变化升级的经济发展和现代社会的人的全面发展需要。

坚持社会主义办学方向,是新时代中国特色社会主义教育事业的本色。社会主义基本制度的确立,为当代中国一切发展进步奠定了根本政治前提和制度基础。中国特色社会主义是改革开放以来党的全部理论和实践的主题,是党和人民历尽千辛万苦、付出巨大代价取得的根本成就。要培育和践行社会主义核心价值观,保持政治定力,坚持实干兴邦,始终坚持和发展中国特色社会主义,坚持社会主义办学方向,永葆中国特色社会主义教育事业的政治本色。

坚持扎根中国大地办教育，是新时代中国特色社会主义教育事业的实现路径。文化自信是一个国家、一个民族发展中最基本、最深沉、最持久的力量，越是民族的越是世界的，发展道路是一个国家基于自身国情的必然选择。我们要立足国情，面向世界，扎根中国，融通中外，继承和弘扬中华优秀教育思想和实践经验，充分发挥我国制度优势，用中国智慧、中国办法解决教育改革发展问题，走中国特色社会主义教育现代化道路。

坚持以人民为中心发展教育，是新时代中国特色社会主义教育事业的价值立场。不忘初心，方得始终。中国共产党人的初心和使命，就是为中国人民谋幸福，为中华民族谋复兴，这是我们办好教育的基本价值观念。必须坚持人民主体地位，把满足人民群众接受良好教育的需要作为教育改革发展的出发点和落脚点，不断促进人的全面发展，着力解决人民最关心、最直接、最现实的教育问题。坚持在发展中补齐教育短板、促进教育公平，在幼有所育、学有所教上不断取得新进展，把党的群众路线贯彻到教育治理的全部活动之中，让人民群众在教育上有更多获得感，努力办好人民满意的教育。

坚持深化教育改革创新，是新时代中国特色社会主义教育事业的动力源泉。实现中华民族伟大复兴，合乎时代潮流、顺应人民意愿，要勇于改革创新，让党和人民的事业始终充满奋勇前进的强大动力。要加强顶层设计，鼓励基层探索，深化教育领域综合改革，强化改革的系统性、整体性和协同性。要更新教育观念，破除不合时宜的体制机制弊端，推动教育供给侧结构性改革，充分运用新技术、新机制、新模式，创新教育服务供给方式，激发教育发展活力。要健全立德树人落实机制，提升教育服务经济社会发展能力，扭转不科学的教育评价导向，着重培养创新型、复合型、应用型人才。要扩大教育开放，同世界一流资源开展高水平合作办学。

坚持把服务中华民族伟大复兴作为教育的重要使命，是新时代中国特色社会主义教育事业的理想指向。当今中国最鲜明的时代主题，就是实现中华民族伟大复兴的中国梦，我们比历史上任何时期都更接近、更有信心和能力实现中华民族的伟大复兴的目标。教育工作者要树立远大理想，致力服务中华民族伟大复兴，教育学生立志高远、勇于奋进，为实现伟大梦想进行伟大斗争、建设伟大工程、推进伟大事业，自觉地把个人理想融入国家和民族的事业中。

坚持把教师队伍建设作为基础工作，是新时代中国特色社会主义教育事业的奠基工程。教师是立教之本、兴教之源。教师是人类灵魂的工程师，是人类文明的传承者，承载着传播知识、传播思想、传播真理，塑造灵魂、塑造生命、塑造新人的时代重任。建设社会主义现代化强国，需要有一支党和人民满意的高素质专业化教师队伍，"大国良师"是打造中华民族"梦之队"的筑梦人和奠基人。这既对教师队伍建设提出新的更高要求，也对全党全社会尊师重教提出新的更高要求。每个教师都要珍惜这份光荣，爱惜这份职业，严格要求自己，不断完善自己。

## 二、全面贯彻落实党的教育方针

中国特色、世界水平的现代教育需要以先进思想为先导来统领，全面服务中华民族的伟大复兴和人的全面发展。

全面贯彻党的教育方针，落实立德树人根本任务，培养德智体美劳全面发展的社会主义建设者和接班人，是整个教育体系、管理制度、办学保障和社会环境协同作用的结果。其中，教育体系的完整性、通畅性、与社会的契合性及自身的活力是现代化教育的重要基础，成熟、健康、定型的教育制度是中国特色社会主义教育的根本保证，办学所需要的各种保障条件是教育质量的基本保证，家庭、学校、社会深度融合的教育共同体是人才健康成长的有机土壤。

先进思想统领教育现代化

培养社会主义事业建设者和接班人

推动中华民族伟大复兴

立德树人根本任务

服务人的全面发展

外部环境

教育规律

体系支撑、制度保证、条件保障、社会协同

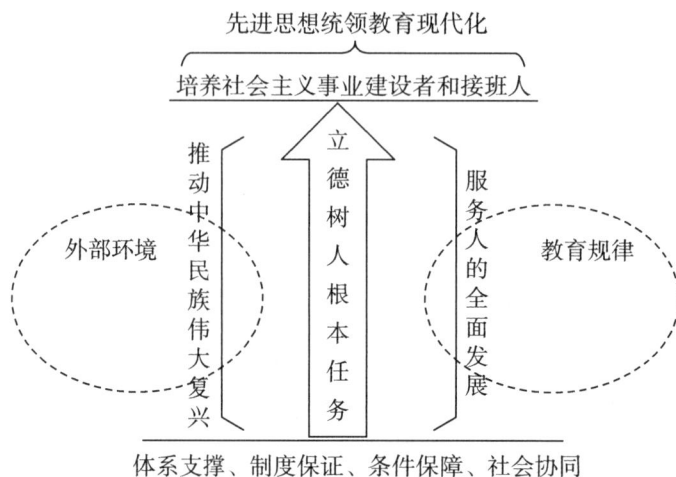

图1-1　思想引领、规律遵循、支撑保障总体示意图

从教育本身的支撑保障上看，我们需要在高质量体系建设、现代化制度设计、有效条件保障和社会积极参与等方面做工作。

# 第二节　思想是发展的灵魂

教育科学是应用之学，需要思想交流和科学共识。思想是行动的先导，前进的道路需要思想的指引和理论的支持，需要一大批人对重大问题进行思考。我国高等教育研究，长期以来聚焦问题，关注政策，通过对高等教育体制改革、服务经济社会发展、扎根中国大地办学、探索一流大学道路和发展高质量教育等重大宏观议题的研究，对高等教育的科学发展发挥了巨大作用。

**一、教育的味道是思想**

2021年底，我指导毕业的博士生王静修副教授把他的新著《高等教育的味道》一书寄给我。"味道"入书很不寻常，便想借味道的意蕴对本书所反映的教育思想谈些体会。

"高等教育是很有味道的"，是教育部原副部长周远清时常说起的一句话。20世纪90年代，高等教育改革发展进入关键期，当时主管全国高等教育工作的远清副部长提出了"体制改革是关键、教学改革是核心、教育思想和观念改革是先导""坚持规模、结构、质量、效益协调统一的发展战略""把一个什么样的高等教育带到21世纪"等系列理念思想和思考命题，有效促进了世纪之交的高等教育"改革取得了突破性进展，事业取得了跨越式发展"；进入新世纪，担任中国高等教育学会会长的远清老部长筹资600万在全国组织起"高等教育强国"的系统研究；之后又进一步推动了中国特色高等教育思想体系的研究。那是一个充满改革发展活力的年代，教育部统筹教育行政、大学校长、研究人员三支队伍联合开展宏观战略与政策研究的力度和影响空前之大。

我于1995年由工业部委系统教育部门调入国家教委（国家教育委员会），作为综合组成员参加了远清副部长组织的项目工作，后来根据工作需要参加过老部长组织的一些大型课题研究。作为一个高等教育研究的从业者，我时常在想：改革开放以来，我国高等教育取得了举世瞩目的成就，原因当然很多，但重视教育研究工作、理论先行，应该也算是一个重要的原因吧。所以，教育的味道是什么？我认为是观念、理念、思想的酝酿，思想对了，思路通了，前进的问题就好解决了。

前些年主管部领导找我谈心谈话，提到"你从学术研究岗调到管理岗位，有什么体会？"我记得我当时的回答是：好的领导干部，一是不能太自私，这样单位才能公平；二是要有工作思路，并且还要有担当，这样才能做事；三是执行力很重要，这决定着能否干成事。

我国已经开启第二个百年奋斗目标新征程，迎接世界百年未有之大变局和实现中华民族伟大复兴是使命要求，世界格局的风云变幻和新一轮科技革命蓄势待发是时代背景，高等教育普及化和跨越高收入经济体门槛是新的阶段，高等教育强国的重要性越来越得以凸显。思想是发展的先导和灵魂，愿大家好好品其中之味。

## 二、人才培养的三个"三"

我国高等教育转入以提高质量为中心的内涵发展时期，光有理念不够，需要将教育理念转化为制度设计和教学安排，需要对我国高等教育人才培养进行整体设计。

### （一）制订三个层次的标准

1. 制定本科人才培养的共同原则

根据党的教育方针、立德树人根本任务、高等教育的"四个服务"、《中华人民共和国高等教育法》（以下简称《高等教育法》）规定的培养具有"社会责任感、创新精神和实践能力"的高级专门人才要求、《关于深化教育体制机制改革的意见》提出的"在培养学生基础知识和基本技能的过程中，强化学生关键能力培养"，特别是党的二十大报告对时代新人的要求，需要细化制定保证高等教育规格和质量须遵守的共同原则，包括本科阶段需形成的能力框架要求及在价值观、知识、技能、认知能力、创新能力、合作能力等方面达成的原则要求。

2. 分专业（类）制定专业标准

在共同原则指导下进行，人才培养规格需要达成的知识、技能、能力水平均应明确、可测。专业标准可遵循科学技术自身发展逻辑或社会产业需求逻辑等不同逻辑进行，注重凝聚共性、适当保留特性。一流建设大学和应用型转型建设项目高校可不拘泥标准要求，以体现创新和与时俱进。

3. 试点制定课程标准

明确本课程在本专业人才培养中的作用。课程的知识点、技能点、能力点及培养方式均应明晰。

**（二）重视三个维度的内容**

知识、技能、思维力三足鼎立，共同构成《高等教育法》规定的高级专门人才的专业能力要求。知识通过传授学习和记忆获得，技能通过培训指导和练习获得，思维通过逻辑训练和心智开发形成。不能用学知识的一种规律来代替育人的其他的规律。

1. 知识

知识是人们在实践中获得的认识和经验，是能力形成的基础。作为专门人才需要具备一定的基础知识和专业知识，知识还可以用于训练思维。所以，高等学校的专业设置应该着力构建结构化的知识体系，对知识内容的选择主要考虑以上两个因素。基础知识、专业知识和方法论知识搭配的结构化程度越高，越有助于学生的成才。

2. 技能

技能是完成某项任务的身体操作或心智活动的习惯性反应，是能力表现的手段。技能需要实际训练，光有理论知识是不行的。高级专门人才需要有专业技能，进一步可推广为《高等教育法》所指的实践能力，这些都需要在专业实践和社会实践中得以锻炼和培养。

3. 思维力

思维是在表象、概念基础上进行分析、综合、判断、推理等认知活动的过程，是人类具有新质的心理活动形式，也是高等教育人才培养的最高境界。思维力是人类一种特有的精神活动本领，可以渗透到各种能力之中，如学习能力、发现和解决问题能力、创新能力等，是能力培养的主要方向。

**（三）借鉴三个方面的理论**

1. 心理学

心理学是教育学的重要基础，但目前在教学实践中常常被忽视。其中有两个共识对人才培养有着重要的价值：一是智力结构，二是迁移理论。

人的智力结构怎么搭建以及如何提高迁移能力，在心理学界是有争议的，有着不同的流派，但人具有智力结构以及人的能力可以迁移这两点，则是没有争议的。学生智力结构搭建得越合理、越科学，能力就越强，相应地，可迁移性也就越大。

2. 教育目标分类学

该理论旨在对构成教育目标的能力进行分解，如著名的以布卢姆（B.S. Bloom）为首的委员会所做的认知领域、情感领域和技能领域的目标分类，认知领域的教育目标从低到高分为六个层次：知道（知识）、领会（理解）、应用、分析、综合、评价。受此启发，按照知识、技能、思维力的思路可将本科教育目标分为如下目标层次：知识、技能、分析力（要素分析、关系分析、原理分析、解释）、迁移力（转化、联想、推断、应用）、综合力（计划、汇集、组合、评价）。

3. 一般能力测评理论

测评是项专业性很强的工作，但技术上并不是什么难题。如在一般认知能力测评方面，美国的GRE（Graduate Record Examination，美国研究生入学考试）就比较成熟。过去，我们的考试偏向于知识点的考查，今后应在技能和思维力上下工夫。

**三、塑造新型理想主义色彩的大学精神**

教育是使人自我完善和不断社会化的基本手段，人的自我完善是内省式的，而满足社会需求则是外向性的。大学生走出象牙塔，必然要融入社会，出现"世俗化"倾向。大学精神开始变异，有可能与时俱进，也有可能走向迷失，当今社会仍然需要理想主义的大学精神。

**（一）蓬勃的社会发展使大学走向多元**

从农业社会到工业和后工业社会，高等教育发展的社会背景发生了翻天覆地的变化。社会需求改变了大学。

传统大学经历了从法国巴黎大学的行会性组织，到英国牛津、剑桥大学的学院制模式，再到德国柏林大学的教学与研究相结合，然后到美国因社会服务功能凸显而催生的密集研究型大学之嬗变；异军突起的应用型高校则发展起由技术学校成长出的德国工业大学、法国工程师学校，以及后来美国的专门学院、英国的多科技术大学、德国的应用科学大学、日本的高级专门学校等多种模式。

高等教育的社会功能由最初的传授知识、培养社会治理精英的"绅士"，发展到因工业化的需求而重视创新和能力的专门人才。当今，世界上每个国家的高等教育都不再局限于单一的大学模式，而是发展成为复杂多样的高等学校体系。虽然我们每个人都在谈论着"大学"，但此大学与彼大学在实质上可能是不一样的。

**（二）外部因素诱致大学精神的迷失**

社会需求既促使大学获得发展的动力，使大学与时俱进，也迫使大学面临多种诱惑，有可能产生与教育价值背离的后果。

社会是资源型社会，资源高于一切，而发展离不开资源。资源不仅仅是物质资源，资本有经济资本、文化资本和社会关系资本三种，它们不直接等同但具有交换性。资源永远是短缺的，大家都渴望拥有和扩大资源，以增加自己的资源交换能力；社会还是个人情社会，人们遇到事首先想到的就是托人，关系到了就可以打破规矩。人情社会加大了关系成本，与资源型社会的结合加剧了"寻租"现象发生的频率。现代大学制度的基础已由学术自由主义转向学术资源主义。往好处说是已由"小科学"进入"大科学"时代，但潜在危害是经费已凌驾在学术和教育之上，项目成为工作的抓手。这容易导致宏观管理减弱、微观管理加强的后果。

同时，大学开始承载个人不同的大学理想，它与每个人的梦想、经历和岗位有关。大学也承载着国家的理想，因为它肩负着科教兴国、人才强国、教育强国等诸多历史使命。大学还是社会的现实写照，其功能在不断扩展，如内涵上的五大功能，外延还有促进公平、拉动经济、提升城市品位、促进土地升值等。大学步入现实就难免不能脱俗，而人们又希望它成为精神家园，再加上每个家庭都与求学有着千丝万缕的联系，因此人们对其是爱恨交加。

最后，大学成为分裂的整体。它是实现社会目标的手段和相对独立的实体，产生了外在社会性和内在学术性的分裂。由此导致教师也成为分裂的个体，也就产生了学术评价与创新发展的背离。

### （三）大学发展的逻辑出现异化

以上，对大学产生的负面影响是：学校越来越大，追求升格，外延扩展隐含着资源的增多；教师角逐行政位置，一方面说时间被挤占，另一方面还希望得到行政岗位，因为可以扩大资源；教授被称为老板，经费、课题、招生权均是资源；拥有其他资源的成功人士来学校镀金，扩大了学校教育资源的交换能力；各种评审、称号、头衔、名誉等都有潜藏着资源，因此也成为角逐的对象；行政需要有调控能力，权力演变为资源，项目成为手段。但是，人情社会不符合市场经济的法则，现象则完全背离了共产党人的治理之道。项目抓手意味着每个网眼上都有丝线被抓着在抖动，导致鱼儿无法穿过，网虽然张开但打不到鱼了，这就意味着创新的机会和动力被削弱了。

教师成长的逻辑演变为：我们重视和爱惜人才，因此要提拔人才担当起负责任的工作；在其位就要谋其政，要决策，因此潜移默化出"官气"；是人才当然还要出成果，因此就跑课题当"老板"，并需要有人来干活，这也相当于在剥削别人的剩余价值；有人需要助手干活，另有人需要成长而把自己晋升为"人才"，经济学中的寻租现象得以普及。结果是人才"乐在其中"，成为"大师"，岂不知这样做恰恰腐蚀了学术大师生长的土壤。

### （四）重建大学的理想

我们需要重建大学的理想。社会虽然走向多元，但仍然需要大学成为人的精神家园和成长基地，仍需具有理想主义色彩的大学精神。只有充分尊重大学的学术性，才能更好地实现社会性。为了促使这种大学理想的实现，我们需要加强高等教育的体系建设，以体系的科学性去满足社会需求的多样性；加强人才培养模式改革，促进体系内每类教育、每所学校的特色和卓越发展。

健全与社会发展需求相适应的高等学校体系。整个高等学校应该构成一个有机的系统，在这个系统里，大学的核心精神不变，满足着人的全面发展和社会的健康发展需求。但是，系统内各高校又是不一样的，各自对应着相应的市场份额。每所大学以自己的特色满足着不同的社会经济需求，每个学生根据自己的个性、心理特征、兴趣和志向选择自己心仪的学校，每个教师根据自己的特长选择符合自己事业发展的学校。

建立广大学术人员醉心学术工作的机制。放弃"奖官提拔"的想法，杜绝"以权谋学"的现象，让一流人才在学术框架内成长、走学术发展的道路。教师心无旁骛、潜心学术、醉心育人，行政恪守尽职、提高效率、把握方向，学校面向社会、满足需要、提高质量，使人才成长成为高校发展的根本目的和最高境界。规避学术投机现象，使评价与学校使命、教师职责及学术工作规律相一致。

以制度保证高等教育理想的实现。高等教育内涵的科学发展需要制度的保障，多年来我们一些很好的理念，如高等学校面向社会自主办学、分类办学等，都是因为治理结构的不完善而未能真正得到落实，因而才有循环不断的放权与收权。创新需要以制度来保证，我们可以通过章程建设对外落实办学实体地位，避免行政部门的过度干预和项目抓手的过度牵制；对内建立有效治理结构，通过职责明晰、程序公开、同行评议等措施，规避学术寻租现象和人情关系影响。

**四、工匠精神就是让日常工作产生美感**

当前，我国特别倡导工匠精神。这是制造业强国和高质量发展的需要。

谈及工匠精神，人们通常会联想到技艺精湛、一丝不苟、职业教育等词语，尤其涉及动手的技能和认真严谨的工作态度。许多人认为它与自己无关，只是部分能工巧匠的事情，甚至还可能因为体力劳动的苦和累而加以排斥。其实，工匠精神关乎我们每个人的工作状态和生活质量，是增强人们日常工作美感的内在动力，能够促进社会创新发展。

先举两个有切身体会的例子。其一，十几年前我有一次出访欧洲，对方宴请西餐，主菜上来后画面感十足，就像端上来了一件艺术品。欣赏、赞美之后，菜还是要被吃掉的，如同中餐讲究的色香味俱全。吃完饭后，主厨出来接受了我们的夸赞，我们也能感受到他发自内心的自豪。十几年来这个画面经常在我脑海里闪现，厨师每天像艺术家一样进行着他的创作，沉浸在创造美的过程中。

其二，研究人员的成就感主要来自对问题的解决程度，即遵从自己的内心感受。记得有一次完成上级的紧急任务，我按时交稿后仍觉得内容上有个地方纠结，回家路上还放不下，顿悟开窍后立即打电话通知对方调整，之后便感到非常舒畅。在之后一次业务会上，我曾经说，政策研究刚开始就清清爽爽，往往不会有好的结果，因为知道的是已有规定或过去做法，而之所以让你研究就是由于它们已经不适用了；长期混沌不清也不可能出来好的研究成果，因为你从头到尾都没有弄明白；出彩的研究往往是刚开始时朦朦胧胧但有一点感觉，中间有个痛苦的过程，当你把思路理清楚、把文字弄通顺时，便会产生美感。这就是解决问题后的思想、逻辑、语言的清爽之美，就像攀到山顶后的登高望远，其中的幸福、成就、美感是他人难以体会的。

因此，工匠精神绝不仅仅指向职业教育技能人才培养，而是体现在我们每个人的工作状态中，来自所做每项工作对美的挖掘与创造，产生于认真工作所带来的美感。教学认真负责必然会赢得学生们的敬爱，科研专心致志自然能体验难题攻克后的喜悦，行政工作清晰到位毫无疑问会收获相关人员的内心称赞。

美是人们内心的追求，爱美之心人皆有之。工匠精神的实质是把日常工作艺术化，使常规事务产生艺术创作般的美感，激励每个人在工作岗位上出彩。

日常工作的美感会增强人的幸福体验。人生是一种经历，工作是一个过程，让日常工作产生美感会活出人生新境界，醉心专注于工作的人必然会做出与众不同的成就。因此，具有工匠精神的人一定是向往美好、充实幸福和受人爱戴的人。

### 五、做事与做人

做事和做人，是教育全过程的主题工作，也是每个人的日常和修为，也是外部给以评价的基本内涵。古今中外关于做事做人的箴言寄语无以穷尽，在平日的工作交往中也常常听人提及，自己近年来也时常思忖品味。

正解无疑是做事先做人，做人先立德。这方面古人有很多阐述，如：子欲为事，先为人圣；德者才之主，才者德之奴；仁义礼善之于人也，辟之若货财粟米之于家也；人无信，必不立，人无品，无以立；天道无亲，常与善人。在现实工作生活中也有很多例证，即做人是做事的基础和保障，只有人做好了，才能将事情做好。但是，功利一旦介入，也会产生一些变异。如"先德而后得"之说，很客观但也含功利，给别人讲道理还行，用于自身就有些变味，此时的德已未必是真德了，而是为了"得"。更为严重的是社会上还存在着言行不一的"两面人"现象，遇事不作为不担当者有之，投机取巧者有之。听人说"某某做人不行"，其实亦可有不同解读，一是此人真的人品不行或个人修养欠缺，二是不会"来事"、缺少眼色，或许是性格太直率，等等。

将做事、做人与教育、工作联系起来，我的思考是：

其一，教育以德为先，能力为重。教育是使青少年不断成长、融入社会的过程，是培养具有社会责任感、创新精神和实践能力的一代新人的活动，要落实立德树人根本任务。德是社会人的起点，因此要以德为先；孩子长大后不仅要自食其力，而且还要尽家庭和社会责任，因此要以能力为重。只有在德的引领下，才的发挥才会不偏离正确方向，即要德才兼备。经师易求、人师难得，广大教师要以人格魅力呵护学生心灵，以学术造诣开启学生智慧，使年青一代健康成长、科学成才。

其二，工作中"见"人，以事"品"德。道德可以通过行为表现出来，所以有《教师行为十项准则》，身教胜于言传。习近平总书记指出：老师应该有言为士则、行为世范的自觉，不断提高自身道德修养以模范行为影响和带动学生，做学生为学、为事、为人的大先生；哲学社会科学工作者要做到方向明、主义真、学问高、德行正。《韩诗外传》说人师为"智如泉涌，行可以表仪者"。日常工作其实就是由事看人的过程，行大于言。"一个人做点好事并不难，难的是一辈子只做好事，不做坏事"说的正是这个道理。面对未来的不确定性，要特别鼓励干事创业，脚踏实地，有所担当。

其三，看人看两面，不可偏颇。一般情况下，人是一个综合体，不会过于极端，因此要多看人的长处，激励人努力工作。做事和做人，就像事物的里子和外表，每个人的人品长周期来看一定会通过行为、事情表现出来。褚小者不可以怀大，绠短者不可以汲深，每个人都需要不断加强自己的修养、修行，通过克服困难开创事业展现自己的品格和才华魅力。做事要专、做人要宽，从低调做人、高调做事向德高为师、身正为范不断前行。

其四，用人从肯干者中选能干者，"牛中选马"。做事创业需要的是有才华的实干家，在工作生活中，为人处世的最高境界其实就是踏踏实实做人、实实在在做事。"牛中选马"是我在工作中悟出的，当然这只是一个比喻，指用人要在勤奋的"老黄牛"中选择堪当大任的"千里马"，在肯干者中选能干者，远离精致利己主义者。肯干是前提，能力水平会通过做事得到提升。重用肯干且能干者，既能够服众，也是单位风清气正的象征。

## 六、高等教育研究要以彰显中国之理为思想追求

时代发展不断提出亟待解决的新问题，教育工作者要做到方向明、主义真、学问高、德行正，以彰显中国之路、中国之治、中国之理为思想追求。

### （一）实现价值观和方法论的统一

与纯粹的自然科学研究不同，社会科学是有价值观的，因此要有价值

导向，凸显价值的引领作用，教育研究、教育工作一定要以价值为先。在选择了正确的方向之后，工作的思路、解决问题的方法就显得特别重要了，因此要注重研究方法的科学性，把事情做成、做好。教育研究工作者要以服务中华民族伟大复兴、推动教育现代化强国建设、办好人民满意的教育为己任，努力在研究解决教育重大问题上拿出真本事、取得好成果。

**（二）协调政治论哲学和认识论哲学的统一**

在高等教育研究领域一直存在着政治论哲学和认识论哲学的争论，因此教育工作在哲学层面要弄清"我是谁"的命题。教育是一类独特的社会组织，具有现代社会不可或缺的组织功能，同时也是推动实现社会目标的手段，因此需要适应社会发展和促进社会进步，达到"忘我"境地；教育为了更好地履行自己的组织功能，实现自己的使命要求，更好地服务社会需要，还必须遵循教育规律，竭力做好"自我"，即首先我不是我，进而我必是我，最终实现二者的统一。我们需要促进高等教育在遵循自身规律的基础上助力中华民族伟大复兴。

**（三）区分小思想和大思想**

中国传统上有很多思想，当下我们也还在不断地制造思想，每个人也都有自己的思想，自己的思想还特别希望能影响到别人的思想。这些林林总总的思想单个看好像都有其道理，但放在一起有时竟然存在对立，换个场景也许还成了谬误。其实，思想有层次之分。小思想服从大思想，然后再有自己的个性，社会才会和谐与创意并存。比如说，高等教育发展的重点是多样化，而每所大学要特色发展以满足市场特定的需求份额，也只有每所学校的特色化才能满足整个高等教育的多样化。高等学校要在上位思想框架下思考适合自己的教育思想、办学模式、教学方法等。

**（四）培育建设性思维方式**

前进的道路是不断解决问题的过程，即我们经常提到的目标导向、问题导向。教育是一项实践性很强的工作，教育研究的重点不在于发现问题，而在于找到解决问题的方法，因为问题总是存在和不断产生的。建设性思维与批判性思维不同，我们的工作肯定要针对问题，但发现问题不是为了否定、批判，而是为了解决掉它以奔向更为美好的目标。这其实是一种值得提倡的思维方式，既代表了对问题的敏感，也代表着对目标、方案的主动追求，还代表着对克服困难、创新实践的具体探索。

### （五）迎接数字时代的到来

数字时代是一种全新的经济社会形态，将对工业革命以来形成的学校班级课堂教学模式产生变革性影响，出现教育新形态新范式。前行的可视化路径是：面向数字时代，在以人工智能为牵引的信息技术应用推动下，教育变革首先是从数字资源建设和教育模式探索开始；进而深入教育本质，产生教育模式的重大变革——形成新范式，产生学习方式的重大变化——实现新形态；结果是在教学上解决规模化授课下的因材施教问题，在学习上实现人人能够时时处处可学。

# 第三节　跨世纪改革为新世纪留下的思想财富

跨入21世纪第二个十年，中国社会发展正处于大有作为的重要战略机遇期，经历着"中等收入陷阱"阶段的爬坡过坎，面临着加快转变经济发展方式和调整经济结构的战略选择。教育也处于历史的转型期：财政性教育经费支出占GDP比例达到了4%，基础教育迈向均衡发展，职业教育加强体系构建，高等教育转向内涵式发展，迫切需要深化综合改革；高等教育还处于矛盾的高发期，毛入学率达到30%，而此阶段正是发达国家高等学校的学潮频发期，要求高等教育提高质量、强化特色，对现代产业体系建设的支撑能力明显增强。因此，转型期、矛盾期、机遇期在此语境下有相近的语义，如果我们完成了转型、解决了矛盾、就抓住了机遇，否则会丧失机遇。这使人想起在世纪之交，当时社会也面临着金融危机、内需不振、知识经济、社会转型等发展问题，高等教育通过改革与发展，适应了社会、实现了跨越。

### 一、跨世纪改革为新世纪发展奠定了哪些基础

世纪之交，我国高等教育事业取得了跨越式发展，体制改革取得了突破性进展，为社会经济的发展及高等教育大众化的起航奠定了重要的基础。

**（一）基本形成符合国情和世情的高等教育管理体制**

经过一系列改革突破，我国基本形成了中央和省级政府两级管理、以省级政府统筹管理为主的高等教育管理体制。而在改革之前，中央政府各业务部门和省级政府分别管理一批高等学校的状况，被称为"条块分割"。1998年，国务院在机构调整过程中，下放了一批高等学校的管辖权，从而形成了目前的高等教育管理体制。该体制与世界高等教育发展的规律是一致的，世界各国高等教育管理体制或以地方管理为主、或实行分级分类管理。

**（二）初步奠定起高等学校多样化办学格局**

新中国成立以来，高等学校遵循着两条路径发展：一是高等学校重点建设模式，二是高等学校门类方向发展。管理体制改革和一流大学建设，加速了高等学校的综合化进程。之后，随着高等教育规模的扩大，办学特色的重要性日显突出，一批高校开展了特色高水平大学、行业特色大学、创业型大学、服务型高校、应用型高校、技术本科院校等探索。在两级管理体制的架构下，事实上出现了三级办学体制，形成了公办和民办高等教育共同发展的格局。

**（三）探索起享有国际声誉的本科教学模式**

经过新中国成立后的几十年的发展，我国的本科教学是得到世界公认的，形成了自己的模式特色。小班教学，基础课、专业基础课、专业课三

段论安排，理论教学与实践实习交替进行，把毕业设计、论文当作重要的环节等，都是我们经典的、行之有效的本科教学模式。此外，重视产学研结合和教学法研究，形成老教师授课、新教师助教制度，以及以教研室为核心的基层学术制度安排等。这些，都是我们保证教学质量、培养具有创新精神和实践能力高级专门人才的重要法宝。

### （四）奠定了人力资源大国的基础

改革有力地促进了高等教育事业的发展。国家在不断扩大投入的前提下实施了持续的高校扩招政策，迅速提高了人力资源的学历构成。1998年到2002年，全国普通高校招生数量从108万人增长到320万人，全国各类高校在校生由643万人提高到1600万人以上，毛入学率从9.8%上升到15%，高等教育实现了由"精英"到"大众化"阶段的跨越，我国成为世界第一高等教育大国。

### （五）开始构建中国特色现代大学模式和制度

以世纪为界，我国在高等学校管理制度方面的热点话题，之前为高等教育体制改革、之后为现代大学制度建设，它们是一脉相承的，根本目的都是为了提高学术创新水平和人才培养质量。走向21世纪，高等学校的办学趋向综合化发展，重视合作办学和基层学术组织建设；教学转向厚基础，重视通识教育；管理明确高校法人地位，外部重视政府与学校关系调整，内部重视法人治理结构建设。

## 二、改革的历史经验

世纪之交高等教育的改革与发展，影响巨大，影响深远。不论是"突破性进展"还是"跨越式发展"，都过渡平稳。尽管也有过棘手问题，但没有产生大的动荡，这与改革的思想理论准备充分直接相关。

### （一）思想观念转变为先导

改革的突破得益于思想观念在教育改革发展中先导性作用的确立，教育的主管部门在20世纪90年代的中上期就开始思考"把什么样的高等教育带入21世纪"的问题。

当时,我国开始由计划经济转向社会主义市场经济体制,需要思考中国特色社会主义高等教育道路;进一步开放,需要总结世界高等教育发展规律、借鉴国际经验。国际经验加中国特色,需要加强高等教育发展道路的总体设计,加强理论研究,加强思想观念的引导。

**(二)教学改革是核心**

质量是高等教育的生命线,这是在20世纪90年代概括出的重要论断,至今仍然在用。

在教学工作在高等学校中的地位上,有很多殊途同归的提法,如"教学改革是核心""质量是学校的生命线""学校重视教学是绝对真理""提高质量是学校永恒的主题""不重视教育质量的校长不是合格的校长""教务处是'天下第一大处'""培养人是学校工作的根本任务""教学在人才培养过程中是经常性的中心工作"等,目的都是为了保证教学工作在高等教育中的中心地位。

教学改革的重要性还与国际竞争和素质教育实施密切相关。经济全球化和知识经济的到来,使得提升高等学校人才培养质量成为各国面向21世纪高等教育改革的共同问题,世界高等教育进入了以提高教育质量为中心目标的时代,实施素质教育成为国家的重要教育思想。

**(三)体制改革是关键**

新中国成立后,经过不断地学习和摸索,一个基本适应当时社会主义计划经济体制的高等教育管理体制得以确立,有效地促进了社会主义建设和发展的需要。改革开放后,我国的经济体制发生了深刻变革,社会主义市场经济改革目标逐步确立,高等教育管理体制必须作出相应的调整,体制改革成为激发和释放制度活力的重要因素。

体制改革的目标是建立起"中央和省两级管理、以省级政府为主"和

"高等学校面向社会依法自主办学"的管理体制。具体推动的目标有①：改善和加强中央政府对教育事业的宏观管理，增强省级政府对高等教育统筹权和决策权，增强高等学校的办学活力。围绕改革目标开展的特别重大的综合性工作有：第一，转变政府职能，促进高等学校面向社会依法自主办学；第二，扩大省级政府对高等教育的管理权限，调整中央业务部门高等学校的隶属关系；第三，提高高等学校的综合发展能力，推动院校合并工作。

**（四）规模、结构、质量、效益协调发展**

规模、结构、质量、效益协调发展的思想，是20世纪高等教育留下的最重要的有关发展思想的财富，是通过历史经验教训总结出来的，也符合当今科学发展观和高等教育内涵式发展的要求。

最初我们对高等教育发展的理解主要就是规模扩张，后来发现单纯的规模发展会导致很多问题，结构的重要性开始凸显。同时，高等教育的发展不能以牺牲质量为代价，社会需要的是有质量保证的发展。我国是发展中国家，还要注重效益。

**（五）建设有中国特色社会主义高等教育**

我们要建设的高等教育要符合世界高等教育发展的一般规律，更要适应中国的国情、有中国特色。

综观世界高等教育的发展，其实是有一定规律的，逐渐演变出教学、科研、服务等社会职能。我国高等教育究其本质是满足公共利益需求、提供公共服务，是社会的公共事业。所以高等学校是现代社会中独立存在着的一类社会组织，如同政府、企业一样，有自己独特的使命，有自己的运行规律。高等教育发展需要适应当今国际社会经济发展、竞争的趋势以及国际科技、文化、教育的发展趋势，积极贯彻对外开放的方针，吸收和借

① 参见中共中央、国务院印发的《中国教育改革和发展纲要》，载国家教育委员会编《新的里程碑——全国教育工作会议文件汇编》，教育科学出版社1994年版，第74页。

鉴世界各国的先进经验和文明成果①。

高等教育发展还需有中国特色，与中国的社会、政治、文化、经济相适应。我们国家的地域差异非常大，文化传统、经济形态、地理环境各不相同，其他国家的先进经验也有一个水土不服的问题。高等教育的一般规律和中国的国情特色必须兼顾。

# 第四节　高等教育研究的价值

自改革开放以来，高等教育研究逐步兴起与快速发展，研究生队伍和从业人数已初具规模。如果进一步回顾改革开放以来的高等教育，就会发现成就巨大，并且没有发生过系统性的政策失误。就是说，高等教育在大的方向上一直是向前快速发展的，很少摇摆，更没有回头重来，这其实与一大批人从事着各层面相关的政策对策研究有关。高等教育研究在积聚教育事业前行共识中也促进了自己的发展。

## 一、教育研究的价值理性与工具理性

2020年，《高等教育研究》杂志走过了辉煌的四十年历程。在过去的岁月里，我国高等教育研究事业从"立"到"大"，正在向"强"迈进。杂志作为学术最前沿的高等教育学专业委员会会刊，记载和见证了这段历史。

_____

① 课题组编：《建设有中国特色社会主义高等教育理论研究》，高等教育出版社1993年版，第19页。

我于1987年通过研究生教育而进入这一崇高的事业，印象中在《高等教育研究》上发表第一篇论文的时间是1997年，题目是《如何实现高等教育资源的优化配置——对我国高等学校层次类别的剖析》，文章后被《新华文摘》全文转载，可见杂志的门槛之高、要求之严、影响之大。

教育是科学，也是经验，还是艺术；有一定规律，但也因人而异，需要因材施教；教育还具有上层建筑、生产力、文化等属性，是当今重大的民生议题，是国家社会建设的重要组成部分。对我们教育研究者而言，它既是学科，也是领域，还是一个个具体实践中的问题，具有很大的不确定性和一定的不可复制性，具有多学科的方法论。因此，教育研究是一项复杂的工作，既是"别人"，也是自己，会导致边界模糊、门槛较低。按理说复杂工作应该门槛高，这其实指明了我们今后的努力方向——进一步提高研究的专业性和科学性，在不断借鉴"别人"的过程中实现确立"自己"的转化。

那么，科学性的标准是什么呢？答案是价值理性和工具理性的结合。教育是有价值观的，因此具有方向性；教育需要合适的方式方法，方法论是教育研究要关注的内容。价值理性即强调目的、意识和价值的合理性，工具理性即强调手段的合适性和有效性，二者的结合、统一是未来教育研究追求的方向。

以个人之见，四十年来我国高等教育研究者经历了三代。第一代研究者的特点是价值为先、提炼规律，第二代研究者是有所追求、多学科介入，第三代研究者是知识系统、思想多元。目前，这三代研究者共同活跃在同一个学术舞台上。

第一代研究者的作用是开拓引领性的，他们在问题导向、制度建构、学科建设、方法探索等方面创造性地开拓出一席学科天地。他们直面改革发展问题因而赋予了高教研究生命力，重视队伍建设，倾心凝聚出一批志同道合者，善于提炼总结，努力使经验上升到科学层面，关注其他学科，注重从多方面吸取营养，观察世界实践发展，不断丰富研究的内涵，立足调查研究，重视为决策服务。这代研究者多是其他专业出身的学术领导干部，既是实践者也是探索者，有经验、有兴趣、有思想，总体属于经验提升型。

第二代研究者的作用是承上启下的，他们在理论梳理、实质研究、分析框架、学科壮大、国际交流、智库建设等方面功绩卓著。这代研究者也基本上出身于多学科，但经历了与教育学科相关的博士研究生训练，因此重视研究的科学性，重视在理论指导下建立分析框架开展研究，特别是大大增强了数量、实证研究的分量。他们也多是出于兴趣而转入高教研究领域的，因此比较敬业、比较投入、比较有事业心，也勇于创新，注重理论建树，有成就有思想者很多，是当今高教研究的中坚，总体属于多学科介入型。

第三代研究者正在形成，他们在学术领域的活跃程度正在增加，已有一批年轻的佼佼者正在崭露头角，总体属于系统理论型。他们一般都经历过完整的从本科到博士的系统训练，可以说完全是科班出身，学科功底比较扎实，这是其显著优点；缺点是思想性不足、实践不足，其求学、成长的过程不一定是受兴趣的驱使，因此与第一、二代相比研究的内驱力可能不足，对教育的实践、经验较少有深刻体验。

面向未来，第二代研究者将开启退出学术舞台主角的模式，第三代高等教育研究者更加任重道远，他们需要在思想超越和方法严谨上下功夫。第三代的努力方向也是未来我国高等教育研究的发展方位，这是一个很大的具有前瞻性的议题。主要内涵是：

其一，凸显价值引领作用。教育是需要价值观的，如培养时代新人、德智体美劳全面发展、办好人民满意的教育、实现教育公平等。在自然科学领域，可以有意外的发现，或提出假设然后证明；然而在教育领域，需要价值为先、预设目标。这其实是一种目标或结果导向，即由目标看问题、不断解决问题的过程，教育研究更多是研究过程或制度方案的规律。这也是教育思想是否正确、方案是否贴切的关键所在。

其二，增强研究方法科学性。方法有很多种，当前主要是加强理论与实践、定性与定量的结合，关键在定量研究和调查研究的科学严谨性上。现在定量研究的主要问题是浅尝辄止，比如做了个问卷得出个比例就好像完成了研究任务，就好像很"科学"了，其实这只是研究工作的开始。研究的目的是要解决问题，数据揭示出的分布现象、实证后被忽略的小变量等往往才是我们要解决的问题重点或奔向目标的障碍。教育研究应该在问卷抽样、聚类分析、模型运算等不同数量研究方法上，与实地调研、经验概况、理论分析、定性研究融合和体系化发展，形成自身严密的方法路径。

其三，培育建设性思维。教育政策研究的重点是找到解决问题的方式方法。这是一种思维方式，与教育活动通过过程达成目标的工作性质很贴近，与教育研究价值理性与工具理性的追求方向很一致。

## 二、以高水平教育研究促高质量事业发展

2023年是中国高等教育学会（以下简称"高教学会"）成立四十周年。四十年来，高教学会的影响力越来越大，在思想先导、战略论证、学理支撑、政策规划、实践指导、理论宣传等方面持续为国家高等教育的事业发展贡献力量。现结合自身工作，以学术的方式庆祝高教学会四十年来的不凡历程和辉煌成就。

### （一）我对高教学会学术工作的局部参与

我与高教学会的学术连接一是在其会刊《中国高教研究》上发表学术论文，最早的一篇是1996年的《从规模经济到范围经济——对21世纪中国高等教育发展模式的思考》，迄今共发表三十多篇，是在《中国高教研究》杂志上发表文章最多的作者之一，承蒙抬爱会刊也成为我发表论文最多的学术刊物；二是在20世纪90年代作为综合组成员参加了周远清副部长组织的多项工作性课题研究，周远清副部长到高教学会后我跟随过来也陆续参与了一些工作，如参加"改革开放30年中国高等教育发展经验专题研究"并撰写《高等教育管理体制改革篇》，参与"遵循科学发展，建设高等教育

强国"课题的一些评审工作，受命梳理撰写《从理论要点到高教强国和思想体系的研究——20年旨在影响高等教育实践的理论探索》等研究文章，作为副组长参加《中国特色高等教育思想体系研究》重大课题等。

随着时间的推移，我担任了《中国高教研究》编委会成员和高教学会的学术委员会委员，多次参加高教学会组织的优秀博士论文评审、课题评审等工作。2022年，在高教学会组建学术发展咨询委员会时，我有幸担任副主任和秘书长，深感自己未来的学术责任更大。

**（二）高等教育研究对国家事业发展的贡献**

改革开放特别是进入新时代以来，我国高等教育研究队伍不断壮大，理论供给和服务决策能力逐步加强，为高等教育事业的发展提供了有力支撑。

**1. 高等教育为国家发展提供了强大支撑**

作为探讨高等教育研究对高教事业发展贡献的基础，这里对党的十八大以来高等教育取得的巨大成就简单概括。

其一，高等教育发生了格局性变化。2022年，高等教育毛入学率达到59.6%，比2012年提高约一倍，全国拥有大学文化程度的人口超过2.3亿，新增劳动力平均受教育年限接近14年，即大学二年级水平。

其二，高等教育开启了教育模式变革。以扎根中国大地办大学为指引推动着办学模式改革，"双一流"建设成绩斐然，应用型高校发展效果明显，高等学校的特色内涵更加清晰。以教育数字化应用为手段推动着教学模式改革，促进着规模化教学安排下的个性化学习。

其三，高等教育已经成为经济社会发展的基础要素。高等教育与社会形成良性互动，多方位服务国家重大发展战略，创新能力持续提升。围绕高等学校形成了经济的创新链、产业链、价值链，大学开始走入社会中心。

其四，高等教育已经成为国家高水平开放的基本力量。高等教育主动打破封锁，参与全球治理，开展国际合作与交流。学历学位互认覆盖58个国家和地区，在册国际学生来自195个国家和地区，国际影响力持续提升。

留学回国人数占同期出国留学人数的比例超过80%，展示出国家和高等学校的吸引力。

**2. 高等教育研究越来越成为高教事业发展的保障**

多年来，高等教育把服务国家和社会发展作为职责使命。高等教育研究者与祖国共进、与时代同行，通过研究形成思想路径为教育事业的健康发展保驾护航。

其一，高等教育研究对教育的科学发展作用巨大。政策是形成共识的过程，我国的高等教育研究长期聚焦问题关注政策，为高等教育的科学发展作出了巨大贡献。

其二，高等教育研究不断助力教育模式变革。近现代以来，高等教育与产业结构、经济发展、社会进步密切相连，已成为时代变迁的创新源泉，教育模式随时代发展而升级变化。迈向数字时代，视觉三维空间叠加数字空间是人类未来的社会形态，新的教育模式变革已经开始。高等教育研究在如何发挥每种教学方式的优势，促进泛在学习场景等教育形态的改变，推动实现规模化教学与个性化学习相结合的教育模式，已有多方面的探索和实践，未来更加可期可盼。

**3. 高等教育研究与高教事业发展互动成效显著**

中国学科意义或制度意义上的教育研究，起源于师范教育，用于培养中小学教师。因此，师范教育的教育学，侧重在微观领域，如课程教学论。而高等教育研究，一开始就针对发展问题、致力科学发展，因此侧重于宏观领域。这就有了微观教育学和宏观教育学两个研究范畴的概念。

比较而言，高等教育研究与高教事业发展的关联度最高，对发展的推动作用最大，对解决现实问题的成效最为突出。研究发展战略，就明确了发展方向；研究体制机制，制度活力就有保障；研究区域布局，教育与社会的互动就能呈现；研究规模结构，事业的发展就平衡合理；研究一流大学，龙头牵引作用就强；研究教学改革，人才培养质量既有保证也与时俱进。改革开放以来高等教育发展的思路、方向、路径在总体上是清晰的。

基础教育对有些问题是缺乏研究的，如城市开发新楼盘，其实这涉及学校的布局和功能，问题发生是不可逆转的；而高等教育研究与发展相关的所有问题，看看各高等学校的校区校园建设就会有体会。职业教育的发展方向在本世纪以来发生过多次调整，说明在发展上有不清晰、不确定现象，在微观教学上也存在着较大的摇摆性；而高等教育整体发展方向明确、发展势头一直向好，几十年来没有发生过系统性失误。毫无疑问，高等教育事业发展的成就，及其对经济社会进步的支撑，有着高等教育研究的理论贡献和实践依托。

从理论层面来看：在高等教育研究领域，微观教育学以人的成长为主线展开育人活动，宏观教育学以教育的社会功能实现为主线围绕满足社会需要而展开，二者也都有着相应的制度保障。微观与宏观构成了高等教育学学科的整体框架，它们互为补充和支撑，都不可缺失。

**（三）未来教育高质量发展更加需要理论的指导**

我国经济社会已全面进入以高质量发展为主题的新时代，不同于农业社会、工业社会的数字智能社会也正在形成，国际格局的深度调整也正在发生，建设教育强国的号角已经吹响，教育的高质量发展是一个全新的课题。

**1. 教育发展复杂性的增强**

面对高质量发展主题，我们需要对相关教育理念、概念进行思考。

当今世界百年变局正在发生，科技革命深度推动产业变革，大国战略竞争加剧，高等教育的使命、形态、体系、模式等都将发生重大变化，需要在助力解决国家发展现实问题中不断前行。

面对未来的不确定性，高等教育研究的使命感在增强、前行的难度在加剧，更需要加深对规律的认识把握，以科学的教育理论指导高等教育的高质量发展和服务社会经济的高质量发展。

**2. 特别需要关注的两个发展点**

以扎根中国大地办大学和高水平对外开放为路径推动教育强国建设，是高等教育智库普遍关心的议题。高等学校在育人、办学主业中以培养时代新人、服务社会、争创一流为追求的常规性发展之外，还特别要加强对新赛道和自主知识体系的开拓，这也是高等教育研究共同体需要重点思考的内容。

其一，开拓产业经济新赛道。党的二十大报告指出："深入实施科教兴国战略、人才强国战略、创新驱动发展战略，开辟发展新领域新赛道，不断塑造发展新动能新优势。"在新一轮科技革命和产业变革的作用下，未来社会将进入以人工智能技术为牵引的数字时代。这是人类社会的一个全新时代，为我国从常规跟跑到变轨领跑提供了历史性机遇。高等学校有义务把开辟新赛道作为自己的使命责任，在发达地区助力创新及发展，在欠发达地区催生新兴产业。高等教育研究要积极探求新赛道规律，寻找新赛道路径，宣传新赛道意义，推动新赛道建立。

其二，构建社会科学自主知识体系。2022年4月25日，习近平总书记在中国人民大学考察时指出："加快构建中国特色哲学社会科学，归根结底是建构中国自主的知识体系。要以中国为观照、以时代为观照，立足中国实际，解决中国问题。"[①]我们要培养出堂堂正正的具有中华传统基因并有先进理论武装的年轻一代，并要从学理上讲好中国好故事，使中国特色哲学社会科学屹立于世界学术之林。高等学校特别是以人文社会科学为优势学科的"双一流"建设高校要以历史责任感领衔构建中国自主知识体系，将其作为"双一流"建设的重要任务和建设目标。高等教育研究既要服务构建中国特色哲学社会科学自主知识体系，又要率先推动中国教育学自主知识体系的实现。

### 三、高等教育学的知识逻辑

当前，我国正在加快构建以学科体系、学术体系、话语体系为基础的

---

① 新华社：《习近平在中国人民大学考察时强调 坚持党的领导传承红色基因扎根中国大地 走出一条建设中国特色世界一流大学新路》，载《人民日报》2022年4月26日。

中国特色哲学社会科学自主知识体系，教育学理论界围绕相关主题也在积极响应。高等教育学科发展历经三代学人，成绩斐然，特别是对改革发展政策产生深刻影响，目前也到了对自身知识体系进行理论重塑的关键时刻。

教育是培养人的活动。教育担负着造就堪当民族复兴大任时代新人的重要职责，而高等教育的育人规格是高级专门人才。理论上讲，时代新人的概念大于高级专门人才，但为了突出高等教育内涵，也可以把高级专门人才特别拎出来，由此高等教育学就具有培养时代新人和高级专门人才的双重职责。时代新人更突出思想政治属性，高级专门人才则体现专业水平特征。高等教育学的知识体系须重视育人的科学性，要特别注重知识内容的专业性和知识结构的学理性。

教育是现代社会的组成。高等教育学脱胎于教育学，发展于丰富的高等教育实践。教育学是师范院校的基本学科，主要培养中小学教师，因此以基础教育的教学论为重点，侧重微观。改革开放以来，我国高等教育事业飞速发展，高等教育培养的高级专门人才又极大地支撑了经济社会的发展，因此高等教育学的发展重视教育与社会的关系，侧重宏观。从实践结果看，高等教育研究的问题导向对高等教育的事业发展大有裨益。因此，高等教育学的知识体系建构，还应重视教育的社会功能，表现为教育在满足社会需要中的发展。

高等教育具有教学、科研、服务、文化、国际交流五大功能。高等教育学从主体看，是人、学校和社会，其中学校是面向社会依法自主办学的教育实施载体；从规律看，存在着内外部两个方面。依据知识的逻辑，可以把高等教育学分为微观和宏观两部分，分别围绕育人活动和社会功能实现展开。

高等教育学（微观）的逻辑起点是人，逻辑主线是人的发展，逻辑终点是学生成长成才。以育人活动为研究对象，把培养满足时代要求的高级专门人才作为本质要求，把教育规律渗入教育教学过程。为党育人，为国育才，突出培根铸魂和启智增慧，重视教学内容和教育模式改革，注重人工智能数字技术等先进科技的应用，实现培养时代新人和高级专门人才高度统一。内容范畴涵盖从育人到办学环节，包括教育本质、师生关系等核心概念，课程设置、教学安排等育人过程，理论、方法、模式、规律等学理框架，条件保障、运行机制等学校内部管理。

高等教育学（宏观）的逻辑起点是社会，逻辑主线是教育的社会功能实现，逻辑终点是教育与社会高质量契合。以教育系统的运行作为研究对象，把教育支撑社会发展作为本质要求，关注教育系统与社会各系统之间的关系及相互作用的规律。把教育作为社会的组成部分，推动教育履行社会功能并由此推动教育事业的发展。内容范畴由教育到社会，包括教育体制、教育公平等核心概念，教育与政治、经济、文化等社会关系，体系、投入、贡献等影响教育发展的因素。

高等教育学构建，涉及古今中外和未来，是在马克思主义指导下的共和国教育实践。高校要培养出堂堂正正的中国人，既有文化传统的基因，也有党对建设者和接班人的要求，还有世界最先进的理论和技术。知识建构过程要不断反思逻辑起点和逻辑关系，依据逻辑主线搭建内容。

### 四、校长要研究教育发展战略和管理规律

随着科技革命的到来与创新作用的凸显，教育、科技、人才对强国建设的支撑地位不断增强，有着雄厚专业背景的大科学家越来越多地走向大学校长岗位。这既体现了党和国家对人才的高度重视，也对高等教育事业发展本身有利，因为办大学需要真正懂业务、重规律、肯实干、有影响的学术大家来掌舵领航。

现代大学都已是庞大的综合体，管理活动极其复杂。既包括外部环境的多变，也有着内部结构的多元，还涉及利益关系的多面，尤其是自身职能的不断扩展和责任的不断增加。当社会处于稳定发展期时，大学的办学相对平稳，传统认识一般将教育的长周期性与校长风格的严谨性相关联。而当今社会处于变革发展期，国际动荡因素急剧增加、数字社会开始形

成、新领域新赛道不断涌现、高校多样化态势明显，大学新路的探索任务非常迫切，时代赋予校长的使命责任越来越大。责任需要时间和精力来保证，责任越大，要求越高，付出自然就要越多。

依据现代社会的分工原则，专业化是效率的基础。大学是一个高度专业化的组织，不仅学术工作是专业性的，而且行政工作也是专业性的。大学校长不再仅仅是学术意义的代表，更有着引领方向、把握大局、平稳运转的管理职责，责任重大、使命崇高、能力要求强。

大学校长在做校长前一般有着不凡的学术经历，甚至是一流的科学家，因为只有这样才能够服众且对学术工作有共情、对学术规律有遵循。但是，做了校长后便不宜再在业务上追求大发展，特别是不能再争做"一流科学家"。因为时间、精力、职责不允许，而且有可能影响到学术风气和创新质量——真正的创新是需要学术人员全身心付出的伟大事业。校长当然可以继续从事一定的科研活动，这对了解科技前沿、理解教师工作、把握学校方向有利，但不宜再去追求额外的学术荣誉。

校长的职责所在，要求其必须放弃专业成长的小我，而要有心怀"国之大者"及学校发展的大我，以崇高的政治责任感研究教育规律、了解世界大学和科学前沿议题，带领学校探索中国特色世界一流大学新路。大学校长进一步追求的发力点是：

第一，教育家。学生健康成长科学成才是大学教育的首要议题，当前培养什么人、为谁培养人的问题在思想层面已经很清楚，大学校长要特别在怎样培养人上下功夫。作为新时代高教改革的参与者和组织者，大学校长应当具有现代教育思想、熟悉办学规律、洞察时代需求，做有情怀、有思想、有作为的教育家，带领学校培养真正适应时代要求的富有创造力的时代新人。

第二，战略科学家。面对科技革命、产业变革、数字时代、逆全球化等挑战，大学需要将扎根中国大地和实施高水平开放相结合，支撑国家实现科技自立自强。校长需要具有时代敏锐性和发展前瞻性，能够在复杂局势中分析判断世界科技走向，依据国家需求和学校优势对大学学术方向、学科布局优化实施战略管理。

第三，管理专家。校长是高等教育事业的规划者，需要不断提升学校的发展能力；是学校任务的执行者，需要保证运行的协调有序；是学术品质的保障者，需要制定有效的制度安排；是外部关系的建构者，需要争取更多的社会支持。校长应具有较强的统筹协调能力，懂管理善经营，不断在市场和关系要素中解决发展难题。

（本章内容依序由以下论文节录、组合、改写而成：《教育思想理念的重大创新——关于教育事业发展规律的"九个坚持"》，载《中国高等教育》，2019年第2期；《教育的味道是思想》，载《留学》杂志2023年第09期；《未来我国高等教育人才培养的着力点》，载《北京教育（高教版）》2020年第6期；《我的高等教育理想》，载《高教发展与评估》2013年第4期；《塑造新型理想主义色彩的大学精神》，载《北京教育（高教版）》2013年第2期；《工匠精神就是让日常工作有美感》，载《北京教育（高教版）》，2023年第2期；《做事与做人》，载《北京教育（高教版）》，2022年第6期；《高等教育研究要以彰显中国之理为思想追求》，载《中国高教研究》2022年第6期；《高等教育跨世纪改革为新世纪发展留下的思想财富》，载《高校教育管理》2013年第4期；《从理论要点到高教强国和思想体系的研究——20年旨在影响高等教育实践的理论探索》，载《中国高教研究》2011年第8期；《教育研究的价值理性与工具理性》，载《高等教育研究》2020年第11期；《以高水平教育研究促高质量事业发展——庆祝中国高教学会成立四十周年》，载《中国高教研究》2023年第9期；《高等教育学的知识逻辑》，载《北京教育（高教版）》，2023年第7期；《校长难以再做"一流科学家"》，载《北京教育（高教版）》，2023年第8期。）

# 第二章

## 加快推进高等教育强国目标

    全面建成社会主义现代化强国是我们未来的中心任务，其中高质量发展是首要任务，教育强国建设是战略先导。高等教育位居建设教育强国的龙头，是实现国家高水平自立自强发展的重要支撑。相对于其他层次和类型学校，高等学校在聚合发挥"教育、科技、人才"合力作用时表现更直接、作用更集中，应全方位、全链条地支撑强国建设。70多年来，我国高等教育规模得到了快速有序的发展，水平得到了有效提升，办学形式逐步走向多样化，取得的辉煌成就举世瞩目，有力支持了国家的繁荣昌盛。

# 第一节　新时代高等教育发展的历史方位

我国已进入高质量发展阶段，构建新发展格局是战略选择，教育体系建设在教育高质量发展中具有牵引作用。这一时期，高等教育的地位在上升，"基础性、先导性、全局性"不断深化，"决定性、民生性"逐渐凸显，"支撑性"明显加大。受新时代特征、世界大变局、科技革命、教育普及化等因素影响，教育内涵开始发生深刻变化。高校要在国家需求中寻找发展方位，加强内涵发展，融入"双循环"，参与结构体系调整，开展教育模式探索。

## 一、高等教育的地位在提升

展望新时代，主要的主题词包括高质量发展、新发展格局、新发展理念、新征程、民族复兴、大变局、科技革命、创新型国家、主要矛盾变化、教育科技人才统筹推进等。在高等教育领域，关键词则主要有教育强国、普及化阶段、高质量教育体系、扎根中国大地、培养时代新人、线上线下混合式教学、"双一流"建设、应用型高校等。在这样一个充满挑战、变革和竞争的重要历史时期，高等教育的地位和作用得到了明显加强。

### （一）"基础性、先导性、全局性"在不断深化

1999年，党和国家主要领导人在党中央、国务院召开的改革开放以来的第三次全国教育工作会议上提出"各级党委和政府要切实把教育作为先导性、全局性、基础性的知识产业和关键的基础设施，摆到优先发展的战

略重点地位。"①这是具有时代意义的论断,"基础性、先导性、全局性"由此成为新世纪20多年来对我国教育地位与作用的集中概括。

"基础性"是根本的东西,表明无教育不行,正如党的十九大报告中所指出的"建设教育强国是中华民族伟大复兴的基础工程";"先导性"意味着先行先到和引领引导,教育、科技、经济、国家的渐次兴旺发达是世界中心迁移体现出来的教育和社会发展关系的规律,在现代社会里教育的发展更是孕育着新的经济产业增长点;"全局性"代表着系统、全面和整体,体现着战略意义的重大,是牵一发而动全身的,是纲举目张中的"纲",影响着全社会的方方面面。

新时代是党中央对我国发展新的历史方位的重大政治判断,教育发展的时代感、紧迫感更强,必须为实现中华民族伟大复兴提供坚强支撑,培养时代新人,教育的"基础性、先导性、全局性"依然存在并不断深化。"经济靠科技,科技靠人才,人才靠教育。教育发达—科技进步—经济振兴是一个相辅相成、循序渐进的统一过程,其基础在教育。"②"当今世界的综合国力竞争,说到底是人才竞争,人才越来越成为推动经济社会发展的战略性资源,教育的基础性、先导性、全局性地位和作用更加凸显。"③

**(二)"决定性、民生性"作用开始呈现**

新时代必然有新的特征进展,在高等教育领域就是对经济社会发展的"决定性、民生性"作用开始凸显。

"决定性"表明高等教育的地位作用更为关键,决定国力竞争的成败。习近平总书记多次阐释教育特别是高等教育的重要性,如2018年在全国教育大会讲话中指出:教育"对提高人民综合素质、促进人的全面发展、增

---

① 新华社:《江泽民文选》第二卷主要篇目介绍(2006-08-11)[EB/OL].中华人民共和国中央政府网. http://www.gov.cn/jrzg/2006-08/11/content_360417.htm.

② 习近平:《摆脱贫困》,福建人民出版社1992年版(2014重印),第173页。

③ 习近平:《在同北京师范大学师生代表座谈时的讲话》,载《人民日报》2014年9月10日。

强中华民族创新创造活力、实现中华民族伟大复兴具有决定性意义"。[1]同年在与北京大学师生座谈会上的讲话中指出:"高等教育是一个国家发展水平和发展潜力的重要标志。今天,党和国家事业发展对高等教育的需求,对科学知识和优秀人才的需求,比以往任何时候都更为迫切。"[2]可以说,没有教育的现代化就难成国家的现代化,没有教育强国就难有现代化强国,没有人民满意的教育就不可能满足人民对美好生活的需要,因此教育是国之大计、党之大计。面对未来国际竞争局势的加剧,创新成为制胜的法宝。高等教育是整个教育事业的龙头,是创新人才培养的主阵地和由零到一原始创新成果的孕育地,高等教育水平的高低决定着国家发展的未来。

"民生性"表明高等教育与社会的联系更加密切,甚至如同基础教育那样关系到千家万户。随着高等教育普及化的实现和不断前行,高等教育将成为重要的民生议题,入学机会、就业、区域协调、乡村振兴等无一不涉及高等教育,社会、教育、学校的局部细微小事对个人、家庭而言就是天大的事情。高等教育元素将渗透到社会的每一个人、每一个点,影响越来越广泛。提高质量、促进公平将长期成为高等教育发展需要直面的主题。

**(三)"支撑性"作用明显加强**

2023年1月12日召开的全国教育工作会议,在本年度主攻方向和重点任务中明确"着力发展支撑引领国家战略实施的高等教育"[3]。这既是对党的二十大提出的教育、科技、人才支撑地位的落实,也是对2022年全国教育工作会议提出的高等教育要以创新发展支撑国家战略需要的政策延续。

"支撑性"表明作用更为直接。当今世界并不太平,俄乌战争、科技封锁、贸易冲突、疫情变化等都影响着未来发展的走势,在这个地球村里人们已很难独善其身。简单化理解其实是一个"生存链"问题,有着后发国

---

[1] 习近平:《在全国教育大会上的讲话》,载《人民日报》2018年9月11日。
[2] 习近平:《在同北京大学师生座谈会上的讲话》,载《人民日报》2014年5月5日。
[3] 加快建设高质量教育体系 办好人民满意的教育2023年全国教育工作会议召开,教育部官网2023年1月12日。

家追求美好生活与发达国家霸权守成的矛盾。对我国而言，人民的幸福、社会的和谐、国家的强盛是健康持续发展的基础，更是和平安全前行的实力和定力。在未来智能化的三维物理空间与变幻莫测的数字空间里，谁走在了前列谁就赢得了时代，技术的差距使得国与国的竞争将如同"隐身人"与"透明人"之间的搏击。

国家对教育、科技、人才的重视其实是源自发展对创新的期盼，高等教育唯有以创新为己任才能不负时代，才能支撑得住国家的发展要求。高校理应成为创新活动的活跃极，如何有所作为、大有作为将成其履职尽责支撑使命的关键。

## 二、高等教育的内涵在变化

立足新发展阶段、贯彻新发展理念、构建新发展格局、推动高质量发展是新时代国家社会经济发展的要义。时代之变、环境之变、基础之变、地位之变，必然会引发高等教育的办学内涵和发展方向之变。

### （一）深刻理解新时代高等教育内涵的变化

新中国成立以来，我们通过学习借鉴苏联、欧美等世界各国的高等教育经验，结合自身的政治经济文化特点和发展阶段特征，逐步建立起了适应每个阶段社会主义现代化建设需要的、世界上最大规模的高等教育体系，并通过"211工程"、"985工程"、"双一流"建设、现代大学制度建设、应用型高校转型发展等对世界高等教育的发展规律有了比较清晰的认识。截至目前，可以说世界上任何一种有典型意义的高等教育模式都有中国学者进行研究，在我国的3000余所高等学校里都开展过多层面局部的尝试探索。

独特的历史、文化、国情、时代决定了我国高等教育最终要走自己的发展道路。2014年5月，习近平总书记在北京大学师生座谈会上指出："世界上不会有第二个哈佛、牛津、斯坦福、麻省理工、剑桥，但会有第一个北大、清华、浙大、复旦、南大等中国著名学府。"①提出了扎根中国大地办大学的重要命题，指明中国的教育必须按中国的特点和中国的实际，表明新时代高等学校的面向、内涵、模式将发生重大转变。

进一步概括而言：六七十年来，我们对世界上高等教育先进的经验模式都有过相应的学习借鉴，当今我们迈向了实现中华民族伟大复兴的新征程，高等教育在向更高水平迈进中需要创新自己的模式，以美国为代表的西方国家对我们的打压封锁也使得我们明白要走好自己的道路。办学和育人是高等学校的永恒主题，而时代正在赋予其新的内涵特征——新时代的办学即扎根中国大地办大学，新时代的育人即落实立德树人根本任务，教育评价要做好导航护航工作。

**（二）深度融入"双循环"新发展格局**

面对中美冲突加剧、全球疫情暴发，逆全球化思潮兴起的局势，在大变局中助力中华民族伟大复兴，是高等教育的使命和责任。中国作为一个与西方资本主义国家走不同发展道路的发展中的大国，以维护经济安全为基础推动社会稳定发展已成为基本的政策取向，为此需要丰富健全自身产业体系，实现满足内需和走向世界的结合。习近平总书记在2020年5月23日看望参加政协会议的经济界委员时指出，要"努力在危机中育新机、于变局中开新局""逐步形成以国内大循环为主体、国内国际双循环相互促进的新发展格局"②；在2020年9月22日的教育文化卫生体育领域专家代表座谈会中，提出"人力资源是构建新发展格局的重要依托""加快突破关键核心技术，是构建新发展格局的一个关键问题"③。党的十九届五中全会进一步提出把加快构建"双循环"新发展格局作为"十四五"时期经济社会发展

---

① 习近平：《在同北京大学师生座谈会上的讲话》，载《人民日报》2014年5月5日。

② 人民日报评论员：《在危机中育新机 于变局中开新局》，载《人民日报》2020年5月25日。

③ 习近平：《在教育文化卫生体育领域专家代表座谈会上的讲话》，载《人民日报》2020年9月23日。

指导思想的重要内容。

就内循环而言我们需要思考：在经济上，面向高收入经济体未来和完整工业体系链条，需要着力发展让人民受益的产业；在社会上，面对主要矛盾变化，积极推动区域平衡，缩小城乡差距，解决好人口流动问题；在政治上，加快推进治理体系与治理能力现代化建设，满足信息社会发展和社会主义强国建设的需要；在文化上，以新发展理念推动社会和谐、精神文明、自然生态，使人安居乐业。面对未来发展，高新技术产业和民生产业同样重要。

就外循环而言我们需要思考：在经济上，主动应对逆全球化挑战，积极参与国际竞争，理性推动开放大业；在政治上，面对冲突加剧，用智慧打破封锁；在科技上，融入科技革命和产业变革，推动创新发展和应用；在文化上，通过构建人类命运共同体理念，宣传和推广我们的先进文化。面对未来复杂国际环境，美国越是封锁，我们越要开放。

高等教育要主动融入新发展格局，面向产业链、消费链各环节，聚焦创新能力不适应高质量发展要求、民生保障短板、区域发展不平衡、美国科技封锁加剧等影响经济走势的重大问题，发挥自己的知识、智力、人才等创新优势，主动调整学科专业结构和体系关系，强化国内生产供应链的韧性、积极参与全球分工产业链调整，在实现关键核心技术突破、发展战略性新兴产业、壮大实体经济、实现乡村振兴、推动高水平对外开放、增强文化软实力等建设现代化经济体系等方面发力，助力产业基础高级化和产业链现代化水平的提高，推动经济价值链的完整性和高端化实现。

在这种情况下，高等教育的模式在调整，体系建设的任务在加重，我们需要通过评价改革引导高校高质量发展。在地位提升的过程中，高等教育需要把工作做实，特别是提升质量特色，以春风化雨致绵绵入心达久久为功。

# 第二节　高等教育服务国家建设不断升级

1949年以来，国家推动高校发展有三类宏观上既一以贯之、又与时俱进的政策方向：一是高校的重点建设，从重点高校、"211工程"、"985工程"到"双一流"建设，逐步建构起高等教育的层次结构；二是高校的门类调整，通过建国初的院系调整、世纪之交的综合化改革、研究生专业学位与高等职业教育的发展等，建构起我国高等教育的类别结构；三是高校的布局优化，从计划经济时期按大区设置高等学校，到社会主义市场经济体制时期省域高等教育的快速发展及国家对口支援政策的实施等，逐步完善起高等教育的空间布局。

## 一、新中国成立后高等教育迅速满足了国家经济建设要求

建成独立而完整的工业体系，使国民经济迅速恢复和发展，是新中国前20多年取得的伟大历史性成就。旧中国留给共产党的就是一个烂摊子，一穷二白、百废待兴，人均寿命35岁、人均国民收入27美元、文盲率高达80%以上，而到改革开放前，中国已成为世界第六大工业国。在那个时代，工业化就意味着现代化，高等教育在其中发挥的作用功不可没。

1949年末，我国大陆的高校只有205所，在校大学生约11.7万人[①]，高等教育虽然规模很小，但体系混乱、科系庞杂、质量不齐。为了迅速适应

---

① 改革开放30年中国教育改革与发展课题组：《教育大国的崛起》，教育科学出版社2008年版，第179页。

日益增长的社会主义建设的需要，高等教育发展必须抓住重点，以带动全局、支撑国家建设。期间实施的院系调整涉及全国绝大多数高校，明确了综合大学和专门学院的性质任务，尤其加强了工科院校建设，高等学校形成了按学科或行业门类设置的基本特点。高等学校开始计划性地按专业对口为国家建设培养专门人才，1953年本科专业种数为215种、1957年为323种、1965年为601种，发展很快，迅速有序地满足着国家建设的需要。高等学校也形成了按区域设置的基本布局，在管理体制上形成了中央直属高校、行业部委所属高校和地方高校三大条块的格局。

这一切，使得高等教育成为国民经济计划的有机组成部分，适应了当时经济恢复与建设的需要，打破了帝国主义对我们的封锁，也奠定起共和国前50年高等教育系统的基本格局。

### 二、改革开放推动了高等教育与社会的共同繁荣成长

高考改革和出国留学，既拉开了教育改革开放的序幕，也使得教育成为国家改革开放基本国策的先行者。这一时期，高等教育经历了世界知识经济的挑战和国内市场经济的变革，以体制改革为核心，迎来了高校扩招、一流大学建设、办学模式多样化、高职教育发展、现代大学制度建设等翻天覆地的变化，搭建起适应社会主义市场经济体制需要和满足自身发展要求的"四梁八柱"。

改革开放初期，为了迅速提高高等教育的水平，尽快改变教育事业与社会发展严重不相适应的状况，国家重新恢复了全国重点高校建设，之后评选了重点学科点，启动了"211工程"和"985工程"建设。这一系列重点建设政策的实施，极大地提高了一批大学的水平，犹如建立起一支大学"国家队"，还有力地带动了我国高等教育事业的整体发展，为国家未来的世界科技竞争赢得了先机。

为增加教育的活力，20世纪90年代高等教育进行了轰轰烈烈的体制改革，并以1998年国务院机构改革为契机使改革取得了突破性的进展，构建

出新世纪我国高等教育基本的体制模式。高等教育的两级管理体制极大地激发了地方发展高等教育的热情，有效地改善了高等教育的布局结构。同时，还进行过多轮高校内部管理体制改革，世纪之交之后改革的重点逐步转向现代大学制度建设，这其实也是市场经济条件下对体制机制改革的一种深化。

随着科学技术发展和市场经济变革，教育开始强调人才培养的基础性和适应性。伴随着体制改革的突破，大学开始了综合化的探索，以适应社会、科技、学科发展更加综合复合交叉的要求；高等学校迎来了扩招的浪潮，民办高校、独立学院、中外合作办学、职业技术学院等多种办学形式开始涌现或迅速发展。而在本科专业建设上，经历了多次调整，如自1982年起经过5年调研于1987年公布的专业目录将原有的1343种专业调整为671种，自1989年起经过4年调研于1993年将专业种数调整为504种，从1997年4月到1998年7月进一步将专业数压缩为249种。2012年又建立起新的专业目录，实行了专业的动态调整机制，以进一步适应科技和社会需求的变化，并完成了本科专业目录与2011年颁布的研究生学位授予目录的协调一致工作，"十二五"期间研究生专业学位也开始进入快速发展的通道。此外，自20世纪90年代中起步起来的职业技术学院，后经高校扩招、示范校骨干校建设等，高职教育成为高等教育的"半壁江山"。高等教育的类型结构得到了极大的丰富。

高等教育不仅自身的发展令世人关注，而且与改革开放几十年中国经济的高速稳定增长共进共荣。对此，我曾经专门做过计算：从1978年到2013年，以当年价格得出我国国内生产总值增长了155倍，年均增长15.52%，与此同时普通高校本专科教育规模增长28倍，年均增长10.08%；同期国内生产总值与普通高校毕业生数之比，每间隔5年算出的数据分别为2.22、1.78、2.72、6.19、10.17、7.23、6.13、8.91，大致在一个数量级范围内浮动，说明了二者的基本匹配，表明高等学校适时向社会输送了建设人才，在竭力满足经济发展的需求。

### 三、新时代高等教育把服务中华民族伟大复兴作为重要使命

进入新时代，高等教育发展的"四梁八柱"已经有了，开始全力转向以提高质量为核心的内涵式发展。培养担当民族复兴大任的时代新人、为中国特色社会主义强国建设提供有力支撑、不断满足人民对美好生活的要求，成为高等教育神圣的历史使命。

2015年10月国务院印发的《统筹推进世界一流大学和一流学科建设总体方案》开宗明义地指出："双一流"建设是党中央、国务院作出的重大战略决策，对于增强国家核心竞争力、奠定长远发展基础具有十分重要的意义。"双一流"建设特别提出要重视人才培养工作，并通过召开全国高校本科教育工作会议及实施"双万计划"等具体行动来带动所有高校追求"一流本科教育"，追求高质量发展。

这一时期，高等教育坚持"扎根中国大地办大学"，主动应对新一轮科技革命和产业变革，着力解决影响经济社会发展的重大关键问题，并积极推动一批普通本科高校向应用技术类型转变，大力发展专业研究生教育，积极构建学习型社会；积极面向国家区域发展战略需求，在雄安新区、海南教育创新岛、长三角和长江经济带、粤港澳大湾区、东北振兴及中西部开发、"一带一路"建设等方面着力构建教育的参与战略，以加强高等教育与国家主体功能区发展的深度融合；重视缩小发达地区和落后地区的教育差距，加大省部共建高校工作，加强重点高校对农村和贫困地区的招生倾斜，支持引导东部地区高校加强对西部地区高校的对口支援工作；积极推动信息技术、人工智能赋能教育发展，探索布局新工科、新农科、新文科、新医科和人工智能学院的专业建设，不断丰富高等教育的发展形态。可以看出，高等教育在继续重视规模、分类、布局发展的同时，更加重视质量、公平、战略、融合、体系、协同建设，与社会的适用性更强，对国家发展的支撑力更强。同时，也不断加大开放力度，积极推动教育与世界的合作，如开展专业认证的国际接轨及学科论证的国际参与、探索多种形

式的海外办学等，引进来与走出去相结合，开始重视贡献中国智慧，提出中国方案。

### 四、以教育现代化助力强国建设

加快教育现代化，是党的十九大报告对教育的要求，也是建设社会主义现代化强国的需要。教育在发展，社会对教育的要求也在提高。作为一个后发型国家，教育现代化是一个有着目标指向的发展过程，外部目标体现在支撑社会主义现代化强国建设和满足人民对优质教育需求上，内部目标主要是建设教育强国和实现人的全面发展。

教育现代化首先是人的现代化。教育是使人社会化和不断自我完善的基本手段，在中国特色社会主义发展新时代，人决定一切；在教育全面普及化新阶段，需要更加聚焦人的本质内涵。"培养什么人、怎样培养人、为谁培养人"是关乎国之未来、党之未来的根本问题，培养一代又一代拥护中国共产党领导、践行社会主义核心价值观的接班人是教育的神圣职责；未来的接班人不仅要有伟大理想、道德情怀和社会责任感，还要有决胜未来的能力，因此要把理论知识、实践能力、创新思维培养贯穿教育全过程；体育锻炼体魄、美育丰富感知、今日的劳动教育就是孩子们未来的工作和生活，不仅如此，它们还共同对年青一代价值观的形成、智力和身心发育产生影响。这就是德智体美劳全面发展，是党的教育方针的组成部分。为了实现人的现代化，需要以先进教育思想为引领，加强教育内容方法改革，推进教育治理体系和治理能力现代化，重视教师队伍建设，它们也构成了教育现代化建设的主要内容。当然，更需要坚持以人民为中心，把人民对美好教育的向往当作奋斗目标，这是我们发展教育的根本立场。

教育现代化必须尊重教育规律。青少年的受教育阶段，正是其身心发育长成的重要时期，有着不同的身体发育阶段和学习活动敏感期。成长过程是循序渐进、逐步提高的，教育活动应符合成长规律，在正确的时候做正确的事情，不能揠苗助长。例如，该孩子10岁时学的东西，你让他7岁学了，事倍功半且不说，还极有可能影响孩子正常的身心发育及抑制好奇心、形象思维、创新力等，看似超前和好意，其实是好心办坏事。就像一棵果树，从幼苗开始，浇水、施肥、嫁接、修枝、开花、结果、防虫、收获环环相扣，该用力时不用力不行，不该用力时瞎用力也不对，用对了力、做对了事才能结出丰硕的果实，恰到好处才能事半功倍。需要科学论证青少年身体、心理、智力发展的阶段特征，分段制订成长标准，以此作为发展素质教育的自然科学依据；然后再依据成长标准确立各学段的教育活动重点和教育内容模式，制定满足符合不同层次和类型教育特点要求的学校标准、学业标准和课程标准，在认知能力、身心发展、社会责任等方面提出相应要求。教育不仅仅是教室、课堂，现行教育教学活动与规律、标准不一致的地方，就是今后的改革内容。

教育现代化必须支撑国家发展。当今中国最鲜明的时代主题，就是实现"两个一百年"奋斗目标、实现中华民族伟大复兴的中国梦。广大学生恰逢其时，人生的黄金时期同建设社会主义现代化强国奋斗目标的实现完全吻合，将全过程参与完成这一伟大历史进程，乃人生之大幸，但也不能关键时期掉链子，教育的历史使命和责任重大。逐步由工业化进化到后工业、知识经济社会，教育逐步从精英阶段发展到大众化和普及化阶段，各国也都逐步形成了与本国经济社会相适应的教育结构体系，教育与社会的匹配程度越高，国家发展就越健康。新一轮产业革命蓄势待发，科技发展前景将远超现时的认知，人工智能等重大技术创新将重构经济产业业态，经济增长模式由传统要素和投入驱动向创新驱动深度转型，面向未来不变的就是变化本身，创新创造创业成为发展的关键。教育发展还需要面向国家发展的重大战略，着力解决影响经济社会发展的重大关键问题，加强教育与主体功能区的深度融合，加强教育的扶贫扶智扶志工作，以信息化推进教育现代化，积极推动人工智能赋能教育发展。一代人有一代人的长征，一代人有一代人的担当，把小我融入大我，才能作出这代人的历史贡献。

# 第三节　高等教育支撑国家技术创新需要整体架构

自国家"科教兴国"战略实施以来，高等教育的重要性逐步得以凸显。之后，政府在国家层面陆续提出了人力资源强国、创新型国家建设、中国制造2025、创新驱动等重大发展战略，在高等教育领域实施了一流大学建设、高职院校示范校建设、新建本科院校转型发展等重点专项建设，高等教育的规模更是快速增长。教育发展与国家战略是呼应和匹配的，此外我们还一直进行或逐步开展着工程教育改革、产学研结合、大学科技园建设、专业学位发展、现代职业教育体系建设等探索。我们的每一项改革探索都是针对问题切中时弊的，高等教育应该能够很好地满足社会需求，但事实却不尽然。

## 一、高等教育改革存在着碎片化倾向

我国高等教育发展的巨大成就是有目共睹的，如毛入学率迅速提高、发表论文数飞涨、世界大学排名不断出现惊喜等。期间也出现过一些争议，如质量、特色、行政化、债务等，但政府通过质量工程、卓越计划、专业学位、现代大学制度建设、加大投入等措施，"逢山开道、遇水造桥"都一一予以化解。只是当"钱学森之问"、毕业生就业难、学术腐败造假等更深层次问题呈现出来之后，社会、学界开始了新的反思，也提出了诸多解决问题的思路。于是高等教育又开始了综合改革，处于改革的深水区和攻坚期。

**（一）什么是改革的碎片化**

直观地说，改革的碎片化就是头痛医头、脚痛医脚，改革拘泥于就事论事。

说高等教育改革存在着碎片化倾向，可能会有争议。如从20世纪90年代开始，科教兴国战略、高水平大学建设、素质教育、创新型国家建设、现代大学制度建设等，创新和上水平的指向是明显的；另一条线是应用和面向经济建设，思路也十分清晰，如高职院校的建立和发展、人力资源强国战略、专业学位发展、新建本科院校转型发展、创新创业教育等。当然，这是以后期来看的梳理。

如果我们换个角度，就会发现从2010年《国家中长期教育改革和发展规划纲要（2010—2020年）》颁布之后的几年，高等教育改革发展的主题词其实存在着漂移，如质量公平、去行政化、章程建设、内涵式发展、综合改革、治理现代化、转型发展、创新创业教育等。这些主题词虽然有着极大的相关性，但它们毕竟是不同的词。

这就遇到了一个问题，改革的主线条是什么？当我们进入到深水区和攻坚期后，事情变得复杂起来、问题开始增多。是就事论事解决问题，还是整体规划抓大放小，需要我们思考。

**（二）改革碎片化如何产生**

产生碎片化的原因众多，归纳起来主要有：

一是改革的头绪繁多。在过去的20年，我国经历了从传统计划经济向社会主义市场经济体制的转变，和从经济欠发达国家向中等发达国家的迈进，高等教育也经历了从精英教育向大众化教育中后期的跨越。社会、经济、教育都处于转型期，面对的情况十分复杂。头绪多需要解决的问题就多，改革的面、点就多。

二是政府由具体的部门组成。政府是一个笼统的概念，其实是由具体的部门和个体的人组成的。个人和部门都有做好本职工作的愿望，发展的速度又快，改革措施不可避免就多。对改革的初衷毋庸置疑，可以说每一项改革出发点都是好的，而且改革的结果也都不错。但多种改革齐头并进会增加人们的忙碌感。

三是预算体制需要有项目。现在人们对"项目"的议论很多，其实它是合乎现行规定的制度选择。我国预算方式是基本支出加项目支出，基本支出覆盖了正常运作所需的一切费用，想多做事就要申请项目。所以说，项目制不是懒政，而是勤政，是想多做事的标志。

那么问题来了：既然都是积极的因素，可为什么又进入到深水区和攻坚期，出现"钱学森之问"和毕业生就业难呢？答案是单项都对，可放到一起可能就出问题了，因此需要综合改革。打个比喻说，正常情况下纲举目张能够打到鱼，可当每个网眼都被一根根线抻着，过会儿还想看看有鱼没有，结果鱼早就被抖动的千丝万线惊跑了。局部对的事情，放到整体就不一定对了。

**（三）解决问题的方向在哪里**

当前，改革与发展面临的问题很多，这些问题都是重要和棘手的，因此都需要解决。但如何解决却有个层次问题，不能胡子眉毛一把抓和只见树木不见森林，而要先见森林再见树木，即小原则遵从大原则。高等教育的大原则一是要符合教育规律，二是要满足社会需求。而在高等教育日益多样化的今天，统筹设计就成为统领性的制度安排。

对高等学校的整体设计需要兼顾创新型国家建设、制造业大国和学术型人才培养、应用型人才培养等一系列的社会需求，还需要考虑学校的特色、自主办学权力和发展积极性。之后，不同学校的办学模式、教学模式和治理模式也应该是有差异的。

政府在完成对高等学校的宏观统筹设计后，就要放手让学校依法自主办学，实行目标管理，即所谓的"宏观有序、微观搞活"，这一步的经费支持主要靠基本支出预算解决。此后，主管部门去发现学校好的做法好的点，仍然可以通过项目来支持，仍然需要有工作抓手。只不过这些项目不是千篇一律的，也并不一定要求别的学校来学习，这应该成为今后重点建设工作的新的模式。其结果必然是：好的标准逐步多元起来，政府的工作更加有效和获得拥护，学校的办学积极性得到激发，社会需求通过市场的决定性作用而得以满足。

在高等学校的体系环节中，推动国家、产业、企业技术创新和应用是过去发展的弱项，今后需要特别加强和给予政策关注。这也是国家现代化的基础。

**二、世界主要国家推动技术创新的典型做法**

进入工业化以后，大学走出了象牙塔，高等教育成为国家经济发展的重要支撑，各国也主动通过制度安排和政策引导来加强这种支撑作用。

**（一）由社会服务功能而催生的美国研究型大学**

美国是当今世界第一经济、科技和高等教育强国。由于教育权在州和推崇市场导向，其多样化高等教育特征明显，研究型大学、州立大学、专门学院、文理学院、社区学院等特色鲜明、优势互补。在世界流行的知名大学排行榜中，美国的研究型大学居于绝对的领军地位。需要明确的是，美国的研究型大学不是写论文写出来的，而是为社会服务干出来的。只不过随着社会、经济、科技的不断进步，大学成为创新之源，教师自然有论文可写、可发而已。

大家知道，高等教育的第三功能是美国的发明，美国教育的哲学基础是实用主义。赠地法案的主要内容就是以赠地的方式推动大学为本地区的农业开发推广服务。美国大学开展科学研究工作比英国、德国都晚，1862年耶鲁大学第一次授予自然科学博士学位和1876年约翰·霍普金斯大学首先创办研究院，标志着大学制度性开展研究工作的开端。直至二战前，科研主要依据教师个人兴趣，当作研究生教学工作的副产品，规模较小。例如，在二战前的1400多所高校中，只有180余所开展研究工作，全部研究经费尚不足5000万美元[①]。

二战期间，总统罗斯福根据国家备战的需要决定大力开展科学研究，于1940年成立了国防委员会，后改称为科学研究与发展局。二战刚结束，罗斯福即责成局长布什规划战后美国科研体系，著名的《科学——无止境的疆界》国家政策报告由此诞生。报告指出国家利益要求把科学放在中心位置，联邦政府必须清除一切阻力，坚持对大学实行资助。之后，联邦政府作出重要的政策性决定[②]：加强对科研的投资，特别是加强对大学的资助，从而开创了大学研究的繁荣时期。

聚焦美国大学科研对技术进步的贡献，以下三种国家政策行之有效，从思路上讲也比较务实，大大提升了大学的研究实力与活力。

第一，政府与大学通过项目合同推动研究。如根据《1940—1944年政府战时研究与开发报告》，约200所学校与政府签订了研究合同，资金高达2.34亿美元，其中麻省理工学院6600万美元、加州理工学院4000多万美元、哥伦比亚大学1900万美元、哈佛大学1500万美元[③]。美国大学的研究经费主要来自国家科学基金会（NSF）和政府的其他部门，如国家航天局（NASA）、能源部（DOE）等，占总研究经费的一半以上。

第二，在大学建立国家实验室。美国只有为数很少的国家实验室，而这些实验室一般都附属于大学[④]，如仅加州大学系统就接管了三个国家实验室，各类人员有18000多人[⑤]。许多国家实验室本身其实就是以大学实验室

---

① 马陆亭：《科学技术促进中的高等学校架构》，广东高等教育出版社2006年版，第49页。

② 丁小义，潘申彪：《1980—2000年美国的科技政策》，载《消费导刊》2007年第9期。

③ J.L.Penik.Jr，ed.The Politics of American Science.1939 to the Present[M]. MIT Press，1972.52

④ 马克·尤道夫：《大学与经济发展：包括校友会的运作和筹款》，载《中外大学校长论坛文集》，高等教育出版社2002年版，第187页。

⑤ 马万华：《美国公立研究型大学管理机制分析》，载《中国高等教育》2005年第13、14期。

为基础而发展起来的，如当初加州理工学院的冯·卡门教授成功地说服军方资助实验室，使美国的火箭技术在二战中发挥了很大的作用，并在此基础上建立了喷气推动实验室。将国家实验室建设在研究型大学，有利于发挥学校学科门类多、研究生力量强、学术制度规范的优势，使大学进入国家技术创新体系核心而服务国家战略目标；同时，也为大学带来了前沿需求和资金，改善了大学的面向和条件。国家实验室有的依托一所或几所大学设立，也有的在一所大学设立多个。因体现国家战略，政府对它们的投入都十分巨大，如1995年就有53亿美元的联邦投入进入依托大学管理的国家实验室。

第三，推动大学对小企业开展技术转让。20世纪70年代经济危机后，政府减少了对大学的资助，也激发了大学研究的新的发展思路。1980年，《拜杜法案——大学、小企业专利程序法》的诞生，标志着美国技术政策的重新调整。该法案使得大学拥有了政府资助研究项目成果的知识产权，要求大学积极向小企业开展技术转让，成果研究者可获得一定比例的转让费。该法案改变了大学与工业的关系，通过专利转让架通了研究与产品的桥梁，如从1985年到2001年，高等学校获专利数从589项上升到3721项，签订技术转让合同4058项[①]；也改变了政府、大学、企业的关系结构，进入到良性循环阶段，如从1960年到1995年，联邦政府对R&D投入占比从64.7%下降到35.6%，而企业投入占比则从33.5%上升到59.4%[②]。

**（二）日本"科技创新立国"中的产学官合作**

战后至20世纪90年代，日本曾经分别实行过"贸易立国"和"技术立国"政策，逐步完成了从资本密集型向技术密集型的产业结构调整，这是基于其当时经济地位及国内市场狭小、自然资源匮乏的岛国特点而作出的合理选择。适应这种选择，日本向欧美发达国家看齐，实行拿来主义、技术模仿，迅速成为世界工业化强国和经济大国。期间，高等教育经历了

---

① 南佐民：《拜杜法案与美国高校的科技商业化》，载《比较教育研究》2004年第8期。

② 沈红：《美国研究型大学形成与发展》，华中理工大学出版社1999年版，第186页。

"专门学校取消向美国的大学模式过渡，后因技术人才的需要，专门学校、高等专门学校又得到极大发展"的过程。

在达到20世纪80年代的鼎盛时期之后，追赶型经济的发展模式遇到了挑战方向，其大学体系的创新力在国际上也毫无优势可言。大学与企业的关系也割裂严重，如"七十年代至九十年代末，产学官合作专利数仅6988个，占专利总数876万个的0.8%。"[①]1995年，日本国会通过《科学技术基本法》，将科学技术创新立为国策，目标是由技术追赶型国家转变为科学技术领先型国家，实现经济增长方式由工业兴国向科学技术创新兴国的战略性转移。此举这可视为其建立国家创新新体制的开端。

为落实科学技术创新立国论的理念，日本政府制定了一系列的法规、计划和政策。如制定了《科学技术基本计划》，进行了资源重点配置调整和科研体制调整，以提高科学技术创新能力和效益。为此，提出了建立30所国际一流水准大学的目标，竞争产生，重点投资，实施研究生院重点化，加大竞争性投入力度；提出要加速科研成果产业化，大学专利的企业化要在5年内从70项提高到700项，要在10年内建成10个以上"硅谷"式的高新产业区等。20世纪末文部省还通过《未来研究计划》，在不同大学建立了21个风险企业实验室，以加强大学和企业的联系、促进新技术的开发。

日本非常重视大学以技术转移为核心而对社会的贡献，主张知识文化价值创造和社会经济价值创造共进，倡导通过产学官合作及技术转移机构将研究成果回报社会。例如，在2003年通过的《国立大学法人法》中，即把促进"研究成果的应用"列为大学的重要业务，产学官合作还被列为国立大学法人化的一个重要机制。在产学官合作的具体推进过程中，一是通过立法、行政和财政手段引导企业和大学的主动合作，二是将产学官合作作为大学自身提高竞争力的举措。

---

① 玉田俊平太：《产学官合作是万能药吗》，载日本经济产业研究所（RIETI）《研究与评论》2008年第6期。

### （三）法国工程师学校的精英地位

应用型高校的最早源头是技术学校，法国的工程师学校和德国的工业大学均发端于此。工程师学校在法国的地位甚至还超过了综合大学，是另外一种类型的世界一流大学。

法国的巴黎大学是学界公认的现代大学的起源，但在历史的长河中其发展是中断和割裂的。创办于"旧制度"末期的大学校，是战前法国高等职业教育的主要场所，并逐步演变为精英教育的摇篮[①]。从18世纪起，出于争夺海外殖民地战争和培养工程人才的需要，政府陆续创办了炮兵学校（1720年）和路桥学校（1747年）等[②]实用技术学校。后来之所以称它们为大学校，一是有别于当时名声不好的大学，二是有别于实施普通教育的学校。目前，大学校隶属于国家不同的工业部委，有点像我们过去的行业部门办学，规模很小，地位很高，培养行业精英人才。大学校是这类学校的统称，工程师学校是其主体，其他的还有商科、行政管理等。

### （四）德国工业大学、应用科学大学和职业教育的体系呼应

谈及德国的教育，大家很容易联想到它的"双元制"，但这是职业教育的模式，特别是在中职阶段。其实，在欧债危机后德国的经济为什么能领跑整个欧洲，并率先提出智能制造4.0版？得益于其强大的实体经济，以及工业背后的大学、工业大学、应用科学大学、职业教育等系统人力和科技支撑。

德国大学产生于中世纪晚期，比意大利、法国约晚两个世纪。1810年以教学与研究相结合而创建的柏林大学后来还成为现代大学的雏形，但大学仍以文理学科为主；之后，科学与工业开始结合，工业界对先进教育的需求推动了工业大学的建立。这是洪堡大学教育思想与法国工程师学校组织原则的结合，即强调技术的理论系统化，在促进科学与技术的联姻上起

---

① 黄福涛：《外国高等教育史》，上海教育出版社2003年版，第208页。

② 高迎爽：《法国高等教育质量保障体系研究》，中国社会科学出版社2014年版，第43-44页。

到了核心作用，成为科学知识与职业技能相结合的独特领域。[①]逐步地工业大学取得了与大学同样的学术地位；20世纪60年代，应对社会对高等教育的旺盛需求，Fachhochschle（应用科学大学）应运而生，培养具有综合运用知识和技能解决实际问题能力的应用性人才，1998年其英文名称统一为University of Applied Sciences，即应用科学大学，它们也是目前我国本科转型高校借鉴参照的主要对象。

德国率先由传统大学进化为现代大学，并且伴随着工业化进程而逐步生成工业大学和应用科学大学，以及长期的职业教育优势，是其工业产品和生活用具那么精致而有竞争力的重要原因。

**（五）英国创业教育和创业型大学建设**

英国是最老牌的资本主义国家，工业革命发源地，曾经的日不落帝国。其大学系统由久负盛名的古典大学、伴随工业革命而产生的城市大学、20世纪60年代适应教育增长需求设立的新大学和1992年升格的多学科技术大学构成。时至今日，英国的基础设施建设早已完成，产业结构早已走出农业和传统工业，为维持其在世界格局中的强国地位，创新、创意、创业尤为重要。

21世纪的前10年来笔者曾10余次访问英国，去过其大学的一半以上，体会到以创新、创意为基础的创业活动已经渗透到高等教育的方方面面，甚至已从师生个人意识上升为学校整体意识。2015年12月，在考文垂（Covenfry）大学和沃里克（Warwick）大学考察期间，有关部门给出的有创业意愿的学生比例都在30%左右；几年前在英国召开的一次研讨会上，笔者提问"通过十来天的访问，听到中小企业是个高频发词，为什么？"，七八个英国大学校长纷纷要回答这个问题，共同的结论是"今天的中小企业，也许就诞生出了明天的微软！"，他们认为创业和支持中小企业发展是大学的责任；美国学者伯顿·克拉克（Burton R. Clark）在考察欧洲新兴大学崛起

---

① A. D. 钱德勒主编，柳卸林主译《大企业和国民财富》，北京大学出版社2004年版，第514页。

后提出了创业型大学（Entrepreneurial University）的概念，在英国笔者感到不同层次的学校都在使用这同一概念，包括经由学术创业之路而走入世界大学排名前100名行列的沃里克大学和服务当地社区的伦敦南岸大学。

**（六）印度高等教育对软件业的促进**

印度社会两极分化严重、基础教育薄弱，而高等教育却相对发达、软件业十分繁荣，这是一种战略选择。著名比较教育专家阿特巴赫（Philip G. Altbach）曾经指出"印度独立后的高等教育特征是增长速度"[1]，仿美国麻省理工学院而建的印度理工学院也是声名鹊起。

印度受英国殖民统治多年，现在也仍然是英联邦国家，英语是其官方语言，所以在信息社会有其语言优势。从20世纪80年代起国家开始了经济发展向信息产业转变的战略选择，于1984年在电子部设立软件开发局，之后陆续推出了一系列支持软件业发展的政策。在人才供给方面，依托高水平理工大学培养金领人才、工程学院培养白领人才、职业学校培养蓝领技术工人，软件教育颇有特色，形成了完备的人才培养体系。

而这一体系的建立既有政府的作用，也有市场的作用，通过支持高校教育发展、鼓励民间办学、推动企业建立培训机构等措施来实现。具体而言，依靠380所大学和工程学院每年在软件专业可培养17万名本科生和5万名研究生、依靠1195所私立院校每年培养数以万计的软件人才、利用软件企业自身培训机构每年可培养约7万名软件技术人员，软件专家人数年均增幅超过50%[2]。同时，高校人才培养与产业互动十分密切，也注重吸引国外软件人才回流。

**（七）瑞士对高等学校体系的重新设计**

瑞士地处西欧中部，周边外强林立，自身多山而土地贫瘠、多民族而

---

① 巴巴拉·伯恩著，上海师大外国教育研究室译：《九国高等教育》，上海人民出版社1973年版，第298页。

② 王长春：《印度软件人才教育成功就这么简单》，载《软件工程师》2005年第2期。

语言文化多样，经不起折腾。因此，瑞士秉持中立原则，实行联邦制，协商、公决决策方式深入人心，这也造就了其环境优美、经济发达、社会稳定的精致小国特征。

在高等教育领域，其体系精心设计的特征也十分明显，州立大学、联邦技术学院、应用科学大学分工明确，办学使命、人才培养、科研面向、管理方式、经费来源也各不相同。州立大学历史悠久，如古老的巴塞尔大学成立于1460年，守卫着传统大学的传统，共10所；联邦技术学院创建于160年前，直接为国家工业化和产业技术进步服务，有2所，分别是洛桑联邦技术学院和苏黎世联邦技术学院，目前它们其实也都是世界知名的研究型大学；从1995年起，瑞士开始大规模地进行职业教育改革，将60多个小型学院按区域仿德国Fachhochschule模式合并为7所应用科学大学，为地方经济服务和培养应用型人才。

### 三、高等教育推动技术创新的设计思路

在社会发展的转型期和机遇期，高等学校要抓住创新和制造这两个关键词，既努力培养高水平的科学创新人才、又扎实培养高质量的技术实现人才。

**（一）加强对高等学校体系的整体设计**

以现行体系为基础，进一步优化高等教育教育结构和明确不同院校的分工使命，推动高等学校的多样化发展，形成从创新创业人才到工程实践人才、技术技能人才与社会契合发展的局面，满足社会的多元需求。

在体系设计中，要注意尊重和保护高等学校已有的特色和取得共识的发展方向，因为它们毕竟是多年来政府、市场、学校共同推动的结果。世界一流大学、行业特色大学、区域高水平大学、应用技术高校、职业技术学院的办学模式、治理模式甚至教学方式和教师特点都要有明显的不同，需要遵循各自的规律，同时实施有差异的质量、水平和评价标准。

**（二）以学校面向社会依法自主办学应对新兴产业人才需求**

小微企业是新兴产业之源，而新兴产业是未来经济之魂。所以在依靠

创新驱动的今天，国家层面开始重视"大众创业，万众创新"。大家已经切身感受到的是，支撑我们社会运营的基础已经发生了翻天覆地的变化，产业结构与20世纪已有极大的不同。新兴产业是技术创新和社会需求完美结合的产物。

新兴产业的人才需求具有一定的不可预见性，这时候需要发挥市场的作用。而应对的措施就是推动高等学校实现面向社会依法自主办学，让学校自主地面对社会和市场。当然，政府可以根据发达国家的先行动态和我们自身的战略需求，进行一定的政策调控和预研布局，如鼓励某类学科专业的优先发展或重点支持一些大学的实验室建设等。

**（三）以政府支持产教融合有效满足工业行业技术技能人才供给**

技术技能人才是工业化的中坚力量，在传统行业中是保证产品质量的关键，在现代制造业发展中也是实现工艺流程的支撑。但是，受观念、经费、通道等因素的影响，对一些培养费时费力、工作应用性强特别是条件艰苦的专业职业岗位出现了学校不愿意开设专业、学生不愿意报考学习、企业不愿意提供实习的尴尬局面。

产教融合、校企合作、产学研结合等是被历史经验和国外实践证明了的推动应用性人才培养、推动产业发展、推动技术创新的有效做法，只是目前由于体制机制的原因"两张皮"割裂现象严重。为了改变这种状况，政府需要出台支持产教融合的有效政策，加大对实践环节多的相关专业的生均拨款力度，从机制建设上把产业部门协同参与培养工业人才的责任纳入进来。鼓励学校与企业联合建立多种类型的工程技术研究、开发、实验、实训、测试、中试基地，支持二者在技术攻关、经营发展、专业建设和人才培养等方面开展深度合作。当然，这里主要还需要学校的主动性，支持教师、学生参与企业研发，注重解决实际问题，探索区别于综合性大学的教师评价标准。

**（四）发挥行业特色大学对所在行业发展的创新驱动作用**

随着高等教育"两级管理"体制的确立，原行业部委院校的行业特点有所削弱。在取消计划经济时代特点的行业部委同时，我们也要看到市场经济时期的产业依然存在，过去很多行业特色大学依然有其明显优势。

科学无国界，技术有壁垒。针对制造强国的重点战略领域，我们需要突出行业特色大学对产业、企业的牵引作用，秉承"大学水平高则行业技术强"的协同发展理念，突出问题和需求导向，让大学成为行业进步的技术先导，成为国家实力和重点行业发展的支撑性要素，以创新链、产业链、价值链统领协同育人工作。此时，行业特色大学的发展模式要与其他大学有所不同——需要加强产学研合作，密切大学与行业的依存关系，共生共荣。

# 第四节　大学如何支撑中国式现代化建设

党的二十大报告提出了"中国式现代化"的中心任务，指出要强化现代化建设人才支撑，坚持教育优先发展、科技自强自立、人才引领驱动。在各级各类教育中，大学与社会的联系最为紧密，自身的使命职责汇聚着"教育、科技、人才"要素，理应带头发挥建设社会主义现代化国家的基础性、战略性支撑作用。

## 一、在坚持使命任务和把握科学内涵中定稳支撑点

党的二十大报告专题阐述了新时代新征程中国共产党的使命任务，指明要以中国式现代化全面推进中华民族伟大复兴；系统阐释了中国式现代化的科学内涵，即中国式现代化的中国特色、本质要求和重大原则。这是

未来大学工作的任务着力点，每所大学都要结合自己的目标使命定位，找准把稳实现对国家发展的支撑。

必须坚持中国特色。世界上没有一家独尊的现代化模式，每个国家的发展道路需要紧密地与本国国情相结合，这已为百年来中国共产党成功的革命和建设实践所证实。当今，面对世界之变、时代之变、历史之变，中国之治与西方之乱形成了鲜明的对比。大学要坚持中国式现代化五个方面的中国特色，思考人口规模、共同富裕、物质文明和精神文明协调、人与自然和谐共生、和平发展对教育高质量发展的途径、内容、方式、模式、体系影响，实现内涵式有特色发展。当然，大学也需要认真研究各国现代化所形成的共同特征，使我们的发展最有效地吸收人类对社会进步规律的认识。

必须体现中国式现代化的本质要求。本质要求是需要坚守而不能改变的，我们在前进中对二十大报告提出的九大本质要求不能有任何的动摇。大学发展必须坚持中国共产党领导、坚持中国特色社会主义，过程应该环绕高质量发展、全过程人民民主、精神世界丰富进行，目标需要指向共同富裕、人与自然和谐、人类命运共同体、人类文明新形态实现。

必须把握中国式现代化的重大原则。重大原则依据中国特色遵循本质要求提出，因此与它们相融相通，是前进方向的指针和边界，需要时刻提醒自己是否把牢。围绕党的领导、社会主义道路、人民为中心、改革开放、斗争精神提炼出的五大原则，是我们开拓进取的依据标准和思想、行为准则。

大学要走内涵式发展道路，形成自己的优势和特色。面对国家高质量发展的主题和"双循环"新发展格局的需要，国家以建设高质量教育体系来应对，每所高校要以找准自己在体系中的位置来应对。高等教育要在基础学科、新兴学科、前沿学科、交叉学科等方面形成对中国式现代化建设的战略支撑。大学内涵式发展是把自己做强的过程，有特色有力量自然就找到了对国家发展的支撑点。

## 二、在推动教育、科技、人才协同发展中聚合支撑力

党的二十大报告在全面阐释新时代新征程中党的中心任务和国家建设的高质量发展首要任务之后，即开始对"教育、科技、人才"进行总体性擘画，提出教育、科技、人才是全面建设社会主义现代化国家的基础性、战略性支撑。既表明了其地位作用，也说明在新时代它们是一体统筹推进的。

当前，中华民族复兴、世界百年变局、科技产业革命同步发生，大国战略博弈、逆全球化思潮涌动作为重要变量参与演进。但发展大势浩浩荡荡，无论怎么变化，我们可发现的主逻辑是：民族复兴是百年变局实现的主要标志，其中人才发挥着引领作用，科技发挥着关键作用，教育具有决定性意义。国力之争，显性表现经济、军事、科技之争，深层次反映在人才、教育、道路之争上。教育、科技、人才要作为一个整体，全面支撑中国式现代化建设伟业。

创新是迈向未来的力量之源，所以要加快实施创新驱动发展战略。创新关键在人、核心在人，任何创新活动都是由人来完成的，人才水平决定着创新的高度，创新驱动的核心是人才引领驱动。较之于其他层次类型教育，高等教育与经济、科技的关系最为直接，人才培养和使用总体上要以创新为牵引开展。各类人才都要有相应的创新能力，拔尖创新人才要具备突出的创新思维能力，应用型人才也要有创造性开展工作的能力。我们既需要创新知识，也需要把理论转化为现实，实实在在地提高经济社会发展的生产力。我们要向科技要经济、向人才要科技、向教育要人才、向创新要未来。

要重视高等学校特别是一流大学对教育、科技、人才工作的牵引作用。国家对教育的重视源自社会对创新的渴望，作为国家创新发展的先导力量和活跃前沿，高等学校的人才聚集功能、科学源头作用和重大创新突破值得期待。高等学校的影响力在不断超越大学校园本身，围绕大学将形成科技的创新链、社会的产业链和经济的价值链。一流大学将真正进入到

社会中心，成为经济发展的发动机和社会进步的助力器，构成"国之重器"。"双一流"建设大学肩负着国家的重托，是整个教育链条的最高层次，牵一发而动全身，责任更加重大。

### 三、在扎根中国大地办学和高水平开放中拓展支撑基

在推进中国式现代化的建设过程中，大学的使命就是在国家需求中找准发展方位，大学特别是一流建设大学要在扎根大地办学中迎接科技革命挑战、在坚持特色内涵中服务产业发展、在培养创新人才中落实立德树人根本任务、在推动高水平开放中提升国际影响。这就意味着扎根中国大地办学和实现高水平开放，是大学支撑中国式现代化建设的自身基座，需要不断丰富扩展和坚实坚固。

首先是坚持扎根中国大地办大学。这既是大学满足国家和社会发展的需要，也是大学走中国特色世界一流大学新路的路径方向。一是后发型国家追赶的一定阶段都会面临着由模仿到创新的转变，二是一个国家的现实和传统都会有着自身要解决的问题，因此大学的发展必须按中国的特点和实际在面向和模式上作出调整。现代科学以需求为导向，现代技术以科学为基础，现代技能以技术为支撑，现实问题多是综合复杂而非纯学科式地存在。人们希望高等学校能够解决社会经济发展遇到的难点问题，盼望国家在国际格局调整、产业结构升级中进展顺畅，期望家庭未来生活更加美好。这一切，需要大学在解决社会发展和产业升级的问题实践中成长。

其次是推动实现大学的高水平开放。面向未来，世界科技、人才和高等教育的竞争会更加激烈，大学的开放、创新责任更加重大。创新的前提是学习，是学术的互动、交流与合作。西方国家越封锁我们，越说明我们过去改革开放的路数对，我们越不能封闭，而是要扩大开放并走向高水平开放。要依托高等教育创建世界人才中心和创新高地，通过高等学校构建具有全球竞争力的创新生态，形成人才国际竞争的比较优势。开放是滔滔大势，各国自然禀赋比较优势不同、资本趋利性本质存在、科技创新扩散

而降低社会成本的特点不变，这些都是不以人的意志为转移的客观规律。大学是学习型、创新型、开放性组织，要通过扩大开放和高水平开放不断壮大自己的底基。

### 四、在深化改革和创新发展中壮大支撑柱

坚持深化改革开放是中国式现代化建设必须牢牢把握的重要原则，而创新是未来发展的第一动力。改革创新是形成和积速发展力量源泉的过程，会不断增强社会主义现代化建设的动力活力。

未来时代经济、社会的形态在发生着整体性的变革。数字时代加速到来，传统产业发展动能锐减，亟待通过创新塑造积聚新动能，开辟新领域新赛道，因此创新在社会主义现代化强国建设中居于核心地位。一切都在发生变化，谁赢得了变化谁就会赢得未来，因此必须通过改革创新来壮大自己。

首先，要真正实现人才引领驱动。人才是国家发展的战略性资源，高等学校要加强学术共同体建设，通过深化改革营造出让广大教师醉心于学术工作的干事创业氛围。

其次，要面向数字化时代推动教育范式变革。数字化是有别于工业化甚至信息化的时代变迁，关键要素一是智能技术、二是数字空间，相当于在人类三维生存空间里增加了新的维度且实现智能化运转。人类的总体思维方式也将由工业思维转向数字思维，教育改革要跟得上时代的步伐。

再次，评价改革要促进大学的内涵式发展。不同高校要在特色上下功夫，以满足国家需求为方向做好自己的办学模式，在知识传授、技能训练、思维开发的匹配关系上形成自己的育人模式。实现分类办学，建立起各类人才争相涌现的良好生态。不断激发人才的创新力和实现力，把各方面优秀人才集聚到党和人民事业中来。

# 第五节　高等教育强国的政策路径

中国共产党第十九次中央委员会第五次全体会议提出："坚持创新在我国现代化建设全局中的核心地位，把科技自强自立作为国家发展的战略支撑。"这是社会主义现代化强国建设对科技创新和高教发展的期待与要求，需要在加强体系建设、扎根大地办学、实现高水平开放、推动模式变革、完善学术制度等方面深入探索"中国特色世界一流"大学新路。

## 一、增强高等教育的体系活力

迈入普及化阶段，高等教育的健康发展需要有一个良好的生态环境，就像马拉松赛跑，在过程中选手们是成群搭伙的。我们要建设的大学和学科应当是生长型的而不是破坏型的，应当有助于实现整个高等学校系统的和谐和推动每所学校的卓越。

### （一）提高一流大学建设高校的基本支出拨款标准

一流大学建设需要瞄准世界前沿，各项投入成本需求量很大。现在按项目支出的方式，好处是突出了重点，绩效导向明确；缺点是学校自主使用经费的余地小，项目支持的不确定因素多。因此，建议通过增加拨款系数的方式，改变一流大学建设的支持方式，变项目支出为基本支出，也就是变项目支持为常规支持。如别的学校生均拨款标准是1，一流建设大学是1.5~2，具体数据可通过测算制定。这样既可保证重点支持政策的稳定性、延续性，也有助于提高建设效率，保障高校的办学自主权，促进高等教育的内涵式发展。

### （二）支持不同层次、类型、区域高校的群落建设

就像森林需要有不同的树种，多样性才能呈现出生机盎然的局面。中央政府特别要支持省域高等学校的体系建设，现在每个省都有一百多所高等学校，比世界上许多国家的高校数都多，每个省的条件不一样，走的路也就会不一样，需要增强它们自身发展的活力；加强中心城市高等学校的体系建设，中心城市对区域发展的辐射作用很大，高等教育对创新驱动的带动作用非常明显，深圳市近年来的发展就是明证，前些年宁波市的发展也不错；此外还有行业特色大学、应用型高校，等等。这里需要增加政策的弹性，对不同高校群落支持的方向不同，使得学术型与应用型、综合性与行业性、巨型大学和小型学院等不同学校均有自己的发展空间。

### （三）支持每所高等学校的特色卓越发展

项目是政府推动工作的重要抓手，是政府部门和学校在现有财政制度下多做工作的表现方式。过去人们对项目抓手有些异议，主要因为它太过"一刀切"和行政化了，其实项目制度本身没有错，需改革的是项目实施对象和方式。基层高等学校孕育着旺盛的创造力，特色是它们缔造的，项目应针对它们设计。政府可改变掐尖式的项目支持方式，面向2000多所高校去寻找它们个性化的创新，分别支持它们不同的"好"，激发每所学校的办学活力。这样，"各好其好、各美其美"，其结果是每所高校以自己的独特性填补着不同的社会市场份额，每个学生和教师根据自己的特长、理想选择合适的学校。政府放弃固有的好学校标准，通过灵活的个性化政策，支持各地、各校不同的特色和创新，从而形成新的工作抓手。这样的抓手只会赢得赞誉而不会有非议，百姓、高校、社会、国家均受益，提高党和政府的威望，最终推动形成中国高等教育的多样化局面。

### （四）适当增加央属大学数量

央属大学是站在国家利益上来举办的，目前我国有各类央属大学112所，但还有13个省域内没有教育部直属高校而只有共建高校，下一步的高校结构调整需要考虑这个问题。大学是人才蓄水池和创新高地，如果有着上亿人口省份

或边远省份没有央属大学，国家利益有时是难以保障的。试想，将来如果每个省份都能有2-4所央属大学，部分起带动、辐射作用的中心城市可以再多一些，教育公平和科技创新都将会更加普及。这样推算，将来全国央属大学数可逐步扩展至150以内。而这一结果如果实现了的话，省立高校也将会得到各省市更多的支持，各地市高校也将更有能力实现自己的使命和形成办学特色。

**二、加强高等学校学术共同体构建**

曾经热议的学术权力与行政权力矛盾、去行政化、"钱学森之问"等议题最后都不了了之，是因为各有各的理，无法统一。其实，问题的症结不是要不要行政，而是怎样设计出适合创新的学术制度。学术共同体就是这样的制度，行政部门会在评价指标清清楚楚的情况下选到错误的学术人员或项目，而学者共同体则会在评价指标糊里糊涂的情况下选到正确的人或学术方向。这有助于创新的学术文化不是上下级文化，而是共同体文化。

**（一）高校之间要推动形成不同的高校联盟**

不同的高校利益诉求、发展面向和面对的问题不同，搭建、参与不同的联盟就是培育不同的高校群落。小规模的高校联盟越多，高等教育的多样化就越丰富，政府的政策制定就能更全面维护到不同高校的权益。

**（二）高校内部要推动形成学院共同体文化**

大学由学院集合而成，学院是学科聚集的行政制度模式，一流的学科、学院多了，大学自然成为一流。所以，大学要让学院地位凸显出来，激发学院的活力，鼓励学院竞相进步。当然，学院的发展方向也要与大学的整体战略相一致，遵循大学的共同文化。这样，各学院集合就形成了一个学院共同体文化，彼此相互协同和竞争，而这样的文化一旦形成，学术权力自然就具有了主导地位。作为制度设计，院长没有行政级别，对外是学院学术声誉的代表、对内是教师的代表，由院教授会民主推选、学校任命。增强校行政部门对学院、师生的服务职能而弱化其管理职能。院长如果干得好，可直接担任大学的校长等而规避掉逐级提拔模式，当然也可以就当教授而选择不兼干行政工作。教授出身的院长、校长只拿教授的工资，可加一份岗位津贴，不干"长"后也没有行政级别。而相应地，大多数行政服务岗位也不要让教授来担任，学校可对此有专门的设计，行政人员具有行政级别。其结果是，在大学里培育出教授最优秀、院长最杰出的文化，而行政人员的发展也是专业化的，并不会被教授们所忽视或排挤，最终使每个人都能够把精力都放在做事情而非拉关系上。

**（三）学院内部要构建教授共同体决策机制**

在大学内部的学院，教师们相互知根知底、学科相近，可设立教授会实行教授治院。那么，教授会的决策与现行的党政联席会议的决策关系是怎样的呢？教授会的决策是先行决策，党政联席会议的决策是最终决策，二者互为制衡和补充。党政联席会议虽然拥有最终决策的权力，但不能绕过教授会的决策而独自决策。为什么要这么做呢？因为学院与学术的关联性非常密切，从经费、人事、奖励到教学、科研、学科发展方向，几乎所有的事务都与学术相关，不增加教授的权利，寻租、行政化、外行控制等现象必将无法阻止。"教授治院"在学院层级上实施的可行性、必要性都具备，现在缺的是制度设计与安排。

（本章内容依序由以下论文节录、组合、改写而成：《"十四五"高等教育发展的历史方位》，载《江苏高教》2021第5期；《高等教育立足服务国家战略需求》，载《中国教育报》2022年12月28日；《高等学校如何支撑强国建设》，载《北京教育（高教版）》2023第3期；《研究生院应以支撑国家战略为发展重点》，载《光明日报》2023年1月31日；《以教育现代化助力强国建设》，载《学习时报》2019年11月8日；《高等教育支撑国家技术创新需要整体架构》，载《高等工程教育研究》2016年第1期；《大学要主动支撑中国式现代化建设》，《大学教育科学》2023年第1期；《高等教育强国的政策路径选择》，载《探索与争鸣》2016年第7期；《大学的创新与担当》，载《高等教育评论》，2022年第2期。）

# 第三章

## 科学制订高等教育发展规划

70多年来，教育事业在中国共产党的领导下，扎根中国大地，一切为了人民，前进的不凡历程和伟大创举前所未有，走出了一条符合中国独特文化传统、独特历史命运、独特国情的发展道路。这条道路，是在服务国家建设的历史进程中形成的，经过了伟大实践，取得了伟大成就，实现了理想价值、规划目标与创新探索的有效统一，是一条世界先进经验与中国国情相结合的"规划—建设"之路。

# 第一节　科教兴国、教育为本

经济决定今天，科技决定明天，教育决定未来。科学技术对经济发展及综合国力的作用是直接的，但从科技、教育相互运作的规律看，教育的作用要更为本质。今天的教育就是明天的科技、经济、社会和生活。

## 一、新中国教育现代化的"规划-建设"之路

形而上者谓之"道"，形而下者谓之"器"，形而中者即谓之"路"。

我国作为一个后发型国家，教育现代化是一个有着目标指向的发展过程，外部目标体现在支撑社会主义现代化建设和满足人民教育需求上，内部目标即发展教育事业和实现人的全面发展。这一实现现代化的过程，可以概括为教育发展的"规划—建设"之路，也可称之为"规划—建设"模式。其中，"规划"代表了对目标、理想、方案、蓝图设计的主观追求，"建设"体现着达成目标、实现理想、创造未来、实施蓝图的客观探索，二者共同构成我国教育现代化的实现特征。

发展既需要宏观有序、又要有微观搞活，体现着价值观和方法论的统一，体现着顶层战略规划设计和基层责任担当创新的统一。多年一个"大"纲要，五年一个"中"规划，一年几个"小"行动。这一过程，伴随着一定的调整和校正，前进中也有纠"左"或纠"右"，从而实现着长期的"居中"发展，居中即正确的道路，使我们的教育一直沿着正确的轨迹前进；突出着重点建设，重点即政策，是工作抓手，保证了我们的实际工

作成效。

道路由实践走出，理论孕育于实践。"规划—建设"之路，有效实现了价值目标与创新探索的结合。这条道路所坚守的基本内涵是[①]：坚持党的领导与人民中心相一致，坚持服务国家与立德树人相统一，坚持牢记使命与改革创新相结合，坚持长远目标与短期方案相协调，坚持重点带动与全面推动相促进，坚持中国特色与世界经验相结合。

### 二、科技兴隆对教育发展的依存

科学技术强国的背后，是教育特别是高等教育发展的支撑，是人才作用的凸显。即当今世界经济发达国家必是科学技术大国，而科学技术大国又必然是高等教育强国。

根据世界科学发展史，不同时期、不同国家的科学发展状况存在着差异。某一时期，某个国家涌现出的科学家多、科学成果卓越，就可能成为那个时期世界科学的中心。而且随着时间的迁移，科学中心会向另一个国家转移。贝尔纳（John Desmond Berna）最先提出"科学中心转移"论，引起了人们的关注。继而，1962年日本科学家汤浅光朝根据有关资料用统计方法表现了这一科学发展规律。他将各国重大的科学成果和科学家的数量作为衡量其科学发展水平的指标，如果某一时期、某个国家这一指标超过全世界总和的25%，该国就被称为世界"科学活动中心"。其持续的时间叫作科学兴隆周期。根据汤浅的研究，世界上"科学活动中心"转移的历史顺序为[②]：意大利（1540—1610）、英国（1660—1730）、法国（1770—1830）、德国（1840—1920）、美国（1920—今），科学兴隆的平均周期大约为80年。人们称这种转移规律为"汤浅现象"。

---

① 马陆亭、刘承波、张伟、鞠光宇：《中国特色社会主义教育发展道路的历史总结》，载《教育科学》2020年第3期。

② 刘则渊、王海山：《世界哲学高潮与科技中心关系的考察》，载《全国科技第二次学术讨论会论文集：科技，技术，管理》1981年。

而从世界教育发展史也可以看出，近代教育发达也按下列顺序在转移：意大利→英国→法国→德国→美国。我国学者查有梁对此现象进行了专门研究，将"一个国家在教育史上出现的世界公认的著名教育家相对为最多的时期"定义为教育发达时期，由此得出"教育发达"转移的时间顺序为①：意大利（1430—1620）、英国（1631—1706）、法国（1764—1824）、德国（1776—1906）、美国（1889—今）。

对比以上两种时间顺序有如下基本结论：第一，教育发达和科学兴隆的时间序列基本一致，相对而言，教育发达时期比科学兴隆时期长些；第二，教育发达超前于科学兴隆，超前量大约平均为45年②。由此可见，科学兴隆对教育发达存在着依存关系。要想取得科学兴隆，必须首先达到教育发达。

面向未来的世界竞争，经济发达国家必须是创新型国家，而科学技术大国又必然是教育强国特别是高等教育强国。

### 三、有组织科研和自主学术探索

当前，"有组织科研"受到关注，源于国家发展对创新的渴望、国际竞争对实力的要求特别是攻克"卡脖子"难题的期待。历史上，两弹一星、神舟飞天等都是有组织科研的成功典范，中国教育科学研究院于2023年初发布的《中国智慧教育蓝皮书（2022）》也是根据任务开展有组织科研的一次有效实践。

然而，高校科研工作有自身的固有特征，主要是适宜开展"小科学"研究和有着学科交叉的丰富土壤，因此是基础研究的主要场所，特别适合自主学术探索。所谓小科学研究，即小资助强度的非规划性研究，选题源

---

① 刘波：《科技中心转移与社会发展诸中心转移的连锁反应》，载《科技经济社会》（兰州）1984年第1期。
② 这一时间与1500—1960年期间科学发明的最佳年龄25～45岁相接近，可以用教育结果的滞后性来解释。

自个人兴趣，合作在小范围内开展，非功利色彩明显。20世纪末有计量学者统计，科学前沿文献中90%出自当代小科学，可见小科学研究是极具创新力的科研组织形式。技术创新的主体是企业，基础研究的主力军在高校，这也符合当代社会专业分工的要求和市场有效配置资源的逻辑。

但是，时代在变，高校科研工作的特征也有所改变。一是高校与社会的联系更加紧密，高校有责任推动经济发展、促进社会繁荣、服务国家强盛、支撑民族复兴，科研工作要实现个人内驱力与需求外引力的共生；二是高校的规模庞大，教师职能及其科研倾向分化严重，即使是重大科研也不可能容纳所有人，需要处理好团队目标和个人发展的关系；三是现代科研对大设备的依赖性增强，没有先进仪器前沿科技创新甚至无从谈起，高校科研的小资助强度特征有弱化倾向，高水平教师需要有高端科研设备与其研究相匹配。这一切，影响着高校科研的运作机理和组织方式，高校需要扎根中国大地办学和融入科技革命，国际格局调整中的国家发展更是迫切需要创新驱动。

有组织科研适合于任务指向明确、跨学科跨部门交叉协同、路径有迹可循的合作攻关，而自主学术探索适合于原创性研究，研究者有探究未知世界的创新灵感和内在冲动，二者的有效结合更有助于履行现代大学责任。为此，高校科研活动需要把固有特征和特征变化结合起来思考，把发挥优势特长和履职社会职能结合起来思考，把组织协同能力和教师个体活力结合起来思考。

要力戒片面的想当然做法，比如不能在有组织科研名义下事无巨细地紧紧围绕领导的科研项目工作，这样会导致基层科研人员的内驱力的下降，反而难以结出大的科研果实；同时，也不能以学术自由为由阻碍合作，我行我素、信马由缰，这在以现代科技为基础的大科学时代也难有作为。

教育政策研究存在参与文件起草和个人研究深度的矛盾。参与太多容易陷入行政事务，而长期脱离又将失去政策敏锐性。理想的状况是每年参加一两项大的文件制订或调研工作、承担两三项具体的政策研究任务、留有一定的自由思考空间，时间比例大致各占1/3。

高校科研应当以适合的方式开展适当的研究，不能把有组织科研泛化和虚化，同时注重小科学研究的特点。粗线条可分为如下几类：学校统一组织的集中攻关，结合国家战略需求和自身学科特点，聚集优势资源注重实效，要避免形式主义的形象工程；以院系骨干学科为基础的前沿研究，力争在高原上起高峰，围绕主攻方向构建科研团队；以学科发展为纽带的项目合作，灵活多样遍地开花，是典型的小科学研究模式；个人兴趣驱动的学术积累，重在激发内驱力培育创新点，使广大教师醉心学术工作。

每位教师各有参与，但每项不宜安排太满。总体形成此起彼伏、错落有致的生态，宏观有序，微观搞活，使集体、个人的创造性都得以充分发挥。


# 第二节　全面理解"十五"高等教育发展目标


21世纪初，我国开始全面实施教育事业第十个五年计划，并以高等教育数量目标而备受人关注。这不仅仅因为"十五"目标提前达到了教育部1998年12月24日制定、国务院1999年1月13日批准的《面向21世纪教育振兴行动计划》2010年目标；也不仅仅因为"十五"目标一改原国家教委在20世纪90年代一直遵循的适度发展和内涵式发展原则，开始实施适度超前的教育发展战略；而且还因为1999年社会上开始的"教育产业"讨论及随后而来的高校扩招现象，容易使人们产生功利性的联想。

## 一、发展是硬道理

"十五"计划是我国进入新世纪的第一个五年计划，是开始实施现代化建设第三步战略部署的第一个五年计划，也是社会主义市场经济体制初步建立后的第一个五年计划。教育的先导性、全局性和基础性地位，决定着其在国民经济生产环节中有着优先发展的战略意义。教育必须主动关注"十五"及2015年间国家将着力解决的关键性问题，如促进产业结构调整，利用高新技术改造传统企业等，为社会发展提供有效的人才支持和知识贡献。考虑到我国教育总体水平偏低及区域发展不平衡的实际国情，兼顾人民群众对高层次高质量教育的旺盛需求，需采取适度超前的跨越式教育发展战略。即通过重视对教育和"人"的投资，在短期内实现教育的超常规发展目标，大力提高国民人口的平均受教育水平，努力提高高等教育就学人数的增长幅度，加强知识创新和科技创新。"十五"我国高等教育发展目标的提出的社会和国际背景主要有以下几条。

### （一）"普九"后高等教育规模明显偏小

良好的国民素质是国家经济和社会健康发展的基础。20世纪末，虽然我们经过艰苦的努力，国民平均受教育程度已从1990年的6年提高到8年左右，但仍不能适应社会生产力发展和技术结构升级的需求，与发达国家平均13-14年的水平相比差距还十分显著，在国际竞争中并不能占据优势。2000年，我国小学学龄儿童入学率为99.5%，初中毛入学率为88.6%，高中阶段毛入学率为42.8%，高等教育毛入学率为11%。可见，由于我国在20世纪90年代成功地实施了"国家贫困地区义务教育工程"，小学和初中的入学率业已达到了比较满意的程度，但高中阶段和高等教育的入学率还比较低、教育规模偏小，发展的任务还很大。

### （二）社会上存在着对高层次优质教育的旺盛需求

随着"九五""两基"工作目标的如期完成，社会对高层次优质教育的需求也逐步加大，世界高等教育大众化的趋势从外部也在不断地刺激着这种需求的增长。大批独生子女开始步入社会，人们要求接受高等教育、提高素质的愿望越来越强烈。家长普遍不愿意看到自己子女的无知与愚昧，愿倾其积蓄供下一代上大学的例子不胜枚举。人民生活水平的提高，也使广大家庭有了支持子女接受高等教育的经济能力。社会存在着对高等教育的旺盛需求。

### （三）高等教育的门槛过高

高等教育的供给远远小于需求的这种状况，由于经济持续快速增长、人民物质文化水平的提高以及东方文化传统的影响，将使得矛盾更显突出。升学竞争压力严重地干扰了基础教育阶段素质教育的本质方向，直接影响着中小学素质教育的全面推进。从学前教育开始，贯穿于整个基础教育阶段的升学竞争十分激烈，社会为应对高考而举办各种补习活动，家长为子女升学而殚精竭虑。高考升学已经成为影响社会千家万户的社会问题，也是困扰教育界的一大难题。维持精英部分、开放大众部分，事实上已成为世界上众多国家高等教育满足社会需求的基本经验。

### （四）高新技术关键领域高层次专门人才及技能型人才严重匮乏

21世纪初世界新经济的发展，为我国以高新技术改造传统产业，实现跨越式发展提供了新的历史机遇。经济全球化的趋势，也使得我们不得不面向国际竞争和分工的需要，进行产业重组。面对新形势，我国从业人员中技能型、实践型人才长期短缺，信息通信技术、计算机网络、软件开发、生物工程等关键领域的高层次专门人才严重匮乏，真正能适应进入WTO（世界贸易组织）需要的财政、金融、法律、贸易和管理人才还相当缺乏，迫切需要教育系统培养数以亿计的高素质劳动力，造就数以千万计的合格的专门人才。

### （五）国际社会对科技及高层次人才的竞争日趋激烈

展望21世纪，世界将进入一个大转变的时期。国家的综合国力和国际竞争力，越来越取决于知识创新水平和科技人才资源状况，教育发展与国民经济和社会发展的联系日趋紧密，教育的先导性、全局性、基础性地位和作用日益突出。在全球性的新经济竞争中，越来越多的国家把发展教育和科技列为公共政策的重要组成部分，并纷纷把扩大入学机会、增强高等教育适应性作为国家战略重点之一。发展中国家高层次人才的培养规模本来就十分有限，在国际高层次人才争夺战中又往往处于输出国的不利地位。我们既不能闭关锁国，又不能放慢或停止发展，发展教育因而成为实施科教兴国战略的关键环节，并对中国国际地位的提高和国际影响的扩大起着重要作用。我们别无选择，必须进一步扩大高等教育的供给能力。

### 二、数量发展必须与结构调整相结合

国际综合国力的竞争，我国产业结构和技术结构的升级、经济体制改革和经济增长方式的根本转变，对人力资源开发、教育结构调整及人才培养模式提出了更高的要求。面对"十五"期间我国高等教育事业艰巨的发展任务，仅仅依靠传统的教育发展模式和现有高等教育资源是难以实现的。高等学校的扩招如果不与社会人才需求结构及经济产业结构调整相联系，大规模的专门人才结构性失业问题将会给社会发展带来新的压力。为实现教育、经济、社会平衡发展，提高教育资源的使用效益，我们必须把结构调整作为世纪初我国高等教育事业改革与发展的重要内容，即数量发展必须与结构调整相结合。

#### （一）实施高等教育资源的有效重组

巨大的教育需求与有限的教育供给之间的矛盾，长期以来一直制约我国教育发展的重要原因。解决和缓和这一矛盾，一是要增加投入，二是要提高教育的效益。从我们自身找原因，需要实施高等教育资源的有效重组。

加强对现有教育资源进行有效整合，努力缓解学龄人口对教育产生的压力，最大限度地发挥已有资源存量的使用效益。调整学校布局结构，优化配置，提高规模效益；对各级各类学校进行有效重组，打破现有的普通教育和职业教育界限，提高教育设施的使用效益；提高教育的弹性、灵活性、贯通性和选择性，扩大教育资源的共享程度；引入竞争机制，完善教

育发展与管理的手段。

### （二）对人才培养结构进行战略性调整

教育发展的一个基本规律就是要适应社会经济的需要。伴随着我国产业结构调整和城市化进程的发展，第三产业对经济增长的贡献水平将逐步提高；未来"新经济"的发展，为发展中国家提供了以高新技术改造传统产业、赶超国际先进水平难得的历史机遇；经济全球化所引发的新的国际分工，使我国的一些劳动密集型产业还将有着持续的强劲生命力。现实要求对人才培养结构进行有针对性的调整。

调整层次结构，大力发展高等职业教育，稳步发展本科教育，扩大研究生特别是博士研究生的培养规模。调整学科专业结构，把加强对信息通信技术、计算机网络、软件开发、生物工程等高新技术产业发展中急需的创新人才培养放到突出的地位；加快培养一批真正适应进入世界贸易组织需要的财政金融、法律、贸易、管理等高层次人才；面向三大产业，特别是第三产业，要注重各类实践型人才的培养，在实用性、操作性、务实性上狠下功夫。

### （三）努力实现一流大学和高等职业教育机构二元发展目标的并进

我国农业经济、工业经济和处于萌芽状态的知识经济等多种形态并存，在经济上面临着加快工业化和迎接知识经济挑战的双重任务；区域间的经济状况存在着很大差异，在东部、中部、西部三者之间存在着明显的经济发展水平的梯度；城乡之间、产业之间的发展也不平衡。社会对教育的需求是多维的，教育发展的重点和模式也必须有所侧重、有所为有所不为。高等教育需要根据国家经济增长需要和社会发展实际，有针对性地选择二元发展目标同时推进。

选择并进式教育发展模式，需要切实遵循因地制宜的原则，在人力资源开发重点上着重抓"尖子"攻坚骨干和"一线"实用型人才的培养，在一流大学建设和构建社区性高等教育机构上有所突破。面向世界学术前沿，加强知识创新和科技创新，建设若干所具有世界先进水平的一流大学和一批重点学科，培养造就一批能够向世界先进科学技术水平冲击的攻坚骨干；在有条件的地级市，组建地区性、社区性、综合性院校，积极发展高等职业教育，扩大高等教育对当地经济的辐射能力，面向市场、企业、基层和农村培养、培训大批适应生产、服务、管理第一线需要的、较高素质的实用型人才。

**（四）采取有效措施促进民办教育的发展**

实施适度超前的教育发展战略，既体现了"科教兴国"的要求，又反映了世界教育、经济发展的客观规律。需要在坚持政府投入为主的前提下，积极挖掘社会教育资源，鼓励和扶持自学考试、民办教育等多种教育形式的发展，允许探索和试验。

加快民办教育立法，依法保障社会力量办学的积极性和合法权益，加强对民办教育的管理、引导和监督。鼓励社会力量以各种形式举办高等职业教育，依法举办普通高等教育。完善鼓励和支持社会力量办学的地方性政策和法规，试办与省级经济、科技开发园区相互配套的教育开发区。努力形成政府办学为主体、公办学校和民办学校共同发展的格局。

**三、结构调整要与构建终身学习体系相衔接**

结构调整中需要兼顾终身学习体系的建立，正确认识从全民基本教育到全民终身教育的飞跃，借鉴20世纪80年代以来世界各国发展教育振兴经济的经验教训，分析我国人力资源现状及同国际水平的差距，从适应工业化的学校教育体系向建设知识经济社会所必需的高质量教育体系过渡，扩大职前教育机会、健全职后教育和转岗培训的机制，全面推进素质教育，提高国民整体素质。

**（一）加快人才成长"立交桥"建设步伐**

随着经济和社会的发展，我国城镇化速度将进一步加快，人民的小康生活将更加宽裕。国民经济和社会发展、社会主义民主法制和精神文明建设对教育发展和人才培养提出了多样化的需求。但是，我国的正规学校教育与非正规教育、学历教育与职业资格证书培训之间缺乏必要的沟通，教育体系还缺乏灵活性和开放性；教育体制改革虽已取得了"突破性"进展，但职业教育的办学思想和管理体制尚需进一步完善，民办教育发展的有效机制尚未确立，教育结构调整的任务还未完成。教育管理体系与人才成长"立交桥"的客观要求还相差甚远。因此，"十五"期间我们必须花大气力加强人才培养"立交桥"建设，进一步促进各级各类教育之间的沟通、衔接与融合。

**（二）减少学校的封闭性，扩大向社会成员提供多种终身学习的机会**

"十五"期间，我们还必须努力构建一个开放性的学习化社会。否则，在中国传统文化的影响下，势必要加剧高层次普通教育的拥挤局面，而普通教育过于拥挤，其他类型的教育发展不起来或发展程度不够，教育事业很难具有生机与活力。高等学校要创造条件实行弹性学习制度，放宽招生和入学的年龄限制，允许分阶段完成学业；制定"终身学习法"，促使企业和社会广泛参与教育，建立健全企业人员在职培训和继续教育经费定额的制度；要积极发展社区性高等教育和现代远程教育（包括网络教育），大力发展职业资格证书教育、继续教育等各种非学历教育培训，进一步完善高等教育自学考试制度，形成社会化、开放式的教育网络，努力为多层次、多形式的高中后教育需求开辟更为宽阔的途径，逐渐完善终身学习体系。

**（三）加强教育信息化和现代化建设**

大力提高教育技术手段的现代化水平和教育信息化程度。国家支持建设以中国教育科研网和卫星视频系统为基础的现代远程教育网络，加强经济实用型终端平台系统和校园网络或局域网络建设，使教育科研网络进入全部高等学校；制定鼓励政策，推动高等学校充分利用现代教育技术，改进教学手段和教学方法，利用竞争机制和市场运作方式重点做好基于计算机技术的多媒体课件的建设工作；各高等学校图书馆要建立和完善计算机检索系统，建立电子及缩微胶片阅览室，并逐步利用计算机检索系统开展馆际互借，实现教育资源共享；利用现代教育技术手段，促进西部地区教育与全国优质教育的直接交流；重视信息和高新技术对人才培养模式革新的重大影响，加快现代课程体系改革的步伐，促进各级各类学校推行主动的个性化学习过程，实现学习手段和方式的现代化。

**（四）积极推动体制创新工作**

既然在市场经济体制中，市场成为社会资源配置的最基本手段，教育就必须在遵循自身规律的基础上、进一步遵循市场经济的基本法则，努力构建出以人力资源市场为导向的教育运行新机制。要进一步深化教育体制改革，加快制度创新，完善调控教育管理与发展的手段与措施，在开放学制体系和教育制度等方面加大改革力度，努力构建一个充满生机活力的、适应社会主义市场经济的、有中国特色的社会主义现代化教育体系。

# 第三节　"十一五"高等教育的趋势与政策

2006年，是国家"十一五"规划的第一年。回顾过去，展望未来，对高等教育发展的趋势和政策进行分析。

## 一、对前几年高等教育发展形势的初步判断

### （一）最好的历史时期

近年来，中国高等教育发生了具有重大历史意义的变化：

1. 事业取得了跨越式的发展

1998年到2006年间，普通高校本专科年招生将从108万人增至530万人，全国高等教育在学人数由640多万人提高到2000多万人，毛入学率达到22%左右。

### 2. 改革实现了突破性的进展

基本形成了中央和省级政府两级管理、以省级政府为主的高等教育管理体制，逐步建立起了适合教师特点的分配制度，在建立健全国家助学体系的基础上顺利实施了学生适当缴费上学的制度，基本建立起了双向选择的毕业生就业机制，高校后勤社会化改革取得重大突破，公办学校和民办学校共同发展的格局基本形成。

### 3. 高等教育水平有了明显的提高

在全面范围内实施了质量工程，在战略层面重点支持了高水平大学建设。通过"211工程"和"985工程"建设，一批高等学校的学术水平和实力显著提高；通过对教学经费投入的大幅度增加，通过教学和课程改革，高等学校的办学条件和办学模式有了相应的改观；通过理科、工科、文科和经济学等基础学科人才培养基地建设，通过国家重点实验室、国家工程研究中心、国家技术转移中心和重点学科建设，高等学校的育人基地和校园环境建设上了一个台阶；通过国家创新体系（大学）建设，三个金字塔（知识创新体系、工程技术创新体系和哲学社会科学创新基地）和一个平台（成果转化和服务平台）基本形成，高等学校的科学研究水平、科技服务能力显著提高。

## （二）发展思路非常清晰的时期

从教育优先发展战略，到科教兴国战略，再到人才强国战略，高等教育的重要性不断凸显。

### 1. 世纪之交的高等教育发展思路

发展道路发生了变化。在投资思想上，开始实现从投资"物"到投资"人"思维方式的重大转变；在战略选择上，明确采取适度超前的教育发展战略；在发展思路上，重新进行了从内涵发展到外延发展的政策调整；在发展模式上，凸显着非均衡、重点建设的工作思路；在人力资源开发重点上，着重抓拔尖创新人才培养及其团队建设；在人力资源配置方式上，注重充分发挥市场的基础性作用。

2. 本届教育主管部门明晰的发展思路

2003年初新一届教育部部长上任后，由先在高等教育领域提出的"巩固、深化、提高、发展"八字方针推广至整个教育事业。在《2003—2007教育振兴行动计划》的制定过程中，有关高等教育的一些项目确定得比较早，且已先行启动实施。在未来高等教育的发展思路中，也将牢牢抓住发展、质量、重点建设等主题。如2010年，高等教育毛入学率将达到25%，2020年达到40%；坚持把提高质量作为高等教育的生命线，努力实现规模、结构、质量与效益的协调发展；坚持一流大学建设，开展示范性职业技术学院建设等。

**（三）争议颇多的时期**

但是，目前高等教育面临的争议问题也很多、压力很大。

1. 高等教育前进中的问题

如扩招引发的质量隐患，一流大学的建设机制不成熟，博士生的创新不足，应用型人才的缺失，教育经费的结构失衡，地方高校的建设薄弱等。

2. 高等教育改革中的矛盾

如体制改革的遗留问题，大学合并所引发的争议，学生交费后观念的转变等。

3. 高等教育尚不能很好地满足社会需求

通过毕业生就业反映出的矛盾具有典型意义。一方面，科教兴国和知识经济社会迫切需要拔尖创新人才和原创性成果，制造业大国对应用型人才有着旺盛的需求；另一方面，毕业生就业难、学校热衷升格改名、学术上急功近利、办学模式趋同等问题又难以有根本性的改观。

**二、高等教育面临的新的形势、挑战与理念**

成就显著、思路清晰、问题很多，这是一个令人困惑的现象，说明中国高等教育正处于一个重要的历史变革和调整期，其中多样化是发展的主要特征。哪些高等学校抓好了多样化这个特征、形成了特色，它们就会具有持续的生命力，而国家需要在分类办学、制度建设、布局调整等方面主动调整和积极引导高等学校的发展。

**（一）新时代的特征**

1. 高等教育大众化平台向普及化发展

世纪之交中国高校扩招的实践，不仅满足了社会和百姓对高等教育的旺盛需求，而且有力地促进了高等教育自身的发展，使高等教育以前所未有的步伐跨上了新的发展平台，也大大促使了教育体制创新、结构调整和观念的变革。在这一新的平台上，高等教育将面临许多本质性的变化，如办学模式、管理体制、质量控制、学术标准、师生关系、决策程序等，高等教育的改革还任重道远。

2. 全面建成小康社会的需要

2002年中国明确了2020年全面建设小康社会的奋斗目标，2005年又提出了和谐社会具体要求。这是一个惠及十几亿人口的更高水平的小康社会，将缩小差别、促进公平，更加注重经济、社会、文化、自然的协调发展。高等教育责无旁贷地要为实现这一奋斗目标服务，促进社会的和谐发展和人的全面发展。

3. 经济全球化和知识经济的大趋势

当前，经济全球化态势逐渐显著，科技进步日新月异，综合国力竞争日趋激烈，以高新技术和信息通信技术革命为核心的知识经济方兴未艾，对于中国高等教育带来了新的严峻挑战，同时也蕴涵了新的发展机遇。中国已正式成为WTO成员，并提出走新型工业化道路、转入全面协调可持续发展的轨道、坚持自主创新、向创新型国家迈进等发展路径。高等教育需要针对这种国际经济的分工调整自己的结构，为国家建设提供强有力的人才支持和智力贡献。同时要注重借鉴世界高等教育发展的经验，进一步促进自身的发展。

4. 城镇化发展步伐的加快

城镇化是改善城乡二元结构，解决"三农"问题，促进农村劳动力转移，进而促进社会和谐发展的重要手段。因此，城镇化是我国发展的一个大的战略。1995年我国城镇人口比例为29.0%，2000年为36.2%，2003年为40.5%，2004年为41.8%，2020年接近60%。高等教育要适应这种变化，及时跟进。

**（二）已有的国情特点**

面对新的形势，几大长期影响教育发展的基本国情特点依然存在。

1. 穷国办大教育的基本国情

我们是一个发展中的人口大国，是穷国办大教育，而且办的是世界上最大规模的教育。人民群众不断增长的教育需求同教育供给特别是优质教育供给不足的矛盾，仍是现阶段教育发展面临的基本矛盾，国家还迫切需要把巨大的人口压力转化为丰富的人力资源优势。

2. 经济发展的极不平衡

我国农业经济、工业经济和处于萌芽状态的知识经济等多种形态并存，在经济上面临着加快工业化和迎接知识经济挑战的双重任务；区域间的经济状况存在着很大差异，在东部、中部、西部三者之间存在着明显的经济发展水平的梯度；城乡之间、产业之间的发展也不平衡。

3. 独生子女家庭望子成龙的强大愿望

中国有着几千年的重教传统，随着基础教育的发展特别是九年义务教育的成功实施，社会对高层次优质教育的需求开始逐步加大，大批独生子女的成长又进一步强化了人们接受优质教育的愿望。家长普遍不愿意看到自己子女的无知与愚昧，愿倾其积蓄供下一代上大学的例子不胜枚举。人民生活水平的提高，也使广大家庭有了支持子女接受高等教育的经济能力。

4. 发展依然是硬道理

在改革开放的具体实践中，我们总结出了"发展是硬道理"这一促进发展的重要指南。清除了发展中的一些思想障碍，坚持以改革促发展，坚信前进道路上的许多问题可以甚至必须通过发展来解决。教育事业关系千家万户、关系社稷大业，量大、面广、事多，千头万绪。继续坚持发展是硬道理，就成为抓住机遇，有效促进社会进步和人自身发展的头等大事。

**（三）新的理念**

**1. 可持续发展**

高等教育的发展，不只是片面的规模扩展，而是全面健康的可持续发展。经济合作与发展组织（OECD）由八个发达国家参与，于2004年发表*On the Edge: Securing a Sustainable Future for Higher Education*，主要探讨在高等教育膨胀和政府拨款有限的前提下，探讨高等学校的财务可持续能力建设问题。我国人均资源匮乏，生态环境脆弱，将来最可依赖的资源就是人力资源。现实决定社会发展及高等教育自身的发展，都要走可持续发展之路。

**2. 和谐社会**

社会和谐发展的目标是民主法制、公平正义、诚信友爱、充满活力、安定有序、人与自然和谐相处。这要求统筹各级各类教育的协调发展，统筹教育的规模、质量、结构和效益，统筹城乡教育和区域教育；要求教育公平，实现教育不均衡发展向协调发展转变；要求教育为实施西部大开发战略，振兴东北老工业基地战略，推进中部崛起战略，推进长三角、珠三角、环渤海等经济圈的发展服务。

**3. 创新型国家**

创新型国家的科技进步贡献率要在70%以上，对外技术依存度在30%以下，而我国目前这两项指标分别在40%以下和50%以上。经济学家还归纳了经济增长的三个时期或模式：靠投资驱动和资源消耗时期，相应的经济学理论是哈罗德—多马增长模型；靠创新驱动时期，相应的经济学理论是索洛经济增长模型；靠信息化驱动时期，相应的经济学理论是内生增长模型。中央近期提出了建设创新型国家的理念，是我们国家发展面临形势的必然选择。先不说科教兴国和国际竞争的外部因素，就内部因素而言，如果科技创新能力没有根本提高，科技进步的贡献率还保持在目前的39%左右，要实现小康社会翻两番的经济目标投资率就要达到52%的特高水平，这是不可能的；即使投资率保持在目前40%的高水平上，科技进步贡献率也要达到60%。

4. 终身学习

与全面建成小康社会相适应，中国正在努力构建现代国民教育体系和终身教育体系。全面推进素质教育，增强国民素质特别是就业、创新和创业能力，形成全民终身学习的学习型社会，已经成为中国教育发展的战略目标。但是，我国长期形成的以学历教育为主导的教育观念与结构，过分强调普通教育、学历教育和正规学校教育，不能适应社会对日益增长的终身学习的需求。

由此，今后一个时期高等教育进一步发展的态势与政策促进主要是：高等学校的多样化分类发展与特色定位，现代大学制度建设，高等教育的质量保证，高等学校的区域扩展。

# 第四节　"十二五"开局之年话高教

2011年是国家"十二五"规划的开局之年，是《国家中长期教育改革与发展纲要（2011—2020年）》开始落实之年。党的十七届五中全会指出，当前和今后一个时期我国发展仍处于可以大有作为的重要战略机遇期，这是中央对国家发展形势的一个重大判断。胡锦涛总书记在党的十七届五中全会上强调指出："要认真落实国家中长期教育改革和发展规划纲要，落实促进教育公平、提高教育质量重大举措，办好人民满意的教育。"

**一、方向明确、重在落实**

2010年，我国人均GDP为29784元（折合美元4500以上），GDP总量为39.8万亿元，超越日本成为世界第二大经济体；高等教育毛入学率达到26.5%，在学总规模为3105万人，规模世界第一的局面短期内很难再被人打破。这是两组反映经济和高等教育发展水平的重要数据，令人欢欣鼓舞和振奋。

2010年，党中央、国务院召开了新世纪第一次全国教育工作会议，这也是改革开放以来第四次全国教育工作会议。中央颁布了中长期教育改革和发展规划纲要，对未来十年教育改革发展进行了全面部署和规划。教育规划纲要提出："到2020年，基本实现教育现代化，基本形成学习型社会，进入人力资源强国行列。""优先发展、育人为本、改革创新、促进公平、提高质量"是未来教育工作的方针；要"加快解决经济社会发展对高质量多样化人才需要与教育培养能力不足的矛盾、人民群众期盼良好教育与资源相对短缺的矛盾、增强教育活力与体制机制约束的矛盾"。

2011年2月21日，中共中央政治局就"优先发展教育、建设人力资源强国"进行第二十六次集体学习。胡锦涛总书记发表重要讲话，深刻阐述了教育在党和国家事业中的基础性、先导性、全局性地位和作用，特别强调我国正处于全面建成小康社会的关键时期和深化改革开放、加快转变经济发展方式的攻坚时期，明确提出了"着力提高人才培养水平，着力深化教育体制改革，着力推进教育内涵式发展，着力建设高素质教师队伍"的具体要求。

2011年3月14日，十一届全国人大四次会议表决通过了关于国民经济和社会发展第十二个五年规划纲要的决议，批准《国民经济和社会发展第十二个五年规划纲要》。其中，提出创新驱动实施科教兴国和人才强国战略。

"十二五"时期，高等教育的发展重在增强与社会发展的契合度，服务国家发展的总体战略。高等教育以提高质量为中心，需要通过加大投入、完善制度、调整结构、创新模式、扩大开放等措施，以内涵发展为主建设好人才培养体系。既要提高教育的国际竞争力，服务创新型国家、人力资源强国等国家发展战略，通过高水平大学建设抢占未来科技制高点，为加快转变经济发展方式、发展现代产业体系提供强大的科技和人才支撑；又要提高教育对区域经济社会发展的支撑能力，贯彻落实国家关于西部大开发、振兴东北地区等老工业基地、促进中部地区崛起和东部沿海地区率先发展等区域发展战略部署，围绕区域发展的重点产业和特色优势产业，建设好地方高等学校。

**二、重点突出、选择突破**

在国家大政方针、发展思路明晰的情况下，高等教育发展需要关注热点难点问题，加大改革力度，努力在"十二五"期间有所突破。

首先是对高等教育投入的加大。自高等学校大规模扩招以来，高等教育经费量的增加很快，但生均数却不断下降，多年在低位徘徊。为此，中央和地方各级财政在不断努力，致使全国普通高校生均预算内教育事业费于2009年达到了8500元的新高，但以省级行政区为单位，最高的2万多元和最低的4千多元相差达6倍，学校间的差距就更大了。质量如何能在同一水平下得到保证？教育规划纲要承诺到2012年国家财政性教育经费支出占国内生产总值达到4%，有关部门已发文要求2012年普通本科院校生均预算内事业费必须达到12000元。这是一个很大的变化，多年来困扰学校发展的经费问题将得到较大缓解，高等教育的质量和公平水平有望得到提升。

其次是普通高校考试招生制度的改革。高考是个很重要的课题，上下联动，既影响高等教育的人才选拔更是作为指挥棒而影响着基础教育素质教育的实施。高考又是个很敏感的话题，面对千家万户，涉及教育公平的问题。因此，高考改革是个让人很为难的政策实践，一方面不能破坏我们为之不易形成的高校招生"阳光工程"的基础，另一方面需要改掉它的僵硬、死记硬背等应试教育弊端。过去，包括正在实施的一些改革措施，起意都是好的，但实施中存在着变味的现象，争议很大。因此，高考改革是个硬骨头，需要成立国家教育考试指导委员会，从制度层面、政策层面、技术层面协调稳妥推进。既要对考试招生制度进行整体设计以保证科学性和公信力，又要针对现实问题推进试点改革，还要着眼西部地区发展，关注弱势群体成长，促进社会稳定，方向是形成分类考试、综合评价、多元录取的制度。

第三是专业结构的调整。根据教育规划纲要，2015年我国高等教育毛入学率达到36%、2020年达到40%。由于18-22岁人口逐年下降，从2010年到2020年毛入学率只需要增长6个百分点即可达到目标。因此，结构调整是主要任务，包括支持应用学科、薄弱学科和欠发达地区的教育发展，包括发展高等职业教育、终身教育和专业学位研究生教育。教育部2011年工作要点指出：要"发布新修订的《普通高等学校本科专业目录》与《学位授予和人才培养学科目录》，进一步优化专业结构，建立专业动态调整机制"。大力培养应用型人才将是今后一大发展重点，将扩大应用型、复合型、技能型人才培养规模，将增设新兴产业相关新专业，探讨职业教育按类型发展，支持有条件的本科院校大力开展应用型人才培养，大幅度提高专业硕士学位研究生的比例，开展专业博士建设工作。

第四是加强一流大学建设。今年是清华大学百年校庆，"985工程"业已开展了十多年，我们需要在一流大学建设上有所突破，这也是高等教育强国的重要标志。通过持续的"211工程""985工程"的重点建设，我们希望看到收获，看到一些重点学科的突破，看到若干所研究型大学冲入世界一流行列。鉴于高水平大学对社会、经济、科技、政治的巨大影响和作用，一流大学建设成为国家战略，不仅我国如此，世界许多国家包括德、日等发达国家也是这样。但是，"钱学森之问"、大学行政化等议题却不断向我们敲起警钟，我们需要看到大学办学模式、治理模式、人才培养模式的变革与突破。

第五是国际合作的深化。高等教育强国和一流大学建设必然要求扩大教育的对外开放，需要通过多种形式推进合作办学，引进优质教育资源。对外开放、合作办学的意义还在于全方位探索现代大学制度和办学模式，推进教育改革、教学改革和人才培养模式改革。如由华东师范大学、美国纽约大学共同创办的上海纽约大学是一所独立法人大学，秉承一流大学的办学宗旨，严格招生并借鉴美方的学生评价考核方式。今后，这方面的力度将会加大，但需要加强领导和专家评议，建立中外合作办学保障机制。

### 三、制度攻坚、加强探索

国家要在"十二五"时期推动转变经济发展方式取得实质性进展，关键是提高自主创新能力。改革开放以来，我国经济社会发展取得了巨大成就，但也要看到，许多关键核心技术仍受制于人。因此，高等学校需要有所作为，把学术研究与经济社会需求结合起来，把制度建设与创新人才培养结合起来，探索有中国特色的高等教育强国之路。这里，制度建设是根本，要通过科学的制度保证质量和公平，保证人才辈出和创新涌现，保证教育与社会的契合。

我们需要建立和完善现代大学制度。加强和完善党委会领导下的校长负责制，规范性地建立大学章程制度，通过程序把大学与政府、社会的关系及内部治理结构明确下来，不因人而异。在充分把握大学管理特点的基础上，探讨"党委领导、校长负责、教授治学"的分工实现机制，使得党委的领导权、校长的行政权和教授的学术权，彼此既不缺位、也不越位，实现教育家办学。探讨有效的理事会制度，既避免内部利益群体对大学事务的控制，又过滤掉一些外部对学校事务的非正常干扰，保障高等学校的自主权和促进整个教育体系的多样化。对大学内部院系一级的管理制度、模式进行重大调整，设立教授会，开展去行政化、教授治学即学者共同体模式的改革试点。探讨学术人员自身发展的道路，从制度上保证教师能在学术轨道上得到更好的发展而无须借助行政岗位，建立优秀学术人员脱颖而出和广大教师醉心于学术工作的机制。

我们需要推进高等学校办学模式的多样化。办学模式是教学模式的上位问题，办学模式决定教学模式。虽然教学方法影响人才培养质量，但是由于我国教学、考试的根本问题是太关注知识点，使学习成为知识点的强化和记忆，这时单纯地强调教学方法可能解决不了创新人才的培养问题。因此，首先需要着力解决的是办学模式问题，高等学校的办学模式贵在不同、贵在都能得到发展。我们需要建设一流的高等学校体系，以体系与社会的匹配性及体系内每所学校的卓越发展为标志，使研究型大学、行业特色大学、专门学院、地方本科院校、职业技术学院都能有自己的一流目标，分情况探索自主办学、高校共建、行业参与、校所校企合作等多种模式机制，走高质量、有特色的内涵发展道路。

我们需要推进人才培养模式改革。育人是教育的根本，高等学校的三大职能不能是简单的并列关系，人才培养是本体性职能，否则便不能称之为高校。大众化高等教育阶段是人才培养多样化的丰富和完善过程，在实践上需要充分鼓励各种各样的办学模式及与之相适应的教学模式，使多样性中的每一部分都得到充分发展。我们要在遵循教育规律、教学规律和人才成长规律的基础上，改革课程体系、教学内容和教学方法，积极探索人才培养模式。既要积极参与教育部"十二五"期间推动的基础学科拔尖学生培养试验计划、卓越工程师教育培养计划、专业学位硕士研究生综合改革试点、卓越医生教育培养计划、卓越法律人才教育培养计划、创新本科人才培养模式等改革探索，又要探索在各自办学模式下有自身特色的教学模式和人才培养模式改革。

我们需要建立国家教育质量保障体系。研究制定高等教育质量分类标准，明晰高等教育质量的内涵、评价标准和影响因素，建立分类的评估指标体系、分学科的专业认证标准和专业规范要求。探讨评估机构的作用，如组织各类评估的专家委员会，制定高等教育评估机构的构建原则、标准要求和准入退出机制，组织高等教育评估机构的专业培训，审定和公开发布高等学校质量年度报告等。加强对专业评估机构的建设和培育，推动政府授权教育评估机构的非功利性发展和独立运作，指导非官方中间机构的发展，强化与国内行业协会或学会的联合、与职业资格体系的对接、与国际中间机构的合作。加强质量保障条件建设，通过继续实施高等教育"质量工程"和"研究生教育创新计划"，通过生均拨款新增部分要有一定比例用于教学，"211工程""985工程"的经费增加用于教学的比例等措施，完善校内外质量保障的条件和政策。

### 四、矛盾加剧、妥善安排

《国民经济和社会发展第十二个五年规划纲要》指出："十二五"时期，世情国情继续发生深刻变化，我国经济社会发展呈现新的阶段性特征，既面临难得的历史机遇，也面对诸多可以预见和难以预见的风险挑战。发展方向明确，发展目标清晰，但发展方式转变处于攻坚阶段。突出的问题是差异性比较大、冲突隐患比较多，如全面建成小康社会的目标与区域发展不平衡的现实、和谐社会的建设要求与当今社会改革矛盾高发的阶段、创新型国家建设要求与创新人才不足的矛盾等，而历史上国际社会高等教育在毛入学率30%左右时也恰处于供给与需求适应性矛盾的爆发期。这些，需要高等教育考虑怎么去应对，既要统一思想、标准，又要满足多样化的社会需求和人的全面发展需求。

我们需要关注社会稳定大局，保持高等学校的和谐稳定，完善矛盾化解机制和突发事件应急处置机制，为教育教学改革营造良好的环境；重视毕业生就业工作和创业教育，在办学模式和教学模式改革中不断提高人才培养质量，根据"十二五"规划纲要实施就业优先战略的要求，正确引导毕业生到火红的一线就业，完善高校毕业生的就业服务体系；加强改革试点特别是综合改革试点工作，包括管理体制改革、现代大学制度和高校二级学院的改革，选择试点区域、试点大学和试点学院为"改革特区"大胆进行综合改革实验，着力解决难点热点问题特别是因长期体制机制障碍而积累下来的"深水区"问题，争取突破和推广。

# 第五节　"十三五"高等教育的统筹规划

　　自2015年年底国务院印发《关于统筹推进世界一流大学和一流学科建设总体方案》以来，A刊目录、学科调整、学科评估、各省方案等相关事件均刺激着大家的神经。因为它既助推"两个一百年"奋斗目标和中华民族伟大复兴中国梦的实现，也关乎"985工程""211工程"后国内高水平大学的发展走向，国家理想、大学利益、区域发展、社会关注交织到了一起。"十三五"期间，《中国教育现代化2035》规划纲要出台、党的十九大鲜明提出了新时代、全国教育大会提出了教育的九个坚持，一系列新的教育发展战略集约式展开。

## 一、"双一流"建设不能缺失本科教育

　　2016年3月29日，教育部召开直属高校"十三五"规划编制及中央部门所属高校教育教学改革专项工作视频会议，林蕙青副部长指出："一流本科是一流大学的重要基础和基本特征"，强调要"将建设一流本科教育纳入'双一流'建设方案"，从而为一流大学和学科建设工作的教育教学提供了新视角。

### （一）人才培养是高等学校的首要职能

　　教育的重要性已为世人所知，科教兴国、人力资源强国都是国家战略，高等教育成为创新型国家建设的基础。社会不仅关注高等教育的几大传统功能，也不断在赋予高等学校更多的社会责任——政治、经济、文

化、民生、就业、维稳等。高等学校的规模越来越大，社会需求越来越多元，但论文导向、项目至上等所谓的"好大学标准"问题却一直困扰着人们，本科教学受到忽视。这将影响到高等教育使命作用的发挥。

高等学校承担着人才培养、科学研究、社会服务和文化传承创新等多方面的社会职能。其中，人才培养是最基本的职能或首要职能，也是其他职能的逻辑起点；是大学在产生之初的唯一职能，也是现代高等学校的根本任务和高等教育的根本使命。放弃人才培养的责任，"大学"将不能称之为大学。在我国高等教育毛入学率已达40%、高等教育在学规模已达3647万人的今天，任何育人的失误都将影响国家的未来。

高等教育具有多重社会属性。教育是使人社会化和自我完善的基本手段，高等教育是推动现代社会发展的发动机，是使学生从家庭人成为社会人的中间转换器，因此具有多重社会属性。高等教育具有社会属性，说明它只有适应社会才能健康发展，并需要担当起自己的社会责任。首先，高等教育具有上层建筑的社会属性，高等教育是培养人的活动，需要全面贯彻党的教育方针，坚持立德树人，培养社会主义的建设者和接班人；其次，高等教育具有生产力的社会属性，高等教育既是培养高水平劳动力的基本途径，也是推动科学技术发展、促进社会进步、提升国家竞争力的基础和直接手段；此外，高等教育还具有文化的社会属性，教育是一种文化存在，通过知识的传授、创造、应用，传承人类文明，实现人的社会化和不断进化。高等教育有责任以科学、理性、专业思维引领社会思想，学术性代表着对真理的普遍追求，民族性反映着对文化的特殊需要。因此，高等教育具有其相应的社会责任，包括促进社会繁荣、发展、和谐和公平。

重要的是，高等教育具有自己的本质属性。高等教育具有社会属性，表明其独立承担社会功能，该功能要与社会其他功能协同配合才能共同推动整个社会的科学发展。教育还有其促进人自身发展的独特功能，在使人社会化、满足社会需求的同时，还要使人现代化、不断自我完善并满足个性特征需要。依据《高等教育法》和党的十八大报告，高等教育是培养具有创新精神、实践能力和社会责任感的高级专门人才的活动。因此，培养高级专门人才是高等教育的本质属性。高等教育在实施培养高级专门人才的活动时，总体目标要着眼于全面提高学生素质，体现以人为本的思想，坚持立德树人，在培养高级专门人才的同时不忘人的全面发展。

**（二）更高质量是新时期对育人工作的新要求**

质量是高等教育的生命线，育人为本是教育发展的根本要求。提高高等学校的人才培养质量，是国家发展的紧迫需要，是人民群众接受教育的心理期盼，是高校自身发展的内在要求，也是世界各国面向21世纪高等教育改革共同思考的主题。

世纪之交以来，我国高等教育规模取得了跨越式的发展，实现了大众化和世界规模第一的双突破，上升到了一个新的发展平台。规模做大了，全世界都在关注着我们，但我们还远没有成为高等教育的强国。2016年3月17日，《中华人民共和国国民经济和社会发展第十三个五年规划纲要》发布，提出了"更高质量、更加公平"的思想。人才培养质量成为国家发展事业成败的关键。

我们需要破解教学和科研分裂对立的现象。新中国成立初期，我国高等学校的职能主要是人才培养，科学研究的任务主要由专门的研究机构如中国科学院等进行，高等学校重点建设方向也主要在学生、教师的人才成长上。改革开放后，高等学校逐步成为教学和科研的"双中心"，科研的作用变得越来越凸显，"211工程""985工程""双一流"建设的实施更是进一步强化着科研水平的提升。教学和科研形成"双中心"，但一个软一个硬、一个不可测一个可量化、一个时间长一个见效快。慢慢地，"双中心"成为实际上的"单中心"，越是一流大学越是如此。人才培养质量不断引发社会的关注。

**二、系统谋划高等教育健康发展的未来**

2016年，《中国教育现代化2030》已纳入规划议程，各级各类教育都在思考自己的未来方向。未来几年，我们将跨越高等教育的大众化而进入普及化阶段，"大众化"的成就在中国高等教育发展史上是如此之辉煌，但其历程又是如此之短暂，必将留下众多的改革议题。

**（一）推动高等教育内涵建设，构建丰富多样的高等学校生态体系**

高等教育发展全面满足社会要求，质量水平得到世界公认，高校毕业生就业、创业进入良性循环。区域高等教育协调有序，布局结构合理优化，优质教育资源在省际间分布更加有效，教育公平惠及更多人群。各类高校分类设置、和谐互补，学术型与应用型、综合性与行业性、巨型大学和小型学院等不同院校均有自己的卓越成长空间。一流大学和学科对创新驱动的引领作用明显增强，高校成为当地最重要的知识、科技、文化、人才与发展活力的源泉，奠定起高等教育强国的基础。评价指标科学有效，发挥导向作用、推动特色发展，彻底扭转"千校一面"的局面。

**（二）提高高等教育选择机会，满足不同学生个性发展需求**

加强考试招生制度改革，扩大教育机会供给和科学选材路径，努力实现学生根据自己的心理特征、兴趣和基础选择心仪的学校和专业学习。增加专业转换的灵活性，扩大课程供给，加强通识教育与专业教育的融合，多渠道探索学分制实现方式，提高学生学习与职业发展的一致性。通过非传统方式拓展高等教育参与机会，实现高等教育与基础教育、职业教育的有效衔接，终身学习贯穿整个高等教育环节。深化教学内容和教学方法改革，与各级各类人才规格要求相适应的培养模式精准而多元，大学生的社会责任感、创新精神、创业意识、实践能力普遍得到加强。

**（三）深化高等教育体制改革，全面实现高等学校面向社会依法自主办学**

在"宏观有序、微观搞活"的原则下，实现政府对高校由直接管理向间接管理的职能转变，高校自主发展的激励和约束机制得以完善。在《高等教育法》等有关法律法规及国家发展战略的框架下，政府对高校提出目标和要求、批准学校的章程和发展规划，提供财政及政策支持、进行绩效评估，高校在宏观框架内实行自主办学。党委会领导下的校长负责制有效运转，"党委领导、校长负责、教授治学、多元参与"得到充分体现，校内各职能部门通过合理分工实现高效有序办学。学术权力和行政权力各司其职，学术共同体文化深入人心，学术委员会、教授会等学术组织充分发挥作用，学校办学与创新活力得到有效激发。

# 第六节　"十四五"时期教育工作的着力点

我国已胜利跨越"两个一百年"奋斗目标的历史交汇，"十四五"教育发展规划已全面部署新征程的起航工作。面向未来，我们需要把握大局、系统思考、精准发力，努力干事创业。

## 一、在总体把握上

当前，新一轮科技革命和产业变革风起云涌，国际格局深刻调整，教育对社会进步的作用明显增强。新征程的教育需要以系统思维加强体系应对，服务国家主要任务，解决社会主要矛盾，夯实自身普及化基础而实现高质量发展。

### （一）坚持稳中求进工作总基调，实现动平衡

稳是高质量发展的基石，特别是在和平年代，这个稳应在动态前行中实现而不是静止不动，不断进步的稳定发展才符合新发展理念。稳在人心，能够有效汇聚利于发展的最大公约数；稳需守正，不忘初心的开拓才是真正的前行；稳要协商，协商是现代社会避免冲突折腾的有效方式；稳出效率，平稳健康的发展才是人民群众最需要的发展。当然，稳的目的还是为了

前进，许多问题需要在发展中解决，只有发展才能更好地满足人民群众对美好生活、优质教育的需求，稳中求进与又好又快的要义是一致的。

**（二）以推动高质量发展为主题，把内涵做好**

高质量发展是"十四五"时期各项工作的主题，也可以说是时代主题。教育的高质量发展，首要是遵循教育规律，把各级各类教育、学校自身的事情做好，真正实现内涵式发展，然后以此为基把彼此的联系及与社会的适应做好。基础教育重在关注孩子们的健康科学全面成长，职业教育重在支撑技能型社会形成，高等教育重在提质创新，新时代需要公平而有质量的教育。高等教育要以"双一流"建设和应用型高校建设为牵引，推动高等学校分类和特色发展，着力培养担当民族复兴重任的时代新人。

**（三）以建设高质量教育体系为主线，把联系做好**

体系反映关系，关系的重点在连接。高质量教育体系应以各级各类教育高质量发展为基础，确保它们之间连接畅通，既能满足社会需要，又能支撑国家发展。构建高质量教育体系是国家深化供给侧改革的重要一环，特别是教育普及化阶段，需要确保教育要多元且有序地满足社会与个人的有效需求。面向未来，各级各类学校要思考自己在体系中的位置，为高质量教育体系建设贡献才智，形成服务全面终身学习的教育体系。

**（四）以服务国家发展为战略导向，融入新发展格局**

以人才培养、科技创新为主，全链条服务国内生产的创新链、产业链、价值链，以开展国际交流合作的有效性、前瞻性助力国家高水平对外开放。高等学校特别是"双一流"建设高校要注重发挥在国家主体功能区建设、战略性新兴产业发展等重点领域的支撑作用，推动产学研融合发展。

**二、在思维层面**

党的十八大以来，习近平总书记多次强调各级领导干部要学习掌握六种科学思维方法，特别聚焦辩证思维、系统思维、战略思维、法治思维、底线思维、精准思维，以科学的思维方法保证各项改革顺利推进。教育工作需要更用心去做，特别是以战略思维应对各种变化。

**（一）心怀"国之大者"，保证方向性**

大者关乎根本，关乎长远，关乎全局。为中国人民谋幸福、为中华民族谋复兴是中国共产党人的初心使命，是新时代最大的大者，是教育工作者心中要永远装着的定盘星。教育是国之大计、党之大计，当今世界的发展及与教育的关系处于这样一个逻辑之中：世界百年未有之大变局，核心标志是中华民族伟大复兴，科技革命是其中的关键推动力，教育有着决定性意义，高等教育的作用显著增强。因此，我们需要时刻思考这些根本性问题，对标对表对号，只有心怀大者才能达到忘我，在面向未来时才能不走偏。

**（二）强化战略思维，力求抓大事**

大事首先是主要任务、主要矛盾，必须以战略思维来思考。能否抓住战略问题、抓准战略方向，取决于站位的高度、认识的深度、视野的宽度和前瞻的广度。战略思维是力求把握事物发展趋势和方向的思维方法，即我们经常提到的统揽全局、宏韬大略、高瞻远瞩，是建立在大胸襟之上的大局观。教育工作要遵循教育发展的内外部规律，服务"两个大局"和人的自我完善，善于抓关键补短板，会牵"牛鼻子"。工作跟着方向走，小事随着任务办。

**（三）形成建设性思维，不断解决问题**

前进的道路是不断解决问题的过程，中国的教育发展走的是一条"规划-建设"之路。与这种模式相适应的是建设性思维方式，即朝着目标向前走，不断解决前进中遇到的发展问题，亦即我们经常提到的目标导向、问题导向。建设性思维有助于我们奔向更美好的未来，适合我们的和谐文化传统。

**三、在工作层面**

"十四五"时期是我国迈向第二个百年新征程的第一个五年，开新局是奠基性工作。我们需要按照"十四五"教育发展规划的总体部署，以精准思维开展工作。

**（一）抓立德树人根本任务**

育人是教育的根本功能，必须全面贯彻党的教育方针，培养堪当民族复兴大任的时代新人。德是做人做事的起点，必须以德为先；不仅要思想政治过硬，还要有决胜千里的本领，因此还要能力为重。以德为先、能力为重、科学成才、全面发展，是对落实立德树人根本任务操作性的理解，学校教育要全面关注青少年的健康成长和科学成才。

**（二）抓建设高素质教师队伍**

人才是战略性资源，教师是教育第一资源，教师队伍建设是教育工作的基础，兴国必先兴师。良好的师德师风是对教师的基本要求或首要标准，业务能力是教师水平的标志，教师作用的发挥最终还要看其在教书育人、科研服务一线所作出的成绩。我们需要构建师德师风建设、业务能力提升、教学科研实绩相互促进的教师发展新格局。

**（三）抓支撑创新发展新动能**

新一轮科技革命和产业变革的来临，使得创新成为国际竞争力的核心要素。高新科技、新兴产业层出不穷，人工智能技术发挥着头雁引领作用。教育对创新的推动是全方位的，包括创新人才培养、科技成果应用、服务区域发展、创新文化培育、国际合作交流等方方面面，高等学校要特别重视创新工作。

**（四）抓教育数字化发展**

未来是数字社会和数字经济的时代，数字化、网络化、智能化正在成为社会形态的重要基础，教育信息化建设至关重要。要充分认识到教育信息化对未来发展的战略制高点作用，从思想观念、基础设施、技术提升、数字应用全方面布局教育数字化发展，以教育信息化引领教育现代化，促进人才培养模式变革，推动教育高质量发展。

**（五）抓教育服务社会能力**

教育与社会的融合发展，既是当代教育发展的重要特征，也是当今我们教育工作的一个短板。教育是人实现社会化的手段，孩子们一步步通过各级各类学校逐步从家庭人转化为社会人，教育模式要注重与社会的衔接。教育不仅仅是适应社会，更重要的是促进社会发展，学校要思考自己作为独特的社会组织要具备的能力和履行的职能。

**（六）抓党对教育工作全面领导的体制机制**

需要进一步健全党全面领导教育工作的组织体系、制度体系和工作机制，发挥各级党组织在领导教育事业、贯彻新发展理念、推动高质量发展中把方向、谋大局、促改革的作用，落实全面从严治党的主体责任。增强"四个意识"、坚定"四个自信"、坚决做到"两个维护"，全面加强教育系统党的建设，推进依法治教、依法治校，不断提高教育治理体系和治理能力现代化水平。

（本章内容依序由以下论文节录、组合、改写而成：《新中国教育现代化的"建设-实践"之路》，载《北京教育（高教版）》2020年第1期；《科教兴国、教育为本》，载《教育咨询》1998年第4期；《有组织科研和自主学术探索》，载《北京教育（高教版）》2023年第6期；《全面理解我国"十五"高等教育发展目标》，载《高等教育研究》2001年第5期；《高等教育发展趋势与政策分析》，载《北京教育（高教版）》2006年第3期；《以制度保证质量和公平》，载《现代教育管理》2010年第10期；《"十二五"开局之年话高教》，载《北京教育（高教版）》2011年第5期；《"双一流"建设不能缺失本科教育》，载《中国大学教学》2016年第5期；《高教改革须防止碎片化》，载《经济》2016年第34期；《系统谋划高等教育健康发展的未来》，载《中国高等教育》2016年第17期；《"十四五"教育规划制定：依据点、参考点与关键点》，载《现代教育管理》2020年第11期；《推动"十四五"时期高等教育的高质量发展》，载《中国高等教育》2020年第23期；《"十四五"时期教育工作的着力点》，载《国家教育行政学院学报》2022年第3期。）

# 第四章

## 全面提高人才自主培养质量

党的二十大报告站在两个大局战略高度，立足于新时代新征程历史阶段，对我国未来发展作出了全面部署，提出以中国式现代化全面推进中华民族伟大复兴的中心任务。其中，高质量发展是首要任务，教育、科技、人才是基础性、战略性支撑。高等教育是龙头，在完成中心任务和首要任务、履行支撑地位时责无旁贷。我们要以创新为引领提高人才培养质量，发展素质教育，加强高等学校的人才培养工作，特别要加强对人才成长规律、要素的研究，推动教学模式变革，通过提高人才自主培养能力把命运掌握在自己手中。

# 第一节 培养担当民族复兴重任的时代新人

人才培养是高等教育的基本功能，也是大学在产生之初的唯一职能。教育培养人才、人才振兴教育，教育和人才紧密相连。当今中国最鲜明的时代主题，就是实现"两个一百年"奋斗目标、实现中华民族伟大复兴的中国梦。当代大学生适逢其时，人生的黄金时期同国家"两个一百年"奋斗目标的实现完全吻合，将全过程参与完成这一伟大历史进程，是他们人生之大幸，也不能关键时期掉链子。高等教育需要站在民族未来的战略高度将"培养什么人、怎样培养人、为谁培养人"作为育人的根本问题来抓。

## 一、深刻认识创新的核心地位

党的二十大报告指出，创新是第一动力，要加快实施创新驱动发展战略。这是由我们所处的时代决定的：第四轮科技革命蓄势待发，数字智能空间正在形成，经济社会开始呈现形态性变革，数字时代加速到来。传统产业的发展动能锐减，亟待通过创新塑造积聚新动能，开辟新领域新赛道，因此创新在社会主义现代化强国建设中居于核心地位。

一切都在发生变化，谁赢得了变化谁就会赢得未来。国力之争从表象上看是贸易、军事摩擦，实则是经济、科技实力之争，最终体现在人才、教育、文化的支撑上。高新科技成为经济高质量发展和国际竞争合作的核心因素，由创新带来的社会进步、经济转型、产业升级、新产品出现、竞争力提高愈发关键。

创新是通向强国目标的通行证。不创新，就占据不了世界科技制高点，而只能处于经济产业供应链的中下端，落后则意味挨打。以蒸汽机、电气化为突出标志的第一、二轮科技革命，与我们无缘，致使旧中国有过任列强宰割的屈辱历史；以信息技术为代表第三轮科技革命，我们不是主导但有融入有贡献，结果成就了中国成为世界第二大经济体；在以人工智能为头雁的第四轮科技革命中，如果我们能成为数字智能技术的引领者，那么未来的强国目标必然实现。

当前，国家对高等教育重视程度的不断提高、社会对一流大学期望值的不断加大，从根本上说均源于对创新人才及成果的渴望。人们希望高等学校能够解决社会经济发展遇到的难点问题，盼望我国在国际格局调整、产业结构升级中进展顺畅。

## 二、着力造就拔尖创新人才

党的二十大报告指出，人才是第一资源，要着力造就拔尖创新人才，深入实施人才强国战略。育人是高等教育的首要和基本功能，高等教育位居整个教育体系的中上部直至顶端，培养拔尖创新人才是应有之义，责无旁贷。

要凸显"双一流"建设大学的作用。加强对重点领域人才的自主培养，深化拔尖创新人才成长的机理探索，增强人才培养的科学性和有效性，加快积聚国家战略人才力量。

要加强思维能力训练。创新首先发生在认知层面，创新能力的核心是思维能力，包括具体的思维方式和思维层次，加强创新思维训练是培养创新人才的关键。高等学校的教学安排是一个整体的设计，而不是简单的课程堆砌，如何促进有效思维是一个大课堂。

要坚持扎根中国大地办大学。现实问题多是综合复杂的，而不是纯学科式地存在，需要科学、技术、技能共同着力才能解决，拔尖创新人才应在解决科技和产业难题的实践中成长。

要面向数字化时代推动教育范式变革。数字化是有别于工业化甚至信息化的时代变迁，关键要素一是智能技术、二是数字空间，相当于在人类三维生存空间里增加了新的维度且实现智能化运转。未来的社会、经济、教育形态都将发生重大改变，人类的总体思维方式也将由工业思维转向数字思维。

最后，评价改革要能引领和促进高等学校的内涵式发展，保障拔尖创新人才成长的良好生态。不同高校要在特色上下功夫，在国家需求中寻找自己的办学方位，在知识传授、技能训练、思维开发的匹配关系上形成自己的育人模式，实现分类办学。

### 三、一体推进教育科技人才协同发展

党的二十大报告指出，坚持教育优先发展、科技自立自强、人才引领驱动。报告总体上是把三者放在一起论述的，如教育、科技、人才是全面建设社会主义现代化国家的基础性、战略性支撑，深入实施科教兴国战略、人才强国战略、创新驱动发展战略，加快建设教育强国、科技强国、人才强国等，说明在新时代他们是三位一体、相互融合、共同推进的。

高等学校要切实保障实现人才引领驱动。作为国家创新发展的先导力量和活跃前沿，高等学校的人才聚集功能、科学源头作用和重大创新突破值得期待。人才是国家发展的战略性资源，高等学校要加强学术共同体建设，营造让广大教师醉心于学术工作的干事创业氛围。要特别重视一流大学对教育、科技、人才工作的引领作用，推动大学成为经济发展的发动机和社会进步的助力器。

构建具有全球竞争力的创新生态。面对发达国家对科技和人才竞争的加剧，我们要通过高水平开放来应对，进一步加强和扩大高等学校的国际合作与交流；面对逆全球化思潮的挑战，我们应当通过构建人类命运共同体推动世界文明新形态，不断增强国家创新体系的全球性和开放性。要依托高等教育创建世界人才中心和创新高地，通过高等学校形成人才国际竞

争的比较优势。

### 四、把优秀人才集聚到党和人民事业中来

党的二十大报告指出，坚持为党育人、为国育才，聚天下英才而用之，把各方面优秀人才集聚到党和人民事业中来。教育肩负着培养什么人、为谁培养人、怎样培养人的职责使命，归根到底是要培养社会主义合格建设者和可靠接班人的问题，责任重大。

全面提高人才自主培养质量，既包括提高自主培养能力，也包括把人才方向掌握在自己手中，即通过提高人才自主培养能力把国家发展的命运掌握在自己手中。高等学校在把牢人才成长的政治方向上不能有任何的含糊，必须坚定坚持党的教育方针，全面落实立德树人根本任务。育人的根本在于立德，以德为先、能力为重、科学成才、全面发展，是学校育人需要关注的基本方面。

现代社会离不开优秀人才的专业贡献和领导治理，这就是拔尖创新人才的重要性，创新驱动实质上就是人才驱动。但是，我们要认识到共产党人的人才思想是完全超越资本主义的，中国共产党人以人民为中心、以为中国人民谋幸福为己任，完全有别于美国等治国精英的个人主义本质和少数人利益代表。所以，让渡个人利益，带领大家共同富裕，正是社会主义精英人才的品格和能力体现。高校工作中的育人和用人，一定要重视德才兼备，真正地把优秀人才集聚到党和人民的事业中来。

# 第二节　高等学校的人才培养

进入21世纪，我国高等教育发生了深刻变化：从精英教育阶段迅速过渡到了大众化阶段的中后期，从规模快速扩展转向以提高质量为中心的内涵式发展，从重视一流大学建设到并进推动地方高校转型发展，从强调拔尖创新人才培养到着力倡导创新创业教育。

## 一、培养什么人——高级专门人才

按照《中华人民共和国高等教育法》规定，高等学校应当以培养人才为中心，教师应当以教学和培养人才为中心做好本职工作，学生应当掌握较高的科学文化知识和专业技能，高等教育的任务是培养具有社会责任感、创新精神和实践能力的高级专门人才。高级专门人才是高等教育任务的核心词，其他是定语词。

### （一）从家庭走向社会

高等学校是学生从家庭走向社会的过渡地带。在家里，学生是父母的宝贝孩子，可以饭来张口衣来伸手，可以撒娇和任性，而走向社会则不行。学生走向社会，不仅需要自食其力，与他人和谐相处，更需要尽社会的责任，成为社会主义的建设者和接班人。高等教育要帮助学生实现这一转换，因此是学生从家庭人成为社会人的中间转换器。

根据高等教育法规定的定义推理，对高级专门人才的培养应该是专业教育。后来我们讲拓宽基础、增加后劲，开始加强通识教育，并进一步上升到素质教育的高度。2014年起国家又开始建立现代职业教育体系，推动部分地方本科院校向应用型转型发展，发展本科职业高等教育，部分又归属到了职业教育范畴。当前，在高等教育的具体实践中，上述多种教育思想是并存的。

教育促进人的社会化和现代化，社会化有个适应社会的问题，现代化是个自我完善的问题。根据我国现行的教育学制，高等教育的基本对象为18岁以上青年，已为成年人。基础教育顾名思义重在基础，包括思想道德、个性特征、品格、价值观的初步形成，但受升学压力和应试教育的影响，我们基础教育的基础工作没有做牢，还需要高等教育补补课。高等教育要成就学生的社会化及适应社会，进一步地还要教会学生改造社会的本领，从而提升整个社会的文明程度。

所以，不管各高等学校遵循着专业教育、通识教育、职业教育中的哪种教育思想办学，学生都将走向社会。当然，也还有部分继续深造的，但这不过是延缓了他们进入社会的时间。

**（二）知识、技能、思维**

学生融入社会的能力，由知识、技能和思维力构成，三者作为基本要素相对独立，呈三足鼎立之态。即是说，高等教育要培养大学生的能力，而这种能力的构成是有结构的。对不同的人而言，这个结构可以不同，而结构化则是必需的。每个人都有自己的能力结构，结构搭建得越合理、越科学，能力就越强。

首先是知识。知识是人们在社会实践中获得的认识和经验，是人才成长和能力获得的基础。上大学不学知识不行，可光学知识也不行。知识的作用一是作为专门人才需要具备一定的基础知识和专业知识，二是知识可以训练思维，是培养思维力的元素或媒介。所以，高等学校的专业设置应该着力构建结构化的知识体系，对知识的选择主要考虑以上两个因素。基础知识、专业知识和方法论知识搭配的结构化程度越高，越有助于学生成为高级专门人才，这其实是课程的有序性问题。

其次是技能。技能是掌握和运用专门技术的能力，指完成某项任务的操作和心智活动方式，是知识外化的工具，也是能力表现的手段。比如说，游泳、开车是一种技能，光有理论知识是不行的，需要实际训练，不经过实践就不可能学会。再比如，工程图是工程师的语言，是形成工程表达能力的重要手段。通常说的心灵手巧就是心智技能和操作技能结合和统一的结果。高级专门人才需要有专业技能，进一步推广为高等教育法所指的实践能力，这些都需要在专业实践和社会实践中得到锻炼和培养。

再者是思维。思维是在表象、概念的基础上进行分析、综合、判断、推理等认知活动的过程[1]，是人类具有新质的心理活动形式，也是高等教育人才培养的最高境界。虽然思维是以感觉为基础的，但它超越直观反映的局限，从而获取对物质世界和精神世界中各种属性、本质及规律的理性认识。恩格斯说一个民族想要站在科学的最高峰就一刻也不能没有理论思维，爱因斯坦说整个科学不过是日常思维的一种提炼，高等教育法所提到的创新精神也主要体现在思维层面。思维力是人类一种特有的精神活动本领，可以渗透到各种能力之中，如学习能力、发现和解决问题能力、人际交往能力等，是能力培养、开发的主要标志。

我们当前高等学校的育人问题，主要就是把知识的传授和记忆当成了一切，很多课程的考核最后都成为对知识点的死记硬背，重视知识而忽略了其他。学知识、考知识，结果出现高分低能。为什么呢？因为知识、技能、思维教授和获得的方式不同，教育不能用学知识的一种规律来代替其它两个重要因素获得的规律。

进一步地分析，知识通过传授学习和记忆获得，技能通过培训指导和练习获得，思维通过逻辑训练和心智开发形成。它们各自的规律不同，均衡发展才能组合出理想的智能结构。当然，知识学习的理解过程也是思维开发的训练过程，结构化的知识体系安排有助于学生思维力的提升。高等

---

[1] 中国社会科学院语言研究所词典编辑室编：《现代汉语词典》，商务印书馆2012年版，第1230页。

学校需要思考，如何既尊重一般规律，又兼顾学生个性特点搭建学生的专业结构，也就是智能结构，并如何通过合理的教学安排来实现。

人的潜力的发挥在于拼搏进取，而能力劳动者潜力的发挥还在于积极、主动而有效的思维。思维在人的智能结构中处于中心地位，对于学生获取知识、掌握技能、发展多方面的能力起着决定性的作用。而智能结构搭建得好，学生的思维层次就会提高，持续、自我学习的能力就会增强，就更能应对好未来的工作和成长需要。

**（三）知识、能力、素质**

知识、能力、素质三者呈包容关系，后者涵盖前者，即能力包括知识、素质包括能力。前文所谈的知识、技能、思维是这里"能力"里的要素。

除能力之外的素质要素主要体现在"做人"上，而知识、能力主要体现在"做事"上。因此，从人的社会化角度看，能力是谋生和发展的基础，而发展得好不好，与社会责任感等做人素养方面的素质因素密切相关。后者其实也是人类自身完善的内容，素质教育也就更加贴近教育的本质，更能促进人类社会的文明。

**二、高校如何育人——结构化培养**

高等学校培养学生什么？前面已给出答案——知识、能力、素质。那么如何培养呢？答案是通过课程和活动，即理论学习和实践活动。课程的安排是结构化的，以培养高级专门人才的能力为核心设计；活动旨在锻炼学生的实际能力，实现素质养成。

**（一）核心思想**

高等学校遵循什么教育思想育人，是各高校首先需要思考和必须做出的选择。各校可以并应该有所不同，这样才能形成特色，避免千校一面、模式趋同现象。校内各专业也可以略有区别，但要与本校的整体风格相适应。选择的依据主要沿着以下两个方面思考：

其一，通识教育和专业教育之间光谱点的确定。通识教育和专业教育是两种相互对立的教育思想，在各国的教育实践中一直存在着争议。20世纪我们强调专业教育，本世纪以来好像又偏向了通识教育，但从《高等教育法》的规定来看还应该是专业教育。其实，二者之间是可以和谐共处的，那就是各校不走极端、而在中间的光谱地带进行选择。具体偏向哪一方，由各学校依据自己的特色和未来发展愿景决定。首先，我国高等教育的基调是专业教育，这是由现阶段高等教育的社会需求特征决定的，因此由《高等教育法》所规定的"高级专门人才"所限定；但是，我们需要倡导通识教育，具体由大部分高校以专业教育为基础拓宽知识面、一批高校推行主辅修专业、少量高校努力实现文理贯通等来实施。在思想上，我们最终的走向是素质教育。

其二，理论教学和实践教学比重的安排。科学是用概念体系阐述的，现代技术需要科学原理的支撑，创新是发展出符合科学规范的新的概念体系，因此高等教育必须进行理论教学。现代科学又是建立在先进设备和社会需求基础之上的，技术只能是习得的，创新创业与实践密不可分，因此高等教育还需要程度不同的科学实验和社会实践。因此，理论教学和实践训练构成了高等教育最基本的育人方式，高等学校要对此做出安排。这种安排是科学的而不能是随意的，需要经过论证，执行过程也不能偷工减料。具体讲什么理论、实践什么、课堂教学和课外训练的比重等，由专业的要求和学校的特点所决定。

**（二）核心课程**

学生成长为高级专门人才需要一个严谨培养、勤奋学习的师生互动过程，这个过程由结构性的课程体系和实践环节保证，即我们所谓的专业。专业一说是学习苏联做法，比较刚性；欧美有叫主修科目（major）的、也有叫课程组合（program）的，柔性较大。无论是哪种做法，这个课程体系的知识不是罗列上去的，而是结构化的设计，即知识是有序的而不是堆加的。有序的知识才有助于思维的训练，人才需要结构化成长。唯有此，才能满足高级专门人才所需要的知识、技能、思维规格要求。

大体而言，在本科教育的课程结构中，与专业密切相关的知识、既与专业相关又与思维训练相关的知识，以及扩展性知识大致各占1/3。教学改革的重点是思维训练的内容如何得到加强，扩展性知识又如何选择及其深度要求等。

"专业"其实就是课程的发展和组合问题。这里包含课程的多寡——科研的成果要逐步通过讲座等形式进一步转化为课程，国外慕课（Mooc）得以发展的一个重要原因其实就是名校的课程量太大而要服务社会。我们的问题是课程数量少、甚至陈旧，学生的选择性少。试想，如果当今的学生如果与十年前学的大体相同，那么认知的水平也就是一样的，起点就没有进步。我们的教学计划只安排规模大的课程，而拒绝小型的前沿课程，就是个大问题；也包含课程的结构——要注重知识深度与宽度的平衡，注重理论教学和实践教学的平衡，特别是注重有助于思维力提升的知识内容和方法的选择。当然，搭建课程结构的方法有很多种，如模块式、主辅修制、不同的学分制，还有基础课、方法论课、专业课、实验课、通识课等等，需要各校自己进行探讨。在课程的深度与广度、文理交融性、理论性与实践性的侧重上，都有很多探讨的空间。

**（三）核心模式**

课堂教学是学校教育的传统和基本教学方式，其主要功效是传授知识、启迪思维。切忌只有知识学习而无思维开发，结果造成学而不思则罔。高等学校的课堂教学应该是针对高级专门人才的系统设计，因此应以专业课堂为主进行理论学习。

实践活动是当代高等学校人才培养的另一种基本方式，包括教学计划内的专业实践和课外的社会实践及创新创业活动。我们常说知识就是力量，过去是、现在不一定是，因为知识已不再是稀缺资源，很容易获取，如很多知识百度一下就能得到。现在讲创新、创业，讲满足社会和市场需求。人不能把精力都用在坐而论道上，更需要身体力行。实践活动可以锻炼人的能力，以及展示、挖掘自己的能力，把隐藏的潜能转化、显现为实际的能力。社会实践还有助于学生了解社会需求，推动全面发展，提高个人的素质。

校园文化是学生个性养成的土壤，不同学校的毕业生总会打上这所学校特色的烙印。最早教育其实就是文化的组成部分，我们过去常讲的"潜移默化、熏陶"等就与文化环境相关。

因此，高等学校基本的育人模式是：

专业课堂 + 实践活动 + 文化环境

其他任何模式都是以此模式为基础的变异。课堂帮人育智，培育学生的学识、专业技能和理性思维；活动锻炼人的力量，提升学生的活力、毅力和各项能力；环境滋养人的心灵，塑造学生的气质、才艺和思想深度。高等学校要围绕这三方面做好"文章"，每所高校还要注重形成自己的模式风格。

**（四）边界开放**

高等学校是创新型组织，尽管需要守正和结构化育人，以此形成自己的模式特色，但在育人思想上还应秉持开放的理念。社会和高校都已然多元，光谈"核心"不行，边界还需要开放。

高等学校在尽力让学生继承自己特色传统的同时，也要尽可能提供与外校师生交流的机会，如讲座、联盟、比赛、联谊、游学等正式或非正式的活动，以拓展学生的视野。同时，学校录取学生的生源地及教师来源尽可能广泛，不要都是所在地的本地人，以避免思维方式的单一。

**三、学生如何成长——学习与实践**

学生如何规划自己在高等学校的学习以取得更好的收获？思考的基点是毕业后达到"高级专门人才"的规格要求。这就需要以学校的专业教育为基础建立起自己的知识、技能、思维结构，同时注重通过理论学习与实践锻炼这一基本途径培养自己的其他素质。

**（一）以学为主**

学生要以学为主，大学生活的首要意义是学习。高级专门人才的成长是一个勤奋、严谨的过程，而学习既是建立自己智能结构的过程，也是一个明确发展方向和培养意志力的过程。所以，年轻人应当奋发向上，把主要精力放在学习上。

当然，学习不仅仅是学习知识，更有能力和素质的全方面提高。学生需要与学校的专业培养、基础扩展与自己的个性特征、职业规划相结合，不仅要发扬就读大学的特色，还要知晓其他大学的特点与差异，全面完善自己，努力在高等教育阶段奠定好未来发展的基础。

### （二）认识社会

高等学校既然是家庭和社会的转换地带，那么大学生就需要了解我们的国情、知道社会的需求，因为一切都是为走向社会而做的准备。只有了解社会，才能最终成才。

我国的区域差异很大，东西部地区、城乡之间的经济落差很大，沿海、平原、山区、南北方的文化差异性也很大，这就造成了人们思维方式、看问题角度的差异。如果有条件，学生要尽可能地体验这种多样性，以利于自己的成长。如果经济条件不容许，学生也要有意识地与来自不同地区的大学同学及到不同地区就读大学的中学同学交流。

还要了解社会发展的趋势，如发达国家从后工业社会向再工业社会的转变、我国经济发展方式的转变等。了解趋势就是认识未来社会发展的大概率，确定自己的进步方向。

"学习和活动"是大学生活的两种基本行为。课堂之外，学生需要尽可能地参加些社会实践活动，这些活动是由学校组织的当然更好，由社团组织的也很好，除此之外自己还要有主动性。通过社会调查、实践、实习、实验、科研、创业等活动，锻炼自己的实践能力，扩大自己的交往视野，把理论学习成果转化为真实拥有的能力。

### （三）明确目标

高等教育是年轻人职业生涯的准备阶段。高校是把学校文化、专业方向和自己的个性特长结合相融的地方，因此是理想起航的地方。学生需要思考自己的未来发展方向，并努力规划好这个方向。

首先是树立理想，明确自己的志向和优缺点，有理想才有奋斗的动力。其次是培养能力、提高素质，认真完成学业，使自己成为国家要求的高级专门人才，只有适应社会才能成就自己。第三是收获健康，强健的体魄和积极的心理是未来走向社会的基本保障，身心健康不容忽视。第四要学会与人相处、善于合作，具有集体主义精神和爱国主义精神。能力是成才的基础，合作则使人才走得更远。

此外，如果再培养起一些健康的爱好，将有助于提高自己的生活品质、扩展自己的交往圈子，使人生更加丰富和快乐。

# 第三节　结构化育人的教学实现

结构化涉及知识结构、思维结构、智力结构、能力结构等概念，是指这些结构的搭建过程和目标方式。各自的概念其实有一定的交叉、重叠、包容，本节的重点不在于透析这些概念，而在于通过这些概念界定出高等教育的结构化育人要素，即知识、技能、思维力鼎立态势的形成，以期在多样化形态下能为各专业的教学总结出一些"通则性"的东西。智力和能力的结构化是人才培养的必须，学业的深度代表着人才培养的专业性。二者是可以分解搭建和逐步培养的，搭建得好、培养得深，都会有利于迁移力的增强。

## 一、结构化育人教学改革的思路

教学改革离不开知识、技能、思维三者的搭配，而针对当前高等教育育人的不足及未来科技社会发展的要求，重点是加强思维力培养。教学改革必然要通过课程及其安排进行，这就需要进行新的教学设计。所谓教学设计，也就是进行教学计划的重新制订或修订，而教学计划其实就是一组课程和教学活动的安排。课程的结构主要反映着成为高级专门人才知识结构的需要，但课程内容、讲授方式、实习实验、课外活动等还必须涉及思维开发和技能培训的要求。

知识传授、技能训练和思维开发是三个含义不同的教学概念。知识的获得需要借用前人，当然也要有自己的理解及思维活动参与，而技能、思维力的形成和提高需要靠自己内化练习而成。由于它们所呈现出的特征不同，也就有了高低不同的层次。思维的层级明显最高，这其实也符合教育目标分类学所揭示出来的规律。

知识获得的特征是[①]：限于已有知识；从模仿开始；有标准答案；解决同类问题；思维的不断重复。技能掌握的特征是[②]：身体、大脑形成巩固的动作定型；个别独立小动作有机结合成完整的动作系统；多余动作与紧张感消失；视觉控制减弱和触觉控制增强；动作自动化。思维开发的特征是[③]：不受时间和空间局限，不受已有知识和经验局限，可以任意组合；不一定遵循确定的现成答案，可以突破与创新，形成创新能力；注重归纳推理，形成自己特有的思维方式；可以以直觉和跳跃式的方式，对事务做出迅速判断；先天禀赋和后期训练相结合，方法论很重要。

同时，知识传授、技能训练和思维开发又密切关联。在育人过程中，

---

① 马陆亭：《工科大学生能力的培养》，北京航空航天大学学位论文（1990）；北京航空航天大学：《庆祝北京航空航天大学建校四十周年教学改革与研究成果集（1992）》。

② 同上。

③ 同上。

知识学习与思维力发展可以相互依存。知识是思维活动的内容和素材，每个人的知识量会影响甚至决定他发现、认识和解决问题的速度和质量，大学生的基础知识、专业知识、扩展知识掌握得越深越广，其思维能量的储备就越多越活。知识还是创新的前提条件，知识匮乏必然影响创新的高度，可以说知识掌握得如何，影响着思维幅度的高低，当然这里有着个人生理、心理特征和先天遗传的差异性，有所学知识是否理解消化、是否束缚思维、知识学习和思维力训练是否适切等问题。但是，有一点是十分明确的，那就是"不学无术"。只有在理论学习和实践活动中不断获得新知识，特别是注重吸取有效知识，才能使自己的思维充满生机和活力。同样，技能提高和思维力发展也存有同步甚至依存关系。技能的训练过程，需要思维活动的积极参与，对心智技能的训练更是这样。反之，技能的娴熟有助于思维的流畅，思维的开发过程需要用技能将思维活动呈现出来。因此，在教学过程中，可以通过适当的形式、内容，使知识学习、技能训练和思维开发协调、协同发展。这样，在提高教学质量的基础上，也不会过多增加教学工作量。

对三者特征和关系的分析可以推导出：技能是具体的条件反射式的直觉本领，可以分门别类地开展训练和练习活动，要以专门的实习实验实训环节给大学生基本的技能培养；思维力是一种抽象的一般能力，其开发过程必须贯穿各教学环节特别是每门课程之中，在教学过程中要有意识、系统地结合知识提供思维训练内容，要通过增加思维训练量、增强思维训练难度来培养思维力，当然这里面也有着思维方面的侧重问题。这就是以提高高级专门人才专业能力为重点的教学改革思路，也是教学结构设计、教学计划制订的基本遵循。

三分之一左右的本科核心课程，将为强化思维、保证主干的教学改革提供现实空间。而其他的课程，也为因材施教、引导学生主动去学习更广博的知识、培养相关技能，奠定了现实基础。

据此可以认为，课程除了具有传授知识的作用外，也有开发训练学生思维和技能的功能，但是不同的课程在各方面所起的作用是不同的。知识传授力求建立起学生的有效知识结构，由课程的内容来具体体现；技能训练需要把不同的技能分解到不同的课程和实践教学环节，进行针对性练习以形成习惯反应，不偷工减料是其要义；思维开发则要贯穿到所有课程之中，只是对不同课程的要求和重点侧重大不一样，核心课程就需要特别增加学时以强化思维训练。鉴于大学四年有总学时的约束，课程学时有增就得有减，专业支持类课程、拓展类课程和选修课程的学时就需要精练，保证基本的内容结构即可。

因此，要对各专业课程系列中的每门课程定级。不同级别课程的课时量系数不同，对知识、技能特别是思维培养的要求不同，教学方法和对学生掌握程度的要求也不相同。具体可分四个等级：一级课程为核心类课程。它们不仅需要学生熟练掌握相关知识内容，还要求增强思维训练，有意识地开发学生的思维能力。因此，它们是教学改革的重点，需要在现有课时的基础上进一步增加授课学时。二级课程为必修类课程。此级课程对针对性地开发学生的思维有一定的作用，但其主要作用还是获得专业所需求的知识和技能，可基本遵从现行教学计划的教学安排。三级课程为支持类课程。课程的知识结构框架完整清晰，内容要求一般性掌握。在学习课程内容时有着自然的思维参与及训练，对相关技能培养有一定作用，它们要适当减少课程学时。四级课程为拓展类课程。起扩大知识面、拓宽视野之用，为选修课程。

**二、结构化育人的教学计划编制模型**

确定教学计划过程的关键是各门课程之间及理论教学与实践环节之间的课时分配。理论教学与实践环节之间的关系是重要的，也是显现的，明白道理予以重视就会得到解决。当然，这涉及各校的使命定位和培养目标，比例关系需要与之匹配。而课程之间课时分配的协调相对棘手，缘于各科授课教师对本课程的较深理解或偏爱，比较容易强调自身课程的重要性，希望自己的课程多用课时。有增就得有减，这样讨价还价式的协商往往带有非理性因素，会损害课时安排的整体优化，也会使得加强思维训练的改革思路无法实施。

结构化育人教学改革思路，需要以培养能力为着眼点，从能力对专业规格的需求、能力对课程的需求出发，对课程进行分类分析，并以此作为制订教学大纲和教学计划的依据。现按照主题需要，引入模糊量标，结合经运行测试过的教学计划修订模型[①]，对结构化育人教学计划的课程要求和安排给以应用举例说明。

**（一）首先建立能力目标与课程的关系**

设某专业高级专门人才规格要求的能力，由能力目标$u_i$（$i$=1，2，…，$n$）构成。$u_i$需要根据人才类型及其培养目标，通过周密调查确定。如工科大学生的能力目标可由获取知识能力、分析解决问题能力、表达技术思想能力、综合设计能力、组织协调能力组成，它们都与思维力有着密切的联系，可称之为综合思维能力结构。工科大学生需掌握的基本技能可概括为信息技术、运算、绘图、实验和外语技能。

根据上述的能力目标分类，可以对某一专业的课程进行分析，确定其相对重要程度，从而定出各主要课程的教学要求和上课时数，并据此排出以培养学生能力为主要目的的教学计划。

**（二）能力目标相对需求度的数学表达**

设能力目标集以$u$表示

$$u=\{u_i|i=1，2，…，n\} \tag{1}$$

$u_i$的需求度在［0，1］上，以$a_i$表示。它可由用人部门专家根据培养目标和人才类型对$u_i$的需求程度，参照一定的评分标准（见表4-1）进行评分。

---

① Ma Luting，Zhao Shicheng．（1992）.Cultivating Competency in Engineering Students.1992 World Conference on Engineering Education，Portsmoutc，UK.

表4-1　能力需求度模糊量标

| 等级 | 很不需要 | 较不需要 | 不太需要 | 一般需要 | 较需要 | 很需要 | 非常需要 |
|------|---------|---------|---------|---------|-------|-------|---------|
| $a_i$ | 0 | 0.1 | 0.3 | 0.5 | 0.7 | 0.9 | 1 |

$u$的模糊子集

$$\widetilde{A}= \{ a_i | i=1,\ 2,\ \cdots,\ n \} \qquad （2）$$

显然，$\widetilde{A}$就是对能力需求度的描述。

## （三）课程与能力相关度的确定

专业能力与课程内容结构密切相关。为使毕业生达到能力目标要求，可邀请大学有经验的专家，根据能力与课程的相互关系，确定相应的课程结构。

我们假定现行的课程体系或教学计划安排，是根据某专业结构要求由经验累积而成。那么，进一步的是要研究课程与能力的相互关系，即某课程对于某能力培养起了多大的作用，以为确定课程需求度做准备。

设课程元素$u_j$（$j=1,\ 2,\ \cdots,\ m$），课程元素集

$$u= \{ u_j | j=1,\ 2,\ \cdots,\ m \} \qquad （3）$$

第$i$个能力目标$u_i$与第$j$门课程$u_j$的相关度，可由本专业专家参照表4-2评分，记为$b_{ij}$（$i=1,\ 2,\ \cdots,\ n$；$j=1,\ 2,\ \cdots,\ m$）。

表4-2　课程/能力相关度模糊量标

| 等级 | 最低 | 很低 | 低 | 中等 | 高 | 很高 | 最高 |
|------|------|------|-----|------|-----|------|------|
| $b_{ij}$ | 0 | 0.1 | 0 | 0.5 | 0.7 | 0.9 | 1 |

对$n$个能力目标元素、$m$门课程元素进行评分后，可得模糊矩阵

$$B= （ b_{ij} ） n \times m$$

聘请$K$名专家评分，第$R$名专家对第$i$个能力元素与第$j$门课程元素的相关度评分为

$$b_{ij}^{R} \ (i=1,\ 2,\ \cdots,\ n；j=1,\ 2,\ \cdots,\ m；R=1,\ 2,\ \cdots,\ K )。$$

综合$K$名专家的评分结果

$$b_{ij}=\frac{1}{K}\sum_{R=1}^{K}b_{ij}^{R}$$

这样，便得到模糊关系

$$\widetilde{B}=\{b_{ij}|i=1,2,\cdots,n;j=1,2,\cdots,m\} \qquad (4)$$

$\widetilde{B}$也就是对能力/课程相关度的描述。

### （四）从能力看课程需求度

课程需求度即是各门课程相对重要性的表示。从能力看课程需求度就是将能力需求度与能力/课程相关度两个评分结果进行合成，可得课程需求度集

$$\widetilde{R}=\{r_j|j=1,2,\cdots,m\} \qquad (5)$$

$$r_j=a_i\cdot b_{ij}(i=1,2,\cdots,n;j=1,2,\cdots,m) \qquad (6)$$

矩阵$\widetilde{R}$集中了用人部门专家对能力目标元素的认识和高等学校专家对课程需求度的认识，即为所求。

据此，已可区分出了一、二、三级课程。选修课定为四级课程，不在排序之内。

### （五）课时的学时分配计算

课程等级是根据能力需求度确定的，反映在教学上就是要求学生对该课程内容思考的深度和掌握的程度。不同的掌握要求将直接影响着课程学时的分配。本文用以下模型做初步课时计算：

$$X_j=Q_j\mathrm{e}^{-3.4[(h_j-1)^2]0.785} \qquad (7)$$

式中：$X_j$为考虑能力培养后第$j$门课程的学时数；

$Q_j$为根据第$j$门课程的内容分量，不考虑学时限制，估计得出的最大学时数；

$h_j$为课程的掌握系数，根据对学生要求确定。结合本文的课程等级，其数值范围见表4-3。

表4-3　课程的掌握系数$h_j$

| 要求<br>等级 | 总要求 | 知识复述 | 知识应用 | 综合分析 | $h_j$ |
|---|---|---|---|---|---|
| 一级课程 | 深刻理解课程内容及其理论依据 | 准确 | 能说明较多事例，运用灵活 | 能处理较大难度的问题 | 0.9—1.0 |
| 二级课程 | 理解课程内容，掌握解决问题的方法 | 准确 | 能说明比较多事例 | 能处理中等难度的问题 | 0.7—0.9 |
| 三级课程 | 基本了解课程内容及解决问题的思路 | 基本准确 | 能说明一些事例 | 能处理相关问题 | 0.5—0.7 |

表4-3给出的只是不同等级课程选用$h_j$的范围。对于同一等级课程选用$h_j$的高限还是低限，应根据由能力确定的课程需求度$r_j$来确定，$r_j$大者选高限、小者选低限。

对于每一门课程的$h_j$和$Q_j$确定后，考虑能力培养的课程学时$X_j$即可求出。由此得出某专业课程学时集为

$$X=\{X_j|j=1，2，\cdots，m\} \qquad （8）$$

由此确定的$X_j$，其总和并不等于教学计划所规定的总学时数$Q_{智}$，但综合反映了各门课程的总知识量、知识要求掌握的程度、能力要求程度的相对大小，即比例关系。为了控制住总学时数$Q_{智}$，可以按下式进行修改

$$Y_j=\frac{x_j}{\sum x_j}Q_{智} \qquad （9）$$

由此确定的课程学时集$Y=\{Y_j|j=1，2，\cdots，m\}$，即为实际可用于教学计划的学时数。

经过模型运行实测，一级课程课时得到明显增加，平均增幅约为20%，可供训练思维力之用；二级课程计算课时与原教学计划的课时数大体相当；三级课程的课时数得到减少。

### 三、基本结论

1. 质量问题受主客观因素影响，我们更应该加强对客观规律的研究，按教育规律育人。面对高等教育普及化时代的到来，我们需要思考多样化

形态下人才培养的通则性要素，提取的依据主要是心理科学、国内外经验和未来需求。

2. 人有智力结构、教育目标可以分解分类实现、能力可以迁移，是本文针对问题的研究基础。高级专门人才的形成主要体现在培养规格的能力结构上，这一结构由知识、技能、思维力三要素组成，三者相互独立又相互作用。

3. 知识传授、技能训练和思维开发是三个含义不同的教学概念，具有不同的培养规律。知识的获得需要记忆，而技能、思维力的形成必须通过练习。其中，技能是具体的，思维活动居于核心地位。由于在日常知识学习、技能训练过程中也会有思维的参与，在一些教学活动中也常常自然而然地就有了思维力的培养，因此针对性的思维训练一般容易被忽视。

4. 将知识传授、技能训练和思维开发具体列为大学生的培养要求，并按其性质特点作出培养分工，将有助于加强学生的能力培养，又不造成学时的过分膨胀。计算课程学时是按照能力需求度和知识需求度两个序列量化后的相对次序来决定的，这就为加强能力培养创造出了条件。

5. 针对知识、技能特别是思维力培养的不同要求，可以把课程分为四级，它们共同构成一个整体。如果知识体系、能力要素结构搭建得好，本身也就有助于学生思维力、创新能力的提升。其中的一级核心课程特别要注重针对性地加强思维训练，有意识地开发学生的思维能力，这些课程的教学内容和教学方法也需要有相应的变化和教学措施保证。

6. 通过用人部门和高等学校的专家调查，引入模糊量标，可以在能力与课程间建立起联系，并通过数学模型的运行完成对课时的优化计算。这就是通过教学计划安排，通过课程整体的结构性调整和具体内容教学方式的改变，达成的本文所提出的结构化育人理论构想。

# 第四节　素质教育的内涵框架和实施路径

素质教育概念的提出在我国已有近30年的历史，时至今日其教育思想已被广泛接受，但在实践方面并没有显著突破。它首先是作为对应试教育的反思而产生的，后来慢慢地提升到指导思想层面。问题在于应试教育作为一种思想的确存在问题，可作为一种实践却很难摆脱得掉；素质教育看上去很美，但走向成功实践却尚未实现。在指导思想方面，我们有党的教育方针，有立德树人根本任务，有德智体美劳全面发展，素质教育的地位及作用是什么？在一般教育理念方面，有长期存在的通识教育与专业教育之争，还有自由教育、博雅教育、全人教育等概念模式，素质教育与它们的异同是什么？回答好这一系列问题，是素质教育从思想走向实践的关键。

## 一、素质教育的概念内涵

素质教育是在中国本土产生的重大教育思想，但其语义仍存在可意会而不可言传的一面，如研讨时常常发现专家们所谈话题其实并不是一个内涵。素质教育应该有清晰内涵、有理论框架、有实现路径、有教育模式，高等教育应该遵循党的二十大要求率先在发展素质教育上有所突破。

### （一）素质教育从"方面"到"全面"

素质教育概念一经提出就备受关注，而且是越来越受重视，说明了它的重要性。因为素质教育关乎国家、民族发展的未来。

1. 素质教育首先是针对问题而提出的

素质教育的提出和发展，都是问题导向的产物，最初是针对教育某一方面的问题。只不过，小问题一般有着鲜明的针对性，大问题就上升到了原则性。有时候原则性强反而会导致针对性的下降。

素质教育概念首先在基础教育领域提出，是针对当时突出的应试教育倾向。毫无疑问，素质教育的立意是促进人的全面发展，认为教育不能沦落为考试的工具，这也是其现实意义所在。当然，后来也有人提出，会考试也是一种素质的表现，素质教育和应试教育并非完全对立，也不应被视为一个非此即彼的范畴，不过，这是另外的话题了。

素质教育在高等教育领域的兴起，首先是为了提高理工科学生的人文素质，后来扩展到拓宽育人的知识面，避免过窄的专业教育，再后来上升为提高学生的创新能力等。这些都是针对人才培养的现实问题而寻求改革突破口。因此在不同阶段，素质教育遭受过就是文艺表演、不能等同课外活动等相关质疑，也有着与通识教育、专业教育内涵交织及差异体现的困惑。

2. 素质教育事关国民素质的提高

世纪之交，知识经济扑面而来，千禧之年更有着跨越时代般的震撼。那时候我们的人均GDP只有几百美元，但激荡着蓬勃发展的朝气，我国著名的"985工程"、高校大扩招等都是在20世纪末启动的。人们认识到，未来是一个创新发展和科技竞争的时代，落后会面临"被开除球籍"的危险，因此教育是提高国民素质的基本手段。素质教育的重要性开始提级，成为一种全面的、总揽性的教育思想。

1999年6月，全国第三次教育工作会议召开，中共中央、国务院颁发了《关于深化教育改革全面推进素质教育的决定》，"素质教育"一词被写入中央文件的标题，成为大会的主题。文件指明实施素质教育"以提高国民素质为根本宗旨"，提出要"全面推进素质教育，培养适应二十一世纪现代化建设需要的社会主义新人"。

进入新世纪，在2002年到2022年的20年间，党的十六大至党的二十大均把素质教育写入报告，表述分别是"全面推进素质教育、实施素质教育、全面实施素质教育、发展素质教育"，一以贯之地表明了对素质教育的重视。这期间相对应的高等教育发展的基本背景是：2002年高等教育跨越大众化的门槛，2005年高等教育进入以提高质量为主题的新时期，2010年颁布的《国家中长期教育改革和发展规划纲要（2010—2020）》提出"促进公平、提高质量"是教育工作的重点，而近年来国际格局的调整要求加大教育、科技、人才在建设社会主义国家现代化强国中的支撑作用。

所以，素质教育事关提高国民素质所需要的学生能力培养，发展素质教育事关教育的高质量发展和社会主义现代化强国目标的实现。

**3. 做好素质教育的落实工作**

素质教育越来越受重视是好事，是教育和国家发展的需要。但作为教育界人士，不能仅将其停留在口头上，而要把这种重视转化为做好工作的动力，注重把这种需要转变为发挥作用的现实。

为此，就不能让概念、理念浮在表面上，而需要使思想内涵深化。深化的具体方式就是落实，在落实中推进和深入。

**（二）由素质概念认知来理解素质教育**

素质一词与人的内涵紧密地联系在一起，但有多种语义，场景不同，语义不同。例如，"这人真没素质"，说的是其行为背离了社会公德；"这人基本素质不错"，表明是个好苗子，有培养潜力；"这人素质还行"，指其具有完成某项任务的能力；"这人素质还行吧"，则可能指其为人不错；"这人素质不行"，一般指其人品不好；"这人素质不全面"，表明其发展不平衡，甚至有大的能力短板。此外，素质一词还多体现在政治思想素质、文化素质、心理素质、身体素质等具体方面，表明其在该方面的基本状况。也可以用于人员整体，如学生素质、职工素质、干部素质、公民素质、国民素质等。

《现代汉语词典》对素质的定义为：① 事物本来的性质；② 素养；③ 心理学上指人的神经系统和感觉器官上的先天的特点；对素质教育的定义

和解释为：以提高人的素质为根本宗旨的教育，在教育的各个环节中，全面实施德育、智育、体育、美育，着重培养学生的创新精神和实践能力。百度百科对素质的解释是：指平日的修养，分思想、文化、身体，即代表德、智、体三个方面，素质提高代表着德、智、体的全面发展。

从以上来看，素质一词可以理解为这些内在特征：品行，修养，内涵，潜能，才艺，能力，特点，条件等。而素质教育，则指增强、提高或扩展素质特征的过程，主要与提高人才培养质量有关。只有从素质的一般认知来理解素质教育，才能更有针对性，才能不走样。

高等教育的素质教育，早期是从理工科大学生的文化素质教育入手的，显然是作为对其薄弱环节欠缺的弥补，但不能说素质教育就等同于"吹拉弹唱跳"。后来，延伸到培养大学生要打好扎实基础，增强发展后劲，改变"高分低能"状况，提高创新能力等方面。这些，实际上是针对问题，在寻找人才培养模式改革的突破口。

《关于深化教育改革全面推进素质教育的决定》指出："实施素质教育，就是全面贯彻党的教育方针，以提高国民素质为根本宗旨，以培养学生的创新精神和实践能力为重点，造就'有理想、有道德、有文化、有纪律'的德智体美等全面发展的社会主义事业的建设者和接班人"。表明素质教育已具有指导思想的意义，并特别与提高国民素质和培养学生能力相关。

党的教育方针是党的理论和路线方针政策在教育领域的集中体现，我国于2021年4月30日起生效的新修订的《教育法》第五条规定："教育必须为社会主义现代化建设服务、为人民服务，必须与生产劳动和社会实践相结合，培养德智体美劳全面发展的社会主义建设者和接班人。"说明了为谁培养人、怎样培养人、培养什么人的问题，将党的教育方针落实为国家法律规范。

因此，素质教育是以党的教育方针为指引，以培养建设者和接班人为目标，实施教育、落实立德树人根本任务、促进学生全面发展的过程。

### （三）素质教育要界定概念边界和思想内涵

从现实来看，素质教育概念需要清晰化并有实施路径。素质教育的落地有助于办好人民满意的教育和助力强国建设的目标。

1. 概念需要边界

任何概念的确立、明晰都要有一个收敛的过程，概念没有边界是不确切的。

当素质教育走向全面，就有了与党的教育方针、立德树人根本任务、德智体美劳全面发展以及教育概念自身的关系问题。发展素质教育的有效方式是发挥其承上启下的作用——以全面贯彻党的教育方针为指引，以培养社会主义建设者和接班人为目标，通过实施素质教育而落实立德树人根本任务、促进学生全面发展。换句话说就是教育活动、教育过程应该是以实施素质教育的方式开展的。

2. 素质教育的明确指向

素质教育的目的：旨在提高全民族素质，因此是一种以受教育者素质提高为目的的教育过程。

素质教育的目标：真正落实党的教育方针，培养社会主义建设者和接班人。

3. 素质教育事关青少年成长

素质教育的目的、目标、核心理念是不变的，但对于每个教育阶段、每个学科专业、每个具体的人，实施素质教育的内容方式有可能是不同的。没有一成不变的素质教育，每个人要得到发展的素质显然都不完全相同。

比如说，基础教育的性质就是打基础，因此要全面发展；职业教育的核心是技能，因此要工学结合、产教融合；高等教育培养的是高级专门人才，知识、技能、思维是高级专门人才能力的三要素。再比如说，在高等教育普及化时期的本科阶段，重点是知识结构的搭建，以知识结构为基础融入相应的技能思维训练而造就某个专业的高级专门人才；硕士阶段要以方法论训练为重点，学生在所学学科专业领域的基本方法都要会运用，毕业后既可以走向工作也可以继续深造；博士阶段以创新为主，在所学领域要作出有建树的贡献。

共性中有差异，各有各的素质教育内容和重点。既要达到各级各类教育应该达到的素质要求，也要提高每个人的素质特长。

### 二、建构素质教育的实现模式

思想需要模式来实现，当素质教育思想有了相对应的实施模式时，理念的界定才会更加清晰，思想才会走向成熟而更加完美。

#### （一）从素质教育实现方式入手让理念落地

既然素质教育是指导育人实践、完成教育使命的过程，那它就与立德树人根本任务、德智体美劳全面发展紧密关联，但也不能就是它们，否则即为同一概念。素质教育是人的全面发展的实现路径，以此完成立德树人根本任务，贯彻党的教育方针。所以，素质教育在各级各类教育活动中的具体化实施非常重要，需要有具体的实现方式。

党的教育方针和立德树人根本任务，在各级各类教育、学校中全面贯彻落实是统一的要求。它们可以通过实施素质教育的方式来贯彻落实。推进素质教育，具体落实是关键：阶段不同，学生发展的重点就不同，这是一致性的青少年成长规律；每个人的个性特征不同，其发展的重点也不同，这是因材施教的教育规律。因此，素质教育是针对青少年每个成长阶段、指向每个学生的，通过提高每个人的素质而达到提高整体国民素质的目的，需要有不同的实施模式。

基础教育要为每个人成长"奠基"，这一阶段的素质教育应是相对全面的教育。教育的本质是成长，成长的第一要素是健康，健康成长应遵循科学规律，学生面向身心和谐及面对未来的不确定性还必须全面发展。健康、科学、全面是构建素质教育模式要考虑的三个要素。

职业教育和高等教育是青年一代走向社会工作的"双车道"，前者重在"尚技"，后者重在"培思"。技术技能是一种操作熟练的能力，社会产品的质量靠职业教育，因此职业教育的素质教育应以技湛为基础，兼顾未来发展需要和个人特长来构建育人模式。高级专门人才要有创造能力，未来产业的振兴繁荣靠高等教育，高等教育要为提升国家创新能力服务、培养各行各业的前端人才、实现对各行各业的科技支撑，因此高等教育的素质教育应围绕能力培养这一核心，着重提升学生的个性创新力和实践能力，以此来构建和优化育人模式。

以德为先、能力为重、科学成才、全面发展，是各学段构建素质教育模式都要力求实现的目标，但各级各类教育的侧重点和实现方式会有所不同。

**（二）高等教育推进素质教育的模式思考**

高等学校是帮助青年学生从家庭人成长为社会人的中间转换器。这种转换是通过高等教育培养高级专门人才的活动来实现的。

家庭 → 高等学校（高级专门人才）→ 社会

通过高等教育而造就的高级专门人才，将以其专业能力履职工作岗位，得以生存、发展并承担社会责任。高级专门人才的基本能力要素包括知识、技能、思维，知识是能力的基础，技能是能力实现的手段，思维是能力提升的标志。结构化教学的安排，有助于学生智能水平的提高、智能结构的优化、已有能力的迁移和创新力的提升。

进一步，就导出了素质，素质包括处理事情的专业能力、丰富人生的专业外特长和与人打交道的人格素养。与知识、技能、思维三要素的三足鼎立不同，知识、能力、素质呈现的是包容关系，后面的概念比前面大，如能力包括知识、素质包括能力。三者的关系举例如下：学生认字和学语法是在学习知识；练造句和写作文是在练习能力，写作能力当然包括基本的语言知识、写作技能和如何构思思考等；但再好的作文也不是文学，文学创作需要有生活的积淀、感悟、凝练，当然也需要有写作能力，综合起来就是文学素质水平。

所以，高等学校的育人安排，主体是课堂学习，要注意知识结构的搭建及其与技能、思维训练的平衡；实践活动是把从书本上学到的东西转化为自己真实能力的过程，也有助于培育爱好特长和梳理未来发展方向，包括实验、实习、社会实践、创新创业活动、社团活动等；环境熏陶包括校风学风、校园文化、专业文化、学校环境等，每个学生毕业后打上的母校烙印，即为特色。当然，不同高校因其层次、类型、使命的不同，而实现了对元素的不同组合搭配。

环境熏陶 +专业学习 + 实践活动

（素质养成）（知识\技能\思维）（真实能力）

这种高等教育的人才培养模式，亦即高等学校素质教育模式的基本框架。

### （三）素质教育的推进重点

展望未来，发展素质教育需要回归"从问题来，到问题去"的初心，在基本框架基础上明确重点实施方向。

1. 定基本。基本框架就是前面所说的实施以提高受教育者素质为目的的教育过程。高等教育是培养具有社会责任感、创新精神和实践能力的高级专门人才的活动，知识、能力、素质是一个系统渐进的概念，有着逐步扩展的内涵。不同阶段和类型的高等教育要明确自己的规格要求。从这个意义上说，素质教育就是教育本身，只不过要经常反思是否偏离了提高学生素质的方向。

2. 补短板。这个很好理解，各级各类教育、每个学科专业育人的短板是什么？其应有素质的缺陷是什么？要重点补上。需要注意的是，不同时期的短板可能是不一样的，因为时代不同要求不同，或者说补了旧的又有了新的，但总体上说学生的素质应不断提高。另外，每个人也会有不同于他人的短板，这些短板将来会限制自己的发展，要注意弥补。

3. 找特长。人是有个性心理特征差异的，素质教育要特别注重挖掘每一个人的特长，发展素质教育一定要具体体现在每个人身上。特长是个人成就事业的发光点，也最有可能成为国家创新发展的突破点和增长点。

4. 出模式。基本模式就是以提高学生专业能力和综合素质为导向的人才培养的基本框架：专业学习（培养知识、技能、思维）+实践活动（锻炼真实能力）+环境熏陶（促进素质养成）。

特色模式以基本模式为基础，因层次类别、学科专业、个体差异而专门设计。和而不同、各美其美、美美与共，最终使每个人的基础得以提高，短板得以弥补，特长得以发展。

（本章内容依序由以下论文节录、组合、改写而成：《高等教育要率先落实人才引领驱动》，载《中国教育报》2022年10月19日；《着力造就拔尖创新人才，全面提高人才自主培养质量》，载《中国高教研究》2022年第12期；《致力培养担当民族复兴重任的时代新人》，载《光明日报》2018年9月18日；《有能力，才能与社会无缝对接》，载《人民日报》2014年2月11日；《我们的本科教育：缺什么？怎么改？》，载《光明日报》2015年8月4日；《大学生要在学校收获什么》，载《中国教育报》2016年2月22日；《大众化本科教育的有效模式》，载《中国高教研究》2014年第5期；《以创新思维重构高校人才培养体系》，载《中国高等教育》2008年第5期；《工科大学生能力的培养》，载《庆祝北京航空航天大学建校四十周年教学改革与研究成果集》1992年；《高等教育结构化育人的教学实现》，载《华东师范大学学报（教育科学版）》2019年第1期；《本科教育模式的共性要素思考》，载《苏州大学学报（社会科学版）》2018年第4期；《我国高等教育中的素质教育思想确立》，载《中国高教研究》2015年第8期；《建构素质教育的实现模式》，载《大学素质教育》2022第2期；《素质教育内涵框架和实施路径思考》，载《江苏高教》2023年第4期。）

# 第五章

## 优化调整学科专业结构

　　学科专业是高等学校发展的基础和重点，甚至有办大学就是办学科、育人质量看专业水平之说。因已有专章论述育人议题，本章就侧重于学科建设，对高校学科门类发展、学科与专业异同、新兴和交叉学科发展、"新工科、新医科、新农科、新文科"建设、学科群建设和一流学科建设等进行实践梳理、理论分析和政策阐释。前进的方向是推动高等学校学科专业结构不断优化完善，加强学科的综合、交叉及其与产业的融合，促进学科群生态不断丰富发展，加快建设世界一流学科。

# 第一节　对学科专业探索的不断深化

1949年以来，我们通过建国初的院系调整、世纪之交的综合化改革、研究生专业学位发展等措施建构起我国高等教育的类别结构，通过重点高校、"211工程""985工程""双一流"建设等在提升学校实力的同时也强化了学科的地位。学术界对学科专业的认识不断深化，实践中新兴学科不断涌现，高校学科专业结构不断调整，一流学科建设成就引人瞩目。

## 一、高校门类方向调整与学科专业发展

1949年后，我国学习苏联模式，高校按门类方向设置，如普通高校按综合大学、理工院校、农业院校、林业院校、医药院校、师范院校、语文院校、财经院校、政法院校、体育院校和艺术院校划定，基本上与工科、农科、林科、医药、师范、文科、理科、财经、政法、体育、艺术大学科门类相对应。进入21世纪，大学开始向综合化迈进，开展了一系列高校办学模式的改革实践。

### （一）高校院系调整

1952年，教育部制定《全国高等院校院系调整计划草案》，根据"以培养工业建设人才和师资为重点，发展专门学院，整顿和加强综合大学"的方针，开始在全国范围内进行大规模的院系调整工作。这次调整，涉及全国绝大多数高校，明确了综合大学和专门学院的性质任务，尤其加强了工科院校建设，初步形成了中央直属高校、行业部委所属高校和地方高校组成

的三大版块的格局。这一调整使高等教育严格地成为国民经济计划的有机组成部分，适应了当时经济建设的需要，奠定起共和国前50年高等教育系统的基本格局。

经过调整，我国高等院校形成了按区域和按学科或行业门类设置的基本特点。1952年开始对东北、华北、华东、中南地区进行了重点调整，1953年涉及西北、西南地区。各大行政区最少有一所综合大学，办好1-3所农学院，1-3所师范学院，多办专业性工学院，各省办专科。1953年，全国共有高校181所，其中综合大学14所、工业院校38所、师范院校31所、农林院校29所、医药院校29所、艺术院校15所、其他院校25所。1955年至1957年，为避免高校过于集中于少数大城市，特别是沿海大城市的状况，并实现工业院校逐步与工业基地相结合的目标，国家进一步加强了内地高校的建设。

1957年，全国有高校229所，其中单科性的专门学院达211所，占高校总数的92%。

**（二）高校专业调整**

学科发展是高校发展的核心。中华人民共和国成立后，我们"一边倒"地学习苏联，将学科进一步细化为专业，实施了"改系科设专业"的改革，高校根据专业制定培养目标和教学计划、为国家建设培养专门人才。直至改革开放前，我们强调人才培养的专门性，因此专业设置得很细。1953年我国本科专业215种、1957年为323种、1965年为601种、1980年为1039种。

随着科学技术发展和市场经济的需要，国家强调人才培养的基础性和适应性。减少专业种类、拓宽专业口径成为专业调整的主要内容。在此背景下，教育部对本科专业进行了3次调整。第一次始于1982年，经过5年调研于1987年公布的专业目录将原有的1343种专业调整为671种；第二次始于1989年，经过4年调研于1993年将专业数从671种调整为504种；第三次是从1997年4月到1998年7月，进一步将专业数压缩为249种。

这些调整体现着教育理念的变化——由专业教育思想向通识教育思想

转变。之后，由于新兴、边缘、交叉学科的不断涌现，高新技术产业的不断发展，以及地方特色经济产业的形成，教育部又在专业目录中的249种专业之外，批准设置了一些"目录外专业"。

**（三）高等教育管理体制改革中的高校综合化热潮**

1949以后的前几十年，我们建立起了与当时高度集中的计划经济体制相适应的中央业务部门分别办学和管理各自高校的体制。这种体制对于调动各部门发展高等教育的积极性，多出人才，快出人才，促进我国经济和科技事业的发展起了重要的推动作用。但是，随着社会主义市场经济体制的建立和发展，这种体制的弊端逐步呈现。如"条块分割"造成了低水平的重复建设，高校间优势不能互补，教学质量难以进一步提高。

为此，20世纪90年代进行了轰轰烈烈的教育体制改革，总结出了"共建、调整、合作、合并"八字方针，并以1998年国务院机构改革为契机使改革取得了突破性的进展。1992年至2000年，全国556所高校（其中普高387所、成高169所）经合并调整为232所（其中普高212所、成高20所），净减324所。

当代科学技术发展的突出特点是多学科的交叉、渗透和结合。院校合并，从形式上讲是配合高等教育管理体制改革的需要，但根本目的是提高高等教育资源配置效率和适应科学技术的综合发展，是高等学校整合实现学科优化升级和跨越式发展的过程。但是，也不能说没有问题，比如是否所有高校都应该选择综合化的发展道路。

## 二、学科专业：相同与不同

学科专业建设在大学发展和人才培养中极其重要，因此备受关注，我们也常常说学科专业建设而不加区分。但是，在大学具体的实践中，却存在着重学科轻专业、重科研轻教学等种种迹象，说明二者也存有差异。

**（一）学科、专业的共同点**

1. 专业是学科的细化。大学由学科组成，学科是大学的核心，学科可细化为专业。这是我们笼统地把学科和专业放在一起的主要原因，即学科只是比专业大点，当然这只是一个观点流派。2011年国务院学位委员会、教育部印发《学位授予和人才培养学科目录》，明确其"分为学科门类和一级学科，是国家进行学位授权审核与学科管理、学位授予单位开展学位授予与人才培养工作的基本依据，适用于硕士、博士的学位授予、招生和培养，并用于学科建设和教育统计分类等工作。学士学位按本目录的学科门类授予"。2012年教育部颁发《普通高等学校本科专业设置管理规定》，明确本科"《专业目录》分为学科门类、专业类和专业三级"，它们基本与研究生学位的学科门类、一级学科和二级学科相对应。

2. 二者都是知识分类的产物。学科是知识体系建构的结果，是科学的细化、知识的分类。在由瑞典斯德哥尔摩大学的托斯顿·胡森（Torsten Husen）教授和德国汉堡大学的纳维尔·波斯特尔斯威特（T.Neville Postlethwaite）教授共同主编的《国际教育百科全书》中，标明大学最初是围绕哲学、医学、法律和神学四种学科建立起来的，后来随着科学的发展派生出若干种专业性学科。《辞海》将"学科"解释为"学术的分类，即一定科学领域或一门科学的分类或教学的科目，即教学内容的基本单位。"其实是赋予了学科以专业的含义，这时，学科、专业趋于等同，反映了当时编写者对二者的认知程度。研究越来越深、知识越来越细、科学既分化又重组，导致各国对学科专业的划分既有共性又有特性，反映出认识的差异。

3. 二者又都是一种制度安排。基于知识分类而建构出学科专业，也就有了制度的含义，如机构、人员、场所、交流。制度是个涵盖圈子，包括内部的组织、运行，因此也就有了特定的利益。行政建制、机构和编制在大学是很重要的，意味着拥有自己的领地，意味着有一批人专职、稳定地从事这项工作，后来的由教研室、系升院、升中心、升学部，包括重点学科建设，其实都是在强化着这种制度安排。

**（二）学科、专业的不同点**

1. 学科指向科研而专业指向教学。学科的概念体现着一个研究领域，而专业则明显是一个育人的概念范畴，如教师隶属于学科而学生就学于专业。这也是为什么说的是学科专业建设，而慢慢地就事实上成了学科建设。学科好评价，如发表多少论文、有多少科研项目、学科点有多少教授等。而专业不好衡量，你有一百个学生我也有一百个学生，如何比高低？

2. 学科专业可以完全不一样。教师从自身学科的角度提供课程，而学生可以选择不同学科教师开出的课程，学生的知识结构可以与自己老师的知识结构完全不同。这与前面所说的专业比学科小的含义就不一样了，此时的学科和专业，知识组合的相关性可以很小。国外一些大学为什么推崇学分制？就是因为专业边界的开放程度很高，理论上甚至可以是一人一专业，优点是能较好地满足学生的个性特点和适应社会需求。

3. 影响专业发展的因素比学科多。科学技术和社会需求都影响学科专业发展，如大学最初的四大学科，哲学是基础学科，医学、法律和神学是专业学科，也可以理解为是我们现在所说的专业。在学科体系的形成中，由同一学科发展衍生的是线性学科群，由彼此支持的相邻学科组成的是相关学科群，在不同学科交叉地带产生的是交叉学科群，与产业相关联的是应用学科群。而专业的发展还受教育理念的影响，如早期我们提倡"螺丝钉"精神，强调人才培养的专门性，专业越设越窄，实行市场经济后又逐步拓宽了专业口径，这即体现了教育理念的变化——由专业教育思想向通识教育思想的转变。相对而言，科学技术自身的逻辑对学科影响更大，教育理念对专业设置影响更大，而社会需求对二者的影响力都在上升。

**（三）如何开展学科、专业建设**

1. 全面认识学科专业的同与不同。目的是分清责任，避免僵化。教师隶属于学科，越研究越深，知识越分越细，但学生需要有知识的宽度。因此需要正确理解教师知识体系与学生知识体系的异同，进行恰当的制度设计和教学安排。

2. 允许多元发展。因为科学技术、社会需求和教育理念以不同的方式影响着学科和专业的发展，导致学科和专业的组合就是多元了，评价、衡量标准就不能单一。需要特别说明的是，因为社会需求的影响力在不断上升，而社会需求的覆盖面又非常广泛，将会导致未来高等学校的办学模式、治理模式甚至教学模式和教学内容的差异性巨大。我们的教育思想要跟得上来，而不能阻碍发展。

3. **重视课程开发。**专业其实是一组课程计划，但知识的简单堆砌构不成专业，结构化课程是专业形成的唯一方式。当前，我国大学在专业发展中的问题，很多可归结为课程数量太少，导致学生的选择性太少，专业出现雷同，难以形成特色。从本科到硕士再到博士，越来越没有课程可学，专业水平难以提高。许多时髦的专业徒有一副空壳子，学的还是传统专业的课程，专业难以发展。其实，课程少，说明研究的深度不够，学科发展得不好。专业课程产生的流程是：科研产生讲座，完成几个科研项目就可以产生前沿课程。现在我们的大学规模庞大后，教务安排问题不重视小型的前沿课程，这是个很大的问题。

### 三、强基计划：为国家战略需求选拔培养人才

2020年5月，清华大学成立致理、日新、未央、探微、行健五个按实体机构运行的书院，以推动建立通识教育为基础且与专业教育相融合的本科教育体系。同期，北京大学以"为国选才育才"为宗旨，探索多维考核评价模式，将选拔一批有志向、有兴趣、有天赋的青年学生进行专门培养，开展"博雅学堂"试点工作。其实，这些都是教育部于2020年初启动的在部分高校开展基础学科招生改革试点（简称强基计划）的组成部分，有36所"一流大学"建设高校参与试点工作。强基计划，旨在更好地服务国家重大战略需求。

#### （一）聚焦基础学科和关键领域

当前，网络信息技术、人工智能正在引领新一轮科技革命和产业变革并逐渐成为未来社会的基础性要素，中美摩擦升级加剧着世界变局，人类文明走向面临着重大选择，人才和科技成为各国抢占竞争制高点的战略重

点。基础学科对关键领域的创新支撑意义重大，二者的有效结合是产生原创成果、攻克关键技术、破解"卡脖子"局面的不二法则。因此，强基计划主要面向有志于献身国家重大战略需求的优秀学生，胸怀国家大业，不为个人小利，聚焦高端芯片、软件、智能科技、新材料、先进制造和国家安全等关键领域及部分人文社科领域，突出基础学科的支撑引领作用，由试点高校结合自身学科优势和办学特色精准选才、精心育才。

**（二）破解领军人才短缺和长远发展瓶颈**

千军易得一将难求，拔尖创新人才具有方向引领性和工作牵引性作用，为非常规人才，因此优化人才选拔方式和培养机制成为改革的重点。强基计划奔着问题和目标，大处着眼知行合一，厚基础宽口径重方向，体现高校人才选拔培养与国家发展战略同心同向，着力破解领军人才不足和长远发展乏力等瓶颈问题，打造具有科学精神、科学方法、科学知识与科学能力的基础学科专业型创新人才和跨学科复合型创新人才，助力国家长足发展。

**（三）促进国家战略需求和学生志趣方向结合**

强基计划着力实现国家选才、学生成长、社会公平的有机统一。在改革定位上，与服务国家重大战略需求相结合，将高中学生的志向、兴趣、天赋作为选拔的重要内容，倒逼基础教育和推动高等教育都要迈出变革步伐。要求在人才评价上破除"五唯"顽瘴痼疾，加强对优秀学生学术志趣、学科基础的全面培养，营造潜在杰出人才能够脱颖而出的氛围；要求基础教育为素质教育培育优质土壤，引导学生把个人的兴趣特长转化为报效祖国的发展方向，献身科技；要求高等教育对拔尖创新人才进行系统培养，引导学生将个人的专业发展与国家的繁荣富强紧密结合起来，勇于担当。在强基计划中，36所试点高校的选拔招生均包含了体育测试，显示青少年体质健康对国家未来和个人成长的重要性。

**（四）体现考试招生和人才培养贯通**

强基计划既是招生改革，更是培养改革。关注学生综合评价，引导中学更加重视学生成长过程，致力打通评价、选拔、培养、发展环节，推动架构连通中学新课改、新高考改革、大学教改的桥梁。在大学招生上，探索建立多维度考核学生的评价模式，通过制度设计重点选拔高考成绩优异学生和少数在某个领域具有突出才能的"偏才怪才"。在跟进的培养环节，探索小班化教学、跨学科交叉、导师制指导、团队化协作、研究性学习等精英教育模式。试点高校都根据自身的优势特点，确立了新型人才规格要求，量身制订了培养方案。如北京大学启动"深化基础学科人才培养计划"，具体措施包括建立"基础学科+多元选择"培养体系，实行"核心课程+跨学科课程、研究性学习、实践训练"多样化专业安排，实施"3+X"贯通式培养，开展"1+N"研究训练，推行"1+X"导师制，拓展"3+N"交流项目等。

**（五）提供跨学科学习和前沿科研参与平台**

学科交叉是当代科技创新的重要生长点，基础扎实、学科宽度、学术方向、项目参与是培养拔尖创新人才的基本内涵。强基计划要求按照"一校一策"的原则确定专业和规模，对入选学生定制基础加特长的培养方案及激励机制，加强专业基础与扩大自主选课相结合，鼓励学生跨学科、跨专业、跨阶段、跨学校选修，形成个性化智能结构，以提高知识交融能力，实现学科交叉基础上的人才差异化、特色化。如清华大学的探微、未央和行健3个书院分别对接化学生物学、数理基础科学和理论与应用力学3个专业方向，设计了"理+工"双学士学位培养模式，北京大学的理念是"加强基础，促进交叉，尊重选择，卓越教学"。同时，积极推进科教协同育人，鼓励教师把本领域最新科研成果和发展方向融入本科教学，鼓励国家重点实验室、前沿科学中心、集成攻关平台和协同创新中心等吸纳学生参与项目研究，探索建立结合重大科研任务进行人才培养的机制，使学生的创新精神和科研能力得到全面训练。

**（六）实现本科教育和研究生阶段衔接**

强基计划不但丰富和拓宽了高校人才选拔渠道，探索了培养模式，而且还希望在畅通优秀人才成长发展通道上作进一步的改革。如探索建立本—硕—博衔接的培养模式，硕博研究生阶段既可在本学科深造，也可探索学科交叉培养，还将建立在校生、毕业生跟踪调查机制和人才成长数据库。本科阶段培养注重夯实基础学科能力素养，教育部文件规定通过该计划录取且在培养阶段考核优秀的学生，高校可在免试推荐研究生、直博、公派留学、奖学金等方面予以优先安排。这些，各高校都须制订针对性培养方案和管理办法。

## 四、学科交叉是为了解决真实问题

当前，交叉学科、跨学科、学科交叉很热，原因在于国家社会区域产业遇到的发展难题，期盼高等院校创新解决。因此，高校交叉学科建设须明方向、知问题、干实事。

学科即是知识分类体系，也是学术制度的主观安排，它既有客观依据，又包含主观设定的成分。讲客观是其依据科学技术自身的演化逻辑或社会产业的真实需求，说主观是它们受制于人的科学认知水平与教育理念。冲突在于，科技社会发展是客观复杂的，学科划分安排则是主观简单的，客观现实不一定按主观设定的模样出现。把知识分门别类为学科，主要是源于人自身的局限性——生命、大脑容量及精力有限，个人不可能穷尽掌握浩瀚的知识，需要知识谱系有序、学者学有专攻。所以，高等教育的任务是培养"高级专门人才"。

科技在进步、产业在变革，人类面对的综合复杂问题越来越多，需要多学科协同攻关，跨学科和学科群因此成为高校创新突破的有效组织形式。当知识的图谱绘出之后，学科的制度性安排使其发展所需的人财物得以聚积，众多人在学科内耕耘，一般性问题逐步得到解决，剩下的难题多数不再是本学科的独立问题，科技和社会面对的重大难题更都是多学科交叉的。此时，学科的边界成为突破口，跨学科进来了，相应的学科群出现了。在学科体系的演进过程中，主干学科分化衍生出线性学科群，相邻学科融合汇聚出相关学科群，异质学科互动反应出交叉学科群，产业发展需求孕育出应用学科群，原始创新实现催生出新兴学科群。

未来社会，科技前沿和产业一线的重大创新需求基本不再能通过内敛式的学科建设得到满足，而是通过学科的不断分化、综合、重组实现。学科交叉是面向真实问题的学术制度安排，高校可推进的工作有：

其一，洞察前沿方向创设交叉学科。学科点的设立，表明进入了组织体系，教师有了根据地，组织和个人发展都有了保障，但也容易固化僵化。这是学校发展的战略性议题，需要有把握科技趋势的前瞻性视野。国家首次在"交叉学科"门类下设"集成电路科学与工程"和"国家安全学"两个一级学科，就兼顾了其重要性和方向性。

其二，运用新兴科技改造传统学科。人工智能是引领新一轮科技革命的"头雁"，是未来社会环境的基础性元素，因此要加强现代信息技术对各学科的渗透。同时，还要促进本领域新兴技术对现有学科的融入，推动学科迭代进步。

其三，围绕主干学科加强学科群建设。新兴学科、学科群建设是校级统筹的责任，学科群的生态效应是对制度激发学术活力的要求。高校要注重维护优势学科和特色学科奋发向上的发展环境，构建各学科协同创新共进的良好氛围。

其四，聚焦难题攻关组建跨学科中心。问题总是综合的，解决问题就是创新，因此跨学科中心是为解决科技难题而创生的学术组织模式。这类组织因攻克难题而存在，问题解决后便撤销，不是长设机构但是正式组织，由学校动态调整。

其五，推动跨院系选课培养复合型人才。高校教学安排有在同一院系选课和全校跨学科选课两种极端方式，前者有利于培养专门人才，后者有利于培养复合人才，中间是广阔的光谱地带。跨学科选课不能是课程的简单堆砌，而要有科学的组合设计，结构化课程是学生智能水平提升的基础。

其六，开展问题研讨促进学科交流。学科交叉有主动交叉，也有无意为之，通过学术交流碰撞即有可能发生。注重收集真实问题，形成多学科探讨、解决问题的习惯，将有利于激活和营造学校的创新氛围。

### 五、从战略高度看学科专业的调整优化

2023年，教育部、发改委、工信部、财政部、人社部联合推出《普通高等教育学科专业设置调整优化改革方案》，工作目标的第一句话就是"到2025年，优化调整高校20%左右学科专业布点，新设一批适应新技术、新产业、新业态、新模式的学科专业，淘汰不适应经济社会发展的学科专业"，既开宗明义又引人瞩目。无疑，这是高等教育服务国家需求、建设高质量体系、推进高质量发展的一项重大举措。

#### （一）大幅度调整的原因

高等教育学科专业作为知识分类，受科学技术发展和社会需求的影响，即存在着两种设置学科专业的客观逻辑，作为制度安排，受教育理念和战略方向的驱动，说明有一定的主观能动性。新中国成立以来，特别是改革开放以来，高等教育学科专业设置历经多次变革，总体适应了当时的经济社会发展需要，是引导高等学校有序发展的主要政策工具之一。时至今日，我国已构建起世界上最大规模的高等教育体系，有效地支撑了我们作为世界上第二大经济体的国际地位，极大地满足了广大人民群众接受高等教育的内在需求。

那么，为什么要开展这种大幅度的调整？答案是因为高等教育结构与经济社会结构还有着不契合的一面，是因为时代的急剧变化对高等教育提出了更高的要求。主要包括：

面向未来的创新要求。新一轮科技革命和产业变革正在加速降临，一个崭新的数字时代正在形成。未来经济产业将不断出现新形态新业态，社会运行的基础环境将发生巨大变化，不创新会跟不上变化的步伐。

国际格局深度调整的战略要求。大国博弈是一场涉及产业链、创新链、生物链的生存地位之争，科技发展可能会导致未来国际社会形成赢者通吃局面。因为数字时代呈现出的是"隐身人"与"透明人"的搏击，就如同过去的冷兵器对坚船利炮，落后必将挨打。

超大规模高等教育高质量发展的现实要求。普及化阶段的高等教育必

须关注其与经济社会发展的匹配关系。学科专业结构既是高等教育高质量发展的重要内容，也是经济社会高质量发展的重要基础。

社会主义现代化强国建设的根本要求。社会主义现代化强国建设是党和国家未来的中心任务，而创新在这样一个战略全局中居于核心地位，需要教育、科技、人才共同形成基础性、战略性支撑。高等学校的学科专业，是知识创新传承的主要场域，因此是高等教育体系的核心支柱。

**（二）如何做好学科专业优化调整工作**

时不待我，针对学科专业设置调整优化改革的总体要求和工作目标，高等学校应该如何行动？答案是坚持"四个面向"的指导原则，强化学科专业与社会产业的融合和相互支撑。这需要广大高校以急国家之所急、想国家之所想之心态，平衡好守正与创新的关系，把握调整与优化的尺度。在服务经济社会高质量发展和强化自身特色优势为导向建设国家发展急需的学科专业。主要发力点有：

做好高等教育的"顶天立地"工作。"顶天"就是创新，特别是原始性创新和新的产业形态，这需要加强基础学科、交叉学科、新兴学科建设，遵循学术和教育规律办学；"立地"就是切实解决经济社会发展的现实问题，满足产业升级发展需求，这需要加强产学研用结合，尊重企业的技术创新主体地位，坚持扎根中国大地办学，融入区域发展。各高校需要确立自己的主攻方向，开展教育评价改革探索。

做好高等学校的分类办学工作。面对时代变化，国家以建设高质量教育体系来应对，高校以找准自己在体系中的位置来应对，因此高校分类办学是高教体系建设的基础。学科专业的调整总体要与学校的定位方向相一致，每所高校的教育、科研、服务职能总体也应该在相互匹配中实现，激发大家在不同的赛道上不断提高自己的水平。各高校要注重在学科专业调整优化的改革中强化自己的优势特色和学术生态。

做好"四新"建设的引领工作。"四新"建设在当前的学科专业改革中发挥着引领示范作用，重点是学科融合特别是学科与产业的融合，形成战略性人才培养高地。新工科建设要推动形成产业新赛道，新医科要精准服务生命全周期，新农科建设要全面支撑乡村振兴，新文科建设要着力构建中国自主知识体系。各高校要争取在自己选准的突破方向上取得扎实成效。

做好教育行业融合发展新业态工作。这次学科专业调整优化的方向是通过供给侧结构性改革推动高校适应社会发展需要，因此在工作实施中特别注重教育系统与行业部门的联动，加强新兴学科、专业集群和专业学院建设。各高校在调整优化学科专业结构的过程中，不能就教育论教育，而要主动融入区域发展，最高境界是联合创生新领域新业态。

做好调整优化齐头并进的统筹规划工作。三年完成20%左右学科专业布点不是个小数目，需要守正创新相结合，以科学严谨的态度推进。"调整"涉及学科专业发展的未来方向，需要战略眼光；"优化"涉及学科专业的学术生态，必须尊重规律。各高校既要积极主动，又要科学论证，切忌做夹生饭。

"宏观有序、微观搞活"是系统科学的重要结论和管理工作的重要原则，学科专业结构调整需要各高校创新性地务实开展工作。这项改革也必将进一步丰富高质量高等教育体系内涵，服务教育强国建设。

# 第二节　从教育理念到范式变革的"四新"建设

"新工科、新医科、新农科、新文科"建设与学科专业优化、创新能力提高、产学研用融合以及时代新人培养有着紧密的联系，从前期的模式探索阶段走向范式变革的新阶段，成为推动中国高等教育改革创新、引领发展方向的标志性举措。

### 一、"四新"是高等教育迎接未来挑战的战略先手棋

科技革命和产业变革蓄势待发，经济和社会形态将发生根本性变化，各国产业结构面临重构，世界进入以创新主导的发展时期。新兴技术越来越成为国家发展的战略要素，"四新"不仅是人才类型的增多和培养模式的转变，更有占领国际科技产业前沿的意义。

由此，"四新"从理念形成走向实践探索。"四新"中首先提出的是新工科，标志性事件是"复旦共识"。2017年2月18日，教育部在复旦大学组织召开高等工程教育发展战略研讨会，与会高校探讨了新工科的内涵特征、建设路径，达成十点共识，后来又有了"天大行动"和"北京指南"，引领新工科建设在全国范围开展了蓬勃的实践。2018年后，新医科、新农科、新文科相继推出，新医科有医学教育"大国计、大民生、大学科、大专业"新定位，新农科有"安吉共识、北大仓行动、北京指南"三部曲，新文科有推进工作会发布的《新文科建设宣言》等。2019年4月29日，教育部在天津大学召开"六卓越一拔尖"计划2.0启动大会，正式全面启动新工科、新医科、新农科、新文科建设，10月颁布的"高教质量22条"把"四新"建设与学科专业调整优化和内涵提升结合在一起。与此相关，国家还先后发布《关于加强基础学科人才培养的意见》《关于加快医学教育创新发展的指导意见》等重要文件。

"四新"的核心是由学科融合带动的现代科技与生产实践的紧密结合，对科技本身而言在于推动交叉科学、变革创新方式，对社会而言就是推动产业结构调整、促进经济形态变迁，因此有着战略性意义。因为它是高等教育主动迎接新一轮科技革命和产业变革的高瞻行动，有可能通过融合创新助推产业升级或实现迭代跨越，从而使我们的经济发展实现对发达国家的"变轨"超越，形成我国新经济发展的技术先导。

## 二、"四新"建设推动了新时代高等教育模式改革

新工科、新医科、新农科、新文科，顾名思义是与学科建设密切相关的，但其提出的初衷却是人才培养模式改革，重点在专业建设。

划分具体的学科专业源于人自身的局限性——生命、大脑容量及精力有限，个人不可能穷尽掌握浩瀚的知识，需要学有专攻。但是，科学技术本身的客观存在和社会产业的实际需求，并不完全按照所设定的学科专业形式呈现，即使是人们多么努力而使这种划分显得"很科学"。问题总是综合的，"四新"工作对标国家发展的"四力"：新工科提升国家硬实力、新文科提升文化软实力、新农科提升生态成长力、新医科提升全民健康力。

因此，"四新"建设首先是一场人才培养模式的重大变革。新工科为什么会在复旦大学这样的一般认为是以文理见长的综合大学发起？传统理科是以探究科学原理为专长的，原理付诸实践形成产品即产生相应的产业，也就有了与制造有关的工科因素，融入社会必然会促进经济产业结构的变化。可见，所谓新工科，首先是相对于原工科大学、与传统工业相对应专业的"老工科"而言，对应于新兴产业的新兴工科专业，也可以说是在形成一类新型的工科形态；之后，那些传统工科优势大学利用其集约的工程技术实力开始面向新兴产业进行战略调整，进行着相应的学科重组和扩展。因此，它既是综合大学理科应用发展的方向和创新增长点，也是工科优势大学集成创新的重要途径，最终形成新兴产业的活力源和生长源，"天大方案""成电方案""广东方案""F计划"等呈百花齐放之势。由此，新工科建设"着重抓5件事：抓理论，抓专业，抓课程，抓结构，抓融合""'四新'建设都是这3句话：新专业、专业的新要求、交叉融合再出新"。[①]

新医科、新农科与新工科有异曲同工之处，都是面向新一轮科技革命、扎根中国大地，推动学科和产业变革、促进新经济发展、培养时代新

---

① 吴岩：《深化"四新"建设，走好人才自主培养之路》，载《重 庆 高 教 研 究》2022年第3期。

人。新医科建设着力实现从治疗为主到生命全周期、健康全过程的全覆盖，积极探索医科与其他学科专业交叉融合，特别是推动"工医"深度结合，推进"医学+X"多学科背景的复合型创新拔尖人才培养。新农科建设以强农兴农为己任，重点瞄向绿色生态产业，推动以现代生物科技改造传统农林专业，多途径强化实践教学平台建设，创新科教结合协同育人机制，力图答好农业农村现代化、国家粮食安全、生态文明建设和世界发展贡献四张试卷，积极探索"农+X"多学科复合型人才培养新模式。

新文科则更加丰富多彩，意义更为突出和广泛。本质上是坚持价值引领、守正创新，形式上是推进现代信息技术与传统文科专业、文科与理工农医科专业的深度交叉融合，注重用中国理论科学阐释中国制度中国道路，总结探索新时代中国特色社会主义发展理论。从实践来看西方理论已经解释不了世界发展的问题，而我们也迫切需要用中国理论阐释中国发展道路，因此需要以马克思主义为根本指导思想和方法论，总结七十多年来我国创新发展的经验模式，吸收世界学术探索的有益成果，思考人工智能技术所带来的形态变化，深入探讨人类社会发展的理论问题。新文科学科门类的覆盖面广、差异性也很大，但总体是要加强学科与社会的结合，壮大和弘扬中华民族的文化软实力，同时注重加大现代科技特别是人工智能技术的融入，深化高校文科专业教学改革，培养新型人文社科人才。

总结来看，"四新"的早期探索起于人才培养的专业建设，是应对科技革命和产业变革对人才需求的变革，是致力培养新时代创新人才而产生的一种新兴专业建设理念。进而，"科"自然要涉及学科，"四新"建设立足专业但必然走向学科，从而形成面向科技创新、产业升级需求的学科融合发展理念。高校"四新"建设已在思想（学贯中西、融通社会）、技术（信息技术、人工智能）、结果（创新成果、时代新人）上体现了先进性，适应着国家构建新发展格局需要。

### 三、"四新"探索的工作重点

"四新"建设顺应新一轮科技革命和产业变革启程，践行扎根中国大地办大学伟大实践，融合学科和产业，面向社会发展重大问题，加快培养紧缺人才，推动着创新型国家建设。几年来在相关领域进行了很多务实性、体制性的实践探索，主要有：

其一，活跃的教改实验。"四新"是新时代的新教改，两批国家层面的新工科研究与实践项目共计1457项，首批新农科项目407项，新文科项目1011项，发布《新医科研究与改革实践项目建设指南》，发布《新文科建设年度发展报告》，各省也都遴选了更大量的省级教改项目；优化、升级、新建"金专"建设，十八大以来共有265种新专业纳入本科专业目录，2021年撤销251个工科专业点、新增794个，新增者主要以互联网+、智能+为基础体现国家发展的战略需求；突出交叉融合再出新，推动现有工科交叉复合、工科与其他学科交叉融合，加快推进计算机领域本科教育教学改革试点工作，启动特色化高端医疗装备工程实践创新教学中心建设；持续推进中国政法实务、新闻传播、经济、艺术"四大讲堂"，强化与实务部门合作，加快构建中国特色哲学社会科学学科体系、学术体系、话语体系。

其二，建设新型学院。着眼国家未来产业技术需求，重新组织结构，深化人才培养组织模式创新，推进50个现代产业学院、首批12个未来技术学院和一批专业特色学院建设。现代产业学院根据先导产业需求，加强官产学研合作，培养高端应用型人才和高素质经营型人才；未来技术学院瞄向科学发展前沿，预判中长期科技产业变革，致力关键核心技术突破，培育领军产业人才和战略科学家；33个特色化示范性软件学院、28个示范性微电子学院、11个一流网络安全学院特别面向未来信息产业变化，引入龙头企业充分实现产教融合，解决重点领域人才短缺和"卡脖子"难题；开展一批优质医学院校、一批高水平公共卫生学院的培育建设工作，支持11所大学开展八年制临床医学教育，突出公共卫生学院的预防谋划作用，以建立高水平医学公共卫生学院为基础带动中西部高水平公共卫生学院发展。

其三，加强紧缺人才培养。推进人工智能、集成电路、储能技术等领域国家产教融合创新平台建设，加快重型燃气轮机、病毒学、国土空间规划等紧缺领域新形态教学资源建设，加强儿科学、精神医学、公共卫生、临床诊断等紧缺专业人才培养。支持高校布局建设一批新兴涉农专业，增设种业、农林智能装备、食品营养、生态环境等重点领域专业，如支持48所高校开设种子科学与工程本科专业。加强外语非通用语种、涉外法治、国际新闻传播等关键领域涉外人才培养，重点服务"一带一路"建设。研制《新农科人才培养引导性专业设置指南》《服务健康事业和健康产业人才培养引导性专业设置指南》《关于加强碳达峰碳中和人才培养体系建设行动方案》等。

其四，培养卓越拔尖人才。面向科技前沿、经济主战场、国家重大需求、人民生命健康，培养战略科学家、科技领军人才、青年科技人才和卓越工程师，实施卓越拔尖人才培养计划。全方位谋划基础学科人才培养，全方位推进系列卓越人才培养，把卓越拔尖人才培养作为高等教育关键目标，探索形成卓越拔尖人才培养的中国方案和中国范式。进一步实施"六卓越一拔尖计划"2.0计划、高等教育数字化战略行动，推进新时代高等教育育人质量工程。

其五，推动创新创业教育的创业大赛。连续举办七届中国国际"互联网+"大学生创新创业大赛，累计吸引121个国家和地区603万个团队、2533万名学生参赛。今年第八届的主赛道按照"四新"分类报名参赛，"红旅"活动以"四新"赋能乡村振兴，产业命题赛道结合"四新"向企业征题，真正让高校"四新"建设与产业实际连接起来。连续举办了十届中国大学生医学技术技能大赛，最新一届参赛高校占全部医学高校的91%达211所，参赛人数9000人，观赛规模达到7400万人次。

其六，设立交叉学科学科目录。正式设置"交叉学科"门类，使得我国大学科门类由13增至为14个，制度性推动了跨学科的融合发展。目前"交叉学科"门类下设"集成电路科学与工程"和"国家安全学"两个一级学科，着力构建支撑集成电路产业高速发展的创新人才培养体系，解决制约我国集成电路产业发展的"卡脖子"问题，培养具有全球视野、战略思维、政治意识、能力担当的国家安全人才。在专业领域的跨学科建设更是纷纷开展，如在新文科建设中新增3000余个文理、文工等学科交叉融合专业点。

## 四、面向未来形态推动"四新"建设由模式探索走向范式变革

由"四新"建设的几年探索发现，学科相互融合有助于激发科学技术创新、学科产业融合有助于推动产业技术进步，而创新产品服务社会能够形成新兴产业，融入经济即促进产业结构调整甚至升级换代，各种元素融入专业建设共同形成培养"以德为先、能力为重、科学成才、全面发展"高级专门人才的合力。我们需要进一步梳理"四新"探索所揭示出来的发展规律，在学科交叉、产业融合、面向社会变革、面向新兴科技、扎根中国大地、培养时代新人等方面加强经验总结工作，通过推动范式变革的主动作为，为数字化时代的到来赢得先机。

未来通过"四新"建设引领高等教育范式变革的主要着力点有：其一，加强针对问题的跨学科建设。问题总是综合的，解决问题就是创新，因此在组织形态上需要开展广泛的跨学科研究。其二，加大创造产品的学科产业融合。"四新"建设成果最终一定要出产品、创产业、推动经济结构优化，所以未来高等教育一定要走向社会、融入社会、推动社会变革。其三，加速实现人工智能技术向学科专业渗透的催化作用。人工智能引领科技变革，大数据正在构成新的研究范式，数字空间无处不在，高等教育要前瞻性地主动作为与布局。其四，加深规模化授课安排下的个人个性化学习实现教学改革。积极推动混合式教学模式升级，注重发挥线上线下不同教学方式的优势，关注信息技术对工业化以来形成的班级教学制度的颠覆性作用，以模式探索助推范式变革。

# 第三节　大学层面的学科群生态建设

随着"双一流"建设的提出，学科得到大学内外的空前关注。这一方面是对的，因为大学由学科组成，学科是大学特色的重要体现。但另一方面，学科建设、学科评估也陡然承担起巨大的压力。但是，需要明白的是，学科建设的主体责任在大学内部的二级学院，如果上上下下都把目光聚焦到学科身上非把学科"烤焦"了不可，还怎么建成一流学科？那么大学的主体责任是什么呢？

## 一、办大学其实是办学科群

学科是教师的生存饭碗，学科水平特色是学院的生命线，学科建设的主体责任在大学二级学院。当明确了学科是学院的生存基础、学院是学科的责任主体之后，接下来需要回答的是大学的责任。

让我们回归常识。当人们想到高水平大学，总不外乎其人才辈出、引领科技和社会发展，其实就是育人、前沿和责任三个主题词。进一步地说，人才培养质量、科技创新前沿、大学精神文化才是学校层面最应该抓的重点工作。那么，围绕着这三项重点，与学科关联最密切的内容就是学科群建设。

首先，科技创新前沿和一线社会需求不单纯是通过内敛式的学科建设就能达到的，而主要是学科分化、综合的结果，跨学科异乎寻常地重要。一流学科必然是冲破已有学科束缚脱颖而出的，这也是国外著名大学非常重视多学科协同研究、跨学科组织架构的原因，因为这是创新、特别是颠覆性创新最容易产生的地方。对大学而言，学科是一簇一簇发展的，呈现出的是一个个的群落，而不是孤零零的个体。大学层面应关注学科群建设，而不是单一的学科建设，应思考理论、应用、边缘、交叉、新兴、产业等不同概念的交织。特别是基础、新兴、跨学科的发展更需要学校的整体规划，因为单纯靠学院、教师的自发动力很难推动。

其次，创新性人才培养既需要其知识体系的高度结构化，又需要其知识面涉及多个学科。结构化的知识有助于学生思维能力的提高，且这种能力的可迁移性很强，这是心理学研究得出的规律性结论。知识面广表明学生的知识结构可以且需要与教师的知识结构不一样——教师需要学科的深度以显示水平，学生需要学科的广度以适应社会。因此，如何把多学科的东西组织在一起，通过教学安排而形成学生合理的知识结构，是高等学校人才培养应该关注的大问题。学科和专业的关系可以是大小从属关系，我们的传统教学一般是如此安排的，但最好是纵横交叉关系，这是今后大学教学改革的方向。教师从属于学科，从自身学科的角度提供课程，而学生从属于专业，可以选择不同学科教师开出的课程，这时学生的知识结构也就与自己老师的知识结构完全不同了。该专业是大专业的概念，模块式学分制是有效的实现方式。

第三，人的成长是多元的，需要大学之"大"，这种大首先就是多学科的氛围。高等教育与先进文化相融相生，以科学精神、专业理念引领社会发展，包含由理想、价值观、思维模式、道德情感等构成的精神文化，因此大学需要有自己的责任担当，需要培养学生的社会责任感。通识教育与专业教育的结合，是当今大学教学不能回避的选择，而这均需要相应的学科基础。即大学的学科选择，不单单是从学科发展的需求或规律来考虑的，还需遵循教育规律以满足育人需求。

由此可见，多学科发展、跨学科合作、学科群构建才真正是学校领导要考虑的事情，这既涉及科学的前沿、产业的发展，也涉及对学生的培养。一流学科、一流人才也只有在这样的氛围下才能竞相涌现。

### 二、大学推动学科群发展的主要路径

大学的发展是一个学科生态的问题,既要保持住基于传统的优势学科和特色学科的地位,又不能阻碍基于创新或应用的新兴学科的涌现,学科的群落是互补、支撑和动态的。因此,合作比竞争重要,竞争是为了保持一定的张力,而合作则是为了前进和推陈出新。

学科群与跨学科关联密切,学科群有助于跨学科,而跨学科孕育着新学科群。因此,跨学科有利于催生创新,而合理搭建学科群是有助于创新的制度选择。进一步推论,加强学科耦合作用是大学推动创新的有效路径,具体来说有通过学科群建设实现学科互融交叉和通过跨学科研究培育新的学科群两大基本路径。

首先,以学科群建设为主导的路径。这是一条相对传统的路径,很多学校其实有意无意地都在这么做。主要的做法一是围绕主干、优势、特色学科搭建学科群,二是把学校现有的学科合理归类搭建出若干不同的学科群,这样学校发展的特色、方向也就有了。此做法的好处是简单易行,也规整好看,不足之处是对科技、社会的未来发展需求照顾不够。但总体来说对学校还是有利的,因为抓住了主要矛盾,学校发展的有序性会增强,学科间的支撑、关联作用也会增强。

其次,着力推动跨学科的发展。国外高水平大学一般都重视这一路径,其一是它们对学科的认识比我们要宽泛些和柔性些,其二是非常重视合作研究,其三是问题导向,而当今的问题多数是综合性的需要多学科联合攻关。由此,跨学科中心(所)模式就浮出了水面,得到普遍的关注和应用,当然它又是多形态的。如基于机构设立的层级,有超越院系的跨学科中心、也有在同一院系之下的跨学科中心,前者规模大力量强,后者精干和便于组织;基于时间长短,有的长期稳定存在,有的基于特定问题,问题没了队伍也就散了;基于职责赋予,有些具有一定的管理职能而类似

于一个院系，人员可以在中心内部成长，有些则是大家兼职来干。

跨学科中心，犹如在大学的常规发展中加入的催化剂和润滑液，既有利于创新和应用，也有助于教师的交流合作，还能克服缓解一些因组织固化而带来的难以解决的人员个性矛盾冲突弊端，是因事聚人而不是因人生事，能不断地产生新的活力，因此广泛受到大学这一创新型组织的广泛推崇。而其形式又是灵活多样的，具有多种实现路径，便于各大学依据自己的情况多元探索与尝试，进而不断超越自己。

# 第四节　一流学科建设的逻辑思考

2015年10月24日，国务院印发《统筹推进世界一流大学和一流学科建设总体方案》（以下简称《总体方案》），"双一流"开始取代"985"、"211"高水平大学建设的"单一流"，学科的重要性进一步得到凸显。在《总体方案》中，"坚持以学科为基础"成为基本原则之一，要求凝练方向、优化结构、创新模式、打造高峰，带动学校办出特色。同时明确要支持不同类型学科的差别化发展，提出了"形成一批相互支撑、协同发展的一流学科""围绕主干学科，强化办学特色""突出学科优势，提升学科水平"三个一流层级。之后，相关学校开始了大规模的学位点调整工作，2016年有175所高校撤销了576个学位点、178所高校增列了366个学位点，由教育部学位与研究生教育发展中心组织的第四轮学科评估也在大家的瞩目和热议中启动。

**一、一流学科建设的现实逻辑**

大学由学科组成、学科是大学的基本元素、学科是大学的核心、办大学就是办学科，这些话经常被人谈及。虽不能说讲的特别精准，但也大致能反映出学科在大学的地位，反映出学科建设的重要性。

1996年，在教育部（国家）教育发展研究中心成立十周年之际，笔者负责接待美国加州伯克利大学校长、著名华裔科学家田长霖先生。作为庆典活动的一部分，他在北京大学的演讲中曾经提到[①]：世界上地位上升很快的学校，都是在一两个领域首先取得突破。重点建设大学一定要想办法扶植最优异和有发展前景的学科，把它变成全世界最好的。待它有名气了，其他学科也就会自然而然地上来。作为反例，他接着又说，当一个学科发展得不好，我作为校长想取消它的时候，并不是采取直接的方式，而是逐步削减它的办学经费，例如每年削减10%，这样它慢慢地就自然淘汰掉了，动荡较小。说明在国外，学科建设同样是个关键问题。

以上反映出一流大学形成的逻辑——首先要有一流的学科，众多一流学科集合而汇聚出一流大学。这也是我们的历次大学重点建设项目都如此重视学科的原因。

**二、学科发展的理性逻辑**

以上现实逻辑的存在，使得学科建设可评可比、有好有坏，因此应对着"双一流"的提出，原本自发的、正常的学科评估开始倍受关注。

尽管学科评价存在着不可测和不可比的因素，但总体来说还是可以进行评判的。因为不管是作为知识分类的学科，还是作为制度安排的学科，相对的好坏总还是有的。至于是依据于科学技术还是社会需求，适当的分类也能解决这一问题。

---

① 马陆亭：《科学技术促进中的高等学校架构》，广东高等教育出版社2006年版，第124页。

那么接下来的实际难题是，你可以评出学科建设的差异，但评出以后，却不能按评出的结果去建设一流学科。因为一流的学科，是科学的前沿，产业的先导，具有很大的不可预知性。你评出的结果，只能代表过去，不能代表未来。你评出了一流，但当你据此去强化它、去建设它的时候，其实可能就是限死了它。且任何评价，都具有主观设定性，即具有评价设计者的价值判断，尽管能评出一二，但结果却未必客观。

所以，学科评估对二、三流学科比较适用。因为它们是跟着标杆即一流学科在走、在学，这也是前三轮学科评估一般院校比较积极、越做越好，而此轮评估"211""985"大学比较积极、而争议越来越大了的原因。后一个积极其实是被动的，存在着对"双一流"入选的主观卡位判断。

### 三、学科建设的责任主体

"双一流"的说法在标题中明确提出了一流学科建设的议题，是对原来以大学为对象的重点建设工作的突破，因此学科建设成为重点中的显学。

#### （一）"双一流"建设存在着多方责任

《总体方案》指出："建设世界一流大学和一流学科是一项长期任务，需要各方共同努力，完善政府、社会、学校相结合的共建机制，形成多元化投入、合力支持的格局。" 说明一流大学和学科建设存在着多方责任和利益主体。

依据《总体方案》，建设世界一流大学和一流学科，是党中央、国务院作出的重大战略决策，需要总体规划、分级支持，要将一流大学和一流学科建设与推动经济社会发展紧密结合，资金分配更多考虑办学质量特别是学科水平、办学特色等因素。其中，中央财政将中央高校开展世界一流大学和一流学科建设纳入中央高校预算拨款制度中统筹考虑，鼓励相关地方政府通过多种方式对中央高校给予资金、政策、资源支持；地方高校开展世界一流大学和一流学科建设，由各地结合实际推进；鼓励有关部门和行业企业积极参与一流大学和一流学科建设；高校要根据自身实际，合理选择一流大学和一流学科建设路径。[①]

**（二）各责任方对高等教育发展的应然聚焦点**

学科建设、"双一流"建设乃至整个高等教育事业的科学发展存在着多方责任，但各方的责任重点又是有区分的，它们合在一起共同形成一个有机的整体，进而产生1+1>2的效应。因此，区分各自的责任，是为了避免缺位和越位，是为了精准行动、激发活力、形成合力，是为了把工作做得更好。下面以优先承担的三个主题词语的形式，对各方最需关注的主体责任予以说明。

在中央政府方面，需要考虑高等教育支撑实现"两个一百年"奋斗目标和中华民族伟大复兴的中国梦，因此需要建成"世界一流、中国特色"的高等教育强国，重要指标就是高等教育体系与社会的匹配性及对社会发展的引领作用；在地方政府方面，需要考虑支持属地中央高校的健康发展，促进区域社会、经济、科技、教育的和谐繁荣，因此需要着力培育地区高等教育发展的领头羊；在行业企业方面，需要考虑敦实行业依托，推动产业升级，因此需要加强产学研合作。由此看来，学科建设均与它们的责任关联密切，但不是它们最优先、迫切的工作重点选项。

在学校层面，顶天大事是育人。进一步地细分，顶尖大学最需要关注的三件事是育人、科技发展前沿和大学精神，因此要彻底摒弃围绕大学排名部署工作的做法；行业大学最需关注的是行业前沿动态、特色学科群打造及行业人才需求，因此要努力使自己成为行业发展的先导，摒弃以论文为英雄的工作导向；其他大学，即那些一流学科建设大学，需要关注自己的优势学科群建设，需要考虑自己的发展战略与区域经济的联动，需要关注毕业生的就业。因此，在大学总体层面关注的不应是学科，而是学科群。

学科建设是院系工作的主体责任，院系层面重点关注的三个主题词是学科发展、毕业生质量和本院教师共同体利益；而教师个人特别关注的问

---

① 《国务院.统筹推进世界一流大学和一流学科建设总体方案》，2015年11月24日。

题是学术声誉、科研经费和教学安排，他们直接面对着广大学生。

**（三）学科建设的重心在二级学院**

从上面各方主体责任的主题词语的概括可以看出，学科是二级学院关心的大事，关乎它们的生存与发展，因此学科建设是学院的头等大事。

也就是说，我们需要重视学科，但各层面的政策关注点不能都一样。互补而不等同，才能把我们的工作做好。如果上下把政策都聚焦到学科身上，非把学科管死不可，或者拔苗助长，怎能建设一流学科？各司其职、各尽其责、各美其美、美美与共，我们的体系才有发展的活力，才能建成以一流大学、一流学科为牵引的高等教育强国，才能更好地支撑社会和国家的发展。

进一步的思考是，如果说学科是大学发展的核心，就可以转意为学院是大学的核心、办大学就是办学院。在我们的一流大学建设、现代大学制度建设发展到今天，校院之间的关系应该成为大家关注的重点，这也是改革的攻坚内容。

校院之间绝不仅仅是简单的上下级关系。牛津大学就是先有学院，后有大学，学院是相对独立的实体。为此，可在大学实行学院联邦制的学术治理模式[1]，构筑院长、教授最牛的学术文化。学科发展与学院发展的关系最为直接，学科是世界一流了学院当然就享有了崇高的声誉，院长当然最牛，北京大学当前正在进行的取消院长行政级别的改革就有这个因素。学科牛、学院牛的基础是教授牛，牛就是学术声誉高，所以在大学里学术至上的学者共同体文化就能以此方式而逐步形成。

这里还需要注意的是，学科群建设，基础、新兴、跨学科发展的责任在大学层面。因为这需要整体战略规划，靠学院、教师自发的动力有时难以做到。

---

① 马陆亭：《大学的有效治理取决于学者共同体机制的确立》，载《北京教育》2016年第4期。

### 四、如何推动我国大学的一流学科建设

一流学科是一流大学的生成基础，这一点已不存在争议，但怎么评、怎么选、怎么建却备受关注并莫衷一是。既然学科建设存在着责任主体的差异，学科的属性、逻辑依据和影响因素又各不相同，学科评估既有其合理性也有其局限性，我们就需要站在更高的层面来思考这一问题，避免就事论事。一流大学和学科建设最终是要引导建成高等教育强国，那么，如何使我们的学科发展生机勃勃就成为探讨和解决问题的关键。

**（一）制度保障是做好高等教育一切工作的基础**

事物的运行发展靠思想，更靠制度。全面依法治国是今后我国发展的基本执政理念，加强宏观管理、使高等学校成为面向社会依法自主办学的实体就构成了推动高等教育健康发展的基本政策基础。学科发展主要是大学办学自主权范围内的事情，政府的作用在战略方向引导、助强扶特补弱，过度关注会适得其反。

所以，政策和制度设计不宜太纠结具体学科点的好坏，而在于维护前沿学科发展的生态。如果前沿学科的发展如雨后春笋，因生机勃勃而更加生机盎然，一流学科自然涌现。否则，选出了第一，也有可能是构筑了壁垒，致使学科僵化固化，反而成就不了一流。

在英国，科研拨款依据于学科评估进行，但这个学科面很宽，且拨付方式是"一揽子"的，即经费拨到大学后，使用权限在学校而不在学科，以保障学校的自主权和统筹权。这就是一种制度设计。

**（二）建好体系是高等教育强国实现的关键**

高等教育强国肯定是个体系问题，这个体系自身要和谐，是一个生态系统，特别还要与社会发展需要相适应。一流大学和学科在其中起的是领头和牵引作用，建设过程应能维护这个生态而不是破坏它。

既然是生态，那么多样化促进和群落建设就非常重要了。当今世界，科学技术日新月异，高新技术企业和新兴产业不断涌现。一流学科首先是科技前沿或产业先导学科，但当你认定出它是前沿或先导的时候，就有可

能开始过时了，并且，人们不可精准预测未来革命性、划时代的变革是什么，发生在哪里。因此，群落支持、战略预研都变得既重要又模糊，不确定性大量存在。

由此来看，学科评估可以进行，但对前沿学科不宜作排名处理，可以选前5、前10或前1%、前2%。因为前沿的事是不可预计和规划的，第一名和第五名可能还真不可比。当排名设计者进行了排序，就意味着按你的指标进行了划界围圈，"你"即主观代名词。当圈定了第一，尽管大家也会认为比较符合实际，但也就意味着以后会丧失前沿。无前沿如何成为一流？

**（三）学科群布局是大学领导工作开展的重点**

学科很重要，但大学领导的工作重点是抓学科群建设而不是学科点建设。因为学科点建设关乎学院的生存饭碗，马不扬鞭自奋蹄，管多了反而会适得其反。有时校领导出自哪个学科就给予特殊的关照，这就更是自私自利和本位主义了，是缺乏大局观。

学科是知识分类的产物，是对已有知识的分门别类，但科学技术的创新和社会的需求却并不一定遵循这个分类，反而更有可能是突破这个分类，它们往往是综合的。因此，一流的学科必然要冲破已有学科的束缚，构建跨学科中心也因此成为助推创新的制度性安排。

跨学科研究、学科群构建真正是学校领导要考虑的事情，这既涉及科学的前沿、产业的发展，也涉及对学生的培养。而单一学科发展得再好也难以突破，更何况我们的学科面划分得相对较窄，画地为牢、占山为王等倾向都不可取。有战略眼光的办学者一定要思考学校内部各学科间的合作协同关系，这样才能培育出有世界影响的一流学科。

**（四）科研成果转化为课程安排是推动学科、专业共同发展的有效途径**

当前，我们重视一流学科建设，同时重视一流的本科教育。但是，学科的科研导向和专业的教学指向却使得"在当下的高校中，抓学科约等于抓科研，抓专业约等于抓教学"[①]。同时，教师隶属于学科而学生就学于专

---

① 瞿振元等：《第四轮学科评估的思考》，《光明日报》2016年11月22日第15版。

业，重学科轻专业、重科研轻教学现象很容易发生，怎么办？

首先，需要正确理解教师知识结构与学生知识结构的异同，进行恰当的制度设计和教学安排。教师隶属于学科，越研究越深，知识越分越细，但学生需要有知识的宽度。这时候教务部门的作用就凸显了出来，如何进行课程即学科知识的组合，进行新的搭配就成为一个重要的问题。学科和专业，知识组合的相关性可以很大，也可以很小，合理安排、避免僵化有很多工作可做。

其次，重视课程开发，重视科研成果转化为课程。单项科研成果不能成为课程，因为课程需要是规律性、真理性的知识。但是，几个相关的科研成果就可以形成一个小型课程，前沿课程多有利于创新。一流建设大学如果没有形成好的科研成果转化为课程的机制，就难以真正成为一流大学。专业是一组课程计划，可选择课程少，说明研究的深度不够、学科发展得不好，更反映出专业发展得不好。小班教学、前沿课程，是精英人才培养的基础条件。

（本章内容依序由以下论文节选、组合、改写而成：《建国60年高校发展模式的回顾与展望》，载《北京教育（高教版）》2009年第10期；《学科与专业：相同与不同》，载《光明日报》2017年7月28日；《强基计划：为国家战略需求选拔培养人才》，载《学习时报》2020年5月29日；《学科交叉是为了解决真实问题》，载《北京教育》（高教版）2022年第7期；《从战略高度看学科专业的调整优化》，载《中国教育报》2023年4月11日；《打造新工科 为制造强国建设提供学科支撑》，载《人民日报》2017年7月28日；《新工科、新医科、新农科、新文科：指向科技经济前沿 瞄向未来发展需求》，载《光明日报》2020年12月29日；《新工科、新医科、新农科、新文科——从教育理念到范式变革》，载《中国高等教育》2022年第12期；《大学应重视学科群建设》，载《中国高等教育》2017年第10期；《一流学科建设的逻辑思考》，载《高等工程教育研究》2017年第12期。）

# 第六章

## 持续开展一流大学重点建设

2015年10月24日，国务院印发《统筹推进世界一流大学和一流学科建设总体方案》，明确了指导思想和原则，给出了总体目标和任务。其重要意义在于它的承上启下性，表明重点建设工作开始进入常态支持、动态调整的新阶段。自"科教兴国"战略实施以来，国家先后启动了"211工程""985工程"等高水平大学和学科建设项目，成绩斐然。可以说，如果没有前20年建设成就的积累，就不可能有现在提出的"'若干所''一批'大学和学科进入世界一流'行列''前列'，基本建成高等教育强国"的目标。在科学技术、人力资本、创新等深度影响生产力要素的今天，大学已成为经济发展的发动机、文化繁荣的思想源，以一流大学和学科引领的高等教育是国家竞争力的基础，正在成为推动实现中华民族伟大复兴中国梦的有力支撑。

# 第一节　新中国成立以来高等教育的重点建设

　　1949年以来，国家就一直把重点建设作为推动高等教育发展的重要示范和引领性政策。70多年来取得的成就非凡，不仅走出了一条中国特色社会主义高水平大学发展之路，带动了整个高等教育体系的发展，而且直接支撑了国家建设和推动了社会进步。当然，这项政策也不断地随着高等教育自身的发展和环境的变化而与时俱进。

## 一、重点高校建设起到了明显的示范引领作用

　　我们的教育是在"一穷二白"基础上建设起来的，这使得我们长期以来对资源的利用十分珍惜，在教育政策上的体现就是集中力量、重点建设一批高等学校。长期的实践证明，这一政策是行之有效的，具有迅速动员社会资源、使高等教育主动按国家需求发展的优点，是在资源有限条件下引领示范推动发展的一项有效措施。到1984年，我国已有普通高等学校902所，在校学生数139.56万人；成人高等学校1157所，在校学生数129.21万人；培养研究生单位696个，在校研究生数57566人①。

　　概括而言，我国重点高校建设历程如下：

----

　　① 编辑部：《中国教育年鉴（1982—1984）》，湖南教育出版社1986年版，第58-59页。

**（一）以重点带动全局体制方针的形成**

中华人民共和国成立之初，为了迅速适应日益增长的社会主义建设需要，高等教育发展必须抓住重点，带动全局，支撑国家发展。

1950年6月，周恩来总理在全国高等教育会议上提出了整顿大学、形成重点体制的方针。按照这一方针，从1952年起，全国高等院校开始进行大规模的院系调整，指导思想是：有重点地稳步前进。周恩来总理指出："有重点地稳步前进，不是不进和冒进，也不是齐头并进。如果把摊子铺得很大，没有重点，形式上好像配合了国家建设，实际上却不是。""办事情总要有个次序。先搞重点，其他就可以逐步带动起来。比如综合大学办几个像样的，其他的也就会跟着学。"[①]

**（二）全国重点高校体制的形成**

1954—1963年，全国共分4批确定出68所高等学校为重点高等学校。

1954年10月5日，高等教育部发布《关于重点高等学校和专家工作范围的决议》，确定6所大学为全国重点高校。主要任务是：第一，培养质量较高的各种高级建设人才及科学研究人才；第二，为高等学校培养师资；第三，在培养师资和教学工作等方面给其他高等学校以经常性的帮助。此外还应帮助高等教育部进行必要的重点试验的工作，解决有关重大问题。标明了重点高校的引领带动作用。

1959年3月22日，中共中央发布《关于在高等学校中指定一批重点学校的决定》，指定了16所高校为全国重点学校，同年又在中国医学科学院开办中国医科大学并确定为全国重点学校。就其任务中共中央的决定指出："上列重点学校，必须招收和认真培养研究生，适当地担负高等学校教师进修的任务，同其他院校交换教材、交流教学经验等等，以这些方式为提高全国高等教育的质量服务。"再次确认了它们的先行示范和引领作用。

1960年10月22日，中共中央发布《关于增加全国重点高等学校的决

---

① 周恩来：《周恩来文选》，教育科学出版社1984年版，第79页。

定》，决定在原有17所重点普通高校和3所军委所属重点高校之外，再增设44所全国重点高校。决定指出："全国重点高等学校是我国高等教育的主要骨干，办好这些学校，对于迅速壮大我国科学技术队伍和理论队伍具有重要意义。因此，在高等教育工作中，集中较大力量办好全国重点高等学校，这应作为中央教育部、中央各主管部门和各省、市、自治区党委共同的首要职责。"

1963年，经国务院批准，又有4所高校被增设为全国重点学校。

### （三）全国重点高等学校的确定

1978—1981年，经恢复和发展，最终确立了96所重点高等学校。

1978年，国务院转发教育部《关于恢复和办好全国重点高等学校的报告》，重新确定了88所全国重点高校。报告指出："恢复和办好全国重点高等学校是一项战略性措施，对于推动教育战线的整顿工作，迅速提高高等教育的水平，尽快改变教育事业与社会主义革命和建设严重不相适应的状况，是完全必要的。因此，办好全国重点高等学校，不仅是教育部门的任务，各省、市、自治区和各部委都要给予足够的重视，加强对有关院校的领导，积极支持全国重点高等学校的工作。"

1978—1981年，又陆续恢复了"文革"前原重点高校4所、新确立6所全国重点高校。这期间也有少量学校的合并、调整。

## 二、重点建设思路的强化带动了我国高等教育体系的形成

新中国成立后很长一段时间，高等教育的基本任务就是为国家建设培养急需的专门人才。直到改革开放之后，才逐步提出了教学科研双中心。1985年3月，中共中央《关于科学技术体制改革的决定》指出："高等学校和中国科学院在基础研究和应用研究方面担负着重要任务"，"基础研究、应用研究应当同人才培养密切结合"；同年5月，中共中央《关于教育体制改革的决定》明确："高等学校担负着培养高级专门人才和发展科学技术文化的重大任务"，"重点学科比较集中的学校，将自然形成既是教育的中心，又是科

学研究的中心"。高等学校上水平、上层次发展的任务开始显现出来，进而带动了我国高等教育结构的有序形成——到1995年我国已有普通高等学校1054所，在校本专科学生数290.64万人；成人高等学校1156所，在校学生数257.01万人；研究生招生机构740个，在校研究生数14.54万人；之后还逐步发展起了职业技术学院的类型。

**（一）将部分高等学校列为国家重点项目**

1984—1985年，经国务院批准将十多所高等学校列为国家重点建设项目，使得它们成为我国高校中重点中的重点。

1984年4月2日，国务院批复同意教育部、国家计委《关于将十所高等学校列入国家重点建设项目的请示报告》，指出："重点建设北京大学等十所高等院校是贯彻中央关于把教育列为国民经济发展战略重点的一项重要措施。""各有关部门和所在省、直辖市人民政府要把这十所高等院校的建设当做一件大事来抓，对他们的扩建用地、规划、设计、施工力量、物资供应等，要按国家重点建设项目和加速建设的要求，给予认真支持和妥善安排。这十所高等院校的设计任务书，按基建程序批准后，投资要纳入年度计划和'七五'计划。"

教育部和国家计委还建议，在上述十所高等学校之外的其他高等学校中，选择一批国家急需的、担负着重大任务、学术水平较高、处于领先地位的学科、专业，有步骤地支持其发展，也列入国家重点建设项目。这样，伴随着《中共中央关于教育体制改革的决定》的颁布应运而生的国家教委于1987年和1988年，在全国组织评选了416个高等学校重点学科点，涉及107所高等学校。

为了适应国防现代化的需要，加速国防科学技术和国防工业的发展，1984年9月和1985年1月，国家计委、教育部和国防科工委联合发文，将北京航空学院等5所高校列为国家重点建设项目。5所高校所需基本建设投资，在国防科研工业基本建设投资中统筹解决，并分别纳入年度计划和"七五"计划。

### （二）在部分高等学校建立研究生院

1984年、1986年和2000年，教育部还分别在55所（依次为23、10、22所）高等学校建立研究生院。这使得一批高校成为培养博士、硕士的主要基地，它们也是后来我国提出研究型大学概念的实践源头。

1984年6月，由国务院批准的教育部《关于在部分全国重点高等院校试办研究生院的请示报告》中提出："建立研究生院有利于贯彻学位条例，为国家培养数量较多、质量较高的专门人才；有利于国家集中人力、物力和财力，重点建设一批培养博士、硕士的基地，促进教学和科学研究的发展；有利于加强研究生工作的领导和管理，积累培养经验，逐步完善具有中国特色的研究生制度，也便于开展对外联系，组织学术交流。"为了使研究生院能够迅速培养出具有先进水平的博士和硕士，必须用先进技术装备供研究生使用的教室、实验室和图书馆。为此，得到国家重点建设投资和世界银行贷款的学校，在安排用款项目时，应该把研究生院的建设放到重要位置。

1995年10月，国家教委在多年试办研究生院经验积累的基础上下发了《研究生院设置暂行规定》，使得我国研究生院建设逐步走向规范化。《研究生院设置暂行规定》第一条指出，制定本规定的目的是"为了加强研究生院设置的宏观管理，提高研究生教育质量和办学效益，促进研究生教育基地建设。"这就突出地说明了研究生院对整体上提高我国研究生教育水平的作用；第四条规定了设置研究生院的高等学校应当具备的5项条件，这就明确了建立研究生院是一个学校办学水平和层次的标志。

当然，在《国家中长期教育改革和发展规划纲要（2010—2020年）》颁布后，作为简政放权和现代大学制度建设的组成部分，研究生院的设置权下放给了大学，这是另外一个议题。

### （三）高等职业教育"示范校""骨干校"建设

20世纪末以来，高等职业教育发展很快。为了促使这类院校有别于其他普通高校，不断提高其办学质量和特色，2006年，教育部和财政部联合推出"国家示范性高等职业院校建设计划"。按"地方为主、中央引导、突出重点、协调发展"的原则，重点支持建设100所高等职业院校，使之成为发展、改革、管理之示范。继示范校之后，又重点支持了100所骨干校建设。

## 三、"211工程""985工程"建设，极大地提升了我国高等教育的国际影响力和竞争力

面对科技革命的需要和迎接国际竞争的挑战，党中央自1995年起陆续明确了科教兴国、人才强国等国家战略，明确了教育在国家现代化建设中的基础性、先导性、全局性作用。通过实施"211工程""985工程"建设，加快了对一流大学规律的认识和加强了现代大学制度建设，有效推动了创新型国家建设，满足了经济快速、持续发展的需要。到2015年，我国普通高校数2560所，在校本专科学生数2625.30万人；成人高等学校292所，在校学生数635.93万人；研究生培养机构792个，在校研究生数191.74万人；当年全国共有120所高校作为主要完成单位获得了年度国家科学技术奖三大奖174项，占通用项目总数的74.7%，其中获得的国家自然科学奖占授奖项目总数的81.0%，充分说明高校的重大创新研究在我国科技领域举足轻重的地位和对国家经济发展的贡献。

### （一）实施"211工程"建设

1994年，国家正式启动"211工程"建设，以此"为我国进入21世纪准备骨干人才"，"使相当一批高等学校和重点学科点能够成为培养高层次专门人才和解决国家经济建设、科技和社会发展重大科技问题的基地，在教育质量、科学研究和管理等方面处于国内先进水平，并有一定的国际影响。其中若干所高等学校和部分重点学科点达到或接近世界先进水平"。最后有112所高校入选"211工程"建设项目，考虑到部分学校两地办学相互独立等原因实为116所。

"211工程"是一个以倾向性资金为保障实现重点办学、有选择地发展高等教育事业的工程，其建设内容包括学校整体条件、重点学科和高等教

育公共服务体系建设三大部分。其中，学校整体条件建设是基础；重点学科建设是核心，是体现教学科研水平的重要标志，是带动学校整体水平提高的有效途径；高等教育公共服务体系以重点建设的学校为依托，按照资源共享、服务全国的原则，从整体上加强我国高等教育基础设施建设，提高高等学校的办学水平和办学效益。它的启动和实施，推动了一批高校进一步向高精尖和世界一流迈进。

**（二）实施一流大学即"985工程"建设**

世纪之交，世界开始进入以信息技术为标志的高科技和新经济时代，国际对高层次人才的争夺日趋激烈，科学技术水平成为国家综合国力的重要标志。"为实现现代化，我国要有若干所具有世界先进水平的一流大学"，可见它为国家现代化发展的倾向目标非常明显。"985工程"是中国百年高等教育面对新世纪挑战的有力回应，是切实落实中央领导同志关于办好几所有示范作用的重点大学、主动参与国际竞争重要思想在新形势下的继承与发展，是占领世界科技、人才制高点的主动布局。

我国是一个高等教育大国，但不是高等教育强国。为促进一流大学的创建，中央政府决定，从自1998起的中央本级财政教育经费占本级财政支出比例年增长的1%中，设专项资金重点支持若干所大学进入国际先进行列。之后，开始以2+X模式实施"985工程"建设，即把北京大学、清华大学建设为世界一流大学，同时也重点支持了一部分学校、使之成为高水平的大学。39所"985"大学的确立，犹如建立起一支"国家队"，是实现教育适度超前发展的重要组成部分，有力地带动着我国高等教育事业的整体发展，引领我国教育事业跨入世界中等偏上行列。

"985工程"的建设成就产生了巨大的社会和国际影响力，一批国家纷纷效仿，"211""985"的称谓甚至成为那个时期国际社会推动高水平大学建设的代名词。

### 四、"双一流"建设寄托着民族复兴的梦想

"双一流"建设是国家战略发展的需要，体现着国家意志[①]。既是对我国重点建设政策的延续，也是适应新时代要求而对"学校固化"等问题的有效规避，类似的工作还有"2011协同创新计划""应用型高校转型发展试点"等。

随着时间的推移，"211工程"建设面临着完成历史任务问题。因为立项的目标是面向21世纪建设100所高校，而此时已进入21世纪十多年了，项目制本身就是一个有始有终的政策。进一步相关的问题是，将来"985工程"怎么办？停止，无疑是国家的损失；继续，如何进行？一流大学和一流学科建设的命题由此被现实地提到了议事日程。

2015年国务院印发的《统筹推进世界一流大学和一流学科建设总体方案》，提出了从"行列"到"前列"、由少到多的递进，以及学科、大学和高等教育整体实力间并进的三阶段建设目标，最后形成"到本世纪中叶，一流大学和一流学科的数量和实力进入世界前列，基本建成高等教育强国"的局面。这说明，"双一流"建设既是瞄准高端的，又对体系有引领和带动作用，最终目的是实现高等教育强国。也说明，我们已开始由过去国家发展的现实需求、国际竞争的战略选择，进入到实现中国梦的理想升华。我们需要站在世界百年不遇之大变局、中华民族民族复兴大业的立场上认识"双一流"建设的重大意义。

经过科学的评审程序，共有137所高校被纳入"双一流"建设项目，包括世界一流大学建设高校42所、世界一流学科建设高校95所，其中大多数高校经过了"211工程"、"985工程"以及"优势学科创新平台"和"特色重点学科项目"等重点建设；25所非原"211工程""985工程"高校而入选一流学科建设的高校，学科特色也非常鲜明，是重点建设项目的"新鲜血液"。十九大报告指出："创新是引领发展的第一动力，是建设现代化经济体

---

① 杜玉波：《建设中国特色的"双一流"要把握好四个关键点》，载《光明日报》2017年9月24日。

系的战略支撑"。"双一流"建设高校在围绕国家重大战略需求和科研重点创新方面，发挥着不可替代的作用。

# 第二节　高等学校重点建设思路亟待转型

我国是在"一穷二白"基础上建设起来的社会主义国家，长期以来的计划经济体制使我们能够"集中力量办大事"。实践证明，高等学校重点建设的开展是行之有效的，即使是到了社会主义市场经济体制时期。但是，我们也必须看到教育环境和基础的变化，需要调整高等学校重点建设的实施思路。

## 一、高等学校重点建设的成就与问题

2009年，我曾经写过两篇文章关注高等学校的重点建设议题。一篇以回顾分析为主[①]，剖析了自1949年以来我国高等学校发展的两条政策路径——重点建设模式和门类方向调整；另一篇以未来设计为主[②]，探讨了重点建设模式的局限性及由此产生的分层办学问题。两篇文章的落脚点都是要加强高等学校的体系建设。

现重新思考我国高等学校重点建设的成就，主要有：第一，使中国的重点大学得到了世界的认可和接纳。从早期的全国重点高校建设，到后来

---

① 马陆亭：《建国60年高校发展模式的回顾与展望》，载《北京教育（高教版）》2009年第10期。

② 马陆亭：《建设一流的高等学校体系》，载《中国高教研究》2009年第9期。

实施的"211工程""985工程"，使得以北京大学、清华大学为代表的一批中国大学经过长年积累而开始进入到世界高水平大学的行列；第二，中国高等学校逐渐形成多元发展的局面。通过对不同类型和层次高等学校的重点建设支持，如从早期重点大学甄选所考虑的综合性大学、行业特色大学和地方高校因素，到后来专门开展的示范性、骨干性高等职业院校建设，多样、有机、生态的高等学校体系正在形成；第三，学校内部高等教育的基本元素得以壮大。通过重点学科、特色专业、精品课程建设和现代大学制度试点等，探索了高等教育的科学发展道路；第四，我们的重点建设道路开始被世界学习模仿。中国的"211工程""985工程"举世闻名，笔者到国外访问时或在国内接待外国代表团来访时就经常被问起。尽管难有确凿证据表明德国的"精英大学计划"、日本的"21世纪COE项目"、韩国的"21世纪智慧韩国"、俄罗斯的"创新型大学评选"等是在学习我们，但我们先他们后也是不争的事实。

重点建设之路引发的问题有：第一，强化了不同学校间的壁垒。重点建设高校被附加了巨大的声誉，固化了与其他学校的层次差异，甚至国外留学、国内就业都优先要甚至必须"985""211"高校的学生。高校一旦失去竞争必将失去活力；第二，助长了学校的升格冲动。因为好的标准单一，大家纷纷向高精尖大学看齐，扩张浮躁心理难以抑制。虽然政府希望推进高等教育的多样化，但高校办学模式趋同现象却一直难以改变；第三，引发了一些不正之风现象。大家都想进入重点建设行列，因此出现了托关系、寻租、比后台等不良倾向，拜官员、托评委等现象逐渐严重；第四，重点建设项目越来越多成为重要的行政导向推手。因为项目成为行政工作的抓手，所以政府各部门之间就开始相互争抢项目，导致宏观管理职能减弱，官员成为项目经理。

为了更好地发挥重点建设的优势，规避其问题，后来国家又陆续开展了"2011协同创新计划""应用型高校转型试点"等工作，目的就是要打破固化壁垒、走向协同发展、增强体制活力，进一步推动高等学校办学模式的多样化。

## 二、重点建设工作前提背景的变化

从建国初经改革开放到当今，高校重点建设工作的前提和依据已经发生了很大变化。

过去的基本前提是：第一，资源严重匮乏，解放初是一穷二白，改革开放时是百废待兴；第二，处于计划经济体制时期，具备集中力量办大事的制度基础；第三，高等学校的体量很小，国家和社会对高等教育的需求十分迫切；第四，学校办学经验不足，解放初学习苏联，改革开放后学习西方。因此，那时的重点建设目的一是集中资源、好钢用在刀刃上，二是积累办学经验、起示范带头作用，重点高校的地位和作用明显高于其他高校。

进入新时代，高校重点建设工作的前提是：第一，转向社会主义市场经济体制，大力推动市场在资源配置中的决定性作用；第二，经费不足已不完全是制约教育发展的瓶颈要素，财政教育经费占GDP比例已超过4%，高等学校大兴土木的基础设施建设工作已多数完成；第三，高等教育的体量已很大，毕业生就业压力逐年加大，对高等教育多样性的要求十分迫切；第四，对世界各国的办学模式已有所了解，开始构建我们自己的现代教育体系和大学制度。

概括而言，过去的重点建设方式适用于发展水平较低，需要迅速调动社会资源，使高等教育按照政府计划和需求安排的情景；现在看来，社会、经济、教育的多样化开始呈现，重点建设的示范性已显得不足，并容易导致学校办学模式单一问题。因此，高等学校的重点建设工作要注意去适应这种变化。

当今，高等教育发展对分散、分权的需求要明显大于对集中的要求。伴随着中央简政放权的要求和工作节奏，教育主管部门已开始下放了重点学科评审等一系列的权力，并十分重视扩大省级政府的统筹权和增强院校的综合改革能力，给出的信号就是加强教育与社会的融合和提升学校的办学活力。

讨论重点建设工作的立足点还有一个不可忽视的因素，那就是前面所提到的"工作抓手"。目前在资金管理层面，我国各部门和学校教育经费的预算核定方式为"基本支出预算+项目支出预算"，这其实是一种财务制度。基本支出按标准拨付，项目支出按项目拨付，都是合法合规的。政府为了突出工作重点，通过项目支持而成为工作抓手，其实也无可厚非甚至是必须的。高校重点建设是一种项目支出，需要探讨的是如何实施更为有效及项目的内容和管理的方式。

### 三、如何开展新时期高等学校的重点建设工作

"全面深化改革"和"全面依法治国"如机之两翼、车之两轮，正在构成社会发展的新常态，这涉及改革与守正。改是要改掉影响发展的桎梏，守是要守住事物应有的规律。高等教育的重点建设工作需要改掉弊端，守住规律。而这，需要与时俱进的思维。

第一，吐故纳新。事物是不断发展的，工作抓手不是一成不变的，需要适时调整重点建设项目。每过一段时期，都需要重新审视各重点项目的作用——停止那些过时的项目，根据新情况设置一些新的项目，以保证项目的活力和对工作的推动；还有一些项目，长期起作用、一直都很重要怎么办？出路是把它们由项目支出转为基本支出。这样做既能避免重点建设的惰性，还能促进高等学校的依法自主办学，关键是还保证了重点支持政策的延续性。如对一些高水平大学的支持，就可以通过增设基本拨款的拨款系数的方式进行，从项目管理方式转向常规管理方式。

第二，群落建设。当今高等教育的体量很大，如果政策涉及的面过广，必然会破坏高等教育的多样性。因为一项政策出来，即便是引导性的政策，学校肯定会去追，但如果政策的指向性太单一，结果有可能造成新的千校一面局面。这样会导致好心办错事，因此政策不能过于简单。以当前正在开展的应用技术大学试点为例，转型无疑是对的和应该的，但如果所有新建本科院校都转向应用技术大学，则可能会产生新的争议，李克强

总理所作2015政府工作报告的提法是"引导部分地方高校向应用型转变"，就比较科学和有包容性。国外对此类问题的做法一般是倡导建立同类大学联盟，它们系为共同利益而组织在一起，如英国有罗素大学集团、百万+集团、GuildHE集团等。罗素大学集团是研究型大学的联盟、现有25家成员，GuildHE集团的发展对象是那些面向专业性院校的卓越研究、着力构建相关合作平台，百万+集团是面向区域发展的院校、为繁荣地方经济搭建平台。不同的院校存在着不同的诉求，构建不同的联盟有助于维护大家的多样诉求，保护这类大学的利益，因此是推动高等教育多样化有效方式。

第三，特色支持。基层学校的创造力是很旺盛的，并且直接面向社会了解市场需求，因此需要对它们的创举、有益的探索加以保护。社会、企业、学校已发展到多元时代，我们的2000多所高校本身就形成了一个市场群落。况且我们的国家现在非常鼓励小微企业和创新创业教育，这些其实都是未来社会创新发展和经济增长的源泉。政府需要鼓励各种创新和特色，做法是看到好的东西就积极支持和鼓励探索，但不要指令别的学校向它学习。政府要从重点建设的牵头作用转向去积极寻找和鼓励不同的"好"，推动不同的特色重点建设。这样，既形成了工作抓手、赢得了好的口碑，又能促进高等教育的多元发展，百利无一害。

# 第三节　"双一流"建设承载着国家的理想

"双一流"建设是国家战略，体现着国家的理想。为什么要建设"双一流"？一是对好的政策思路的延续坚守，二是对项目固化问题的有效规避，三是对大学环境变化的适时应对。回顾新中国成立以来我国高等学校重点建设的政策方向，就会发现起因并不一样——重点高校建设时期是立足国内的现实路径选择，到了"985工程"建设则开始迎接世界竞争的挑战，"双一流"建设要服务实现国家的理想。正如建设的指导思想所言——加快建成一批世界一流大学和一流学科，提升我国高等教育综合实力和国际竞争力，为实现"两个一百年"奋斗目标和中华民族伟大复兴的中国梦提供有力支撑。这绝对是新时期的一种理想主义情怀，是国家和学界之梦。

### 一、一流大学是国之重器

当今世界，百年变局加速演进，大国博弈急剧升温，逆全球化思潮汹涌，国际格局深度调整，新一轮科技革命和产业变革扑面而来，我们的战略定力是以创新驱动全面建成社会主义现代化强国。

如何认识大变局这一史诗级的大时代——中华民族伟大复兴是我们对变局实现的理想预期和识别标志，科技创新发挥着关键作用，教育具有决定性意义。在这一过程中，高等教育与创新的关系更为直接，高等学校对国家和区域发展的作用日益凸显，大学的地位在不断提升，一流大学成为国之重器。逻辑递进的关系是：

未来是一个全新的时代。已见及可见的四轮科技革命的引领性创新分别以蒸汽机、电气化、计算机、人工智能技术为代表，带动人类社会开启着一场又一场经济社会的形态变迁。经济形态由农业经济、工业经济、流通经济走向数字经济，社会形态由乡村、大城市、地球村演变为数字空间，它们相互叠加、包容而共存。这个由科技革命催生的智能化数字时代，对人类而言是一种全新的存在，未来个体的生存发展方式、群体的生产生活联系都将发生变化，世界秩序和经济结构正在面临重构。

世界进入以创新主导发展的时期。面对时代变迁，旧动能驱动式微，新动能积聚待发，新兴技术越来越成为国家发展的战略性要素，创新成为经济增长迫切需要的动力来源。叠加在原三维视觉空间之中的数字空间，通过虚实交融极大地扩展了人们的视野，更增加了发展对技术的依赖。在这个全新的时代，靠跟踪、学习、模仿已经不行了，而必须以创新引领，国际竞争围绕着生物链、产业链、供应链顶端展开，谁赢得了变化，谁就占据着先机。创新决定未来，创新在我国现代化建设全局中居于核心地位，我们需要通过创新活动有意识地推动产业结构调整、促进经济社会形态跃迁。

由创新引发的高等教育地位在显著提升。经济代表今天，科技预示明天，教育决定后天。世界百年未有之大变局，关键在创新，基础是人才，自主创新之路是应然和必然选择。环绕高等学校将形成科技的创新链、社会的产业链和经济的价值链，大学真正进入到社会中心，成为经济发展的发动机和社会进步的助力器。面向世界科技前沿、面向经济主战场、面向国家重大需求、面向人民生命健康成为大学重要的办学方向，高等教育需要通过多方位服务国家战略、通过持续提高创新能力而履职尽责。

高等学校的影响力越来越超越校园。经由创新成果、拔尖人才、技术转移、文化辐射和国际交往，高等教育与社会实现良性互动，成为支撑区域经济发展的基础性因素。高等教育的内涵式发展是基，高等学校的影响力辐射是实，由苦练内功形成的内涵、特色、水平将通过服务社会的能力、作用、影响而展现出来。大学的意义在不断超越着大学校园本身，高水平大学的影响力在不断跨越区域甚至跨越国界，一流大学成为支撑国家发展的牢固中坚。这是未来大学价值的真正体现。

"双一流"建设大学要有使命担当。作为国家创新发展的先导力量，高水平大学的人才聚集功能、科学源头作用和重大创新突破更值得期待。面向未来，"双一流"建设大学要聚焦创新力和实现力开展工作，突出人才培养高地和世界创新中心的体制机制建设，胸怀国之大者心系国家发展，着力解决经济社会发展的制约难点，着力疏通高科技产业循环的问题堵点，着力形成新兴产业催化的源头激发点，不断开拓新的科学领域。

## 二、"双一流"建设体现着国家理想

"双一流"建设是党中央、国务院作出的重大战略决策，对于增强国家核心竞争力、奠定长远发展基础，具有十分重要的意义，而制定总体方案的目的就是为了实现我国从高等教育大国到高等教育强国的历史性跨越。因此，"双一流"建设是国家战略，体现着国家的理想。

1949年以来，重点建设一批高等学校其实就一直是我国高等教育发展的重大政策方向，目的一是集中力量办大事、二是积累办学经验。长期实施的重点建设政策，犹如在高等教育领域建立起一支"国家队"，是实现教育适度超前发展的重要组成部分，使得中国一批高水平大学经过长年积累而开始进入到世界高水平大学的行列，同时也加深了我们对现代大学制度和规律的探讨和认识，有力地推动了我国高等教育事业的整体发展。

"双一流"建设既是瞄准高端的，又对梯队有引领和带动作用，最终目的是实现高等教育强国。也说明，我们已开始由过去国家发展的现实需求、国际竞争的战略选择，进入到实现中国梦的理想升华。相关大学需要超越本位利益和自我理念，以实现国家理想为担当引领高等教育向强国迈进。

## 三、政策实施中的利益和理念问题

任何管理工作，都离不开"利益"和"理念"两个概念，好的政策需要过得了务实和务虚这两关。务实是有利益，务虚是讲道理。

先说利益。管理可以说就是利益的平衡和调配，一项政策或改革，立意再好、再有道理，但只要触动原有利益格局，就会有反对者。这不是认识高低问题，而是利益得失问题。利益不仅仅是资金，还包括声誉。因此，渐进、增量式的改革容易进行，急剧、颠覆式的改革阻力较大。"双一流"建设也是如此，经过过去长时期的重点建设，一批高水平大学已经形成，利益、层次相对固化，改变建设方式自然要引发新的博弈。每一家都在算自己的盘子，A刊目录、学科评估、学科调整等无不牵动着大家的神经。国家的总体方案有了，部分建设经费已开始下拨，可具体的实施方案久久难以出台，说明打破身份固化、引入竞争机制谈何容易。

再说理念。管理中的争议有时来自各方思想认识的不同，并不涉及利益纠纷。理通了，各自自然就都气顺了；而理不通，则执行政策的难度就加大，各方就都希望摆摆自己的道理。可现在的问题是，大家的观点不同，各方的观点又都有相应的道理，道不同则不相与谋，怎么办？原则上的问题好解决，而原则下的问题却不好办。在当今这样一个多元的时代里，许多认识并没有截然的对与错，但它们却又都是实实在在地不同甚至存在着冲突，而政策必须做出选择。这一点在高等教育的政策选择上尤为突出，比如，高等教育的发展方向就是多样化，因此水平与特色、效率与公平、竞争与协同、创新与转化、研究与教学等诸多问题交织在一起，大理小理都有，众口难调，莫衷一是。

需要明确的是，出现利益再平衡和理念不一致难题，是正常的管理现象，因为社会本来就是由复杂的个体及其关系构成。解决问题的出路不能在原有层面，而必须到上一个层面。"双一流"建设的实施推进就需要超越大学自身的利益和认识，而提升到国家的战略和理想上来。国家开展"双一流"建设的目的是在于提升我国高等教育综合实力和国际竞争力，支撑创新驱动发展战略，服务经济社会发展，支撑"两个一百年"奋斗目标和中华民族伟大复兴的中国梦的实现。因此，与国家理想一致的事情做，不一致的事情不做，这是大道理。

## 四、"双一流"建设的原则

总体方案清晰地给出了统筹推进"两个一流"建设必须坚持的四项基本原则——以一流为目标，世界一流的指向非常明确；以学科为基础，学科的水平、特色是重点；以绩效为杠杆，注重建设效果评价；以改革为动力，最终落实在遵循教育规律、加强制度建设上。

这四项基本原则，站在国家的角度已把政策的导向讲得非常清楚，各高校的应对似乎也都在原则的框架年内进行。但是，就一些高校的应对措施所引发的争议来看，也有值得深入的地方。以学科调整为例分析如下：

为迎接学科评估，许多高校自主地开展了学科调整工作。应该说，这项工作完全符合上述四项基本原则的每一项：是以学科为基础进行的、是瞄向支持最有"一流"潜质学科的、这些学科是大家长期贡献积累的结晶，学科调整是一项改革，而且这项工作也完全是高校自主权范围内的事情。但是，进一步地分析，也能提出不少问题，如：为什么要调整？大部分是为了学科评估后的学科排名，即潜在、臆想中的一流学科"卡位"，动机过于功利；让相关学科都来支持最有希望脱颖而出的学科，虽说不上是造假，但也并不高尚，行为过于功利，有悖大学精神，也伤害了相关学科教师的积极性；部分撤销排名相对靠后学科是为了降低全校学科基数，即申报学科评估个数的分母，这也是应对学科评估的一种策略，依旧是功利行为。

在此，并不是一味地反对功利，因为功利有时可以转化为动力，但必须反对过于功利。学科调整是必要的，只是除了关注该学科在全国的水平地位外，还要综合考虑它的发展趋势、前景，考虑学科在全校育人、研究中的生态作用。另外，学科排名第一和第二、第三的差距究竟何在?既有评估指标设计的因素，也有学科方向特色的因素。这些问题都需要引起关注。

所以，除了总体方案给出的基本原则，笔者认为在具体的操作中，还要附加上两条实施的细则。

第一，有助于推动高校健康发展。政策的结果应该是建设性的而不能是破坏性，应当促进发展而不能中断发展，该发展指的是健康、科学发展。因此，学校需要有整体规划，需要遵循教育和办学规律，构筑学科、学术、育人的生态联系和环境。当出现问题、争议时，需要把发展是否健康作为一条评判标准来对待，以保证学校的长期、稳定、科学发展。

第二，有助于实现高等教育强国目标。这涉及高等教育整体的健康发展问题，也需要有一个好的生态。"两个一流"建设的最终目标指向是高等教育强国，而高等教育强国绝不是个别大学和学科的孤军奋战，需要建立起一流的高等学校体系。当然，"双一流"建设重点不是解决整个高等学校体系问题的，而是旨在培育领头羊和排头兵。但是，标杆的引领、示范、导向作用很重要，学科建设更是涉及每所高校，牵一发而动千军。竞争要有，但过度了就有可能诱发高校的发展方向走偏，合作和协同更重要。

# 第四节　新时期"双一流"建设的推进战略

2019年，国内外形势较之于"双一流"建设实施初期已发生了很大变化。向外看，国际竞争加剧、大国关系复杂、科技发展迅速，向内看，主要矛盾变化、各行各业对高等教育期望增强。扎根中国大地、培养时代新人、实现民族复兴成为时代强音。助力赢得国际竞争、助力实现民族复兴、助力建成高等教育强国、助力推动高校健康发展应成为新时期"双一流"建设的使命，这需要开启国内高校"合作大于竞争"的战略思路，具体来说就是聚焦问题、务实创新、协同发展、一致对外。

## 一、新时代的变化与要求

进入新时代，社会发展的主要矛盾发生了重大变化，国际环境发生了重大变化，高等教育的发展阶段与地位作用也正在发生着变化，未来"双一流"建设需要适应和引领这种变化。

**（一）新时代高等教育必须重视的环境变化**

中华民族的伟大复兴、世界百年不遇之大变局，是当代中国、当今世界正在经历的最大历史变化，中国正在日益走近世界舞台中央，高等教育在这一历史进程中需要肩负什么样的责任担当？

以人工智能为代表的信息技术正在迅速改变社会的形态和业态，新兴科技带来的变化将远超我们现有的认知，高等教育在创新型国家建设中将发挥什么样的作用？

中美战略博弈究其本质就是科技和人才的竞争，更是两种政治制度的较量，高等教育如何培养出支撑民族复兴大任的时代新人？

高等教育迈入普及化阶段，这既是量的跨越也是质的飞跃，社会与人民群众对高等教育的要求越来越高，也越来越广泛，高等教育如何去满足这些多元、蓬勃的需求？

这些时代之间均需要高等教育干预回答，高等教育的地位与作用正在发生深刻的变化。

**（二）高等教育必须正视历史地位责任担当的变化**

这种地位的变化主要体现在两个方面，一是民生性，二是决定性。民生性与普及化阶段有关，而决定性的意义更为重大，与"双一流"建设关系也更为密切。

2018年，我国普通高校加成人高校总数已达2940所，有研究生培养机构815个，本、专、研各级在校生数达到3695.15万人，全国各类高等教育在学总规模已达到3833万人，毛入学率为48.1%。量变正在引发质变，面对普及化阶段的到来，高等教育对整个教育工作的牵动作用和对经济社会的支撑作用将越来越大。

在20世纪末，基础教育是整个教育事业的重中之重。经过二十年的发展，高等教育的历史地位在不断加强，在教育乃至整个社会发展中的领头牵引作用日益显著。可以说，今日的教育特别是高等教育将决定着我们社会发展的未来，决定着我国国际竞争力的高下和人民生活质量水平的高低。

### （三）新时代高等教育必须走出自己的发展道路

我们的高等教育是在学习借鉴中前进，走的是一条世界先进经验与中国国情相结合的建设发展之路。因此，过去我们学习苏联、学习西方的高等教育，借鉴的痕迹更多些。而"双一流"建设，需要更多地寻求自己的特色，支撑住中国特色社会主义现代化强国的需要，在战略意义上原创作用更强。因为我们所处的时代，自二战以来形成的世界治理体系正在发生变化，中国正在经历着从跟跑到领跑、从学习到创新的时代之变。这说明未来的"双一流"建设一定要走扎根中国大地办大学之路。

"世界一流、中国特色"的命题符合世界高等教育的发展规律。回顾大学发展史，其第三职能的产生推动大学融入社会而走出了"象牙塔"，这是近现代大学与传统大学最根本的不同，进而促进了整个高等教育走向多样化。其中那些最能解决社会重大发展问题和科技前沿问题的大学，支撑了社会引领了科技，大学成为社会的"发动机""引擎""轴心"，这些大学成为人们心目中的一流大学。这说明一流大学和学科建设既需要借鉴国外大学成功的经验，更需要投身解决中国发展的现实问题，最后形成自己的办学模式。

## 二、"双一流"建设的战略方向

面对时代的变化和要求，高等教育的战略方位需要调整，"双一流"建设的政策要能适应这种战略变化，担当起时代赋予的神圣职责。

### （一）新时代高等教育的战略方位

当前，高等教育发展最鲜明的主题就是服务"两个一百年"奋斗目标，为中国特色社会主义现代化强国建设、为中华民族伟大复兴提供人才和科技支撑，目的目标非常明确。

为此，需要在育人和办学上下功夫，实现路径也很清晰。在育人方面，坚持立德树人，既要以德为先，也要有具有担当民族复兴重任的能力，德智体美劳全面发展；在办学方面，要扎根中国大地，在世界先进经验与中国国情的结合中办出我们自己的模式。

在总体布局中，要加强和完善高等教育的体系建设，满足人民群众日益增长的接受优质多样高等教育的需求，满足社会经济发展对全链条人才和科技成果的需求。

在重点领域上，要关注和融入国家区域战略规划和产业发展重点，急国家之所急，在关键技术攻坚克难、新经济新产业推动涌现上下功夫，支撑和满足国家重大战略需求。

**（二）高等教育发展需要处理好的重要关系**

——开放、竞争、合作。开放是大学与生俱来的属性，可以带来思维的交流与碰撞，需要坚守；竞争可以带来一定的张力，增强体质的活力，但需有度，恶性竞争也可以带来破坏作用；合作可以实现优势互补，大科学时代是合作共赢的时代，单打独斗难有大的作为。高等教育的发展政策及高等学校的科学发展，需要处理好竞争与合作的关系，营造开放的发展环境。

——学科、专业、学科群。学科和专业既是知识分类体系，也是制度安排，既可以遵循科学技术发展的逻辑也可以遵循社会需求的逻辑，二者可以一致也可以不一致。学科暗涵一个研究领域，专业则明显是一个育人概念，因此教师在学科内成长，学生按专业培养。学科发展主要依赖于院系的努力，大学层面主要考虑学科群、跨学科及新旧学科的交替问题。专业则更为复杂，依据设立的逻辑、基础、方式不同，学校、院系、教师的侧重点会有不同，但根本上是由教师提供课程、学校安排课程、学生选择课程而形成的，提高人才培养质量需要教育各方的共同合力。

——学校、院系、教师。三者关心的重点不同，但有一致性。学校层面，首先需以育人为重，着力培养堪当民族复兴大任的时代新人，同时还要考虑国家重大战略、科学前沿、大学精神、学科群建设、与区域产业联动等重要战略议题；院系层面，侧重的是学科本身的发展、毕业生就业及本学科教师的共同体利益，因为院系面对着与其他大学同学科和与本校不同学科两类竞争、合作关系；而教师层面，主要关心的还是个人的学术声誉、科研项目经费论文，及学生培养和个人授课情况。可看出，学校重在方向，院系贵在奋进，个人荣于声誉。大学管理需要正视差异，注重凝聚人心，促进形成合力。

——科研、教学、服务。三者同为大学基本职能，但受重视程度不一。在向世界一流的迈进过程中，科研受到空前的重视，但存在着错把教师的逻辑当作国家的逻辑问题，唯论文、唯项目现象远远超出对国家区域战略、产业关键技术的重视；自2018年6月全国高校教学工作会议召开以后，教学和人才培养受到"双一流"建设的高度关注，"金课""双万计划"等教育部具体政策也纷纷出台，今后的重点是把推动内涵式发展、提升教学质量的思想、政策真正落实下来；对社会服务的关注最弱，所谓职能其实就是自己的本分之事，所谓世界一流大学其实也是大学有了社会服务第三职能后与社会共同发展的产物，因此如何"扎根中国大地办大学"是"双一流"建设今后要解决的重大命题和实施路径。

——中央、地方、社会。三者是大学发展的重要外部支撑和环境。对于国家而言，"双一流"建设承载着国家的理想，需要"双一流"建设高校致力解决社会发展重大战略问题，扎根中国大地成为"世界一流，中国特色"的典范，因此支持其成为高等教育强国的领头羊；对于地方而言，需要大学促进区域繁荣满足产业需要，站在技术前沿引领创新型城市建设，对"双一流"建设高校的支持既可能是整体的更期望偏重针对地方特色，双向互动、互利共赢是现实议题；对于社会而言，更侧重于文化氛围、底蕴和文明生态建设，让百姓看得见摸得着感受得到，切实满足人民对美好生活的需要。

**（三）"双一流"建设需要的思路变化**

变化的方向就是要面向国家重大战略和产业关键技术，加强合作、协作、协同，勇于创新和攻坚克难，共同为强国建设提供高层次人才、科技和文化支撑。

当前，中美贸易战、美国对我们科技企业的围堵及大学合作的阻碍使我们认识到，实现伟大梦想必须开展伟大斗争。高等学校特别是"双一流"建设大学一定要发挥先导作用，想国家之所想、急国家之所急，在建设创新型国家中建功立业。

尺有所短寸有所长，每所好大学、学科都有自己的长项但也不可能包打天下。过度竞争，只有第一没有第二不利于大学的发展，也不易产生合作。现在是大科学时代，合作有助于创新，有助于思维碰撞，这也是欧盟一直设立专项资金鼓励大学跨国界合作开展科学研究的重要原因。

我国的大学发展经历过前期的开放、竞争，对一流大学、现代大学制度的规律已有了比较清晰的认识，又经历了综合改革推动着科学发展，对自己的发展道路已然心中有数。今后，合作共赢是大方向，共同完成服务中华民族伟大复兴的历史使命。大学需要团结起来、优势互补、一致对外。

### 三、"双一流"建设的推进策略

新时代"双一流"建设的总体战略是：扎根中国大地，聚焦立德树人和国家战略需求，加强合作，实现内涵发展。

#### （一）国家层面政策

新时代面对大国博弈和国内主要矛盾的变化，国家的重点建设政策应该既一以贯之又与时俱进。

首先，聚焦立德树人根本任务。培养一代又一代拥护中国共产党领导、践行社会主义核心价值观的建设者和接班人是教育的神圣职责。不仅要有伟大理想、奋斗精神、道德情怀和社会责任感，还要有决胜未来的能力。

其次，推动大学服务职能与研究职能的融合发展。当今世界格局的变化使得高等教育的社会意义更加突出，"扎根中国大地办大学"成为时代强音。一流大学是高等教育多样化的产物，根植于社会服务职能，在适应社会发展需要、解决现实问题中发展壮大起来。相对于国家强盛和地区繁荣，论文发表其实只是个副产品，体现着国家逻辑和教师逻辑的不同。大学发展需要服务国家战略、把学问做到中国大地上。

第三，进一步扩大教育开放。开放是大学与生俱来的属性，自大学产生伊始就是开放型学习型组织，后来又成为创新型组织。开放有助于文化交流、思想碰撞、思维互补，因此有助于创新，世界一流大学无不以其师生的国际化及频繁的国际合作交流而立校。对外开放是我国的基本国策，大学更应该走在前列，我国的一流大学要与世界的一流大学相融相嵌，努力走向世界科技最前沿。在美国对我国开展科技封锁的当今，高水平大学的开放意义更为凸显。

第四，领衔高等教育体系建设。我国的高校重点建设，自诞生之日起就有着示范引领带动之职责。我国是一个发展中的大国，多种经济形态、产业状态、地区特征并存，"双一流"建设应能带动整个高等教育体系满足社会的多样性，具体来说就是推动一流高等学分类体系的形成。当然，"双一流"建设高校要在教育、创新链的上游工作，但也要在多样化方面带好头，成为不同领域的先导者、特色发展的践行者。

第五，把支持高水平大学发展制度化。具体来说就是把一流大学建设常规化，把一流学科建设动态化。我国的高校重点建设工作断断续续但持之以恒地已走过70年的历程，慢慢地形成了一批高等学校的国家队，且常年的实践已证明这种建设思路是行之有效的。但到目前为止，建设工作仍以项目制的方式进行，优点是重点突出、导向明确，缺点是不确定因素多、学校自主性小。既然这项工作要长期进行，且哪些是要重点建设的大学已基本明确，那么就可以变项目支持为常规支持，以适应新时代要求而增强这些大学的合作性，具体操作办法是增加这些大学标准拨款的一流目标系数，而避免固化的问题交由学科的动态化解决。其结果会使得一流大学的发展自主性合作性增强，一流学科建设更加务实多元。

**（二）"双一流"建设高校学校层面关注的重点**

"双一流"建设高校特别是一流建设大学，外要有全球意识，向世界同类最好大学看齐，学习其成功之道，借鉴其有益经验，善于开放，勇于竞争；内要有奋斗精神，勇于创新而不是唯帽子指标，自我进取而不靠相互挖人，善于合作办出特色。

胸怀助力民族复兴的伟大理想。"双一流"建设有着国家理想主义的情怀，最终目的是建成高等教育强国。因此，大学要把小我融入大我，想国家之所想、急国家之所急，增强自己的社会责任感和历史使命担当，把大学发展与国家发展紧紧相连，在服务民族复兴理想中实现自己的一流大学梦想。

致力培养引领时代发展的拔尖创新人才。一流大学必须培养出培养一流人才，这些人才要能够担当起民族复兴的大任，这是时代的责任。一流大学建设高校需以"九个坚持"为根本遵循，率先建设好一流本科教育，以担得住这一时代重任。要加强人才培养模式改革，在德能兼备上下功夫，心无旁骛地做好普及化阶段的精英教育，为创新型国家建设培养前端和领军人才。

致力融入和引领世界科技发展。实现伟大梦想必须开展伟大斗争，"双一流"建设高校需要超前布局科技大势和学科前沿，为国家的创新驱动发展战略赋能。这需要有战略眼光、合作意识和"功成不必在我"的胸襟，勇抓新一轮科技革命和产业变革的历史机遇，在以信息技术为引领的新时代加大对传统学科的改造工作，努力使自己的学校在世界科技前沿、关键核心技术方面有自己的版图。

树立支撑区域经济文化的责任担当。大学要成为社会发展的发动机、区域活力的源泉，这是已被历史证明了的大学成功之路。"双一流"建设高校不能高高在上，而要牢固树立为区域服务就是为国家发展服务的思想，主动融入国家的区域发展战略，按主体功能区要求思考、布局自己的职能定位，以科学引领社会、以行动反哺区域，扎根大地办学。

维护良好学科、学术生态。"一流"不是孤军奋战，而是相互依靠、相互扶持、相互激励、相互涵养环境生态。"双一流"建设就像马拉松赛跑，是长期而艰巨的工作，自己努力重要，伙伴、对手同样重要，"一团团""一群群""一簇簇"地前进才能坚持到底，才能出好成绩。World-class（世界级的）中的class就不是一个，群落比第一更重要，应该形成一个此起彼伏的群落。调整在动态中完成，动平衡远比静平衡好，大学有着建设学术生态的责任。

加强制度建设。推动大学组织治理模式变革，用制度保障创新，实现治理能力现代化、实现依法治校是最终努力的方向。这一治理模式应具有大学、政府、社会新型关系的体制活力，实现大学、区域、产业互动共荣的发展活力，调动大学内部各方积极性、主动性、创造性的办学活力，促进科学、知识、技术、人才跨国界流动的合作活力，开放、激励、约束并重。

### （三）"双一流"建设院系学科层面的侧重

院系是学科制度安排的基本载体，因此学科发展是院系拼搏奋进的应有之义，学科是院系学术共同体的"饭碗"。

以特色求发展，不断创新。"双一流"建设学科处于科技或产业的相对前沿，既可比又不可比。可比是因为把相同相似的知识分类在一起，同一学科的学者构成同行；不可比是因为理论、应有、方向可能会有差异，越是前沿学科其知识越没有归类。一流学科不宜硬做量化比较、排名，硬作比较将限制发展、难以创新、难成一流。学科建设要在鼓励创新追求同时，发挥院系的积极性创造性，或实施战略导向的基础研究，或以新科技改造传统学科，或发展前端应用研究。

以融合为方向，群落互补。知识分类或制度安排，都是依据客观认识的人为划定，这里面有人的局限性、有限性而不得不划定的问题，也就很有可能出现"画地为牢"现象。但是，现实世界、科技突破、产业发展往往不是这样，创新一定要超出人们已有的认知。一流学科建设一定要加强合作、互补、融合、耦合、协同，发挥主干学科的集聚效应，促进学科"成群结队"发展。既保持已有特色学科的优势，又不阻碍创新，要注重激发交叉学科、新兴学科涌现。

以人才为重点，培育大师。院系是学科的基本组织单位，没有大师级的院系很难被人服气地认定为一流学科，因此拔尖创新人才是关键。这需要在实战中锻炼学术领军人物，使他们敢于融入科技或产业前沿，勇于引领学科发展。其中的关键还是制度和机制，"五唯"式的评价指标必须破除掉，以人情关系代替原则的晋升奖励方式更必须破除掉。要着力推动一流学科建设中的制度创新，营造起广大学术人员醉心于学术的氛围，激励大家为理想、信念执着追求，切忌唯指标而工作。

以硬件为基础，自主研发。一流学科必须建立起自己的高水平实验室，特别是在自然科学领域。现代科技早已发展到大科学时代，对团队、合作、仪器、装备的依赖性很强。但是，这些大设备、大装置也不能单纯依靠花经费去买，买设备是基础，但靠买设备成就不了一流，因为已有的设备能出什么成果同行们是知道的，即说它能产出论文但产生不了颠覆性创新。大的创新需要的是"独门绝技"，最前沿的设备还是要靠研究者自己根据需要而改进或规模性地开展合作。一流的实验室必须有自己的专门化设备，对团队的能力匹配、协同攻关、优势互补要求会越来越高。

# 第五节　探索"中国特色世界一流"大学新路

2022年4月25日，习近平总书记在中国人民大学考察时强调"走出一条建设中国特色世界一流大学新路"。笔者认为，新路的正确方向是坚持扎根中国大地办大学，重要方略是实现高水平开放，关键要点是推动针对问题的创新，探索重点是促进模式变革，成功标志是大学社会作用凸显。

## 一、"双一流"建设高校要勇于探索

大学要面向新发展格局，融入科技革命和产业变革，守正创新，以成就贡献创获社会崇高地位和国际学术声誉。

### （一）扎根大地办学和高水平开放是创新基石

面向未来的大学，对内要扎根中国大地，着力解决经济社会发展遇到的现实问题；对外要实现高水平开放，通过国际学术合作交流开阔创新的视野。扎根大地是本质需求，实现开放是环境条件，二者共同推动大学高质量创新发展。

扎根中国大地办学还要思考传统文化与思维方式关系，注重用中国方式、中国智慧解决中国自己的问题和世界发展的难题，推动教育在继承中创新发展。高水平开放更要思考大学在世界科技革命和产业变革中的作用，主动迎接数字化时代，注重发挥人工智能技术的头雁效应。为此，大学要坚持"四为服务"，有力推进"破五唯"评价改革，在国家区域发展战略、创新型城市建设、关键核心技术突破等方面支撑产业技术升级、发展方式调整和社会文明进步。

### （二）路径和模式探索成就大学特色

面向未来的高等教育强国建设，我们需要加强理论思考和实践探索。在强国的战略路径方面：宏观层面就是扎根大地办大学和推进高水平开放，怎么强调都不过分；中观层面是推动高等学校分类办学和学科群生态建设，"双一流"建设、普通高校向应用型转型发展、职教本科发展、新型大学创建等都是具体的措施，高质量教育体系建设发挥着牵引作用；微观层面是教学模式改革，包括"新工科、新医科、新农科、新文科"建设、"线下线上"混合式教育模式等，着力培养时代新人。

大学要把根深深地扎在自己成长的土壤中，面向世界科技前沿，进行办学模式和育人模式改革。特别要思考信息技术、人工智能、数字化时代给教育模式、形态带来的变化，大处着眼不断深化对教育体系的重构，小处着手积极探索规模化教学安排下的个性化学习实现。

### （三）创新力和实现力构成成功关键

创新的发生一是产生出新思路新观念新思想，二是能够把思想层面的东西物化形成现实，因此创新力和实现力应是大学发展和人才培养用力的关键。思想的产生发生在认知层面，创新的核心在思维；物化的形成需由脑子里的思想迁移到物质世界的实践，是认知与行动的结合，构成创造。创造一词其实更能准确地体现目前使用的"创新"一词的意蕴，既创又造，实现美好未来。

## 二、"双一流"建设大学要有更大格局

"双一流"建设大学的发展具有标志性和引领性，对各级各类教育发展具有牵动作用，其意义超越事物本身，更加引人瞩目。因此，这些大学更应心怀"国之大者"，强化责任担当，为国分忧解难，超越小我成就大我。

### （一）在自身上水平建设方面

服务国家战略，致力开拓发展新赛道和构建自主知识体系，为中国特色社会主义现代化强国建设、中华民族伟大复兴建功立业；强化特色发展，尺有所短寸有所长，每所好大学、学科都有自己的长项但也不可能包打天下，要做好自己的强项争创一流；保持竞争活力，不因身份沾沾自喜而固步自封，努力自我激励为国育才，着力培养集聚相关领域的战略科学家、学术领军人才和高水平创新团队；加强协同共进，面向国家重大战略需求和产业关键核心技术，加强与同行合作，攻坚克难相互成就，共同构建一流大学体系；实现高水平开放，在开放中成就一流，争做打破美国科技封锁的先锋队和构建人类命运共同体的融合剂；用好建设自主权，使自己的特色更加鲜明、优势更加突出，在分类发展模式探索上做出表率。

### （二）在示范引领高校整体方面

为了更好地支撑中国特色社会主义现代化强国建设，学校间合作共赢是方向、良好生态是要义，高等学校需要加强协同、优势互补，共同实现

历史职责和使命担当。在育人方面，落实立德树人根本任务，实现以德为先、能力为重、科学成才、全面发展；在办学方面，扎根中国大地，在世界先进经验与中国国情的结合中办出自己模式，勇创中国特色世界一流大学新路；在总体布局中，加强和完善高等教育的体系建设，满足人民群众日益增长的接受优质多样高等教育的需求，满足社会经济发展对全链条人才和科技成果的需求；在重点领域上，融入国家区域战略规划和产业发展重点，急国家之所急，在攻克关键核心技术、发展新经济新产业上下功夫。

作为国之重器，"双一流"建设大学的重大创新突破更值得期待。高水平大学要面向未来不负使命，面向国家战略需求，关注重点领域，重视关键核心技术和重大基础理论的原创性突破。

（本章内容依序由以下论文节录、组合、改写而成：《新中国成立70年：高等教育重点建设的历史使命与巨大成就》，载《中国高等教育》2019年第23期；《高校重点建设思路亟待转型》，载《北京教育》2015年第4期；《大国气度 梦想支撑》，载《中国高等教育》2015年第22期；《两个一流：当利益遇到理想》，载《光明日报》2016年8月30日；《"双一流"建设承载着国家理想》，载《群众》2017年第11期；《新时期"双一流"建设的推进战略》，载《中国高教研究》2019年第12期；《一流大学是国之重器》，载《北京教育（高教版）》2022年第11期。）

# 第七章

## 有效实施高等学校分类办学

　　多样性是普及化阶段高等教育的基本特征，高校分类发展是实现高等教育多样化的基本途径。该主题是近三十年来我的一个研究重点，研究进展的大致脉络是：1997年通过主辅变量的集中度模型归纳计算了我国研究型大学、教学科研型大学、教学型学院、高职高专院校的层次数量，2004年提出按"教学型学院—研究型大学"和"学术型人才培养—应用型人才培养"两个维度构建高校分类的分析框架，2004年—2008年多方面探讨了高校分类与布局调整及使命面向的多种关系，2009年提出"建设一流的高等学校体系"的具体思路，其前后的研究关注于多样化办学模式及其所构成的体系关系，2020年提出按"理论型、工程型、应用型、职业型"进行高校分类实操的设想与评价因子的构想。

# 第一节　为什么要进行高等学校分类

自我国高等教育由精英跨入大众化特别是普及化阶段以来，高校分类议题就一直困扰着高教界，没有形成共识。究其原因在于社会需求的多向度与高校水平的单向度在实践上的不一致性，经济社会发展和学校事业发展在衡量标准上存在着一定的偏差。

## 一、高校分类是一个貌似简单实则复杂的难题

在人类社会发展过程中，每个国家因管理体制和文化传统不同，逐步形成了自身的高等教育结构和体系。各类型高校既反映着高等教育的共同要素，也体现着不同的使命和特色，即"同"中有"不同"。同是共性，不同是个性，共性因素远远多于个性特征，少量的个性弥为珍贵，因此很容易走向趋同，这增加着分类划定的难度。同时，现实是客观存在，分类是要主观划定，现实是复杂的分类却是简单的，非要用简单、主观的分类去套复杂、客观的现实不可，那么怎么分都可能是吃力不讨好。可见，高校分类不是一个新问题，迟迟得不到解决本身就说明了事物的复杂性。

从发达国家高等教育发展的历程来看，多样化是一个长时间段的、自然的历史进程，多样化的高校系统与社会综合系统的匹配关系及高校间自身的磨合是逐步完成的，反映着从演化到进化的转变。我国高等教育在不到二十年的时间里快速实现了从精英到大众化、再到普及化的两次跨越，各种关系缺乏磨合，多种分类设想都有产生和尝试，但难以定论。因此，

高等教育多样化发展特别是高等学校分类议题，是一个在理论上得到普遍认同而在实践中又难以统一、不得不面对但又众说纷纭的难题。在实际操作层面，高校分类关乎学校发展的方向，涉及实实在在的资源利益调配，这更加增加了分类工作的难度。

**二、分类源于高等学校的多样化**

谈高校分类是因为大学发生了分化，高等学校不一样了。

**（一）世界范围内大学的变迁**

大学，古老而常新。根据《不列颠百科全书》记载：全世界1520年之前创办的、名称不变、功能不变的现存机构有75个，其中61个是大学，其余14个为宗教性组织，大学超过80%。美国现代著名比较高等教育学者阿特巴赫（Philip G.Altbach）认为[①]：毫不夸张地说，世界上所有的大学都起源于中世纪欧洲大学模式，源于巴黎大学模式。但是，现在的高等学校与过去的大学又是不一样的。

先看传统大学模式的演变。法国的巴黎大学是最早的中世纪大学，教师按行会模式聚集在一起招收学生；稍后英国的牛津、剑桥大学在学院制模式上做出了积极的探索，学生与教师学习、讨论、生活在一起，在教授"烟斗的熏陶下"成为绅士；1810年，德国创立的柏林大学提出教学与研究相结合，初步确立了近代大学的人才培养模式；美国在学习了英国和德国的模式后，催发出高等教育的社会服务功能，产生了现代密集研究型大学。目前，我们所追求的 "一流大学"，参照模式就是美国的研究型大学。

再看应用型高校的发展。在世界高等教育多样化过程中，应用型高等教育机构产生、壮大与完善最具活力。强调等级的英国，出现了多科技术大学、城市大学与牛津和剑桥等著名古典大学及新大学的共同繁荣；崇尚

---

① 菲利普·G.阿特巴赫：《比较高等教育：知识、大学与发展》，人民教育出版社2013年，第2页。

理性的德国，通过大学与应用科学大学两种模式的并进发展，为其制造精致产品的产业界持续注入经久不衰的创造力和实现力；浪漫情怀的法国，更是走了一条与其他工业化国家完全不同的道路，培养高级应用人才的工程师学校其社会地位甚至超过了综合大学；与我们同属东方的日本，第二次世界大战前曾出现过一批专门学校，战后被改编为新制大学，废除了专门学校制度，但在20世纪70年代后又重新出现了高级专门学校，说明了社会需求和市场的作用；分散治理的美国，逐步建立起了适应市场需求的多样化高等学校体系。

**（二）大学内涵的变化**

**1. 从世界性的大学到地方性的高校**

大学首先是世界性的，中世纪时它作为国际化组织而产生，其教师和学生来自不同的国家、使用着拉丁语这一共同的语言进行着教学活动。当大学所在地不适合其成长时，它甚至以迁移来抗争。后来，高教发展出服务的第三功能，高校才逐步地方化，地方性高校在数量上所占比例越来越大。

**2. 从培养社会精英到培养专业和岗位精英**

古老的大学是探讨和传承高深学问的场所。既然是高深学问，必然是少数人才有资格从事的活动，并且这少数的人也必将是未来治国安邦之栋梁。高等教育是一种特权，关注的是塑造社会精英阶层的能力和人格。随着社会的发展，特别是工业化的实现，社会的需求逐渐多元起来，要求高校为各行各业培养人才。

**3. 从单一的大学模式到多样化的高校模式**

世界高等教育发展的历史，其实就是高校办学模式逐步多样化的历史，是旧的教育形式不能满足社会需求而不断产生新的教育形式的历史；同时也是办学模式不断趋同的历史，是各模式间不断模仿、学习、借鉴的历史。大学模式在发展和学习中发生了进化，不同的功能变化和办学模式，再与各国传统特点的结合，产生了更为复杂的高校模式。

### 4. 从简单组织到复杂组织

系统学认为，结构决定功能，而组织功能的实现需要相应的组织结构予以保证。随着大学规模的增大及功能的扩展，大学的管理职能开始分化，大学组织结构从简单组织演变为复杂组织。

#### （三）多样化过程中政府的期望

面对大学的变迁，政府对高等教育质量的期望是什么呢？基本点有三：第一，满足社会经济发展需要；第二，各级各类专门人才的培养达到其规格要求；第三，办学模式多样化。

美国加州大学伯克利分校高等教育研究所所长马丁·屈罗（Martin A.Trow）在其高等教育"地位的分析"一文中曾经指出："一般说来，政府不喜欢一般院校和新院校模仿老牌尖子大学的风格和作法。政府所需要的是国家高等教育体系的更多样化，更适合职业需要的学科，新的更有效的教学模式。他们最不需要的是越来越庞大的大学系统。"[1]我国也是这样，教育主管部门多年来一直都在谈特色、谈多样化发展，但高等学校依然存在着趋同现象。

### 三、高等学校分类的目的

分类是主观划定，结构是客观存在。因此，这就产生了为什么而分类的问题。

#### （一）为行政管理而分类

我们前四十多年实行的是计划经济体制，因此为管理而分类是一直有之，现在也不例外，如实行着两级管理体制。曾经在教育行政部门流行的中心是北京大学、清华大学的"环形图"理论，即是这种分类思想的典型体现。对不同高校的管理政策是不同的。

---

① 王承绪主编：《高等教育新论多学科的研究》，浙江教育出版社1988年版，第160页。

为管理而分类是我们绕不开的议题，各个国家也都面临着同样的选择，只是程度不一。如果高等学校没有真正成为自主办学的实体，行政管理的色彩再浓一些，便于管理将成为高等学校分类的主导性倾向。这也没什么不对，因为政府也是在尽力满足着社会的需求。但是，这种导向会激发高校的升格欲望，不容易有效解决人才培养的多样化问题。为管理而分类是目的之一，但不能是最主要的目的。

**（二）为学校发展而分类**

《国家中长期教育改革和发展规划纲要（2010—2020）》提出要"发挥政策指导和资源配置的作用，引导高校合理定位"。"克服同质化倾向，形成各自的办学理念和风格，在不同层次、不同领域办出特色，争创一流。"其实，过去我们按学科发展起多种专业院校，就属于这种分类。在我国一直进行的重点学校或示范校建设，也是要促进建设学校的发展，并进而带动其他学校的发展。

应该说，为学校发展而分类比单纯地为管理而分类，在理念上要进了一步。因为学校是教育的实施机构，学校发展了，并且是有特色的发展，教育质量也就容易得到保证。但是，如果对学校的重点建设过于集中在少数学校，则示范性将显不足。因为资源配置上的巨大差异，非重点建设学校无法去学；并且由于由此形成的好的办学模式标准单一，社会多样化的需求难以得到全面满足。因此，此分类思想若想贯彻实施，就必须扩大学校的建设面，理想的状态是保证每所学校的发展、并鼓励所有有特色的东西。其前提是管理模式得到转变，教育经费比较充裕。较之于按学校实施重点建设，按学科实施重点建设则是一种相对的进步。

**（三）为人才培养而分类**

该目的应该是高校分类的最根本的目的。因此《国家中长期教育改革和发展规划纲要（2010—2020）》提出"促进高校办出特色""逐步实施高等学校分类入学考试""建立健全有利于促进入学机会公平、有利于优秀人才选拔的多元录取机制""建立动态调整机制，不断优化高等教育结构……

第七章
有效实施高等学校分类办学

重点扩大应用型、复合型、技能型人才培养规模"等，都是为了满足人的发展需求和社会对人才的多元需求。

我们看到，扩招后许多重点建设大学也采用了大班教学模式，其实这不符合拔尖创新人才的培养规律。千校一面现象不仅包含着低端学校对高端学校的模仿，也包含着高端学校向低端学校的趋同。一些重点建设大学需要思考：是否得到了国家重点建设拨款、招到了优秀的生源，就代表建成了高水平大学？世界一流应该在国际的大舞台上比，而不能关起门来国内充老大。

# 第二节　高等学校层次结构计算

所谓分类，就是将研究对象的总体即论域分成若干类（子集），使总体中的每一个元素属于且仅属于其中的一类。马丁·屈罗认为："当我们谈到一所学院或一所大学等级的时候，我们一般是指作为一所学术机构以公认的质量和特色为基础所取得的名望地位。"[1]从现实生活中也可以看出，高等学校在层次结构中的具体位置是与其学术水平相一致的。因此，高等学校层次分类的标准即其学术水平根据学术水平的不同，确定其在高等教育社会功能中的位置不同。

---

[1] 王承绪主编：《高等教育新论多学科的研究》，浙江教育出版社1988年版，第150页。

## 一、模型计算与初步分析

本项研究确定按高校学术性指标值的集中度进行聚类分层。考虑到高等学校规模无显著集中的特点，本文根据绝对法进行计算分析，但适当扩大计算范围以兼顾差异度。

### （一）模型确定

设测定范围内全部高校的学术性指标值为 $X$，$i$ 学校的学术性指标值为 $Xi$，则 $i$ 学校的集中率为 $Xi/X$。如果要测定最大 $n$ 所学校在测定范围内的集中度，则计算公式如下：

$$Cn = \frac{\sum_{i=1}^{n} Xi}{\sum_{i=1}^{全部} Xi}$$

式中：$Cn$ 最大 $n$ 所学校的集中度

$X$ 模型变量

### （二）模型变量选择

衡量高等学校层次结构的主要因素是各校的学术水平，而高等学校的学术水平又主要由如下因素体现：研究生规模、科研经费数、科研成果等。借鉴他人的研究结论田长霖[1]：对博士生的培养是确定一个学校真正学术水平的标志；沃克威（J.F.Volkwein）[2]：与各校质量水平和成功的差异联系最紧的是州提供经费的多少（该项研究是针对86所开设博士学位的公立大学进行的）和学校规模的大小；卡特（Carter）[3]：美国太平洋沿岸四州8所重点公立大学中州拨款和生均州拨款与学术成果（发文数和被引用数）基本上是一致的，经费的增长和学术成果的变化总体上也是一致的。

---

[1] 田长霖：《21世纪高等教育的改革和发展》，《面向21世纪教育国际学术报告会》（国家教育发展研究中心主持）1996年4月，中国北京。

[2] J.F.Volkwein, Changes in Quality Among Public Universities. Journal of Higher Education, Vol.60, No.2, 1989.

[3] 马陆亭：《大学声誉的生产战略》，《高等工程教育研究》，1994年第4期。

本研究选用博士学位授予数和科技经费获取数两项指标作为高等学校层次划分的主变量，选用硕士学位授予数和国外及全国性刊物发表学术论文数两项指标作为高等学校层次划分的辅变量。

**（三）数据处理与计算**

学术的发展是一个长期的积累过程。考虑到1993年以后，我国高等教育管理体制改革的力度逐步加大，学校合并等突发因素增多，近期的数据无法科学地反映这种积累规律。理论上讲，有两个时间段的数据可供选择：一是改革初的1994年，但结果需要以计算为基础再根据近十年的变化情况进行调整；二是改革稳定十余年后的2014年，这显然不现实。本文选择前一时间段，即：为了更好地体现高等学校自身发展的规律，本节以1994年的统计数据为基准进行计算，之后再做修正。该年度高等教育面上情况为：普通高校1080所，其中专科类院校453所；成人高校1172所，合计2252所。

1. 主变量计算

根据有关统计资料将我国普通高等学校的博士学位授予数和科技经费获取数的集中度，用计算机曲线分别计算并绘制曲线。受篇幅所限，本节只提供结论，感兴趣者可进一步阅读后面的文献[1]。

（1）博士学位授予数集中度计算。1994年，我国158所普通高校共授予博士学位2883个。根据博士学位授予数的集中度曲线，在第14所高校处曲线斜率出现一下降拐点，在约第36～40所高校处曲线斜率出现另一下降拐点，在第100所高校以后曲线即已变得非常平缓。用数字表示即，前14所高校（占博士学位授予高校的8.7%）的博士学位授予数的集中度已达40.5%，前40所高校（占博士学位授予高校的25.3%）的博士学位授予数的集中度已达73.3%，前100所高校的博士学位授予数的集中度已达95.2%。由此可知我

---

① 马陆亭：《如何实现高等教育资源的优化配置——对我国高等学校层次类别的剖析》，载《高等教育研究》1997年第2期；马陆亭：《我国本科院校层次结构研究——结构状况、发展战略、管理模式》，载《科技导报》1998年第6期。

国普通高校对博士生的培养具有较大的集中度，博士培养高校的两极分化现象比较突出。

（2）科技经费获取数集中度计算。1994年，我国492所普通高校共获得38.61亿元的科技经费。根据科技经费获取数集中度曲线（样本总量为492所普通本科院校），在约第39所高校处曲线斜率出现一明显的下降拐点，在约第91～93所高校处曲线斜率出现另一下降拐点。用数字表示即，前39所高校（占样本总量的7.9%）的科技经费获取数的集中度已达63.4%，前93所高校（占样本总量的18.9%）的科技经费获取数的集中度已达83.9%。从中也可看出高校科研中的两极现象。

（3）主变量分析。由上述数据和曲线所揭示出的我国普通高校的层次结构为：第一层次高校。这类高校约14所，每校年授予博士学位数在50个以上，科技经费获取数在7000万以上（以1995年不变价格计算，以下同）。第二层次高校。这类高校约25所，每校年授予博士学位数在25个以上，科技经费获取数在2500万以上。第三层次高校。这类高校约50所，每校年授予博士学位数在5个以上，科技经费获取数在1000万以上。第四层次高校。为其他普通本科院校。

### 2. 辅变量计算

根据有关统计资料将我国普通高等学校的硕士学位授予数和国外及全国性刊物发表学术论文数的集中度分别用计算机计算并绘制曲线。此处也只提供结论。

（1）硕士学位授予数集中度。1994年，我国345所普通高校共授予硕士数22066个。根据硕士学位授予数的集中度曲线（样本总量为345所硕士学位授予高校），在约第20所高校处曲线斜率出现一下降拐点，在约第70所高校处曲线斜率有着较快的下降变换，在第200所高校以后曲线即已变得非常平缓。用数字表示即，前20所高校的硕士学位授予数的集中度已达36.0%，前70所高校的硕士学位授予数的集中度已达70.1%，前200所高校的硕士学位授予数的集中度已达94.7%。

（2）国外及全国性刊物发表学术论文数集中度计算。1994年，我国484所普通高校在国外及全国性刊物上共发表学术论文95906篇。根据国外及全国性刊物发表学术论文数的集中度曲线（样本总量为484所普通高等学校），前22所高校的集中度曲线近似为线性，在第41所高校处曲线斜率出现一明显的下降拐点，在约第42～78所高校处曲线斜率出现较为连续的下降变换，在约第79～159所高校处曲线近似为线性。用数字表示即，前22所高校（占样本总量的4.6%）的国外及全国性刊物发表学术论文数的集中度已达29.7%，前41所高校（占样本总量的8.5%）的国外及全国性刊物发表学术论文数的集中度已达44.0%，前78所高校（占样本总量的16.1%）的国外及全国性刊物发表学术论文数的集中度已达59.9%，前159所高校（占样本总量的32.9%）的国外及全国性刊物发表学术论文数的集中度已达79.3%。

（3）辅变量分析。由此揭示出的我国普通高校的科研能力结构为：第一层次高校。这类高校约20所，每校年授予硕士学位授予数应在300个以上，在国外及全国性刊物发表学术论文1000篇以上。目前前20所高校的硕士学位授予数和国外及全国性刊物发表学术论文数的集中度分别为36.0%和27.9%；第二层次高校。这类高校近50所，每校年授予硕士学位授予数应在90个以上，在国外及全国性刊物发表学术论文350篇以上。与第一层次目标高校合计在一起，目前前70所高校的硕士学位授予数和国外及全国性刊物发表学术论文数的集中度分别为70.1%和57.2%；第三层次高校。这类高校近90所，每校年授予硕士学位数应在30个以上，在国外及全国性刊物发表学术论文160篇以上。与第一、第二层次目标高校合计在一起，目前前160所高校的硕士学位授予数和国外及全国性刊物发表学术论文数博士学位授予数的集中度分别为90.4%和79.5%；第四层次高校。为其他普通高等学校。

**二、高等学校的层次结构分类**

层次结构计算应在模型计算的基础上，再依据近几年高等学校发展变化进行修正。需说明的是，这种分类的结果在数量上应该动态发展的，当然发展是渐进式的。

**（一）主辅变量交叉分析**

博士学位授予数和硕士学位授予数的集中度曲线的总体趋势是一致的。但是，博士学位授予数在高等学校之间的分配上显得更为集中，硕士学位授予数在高等学校之间相对分散。这说明博士学位的授予更大比例的是在高水平高等学校内进行。第一层次高校，按年授予博士学位数分类约至前14所，按年授予硕士学位数分类约至前20所；第二层次高校，按年授予博士学位数分类约至前40所，按年授予硕士学位数分类约至前70所；第三层次高校，按年授予博士学位数分类约至前100所，按年授予硕士学位数分类约至前200所。

科技经费获取数集中度和国外及全国性刊物发表学术论文数的集中度曲线的总体趋势是一致的。但是，科技经费获取数在高等学校之间的分配上显得更为集中，国外及全国性刊物发表学术论文数在高等学校之间相对分散。这说明有些论文在经费投入不多的情况下也能完成。第一层次高校，按年科技经费获取数分类约至前39所，按年发表学术论文数分类约至前41所；第二层次高校，按年科技经费获取数分类约至前93所，按年发表学术论文数分类约至前159所；第三层次高校，按年科技经费获取数分类约至前170所，按年发表学术论文数分类约至前250所。

主辅变量交叉分析表明，由主变量进行的高等学校层次结构划分比由辅变量进行的高等学校层次结构划分更为集中。

**（二）依据模型计算的结构分类**

世纪之交，我国高等教育处于非均衡的时期，一些高等学校会在较好的发展机遇下得到较快的发展。因此，在由主变量揭示出的我国普通高校的科研能力结构中，除去前述第一、二层次的高校，在现有状态下年授予博士学位数在40个以上、科技经费获取数在6000万以上的高校还有近10所；年授予博士学位数在10个以上、科技经费获取数在1000万以上的高校还有40余所。可以设想，经过几年的努力与变化，其中还会有部分高校分别达到或接近第一、二层次高校的学术地位。

因此，根据模型考虑，我国普通高等学校前两个层次的结构构成如下：20余所研究型大学，此次计算中前20所高校的科技经费获取数和博士学位授予数的集中度分别为44.9%和50.3%；50余所特色科研大学，这类大学与研究型大学结合在一起，前70所高校的国外及全国性刊物发表学术论文数、硕士学位授予数、科技经费获取数和博士学位授予数的集中度分别为57.2%、76.1%、76.2%和88.0%。

**（三）新世纪高等学校发展的要求**

1993年以后，我国对高等教育管理体制进行改革，经过1998年和2000年两次大规模的管理体制和布局结构调整，组建了一批具有一定规模优势、学科更加综合的综合性或多科性大学。2000年，全国共有普通高等学校1018所，其中由教育部直接管理71所，另外十余个中央部门管理50所，由地方政府为主管理896所；本科院校603所，专科院校415所；民办普通高校32所。

迈向新世纪，在体制理顺的基础上，受知识经济和新经济发展的影响，我国高等教育进入了一个飞速发展的时期。伴随着国家一流大学建设，53所有研究生院的高校提出要创办研究型大学；随着专科学校审批权下放到省级，高等职业技术教育得到了快速和多样化的发展。高等学校出现加大"两极"发展的态势。

因此，经综合考虑，在21世纪前期我国普通高等学校的层次结构可有如下分类：

20～30所研究型大学。其科技经费获取数和博士学位授予数的集中度应达到70%～80%；

60～80所教学科研大学。这类大学与研究型大学结合在一起，国外及全国性刊物发表学术论文数、硕士学位授予数的集中度应达到80%～90%，科技经费获取数和博士学位授予数的集中度应达到90%～100%；

500～600余所教学型本科院校；

1000所以上的高等职业学校或社区学院。应当成为高等学校在学校、专业设置上的最为灵活的部分，从长远角度考虑应逐步成为高等教育中的开放部分。

从整体而言，各类学校需进一步特色化，实现分类聚集。各类之间有着大的平台和落差，不易跨越，以此来鼓励特色化。具体到每一所高等学校归属于哪一类别，则应依据自身实际状况及所处环境而定，盲目跨越并不利于学校自身的发展。在此基础上，最终实现国家高等教育资源的优化配置，实现高等教育规模经济与范围经济的协同提高。

# 第三节　高等学校分类的结构设计

随着世纪之交高等学校持续扩招政策的成功实施，2002年我国高等教育毛入学率已达15%，开始步入大众化的门槛，并成为世界高等教育规模的第一大国。这使得我国高等教育的改革、发展进入了一个新的历史阶段，也在加剧着高等教育已有矛盾的同时糅进了一些新的挑战。长期困扰我国高等学校发展的追求升格、盲目攀比、千校一面、缺乏特色等现象至今尚没有根本性的改观。近两年来，面对着不可逆转的高等教育多样化的趋势，许多学校都在思考把自己"建设成一个什么样的学校"和"怎么建设"的问题。

## 一、多样化特征下高等学校分类的依据

从精英阶段迈向大众化阶段，多样化逐步成为高等教育发展的主要特

征。中国高等教育将迎来一个重要的历史变革和调整期，一个多样化的高等教育正在形成。

**（一）与高等教育大众化相伴而生的教育机构的多样化**

据《光明日报》载，美国劳工部2000年分布从1950年的2000年美国就业人员的工作技术水平变化如下（见表7-1）：

表7-1　美国就业人员知识结构

| | 专业性Professional | 技能性Skilled | 非技能性Unskilled |
|---|---|---|---|
| 1950 | 20% | 20% | 60% |
| 1990 | 20% | 35% | 45% |
| 2000 | 20% | 65% | 15% |

资料来源：刘国荣、黄新华："对办好应用型本科教育的几点认识"，2001年高等教育国际论坛（中国长沙）。

从表7-1中可见，50年来专业人员的比例保持不变，现代科学技术发展的结果只是对他们的要求越来越高。而面向职业性岗位的技能型人才则从原来的20%上升到65%，一般性劳动力从原来的60%下降到15%。1950年美国已是个工业化国家，高等教育毛入学率为14.3%。我们由此得到的启示是：从工业经济到知识经济，社会对专业人才有着稳定的需求，而对职业型技能性人才有着不断增长着的需求。

为了不断满足技能性人才增长的需求，发达国家在高等教育大众化的过程中，各种非传统型的、非大学型的短期高等教育机构增长得很快。之后，它们的一部分又进一步向应用型高等学校迈进，使得大学类和非大学类高等教育机构的界限日益模糊。高等教育办学模式多样化的态势愈发明显和复杂。

**（二）高等学校分类的现实依据**

市场经济体制的建立，增强了市场对受教育者的选择性和受教育者对教育的选择性。教育只能以其自身的多样化，适应市场需求的多样性。

首先，我国是一个发展中的人口大国，经济发展很不平衡，既有一些高技术产业，又有大量劳动密集型产业。因此，我们所需要的人才是多层次的。

其次，在知识经济扑面而来的今天，我国农业经济、工业经济和知识经济多种经济形态并存，需要多样化的科学技术。既要有先导性的基础研究和高新技术研究，也要有相当数量的应用技术的研究，甚至还要有大量的推广现成技术的研究。科研结构要与产业结构调整相配套，教育结构要与社会生产过程相适应，高等教育的科研面向也应是多层次的。

第三，从个性特征看，每个人的能力优势也是各不相同的。"骏马能历险，耕地不如牛；坚车能载重，渡河不如舟"，"痴于书，其文必工；痴于艺，其技必良"，这就是所谓的比较优势。因为个性差异及教育开发的影响，每个人的潜能表现是不同的。有的善于分析，有的善于综合；有的善于动手，有的善于动脑。教育就是要通过筛选机制和相应的因材施教，使学生身上有特色的能力得到确认和开发，全面地满足社会的需求。

第四，从教育资源配置和学校竞争发展的规律看，高等学校也必须形成自己的特色和比较优势。因为资源的稀缺性，各高等学校不可能全面发展和全面争优，且国家也并不需要同一模式的高等教育。各高等学校必须在整个高等教育体系中找到自己合适的位置，不可替代性越强，学校发展的生命力越强。

过去，我国高等学校办学模式比较趋同，几乎所有的学校所有的层次都比照学术性目标培养人才，学校的发展转化为单一的升格竞争，致使人才市场中应用性、技能性人才形成断档。目前，我国的高等教育在应用性人才培养方面存有两大缺失：一是大城市是人满为患，毕业生就业难，而急需人才的小城镇和农村等广大的基层单位却是毕业生分不进去；二是即使在大城市和知识密集型机构，技能型人才也是严重短缺。社会上不仅经常有企业感叹招聘技师比招聘研究生还难，就连大学、科研机构都在呼吁实验技术人才稀缺。[①]办学模式趋同现象使得毕业生高不成、低不就，就业渠道过分集中。

---

① 记者：《两会观点：实验技术人才缺编现象堪忧》，载《中国教育报》2002年3月16日。

### （三）高等学校分类的理论依据

工业革命后随着社会生产力的不断发展，高等学校与社会的联系逐步紧密起来。高等教育成了人力资本实现的重要方式，高等学校部分承担起了社会机会的分配功能。抛开制约教育机会均等的出身根源和制度背景而言，高等学校分类发展是社会和教育自身双重选择的结果。

从精英阶段到大众化阶段，中国高等教育将迎来一个重要的历史变革期，多样化逐步成为新时期高等教育发展的主要特征。高等学校分类发展的理论依据包括劳动力市场分割理论和学校能级理论。

市场经济中，企业、个人之间主要通过三个市场——产品市场、劳动力市场、资本市场——相互发生作用。劳动力市场分割理论认为，[1]整个劳动力市场可以划分为性质不同的主劳动力市场和次劳动力市场两部分，二者的人员构成和运行规则有着明显的不同。主劳动力市场又可进一步分割为独立主劳动力市场和从属主劳动力市场。独立主劳动力市场的工作主要是专业性的、管理性的和技术性的，个人有很大的自主权，鼓励创造、自主等个人品质；而从属主劳动力市场通常是完成某个专门领域的某项专门任务，管理方式常常是制度化和程序化的。劳动力市场分割理论认为劳动力市场不是一个统一的连续体、而是由相互分割的子劳动力市场构成的思想，对于高等学校分类发展、面向各子劳动力市场培养相应人才，有着基础性的理论价值和指导意义。

高等学校能级结构是一种客观存在，目前在国际上大致有如下三种能级：一是具有较高学术水平和较强科研能力，教学与科研并重，本科教育和研究生教育并重的研究型大学；二是以教学为主，以本科为主的一般高等学校；三是以培养应用型、技艺型人才为主的专科学校、社区学院、职业技术学院、短期职业大学等。

---

① 文东茅：《中国高等学校毕业生资源配置现状研究》，《北京大学博士研究生学位论文》1999年。

### 二、主要发达国家高等学校分类的特点

每个国家高等学校结构体系的形成是其政治体制、经济体制、教育体制及科技文化传统等多重因素综合作用的结果，既蕴含着一些普遍性的规律，也有其自身的特点。解决高等学校的定位分类问题，实际上是解决其面向问题，包含层次（学术水平的面向）和类型（学术倾向的面向）两方面。用动力学的思想来说就是，高等学校的能量量级，实际上包含着（总）量和（种）类两种差异。

#### （一）美国和德国两种有代表性的分类模式

在层次和类型两种高等学校分类思想的不同体现上，美国和德国的模式具有代表性。

1. 美国高等学校突出的层次分类模式

美国高等学校的分类模式，具有多样化、分层次的典型特征。如根据所授从学士前到博士的学位水平、学校办学的综合程度，高校可分类为：研究型大学、博士授予大学、综合型大学、普通四年制学院、社区学院。这五类高校的教育目标，与全美劳动力市场的需求结构相适应。同层次高校竞争激烈，但不同层次高校之间并不展开真正的竞争。

2000年，卡内基基金会采取新的分类方法。根据新的分类标准，在美国近3856所高等学校中，各类学校所占比例如下：博士学位授予/研究型大学（广博型）3.8%，博士学位授予/研究型大学（集中型）2.9%，硕士学位授予学院和大学（综合性）Ⅰ类12.7%，硕士学位授予学院和大学（综合性）Ⅱ类3.3%，学士学位授予学院（文理类）5.5%，学士学位授予学院（普通类）8.0%，学士/副学士学位授予学院1.3%，副学士学位授予学院42.5%，专门学院19.2%，部落学院和大学0.7%。

2. 德国高等学校突出的类型分类模式

与美国不同，德国大学之间在层次水平上的差异并不显著，高等学校的分类特点主要体现在大学与应用科学大学的类型分工之上。

2001年，德国有高等学校345所，具体分为三大类：第一，大学机构116所，包括综合大学1所、大学93所、工业大学16所、教育学院6所；第二，独立设置的与大学同等地位的艺术和音乐学院47所；第三，应用科学大学152所，以及同等地位的公共管理学院30所，共182所。

大学与应用科学大学的共同点是，都是德国高等教育体系重要的组成部分，均可颁发文凭（Diplom）和学位（Magister）。德国没有学士（Bachelor）学位，德国人认为Diplom和Magister均高于学士学位，具体大学毕业时获得什么文凭主要依赖于所学学科。但是，二者是不同类型的学校，有着不同的使命和定位。大学为学术性高等学校，注重基础研究，功利性不强，通常都设置有广泛的学科，几乎包括所有的专业领域，因此规模都很大（但很多大学与其地位相同的工业大学是相分的）；应用科学大学为应用性高等学校，注重培养实践型人才，为职业实践作准备，但不能颁发体现学术取向的博士学位。较之于大学，应用科学大学与企业界有着更紧密的关系，其教授除学术资格外一般还需要至少5年的非学校实际工作经验。

### （二）英、法、日等国高等学校所分别具有的层次和类型结构

事实上，许多国家的高等学校均有按层次和按类型分类的痕迹。

### 1. 高等学校的层次差异

英国高等学校的层次差异是非常明显的，主要体现在按时间先后成立的古典大学、城市大学、新大学和多科技术大学上。[①]古典大学是英国最古老的大学，高居于英国大学的学术塔尖，在世界上也属于历史悠久、久负盛名的大学，如牛津大学和剑桥大学；城市大学创建于工业革命时期，设在重要的工业城市，与本地区的工业、经济发展有密切联系；新大学创建于20世纪60年代，都设在中小城市的郊区，首先是为60年代激增的中学毕业生提供更多的入学机会，其次是为革新大学教育、防止过早或过分的专

---

① 岑建君：《英国高教改革初析》，《"21世纪的中国高等教育"研讨会》，1995年4月北京。

门化倾向；多科技术大学1992年由多科技术学院升格而成，主要面向工商界。

法国高等学校的层次差异主要体现在"大学校"和综合大学之上。"大学校"即高等专科学校，其水平高于大学的本科生教育，需经严格选拔，学生毕业后求职有保障，所以一般被称为"封闭型"和"选拔录取体系"；综合大学由于其招生面宽，凡高中毕业会考通过并获业士文凭者均可注册入学，所以一般称之为"开放型"。

日本高等学校传统上由国立、公立和私立三部分构成。从政府的观点看，它们在任务方面有明确的界限：国立院校满足的是国家政府的需要，由文部省领导；地方院校满足的是地方的特殊需要，由都道府县建立；私立院校满足的是非政府部门的需要，如满足一些工业企业的人力需要等。国立、公立和私立这三类院校，在历史上有着明显的地位层次差异。因此，日本高等学校的层次差异既有大学和短期大学、高等专门学校的区别，又有国立、公立和私立的区别。

2. 高等学校的类型差异

英国在发展高等教育大众化过程中，原来实行双元模式——即大学与多科技术学院并存的体制，为典型的按类型分类。尽管后来将多科技术学院升格为大学，但主要是为了提高其地位。

法国的"大学校"和综合大学更是有着明显的类型差异。[①]前者主要从事应用科学的教学和研究，培养工业、商业、管理等方面的高级专门人才和某些方面的国家官员，体现着精英型高等教育的专业教育思想；后者着重于理论及基础学科的知识传授与研究，开设文、理、法、经、医、药等基本专业，体现着大众型高等教育的通识教育思想。

日本总体而言应用性人才培养类学校的地位要低一些，如高等专门学校的层次低于大学，私立院校、地方院校、国立院校总体而言循序职业性逐步减弱而地位逐步提高。

----

① 即在"大学校"和综合大学之间，既有按类型分类的痕迹，又有着按层次分类的烙印。

### 3. 高等学校层次和类型差异的发展演变

历史上高等学校分类逐步成为高等教育发展一个重要主题的原因就是应用型高等教育的成长与壮大。应用型高等教育的发展主要是随着工业化和高等教育大众化的发展而发展起来的，一般体现了由低层次向高层次发展的规律，如英国具有代表性。但各国的情况也不一样。

首先，日本体现了应用型高等教育由低层次向高层次发展的规律。如其为了解决高等专门学校和短期大学毕业生升学难和培养高层次应用型技术人才的问题，于1976年建立了两所技术科学大学，[①]主要招收高专和短大毕业生入学，学制为四年，相当于大学的后两加硕士两年，学生可获得硕士学位，在按类型分类上不断地进行探索。但日本高等学校的"等级"观念却是一以贯之的。在1918年以前，尽管日本的高等学校由国立、公立和私立三部分构成，但在名称上可使用"大学"字样的只有国立的高等教育机构——帝国大学，数量也只有5所。其他的高等教育机构均以专门学校的形式出现。1992年，日本文部省重新修订了《大学设置基准》，向大学下放了部分管理权限，目的是使各大学凭借自身的实力和高水平的教育展开竞争，优胜劣汰，让社会对大学进行一次筛选；同时，在政策上重点扶植国立大学中的重点大学和重点学科，对私立大学补助金的发放也由"扶弱"转向了"助强"，试图用此方法引导大学向提高教育水平的方向努力。进入21世纪，日本文部科学省出台了新的"大学机构改革方针"，[②]通过国立大学的重组与合并、引入竞争机制等，明确提出要重点建设30所世界一流大学，分层的概念得到强化。

法国的高等教育起源于遥远的中世纪，现代的结构在一定程度上是在法国大革命和拿破仑帝国时期形成的，但自1968年以来进行了广泛的改

---

① 韩民：《日本的高等教育政策与高等职业教育》，载《高职高专教育改革与建设》高等教育出版社2000年版，第514—516页。

② 中国驻大阪总领事馆教育组：《日本出台大学改革新方针》，《中国教育报》2001年8月27日。

革。巴黎大学与意大利的波洛尼亚大学、英国的牛津大学、西班牙的瓦朗西亚大学同为西欧最早的中世纪大学。当时，大学这一新生事物通过实施较大规模的教育，推动了知识的传播与发展，既符合师生自治的愿望，又能为教会和国王服务。因此，在13至14世纪法国大学发展很快。但是，由于大学在教会的严格控制之下，以经院哲学和神权为自己的办学基础，学术上保守，组织上封闭，跟不上社会的发展，从16世纪开始走向低潮。为了弥补这一不足，国家和有关团体先后在大学外建立了一批新型教育和研究机构，如法兰西公学（1530年）、耶稣会学院（1563年）、自然历史博物馆（1636年）、法兰西科学院（1666年）等。开设大学所不开或不重视的课程，成为国家高等教育和科学研究的重要阵地。与其他工业化社会不同的是，由于大学的消极和衰落，精神生产和科学研究反而成为这些非大学机构的事情。进入18世纪以后，社会和科学技术的进一步发展，大学愈发跟不上时代的步伐。于是，一批高等专科学校应运而生，它们重科技、重应用、重实践，有严格的入学选拔和毕业考试，学生质量高、适应性强。后来之所以称它们为"大学校"，一是为了有别于名声不好的大学，二是为了有别于实施普通教育的学校。

### （三）对高等学校分类结构的基本概括

分类是一种主观的划分，而结构则是一种客观的存在。无论从研究职能、教育职能还是从社会职能来看，高等学校结构分类的影子到处可见。有重视层次结构的分类，位居其顶端的研究型大学非常重视学术研究，它们不仅得到政府的倾斜性支持，而且在社会评价中也建立了崇高的声誉；也有重视类型结构的分类，位居其下层的多面向本地区、面向生产第一线，注重应用性、技能型人才的培养，深受社区的欢迎。多数国家两种分类的影子都有，如即使最具层次分类特点的美国，其专门学院在至少有一半学位集中在单一领域的情况下授予从学士到博士各级学位，显著地具有高层次专门应用性人才的培养特征。

比较上述五国高等学校的分类状况，可归纳出具有如下基本特点：第一，任何一个国家的高等教育都不是由单一类型的高等学校组成，需要多样化的高等教育机构以满足社会与学生的不同能力需求；第二，不同类型不同层次的高等学校应有不同的职能分工，具有不同的发展目标、重点与特色；第三，随着社会经济的不断发展，应用型高等教育发展的层次逐渐上移；第四，学术性才的培养与应用性人才的培养具有不同的规律，应放在不同的学校进行，各类学校呈互补关系彼此不可替代；第五，不仅学术性人才需要有学位层次，应用型人才也需要有学位层次。

总之，高等学校按层次分类和按类型分类的共存与交融，应是高等教育大众化以后多样性特征中所呈现出的一种有规律和秩序的现象。

### 三、我国高等学校分类体系设计

我国高等学校不仅承担着国家建设高层次人才培养的历史重任，而且是国家基础研究和原始性创新的生力军、科研开发的主力军。这要求我们站在国家"科教兴国"战略的高度来看待新时期高等学校以多样化为特征的定位发展问题，需要切实解决好高等教育在人才培养上的"顶天（高层次、新学科、创造性人才）立地（实践型、技能型、应用型人才）"和在科技创新上的"上天（高新原创性成果）入地（实用技术开发成果）"两个同源薄弱问题。

#### （一）对我国高等学校分类框架的思考

借用"双重型、单一型、双轨型和多样型"等高等教育结构类型术语，[①]我国新中国成立以来本科层次及以上高等学校实际上走的是一条单一型的发展道路。例如，大学和学院在概念和政策上长期以来是混同的，社会上通俗所称的"大学生"概念是不加区分的，各类高等学校的管理模式是相近的，连校训都惊人地雷同。伴随着高等教育以多样化为特征时期的

---

① 周满生：《世界教育发展的基本特点和规律》，人民教育出版社2003年版，第66-86页。

到来，我们需要认真思考世界教育史上应用型高等教育异军突起的规律，面向"人才强国战略"和"新型工业化道路"的现实需求，以如何开展"学术性人才培养和应用性人才培养"为关键点做好国家高等学校分类设计的文章。

**1. 运用层次和类型两个分析框架构建高等学校分类体系**

高等教育最初的社会功能是传授知识，培养社会的思想精英。随着产业革命的进展，大学的培养高级专业人才的功能逐渐发展。如果将"创新"比喻为一个国家经济、社会发展的发动机的话，那么"应用"就是维持其良性运行的血液。只有培养出高水平、高质量的应用型人才，身体力行而非坐而论道，国家的发展才能长治久安，产品才会有国际竞争力。良好的高等教育制度应当是实行学术性人才培养和应用性人才培养两大系统并行交叉发展的制度。

根据高等教育大众化后社会需求的多样化以及人才成长的客观规律，借鉴国外高等学校的分类特点，本文认为对我国高等教育人才培养体系及高等学校的分类可以按两个维度进行思考：一维按层次"教学型学院——研究型大学"框架构建，关键是安于定位、办出水平；另一维按类型"学术性人才培养——应用性人才培养"框架构建，关键是导向明确、办出特色。两种类型的高等学校在层次分类的上游可以有一定的交叉，但越往下交叉越少。

具体设计如下：学术性人才培养的体系框架包含以北大为龙头的研究型大学、一些以文理学科为基础发展起来的综合大学、地方文理综合学院和学历文凭助学或授权机构（可独立设置亦可依附于其他学院）；应用性人才培养的体系框架包含以清华大学为龙头的特色研究大学、原行业部委管理的行业特色鲜明的专业大学、地方专业学院和职业技术学院，再往下也包含中等职业学校等。以"985"项目大学及有权授予博士学位大学为研究型大学和教学科研型大学的基本依据，学校分类结果匡算参见表7-2。

表7-2　高等学校的分类设计（学校单位数：所）

| 层次＼类型 | 学术性人才培养 | 应用性人才培养 |
|---|---|---|
| 研究型大学（30-40） | 研究型大学（15-20） | 特色研究大学（15-20） |
| 教学科研型大学（150-200） | 综合大学（50-60） | 专业大学（100-120） |
| 本科教学型学院（450-500） | 综合学院（150-170） | 专业学院（300-330） |
| 专科教学型学院 | 学历文凭助学或授权机构（大量） | 职业技术学院（800-1000） |

2."应用性人才培养的弱化"是当前我国高等学校分类发展时需重视的问题

2002年末，对教育部直属20所知名大学进行调查，以大学内学院为基本单位了解学科间生均经费支出的比例关系。一些副产品耐人寻味，如出乎意料的是工科的生均教学费用支出竟低于理科和文科。这里除了有工科规模大、效益高和国家对重点大学理科、文科类专业资助力度大的因素外，是否还有工科类专业实践经费的过度压缩现象？这使得我们如何能培养出本领过硬的工程人才？

建国初我国政府在接管和改造旧的高等学校体系后，通过院系调整等措施建立起了一大批专门学院，以其培养人才的有效针对性有力地促进了当时社会主义建设的需要。近十年来，随着社会主义市场经济体制的确立以及知识经济社会的兴起，我国高等学校又开始了向综合性迈进的新的转折。无疑，两次结构调整都是时代的选择，都有其合理性。但需要注意的是，目前工程教育培养应用型人才的关键职能有弱化的倾向：一些知名工科大学开始放弃其工程师培养目标而转向建设综合研究型大学，一些原行业部门学校在其管理体制调整后优势学科受到冲击。由此产生的问题是，专门学院的社会需求是否还存在甚至强大，我们是否仍需建好一批有特色的专门学院？

1999年，国家在"211工程"的基础上，正式启动"985"建设工程以加强一流大学和高水平大学建设，也加大了对高层次创新人才培养的力度。而在整个高等教育体系中举措上被忽略的是：应用型人才培养缺乏应有的环境和支持，高等教育还有待于继续探索满足制造业大国所需求的人才培养之路。

**（二）促进高等学校安于定位的政策方向**

社会需要多样化的高等教育、政府希望多样化的高等教育、高等学校也希望自己有特色，但高等学校千校一面、办学模式趋同的现象却一直存在，说明国家在规划和指导高等学校发展的机制和政策上有失衡问题。

**1. 重新反思高等学校"上层次发展"内驱力的合理性**

"更上一层楼"是每一个单位和个人正常的发展取向。定一个高一点的学校发展目标，有利于激励教职员工，也合乎情理。但问题是由此造成"升格风"屡禁不止、愈演愈烈，学校重视外延发展而忽视内涵，国家没办法只好"一刀切"。

首先，我们要承认高等学校"上层次发展"内驱力的合理性，因为这既符合人之常情，也符合高等学校学术积累的规律（但应当指出的是这种积累过程是漫长的）。只有假设和承认了这个前提，才有可能制定出有效的政策切实地进行疏导工作；其次，要把这种内驱力引向重特色、质量的内涵发展上，通过有特色、高质量的内涵发展，使学校在不同的类型通道上"更上一层楼"。

因此，合理的高等学校分类体系是前提，有效的政策引导是手段，二者的结合构成解决问题的关键。

**2. 促进高等学校安于定位的基本机制**

这种机制主要是运用宏观调控的手段来促进不同的高等学校各司其责、安于定位、分类发展，具体包括行政、财政、政策等。

行政手段：明确高等学校按"教学型学院——研究型大学"和按"学术性人才培养——应用性人才培养"两个框架维度共同构建分类的设想，辅之于一定的标准，促使学校在这个二维矩阵中对号入座。

财政手段：按两个维度框架设计拨款标准，并在非研究型大学范围内保证同层次应用性人才培养学校的人均教学支出预算高于学术性人才培养学校。

政策手段：区分层次和类型对学校进行评估，加强对学校规划的指导，建立对特色学校的奖励机制等。

# 第四节　建设不一样的"大学"

本节所称的大学，确切的表述应为普通高等学校。之所以以大学称之，一是简洁，二是响亮。更为重要的是，即使是同为大学，它们也应该是不一样的，该称谓与本文想阐述的思想是一致的。我们都在办学，社会上每个人也都在谈论着大学，可大学和大学是不一样的。

## 一、每个人心中不同的大学

大学是目前人们热议的话题，热议的原因在于它的客观复杂性和人们对它的主观认识的多元性。需要但多元，正如哈佛大学原校长普西（N.K.Pusey）所言："每一个较大规模的现代社会，无论它的政治、经济或宗教制度是什么类型的，都需要建立一个机构来传递深奥的知识，分析批判现存的知识，并探索新的学问领域。换言之，凡是需要人们进行理智分析、鉴别、阐述或关注的地方，那里就会有大学。"①

大学承载着国家的理想。大学和国家的昌盛息息相关，如科教兴国、

---

① 王承绪主编：《高等教育哲学》，浙江教育出版社1987年版，第12页。

人才强国、教育强国都是国家战略。战略本身大家不会有异议，但如何去实现这个战略则就仁者见仁、智者见智了，因此也会产生政策争议。

大学是社会的现实。大学承担着诸多社会功能，现代社会离开大学不可想象。如本质功能有人才培养、科学研究、社会服务、文化传承，外延功能有促进公平、增进和谐、拉动经济、推迟就业等，进一步的还有提升城市品位、增强人才引力、丰富文体资源、促进土地升值。大学步入现实就难免不能脱俗，而人们又希望它成为人的精神家园，再加上每个家庭都与就学压力有着千丝万缕的联系，因此人们是爱恨交加，有关大学的争议从不间断。

大学承载着个人的理想。每个人心中都有着自己的大学理想，该理想和自己中学时的梦想、求学及工作经历、所在岗位等因素有关。例如，不同学校的毕业生、不同国别的留学者、学术人员和行政人员、老教师和青年教师、校长和员工，对大学的理解可能就不同。不同人心中的大学理想还会导致冲突，如现实中的很多政策争议都是因为对大学的理解不同而产生的，有关特定学校发展定位的争议许多也源于大家不同的认识。

大学是分裂的整体。大学在外在表现上是社会性的，需要外显其职能，因为它是社会目标的手段；但其水平提升是学术性的，又必须内涵发展，因为做学问必须坐冷板凳，大学需要相对独立。至此，大学里的教师也成了分裂的个体，既要外部评价，又要自我发展。不尊重学术性，社会性也很难实现，这也许就是钱学森之问的症结。

"大学"其实是一个系统。系统内每所大学在社会上有自己应对的市场份额。每所大学以自己的特色满足着不同的社会经济需求，每个学生根据自己的个性心理特征、兴趣和志向选择自己心仪的学校，每个教师根据自己的特长选择符合自己事业发展的学校，不同学校的治理结构不同。为了促使这种大学理想的实现，我们需要加强高等教育的体系建设，以体系的科学性去满足社会需求的多样性；加强办学模式和组织模式变革，促进体系内每类教育、每所学校的特色和卓越发展。

## 二、探索不同的大学模式

模式趋同是我国高等学校发展的基本问题。由于好的标准单一，也就不容易解决人才培养的多样化问题，光靠教育教学模式改革不行。因为办学模式制约着教育模式，而管理模式制约着办学模式。如德国的应用科学大学要求其教师必须有5年行业工作实践经验，其育人目标不同，办学模式、组织模式与传统大学也就有很大不同。

要探索不同的大学教育模式。工业化以来，社会的需求逐渐多元起来，要求大学为各行各业培养人才，不同人才的知识能力要求各不相同，需要不同的培养方式。面向人类心智的博雅教育和面向实在世界的实科教育，一直是教育的两种取向。经过内涵的不断丰富，在高等教育理论上便相应地分化出通识教育和专业教育两种教育思想。通过通识教育，拓宽学生的教育基础，拓展学生的思维方式，实现文理贯通，无疑是一种不错的教育模式。但是，这不是每所大学都能做到的，也不是每所大学都需要的，主要适用于那些不以本科教育为就业产品的大学。更多的大学是需要面向劳动力市场，先做好专业教育，然后通过主辅修课程教学进行一些学科结构上的扩展。如果把通识教育和专业教育极端地比作两极，那么一些大学可以更重视通识教育，而另外一些大学则可以更重视专业教育，整个高教体系中的各个学校按社会需求分布在不同的光谱地带上。

要探索不同的大学办学模式。我们需要进行不同的办学模式探索，如按层次分有"研究型大学、教学研究型大学、教学型学院"，按类型分有"学科性人才培养、应用性人才培养"，按使命方向分有"世界一流大学、行业特色大学、地方性高校"等。其实，每所学校都是一个综合的个体，要进行不同的探索，越是特点鲜明越能成就卓越。

要探索不同的大学组织模式。我们不仅需要多方位思考办学模式，也需要多方位思考大学组织模式。层次、类型、使命不同，大学的组织模式也就不同，管理政策也应当有所不同。如美国的公立大学分为宪法上独立法人的州立大学（constitutionally independent corporation）、公法人的州立大学（public corporation）和州政府机关的州立大学（agencies or instrumentalities）三类①；瑞士不同的大学遵循不同的办学模式，州立大学源自传统大学、推崇自下而上的民主管理，联邦技术学院直接面向国家发展、更多采纳自上而下的集中管理模式。每所大学及其主管部门都要思考学校适宜的治理模式，它们与学校的层次、类型有一定的联系。

### 三、未来成功大学是勇于探索新型模式的大学

世界高等教育发展的历史，就是办学和组织模式逐步多样化的历史。美国的赠地学院促进了高等教育为社会发展服务，威斯康星大学把整个州当作大学的校园而成就著名的威斯康星思想，霍普金斯大学自创立之日就确立了研究生教育的主要方向；英国产业革命后出现的城市大学没有去走古典大学的老路而明确其为工业发展服务的方向，20世纪60年代一些新大学提出"不去要钱，而要去赚钱"而走向创业型大学发展的道路；德国的应用科学大学要求其教师必须有5年行业工作实践经验，其教学模式、办学模式与传统大学完全不同。

在150多年前，瑞士议会提出要建立联邦的大学，但对于建立一个什么样的大学大家却意见不一。例如，有人提出瑞士是多民族国家，提议要建立语言大学，加强民族沟通与融合。最后，在讨论的基础上确定建立两所联邦技术学院，不去走传统大学模式，而要直接为国家的工业化、现代化服务。

我们也可喜地看到，近年来我国的大学发展实践为高等教育发展带来了许多鲜活的经验，产生了一些有意义的模式，如研究型大学、特色高水平大学、行业特色大学、创业型大学、服务型高校、应用型高校、技术本

---

① 施雨丹：《论美、德、日三国公立大学的法律地位》，载《高等教育》（人大复印报刊资料）2007年第4期。

科院校等，需要很好地总结和归纳。

大量事实证明，近代以来成功的大学，多是那些不因循守旧而勇于探索新型模式的大学。

# 第五节　从高校分类转向体系建设

在高等教育大众化的发展过程中，高校分类一直困扰着高教界，不同学校也在积极地拓展。高等教育的人才培养体系与高等学校的分类结构体系密切相关，因此分类逐步和体系明确联系在一起。

### （一）从使命看高等学校分类

对于高等学校分类体系，可按"教学型学院——研究型大学"的层次结构架构，也可按"学科性人才培养——应用性人才培养"的类型结构架构，还可按"两级管理"的高等教育管理体制架构。结合它们的共同特征，按使命方向有"世界面向大学、国家利益大学和地方性高校"操作性推进方案。

世界面向大学，是中央政府直接管理的大学，也是我们要建设的一流大学，包括注重科学创新的综合大学和注重技术创新的工业大学。既然要建设世界一流，就需要有更崇高的信念——为全人类的共同利益服务。需要真正按一流大学的规律和模式办学，加强开放和国际化程度，以文理贯通式通识教育思想指导育人工作，以国际化学术标准接受检验和评价。开放大气而不是封闭狭隘的一流大学，才能真正成为世界和民族共同拥有的财富，也才能极致地发挥其对国家发展的作用，提升我国基础科学和共性技术发展的平台。让它们在世界科学技术前沿的大舞台上放手一搏，为祖国服务吧。

国家利益大学，也是中央政府直接管理的大学，是与国家重点建设行业关系密切的多科性专业大学。它们是我国农、林、地、矿、油、交通、电子、电力、传媒、航空航天等行业及军事领域的技术先导，在国际同行中享有较高声誉，以自身专业、技术集约化的工作为国家的根本利益服务。它们需要加强与行业的联系，关注国际同行业的最新技术信息，努力做好引进、吸收、转化、再创新的技术准备工作，加强产学研合作，以专业教育为基础努力实现与通识教育的相融与互补。科学无国界、技术有壁垒，这些大学要努力成为国家实力和重点行业发展的支撑性要素。

地方性高校，即以省级政府管理为主的高校，包括地方综合院校、工业或专门学院、职业技术学院。地方高校要努力为地方建设服务，有地方特色，这样才能形成一个良性循环，有生命力且人才不易流失。以专业教育思想为指导进行人才培养，并注重一定的通识教育扩展。关注创业教育，努力把创新精神培养和实践能力培养融入创业教育中，加强教育的务实性，提升学生的就业和专业谋生能力。

**（二）高校分类办学和布局结构调整的联动**

联动调整的基本意义是通过学校分类办学和布局调整促进小康社会的全面实现，更好地实现学校的社会功能。有了高等学校，就能吸引来相应的人才；有了人才，就要开创相应的事业；有了高层次人才的事业，就能促进地方社会经济的发展。学校将成为地方的知识中心、文化中心、脱贫中心甚至政治中心。在拔尖人才方面，大城市更需要有天分的创造者，中小城市更需要务实的建设者。

因此，为了促进高等学校更有特色地发展以及更好地实现其社会功能，我们需要迎来一个高等学校布局调整的"政策指导期"。即国家实施主动的高等学校布局结构调整政策，重新认识高等学校的集聚人才功能，均设学校、筑巢引凤、广聚人才，通过高等学校分布的广泛性，促进高层次人才创业的遍地化，进而实现全面建成小康社会的目标。学校布局调整应兼顾已有高等学校功能提升与新设高等学校功能实现两方面的考虑。

1. 以现实高校布局为基础合理规划学校定位

在北京、上海密集地发展面向全国服务的，以一流研究型大学为龙头的科技创新高原，关键是上层次、求创新；在华北、东北、华东、中南、西南、西北各选1-2个高校集中城市，继续发展以面向区域服务为主的，以高水平研究型大学为龙头的高校创新基地，关键是上水平、创特色；在各省省会城市极其重要中心城市积极发展为全省服务的，以教学科研型大学为龙头的科技辐射中心，关键是多学科、重质量；其他高等学校关键是教学特色和地方服务。

2. 通过新设高校完善布局结构

在没有普通本科院校的地级市及人口超过100万（西部地区60万）的其他城市均设以本科教学型学院为龙头的知识服务站（或建立省级多校园高等学校联盟），关键是达标准、讲实效、与地方发展结合。即将来所有的中等城市都要有本科学院，所有的小城市都要有专科学院，充分发挥城市的服务和辐射功能。高校密集城市原则上不再新设高校，而主要是已有高校的办学水平提升和结构优化。

3. 放弃高等学校规模经济的发展模式

高等教育发展到今天，需要重新审视学校的规模经济模式。因为效益不能仅仅体现在规模上，大，有时不容易创特色，小，有时更"有效"。通过学校引进、留住和培养了人才，针对地方特色办学促进了地方的发展，就是最大的效益。

**（三）从一流学校建设转向一流体系建设**

自2010年《教育规划纲要》明确"建立高校分类体系，实行分类管理"起，高等学校的科学、内涵、特色、定位发展就成为一个显性问题在困扰着人们。分类很难，几年下来并无实质性进展。但是，最近的两项工作却再现了古人所云的峰回路转局面：一是大学章程的核准，每所高校都必须有自己的章程，而章程需要明确学校的办学使命；二是现代职业教育体系建设，一批地方普通本科高校已开始向应用技术型高校转型。

1. 我国已有高校分类的不足

首先应当明确，我国的高校是有分类的，并且这些分类也都在实际地发挥着作用，只是我们感到存在问题而不太满意。

从我国高校的分类发展的脉络看，情况是复杂的。科教兴国战略推动了一流大学的建设，管理体制改革促进了地方高教的发展，而市场体制的建立则加速了高校的分化。在那些中央直属高校向研究型大学、综合大学、特色高水平大学迈进的同时，一些地方院校提出了服务型、应用型、技术技能、行业特色、区域特点、创业型等新的发展思路，并进行了一定的实践探索。但是，它们仍处于弱势而没有底气，各种评价还是指向论文数、学位点等貌似的层次指标，很难有大的突破。

那么，怎么解决这个问题呢？答案是让"好"的标准多元起来。以德国为例——20世纪60年代，随着科学技术的不断发展，职业对从业者的要求开始提高，单纯利用已有大学的理论性教学已不能满足社会的特定需求，德国在1968年决定建立一种新型的、以培养应用型人才为目标（Fachhochschulen）。其办学模式、教学模式与传统大学明显不同，人才培养规格指向岗位、技术和综合技能，开设大量的实践性课程和案例课程，重视对学生的实践能力训练，教师必须有五年以上行业工作经验等。由于适应了社会需求，该模式一创建就得到各方的认可，发展很快，迅速成为高等教育体系中的第二大类。金融危机后，为什么德国能够成为欧洲经济的领头羊？是因为其强大的实体经济，更是因为其"双元制"的中职、应用型的应用科学大学、面向工业技术创新的工业大学和面向基础科学的综合大学所构成的强大教育支撑。

2. 从分类发展到体系建设

高等学校既有层次，又有类型，更有使命。当今，每个国家的高等学校都不再是单一的大学模式，而成为复杂多样的体系——由不同使命高校组成的体系。在全球竞争力评价中，教育体系满足国家经济竞争需要的能力即一项重要的指标。

　　我们需要从一流的大学建设转向一流的体系建设，以高校体系与社会的匹配性及体系内每所学校是否卓越为衡量标准。整个高等教育构成有机的系统，系统内各高校的办学理念、办学模式和管理模式不同，每所高校以自己的特色满足着不同的社会需求。

　　那么，如何务实地指导高校从分类发展走向体系形成？政府管理仍可按两维规划分类：按层次分为"研究型大学、教学型学院"，按类型分为"学科性人才培养、应用性人才培养"；高校定位实际上是找到自身在"通识教育和专业教育间"、"科学研究和技术开发间"光谱地带的位置点，在层次、类型两个维度上选择教学、科研、服务职能在自己学校的搭配，这就是使命和办学目标。其中的关键是高校真正成为依法自主办学的实体，而政府放弃固有的"好学校"的标准，鼓励特色发展。

# 第六节　构建人才培养的雁阵格局

　　当今世界正在发生重大变化，中央审时度势提出以国内大循环为主体、国内国际双循环相互促进的新发展格局，高等学校的人才培养要主动适应这种变化。2021年9月28日，习近平总书记在中央人才会议上指出："更加重视人才自主培养""做好顶层设计和战略谋划""加快形成战略支点和雁阵格局"[①]。人才培养雁阵格局就是高质量高等教育体系，以高校分类为基础。

--------

① 新华社北京9月28日电：《习近平在中央人才工作会议上强调 深入实施新时代人才强国战略 加快建设世界重要人才中心和创新高地》，《新华社》，2021年9月28日。

## 一、国际视野看高等教育体系的基本轮廓

基本轮廓反映的是某种程度的共识，有助于我们理清工作的大方向，做到"不逾矩"。须注意的是，基本轮廓反映不出特色，特色问题需要我们结合各自国情特点做更进一步的分析。

联合国教科文组织也曾经给出过按学科性、应用性和技能性划分的人才培养框架，其《国际教育标准分类》将高等教育分为按学科设专业的5A1、按行业设专业的5A2和属于职业技术教育的5B。我国近年来在"双一流"大学建设、应用型高校转型、现代职业教育体系建设特别是本科职业教育发展等方面也都有不同程度的探索。

在我国相关部门工作推进方面，2017年《关于"十三五"时期高等学校设置工作的意见》提出以人才培养定位为基础可将高校分为研究型、应用型、职业技能型三大类型；《普通高等学校本科教育教学审核评估实施方案（2021—2025年）》按两类四种进行分类评估：第一类审核评估针对具有世界一流办学目标的普通本科高校，第二类包括学术型、应用型、本科历史段三种。

## 二、创新链条看高等教育体系的基本轮廓

按照从创新到产品的实现过程看，第一步是认识世界的科学发现，重点在形成揭示原理的科学知识理论；第二步是改造世界的技术发明，融合理论与实践而产生从无到有的新技术；第三步是集成性的工程实现，协同多种技术协调多种要素创造出人造物；第四步是各领域的技术应用，主要是已有理论知识的转化和常规技术的应用；第五步是批量化生产社会产品，通过物美价廉和有质量保证的产品满足人类需求。科学、高新技术、工程、普通技术、技能在内涵上有着实质性的不同。

上面的第二步最为精妙、复杂和多元，与各类高校都有一定关系，更与产业、企业密切相关，因为技术创新的主体在企业。这也指明了未来高等学校最有生机的路径是"扎根中国大地办大学"、开辟发展新赛道。这是

一个更值得广泛、深入探讨的命题，现在的研究还很不够。

### 三、新时代高校分类的框架设计

高校分类设计一定要面向需求和现实。从为什么要进行高校分类的分析看，源头是人才培养，实现形式是分类办学，政策导向是分类管理与评价。

根据我国高等学校发展的历史传统、政策推进和前期研究来看，按"理论型""工程型""应用型""职业型"来设计高校分类是一种现实的选择。其中的每种类型，都实实在在地对应了一批学校的身影。

更为重要的是，这种分类与由原始创新到产品生成的科技—产业链条相吻合，高校可以更好发挥支撑作用。

除了从创新到产品实现过程"第二步"之外，其他四步均与四类高校有着直接的对应关系。"理论型"以理论阐释为主，有自然科学原理、社会科学原理和工程技术原理，如同过去文理类综合大学和理工类科技大学；"工程型"以工程实践为主，原理与实践相结合，强调多学科的综合协同集成；"应用型"以知识、技术在工作场景的应用为主，重视知识转化和技术扩散；"职业型"强调熟练技能操作，特别是培养以现代技术为基础的高技能人才。

按"理论型""工程型""应用型""职业型"设计高校分类体系，差异点主要在于"工程型"和"应用型"是否为同一类型？研究的作用就是要不得细化而逼近本质。理论上我们已能够把二者的内涵做出明确区分，而更重要的意义还体现在实践层面。因为应用型在我国系约定俗成的特指，即新建本科院校向应用型转型发展，我国大量的过去在计划经济时期建立的工业部委管理的行业院校无法往这里归，你强行去归这些高校也不会认同。行业办学曾经是我们高等教育的一大特点，虽然现在计划经济时期的传统行业部委不存在了，但市场经济体制下的现代产业依然蓬勃发展，我们培养工程师的优势不仅不能丧失，而且还要与时俱进。

解决各层次发展问题是高校特色的价值所在。面对国家的现实需求，创新是全方位的。大有原始创新、小有技术革新，学校要全面应对，注重解决全生产要素在发展中的问题。具体来说，理论型高校要重视知识创新与理论总结，推动基础学科、交叉学科和新兴学科建设，关注原始性创新，关注重大议题，在人才培养上特别重视基础知识和思维能力；工程型高校要面向工程实践多学科解决综合复杂问题，按行业需求逻辑设立学科专业，突出学科交叉与产业融入，服务制造业强国建设，致力重大关键技术突破，加强思维能力和实践能力的综合训练是其育人的核心；应用型高校重视已有知识的应用，突出融入经济活动一线开展技术服务与推广，在应用中创新，其主流就是近年来我们推动的转型发展高校，特别注重培养学生把书本上的理论知识应用于工作场景中，迁移和转化能力非常重要；职业型高校要加强与企业的联合，努力实现校企"双主体"办学，因此产教融合、校企合作、工学合一是其基本的办学育人模式，以一定的理论知识为基础，完成职业岗位要求的动手操作能力训练，培养有技术含量的技能人才。

高质量的高教体系就是每所高校各有特色、追求品格并相互补充，整体形成体系而适应社会发展需要，教师和学生可以根据自己的优势、特点、兴趣、志向而选择不同学校，最后共同积聚起最大力量支撑强国建设。


（本章内容依序由以下论文节录、组合、改写而成：《从规模经济到范围经济——对21世纪中国高等教育发展模式的思考》，载《中国高教研究》1996年第6期；《关于普通高等学校分类问题的思考》，载《上海高教研究》1996年第6期；《为什么要进行高等学校分类》，载《中国高等教育》2010年第20期》；《高等教育资源优化配置的理论依据及模式选择》，载《科技导报》1997年等2期；《如何实现高等教育资源的优化配置——对我国高等学校层次类别的剖析》，载《高等教育研究》1997年第2期；《试析研究型大学的边界条件》，载《学位与研究生教育》1997年第6期；《我国本科院校层次结构研究——结构状况、发展战略、管理模式》，载《科技导报》1998年第

6期；《我国高等学校分类的结构设计》，载《北京大学教育评论》2005第2期；《高等学校分类办学和布局调整的联动思考》，载《中国高等教育》2004年第11期；《建设不一样的"大学"》，载《上海社会科学报》2012年12月5日第版；《以创新思维重构高教人才培养体系》，载《中国高等教育》2008年第5期；《建设一流的高等学校体系》，载《中国高教研究》2009年第9期；《德国高等教育的制度特点》，载《教育研究》2002年第10期；《瑞士高等教育的体系架构与特色分析》，载《比较教育研究》2009年第7期；《由体系和制度入手完善创新人才培养》，载《华中师范大学学报（人文社会科学版）》2010年第6期；《从一流大学建设转向一流体系建设—如何推动高等学校的分类发展》，载《光明日报》2014年7月8日；《面向国家需求构建创新人才培养的雁阵格局》，载《人民论坛·学术前沿》2021年第24期；《以高校分类发展支撑国家强国建设》，载《北京大学教育评论》2023年第4期。）

# 第八章

## 融合支撑区域经济社会发展

世界发展的历史表明，教育兴则科技兴，则经济兴，则文明兴，则国力旺。近现代以来，高等教育服务支撑社会发展是教育功能的巨大变化，大学走出"象牙塔"就是走入社会。教育是内化于心久久为功的事业，必须坚持"四个服务"，支撑区域经济社会繁荣，支撑人类文明发展，支撑第二个百年奋斗目标。

# 第一节　教育是社会发展硬的软实力

中华民族伟大复兴和世界百年未有之大变局，是教育发展必须关注的大势。经济发展和科技创新是助推大势前行的关键，前者有着压舱石的作用，后者发挥着决定性的影响，它们是硬实力的象征；而面对主要矛盾的变化、发展方式的转换、社会群体的利益冲突，需要防范"黑天鹅""灰犀牛"的风险隐患，这显然要注重增强软实力；同时，我们处于迈向高收入国家的关键时期，需要化解众说纷纭的"中等收入陷阱""塔西佗陷阱""修昔底德陷阱"，既涉及硬实力也涉及软实力。这些，都涉及教育。

## 一、教育的社会功用

人具有群聚性特征，是社会关系的总和，人类是共存前行的。全球疫情的暴发，使我们看到每个人已不再可能独善其身，人类命运共同体、和谐合作互助友爱、家庭社会责任担当等理念将深刻影响着人的思想和行为，人们希望看到社会文明的进步。无疑，面向未来教育的责任将更加重大，其推动发展、解决矛盾、促进民生、涵养文明的社会功能会越来越强。教育决定着人类和国家的未来，是硬的软实力。

### （一）教育承载着社会文明

教育是使人社会化、现代化而不断自我完善的基本手段。教育的功能是由内及外产生的，通过内化而对外有用，内是本质、外是功用。教育在推进物质文明方面的作用容易显现，而在推进精神文明方面却易于形重实轻。缺失内化于心的教育，有可能会造就现代野蛮人，无法真正推动人类文明的发展。

教育首先是文化的产物，传承着天然的民族基因。学校是文化的栖息地，远古时期的教育与礼仪教化紧密相连，学校与祭典活动相伴而生。我国有五千多年的灿烂文明史，传统教育思想源远流长，融合在传统文化之中，内化为民族奋进的精神财富，自身也在发展演进，滋养着华夏文明的发展。每一种教育模式都有其自身的文化适应性，学校的教育教学过程，实质上就是一个有目的、有计划的文化过程，不仅传播科学知识和真理，而且培育理想信念和时代精神。进入现代社会，教育更是与先进文化相融共生，以科学精神、普及知识、专业学问引领社会发展，涵养核心价值。

教育事关社会，人只有通过教育才能正常而独立地步入社会。教育是使年青一代逐步遵从社会规则而不断成长的过程，使孩子们慢慢地从家庭人转变为社会人。这种成长将依循社会的良俗民意和主流价值，使人向善和懂得合作；这种成长还将依循青少年的身心发育和认知规律，使人健康地生存发展。教育是人与社会的接口，不断丰富着个体的社会的元素，使社会更加文明，脱离社会的教育注定没有生命力。

教育在发展，社会对教育的要求也在提高。2018年，我国学前、小学、初中阶段、高中阶段、高等教育毛入学率即已分别达到81.7%、103.2%、100.9%、88.8%、48.1%，今天的各级教育更是全面进入到普及化阶段。质量是教育的生命线，优质和美好是新时代百姓对教育的向往。也可以说，在我国教育基础性的"立柱架梁"工作完成后，发展重点将从数量转向内涵，工作重点将由条件保障深入人的本质，更加关注人自身的身心智健康成长。

人类文明的进展是缓慢的，社会文明的发展是渐进甚至可能是按代显现的。教育现代化是一个具有目标指向的发展过程，主要目标包括教育强国、人的全面发展和先进文化促进。社会文明是国家的软实力，教育要通过一代一代人推动社会的进步，教育发展需要与文明发展同行同向。

教育现代化是社会文明和谐的基础。我们要建成的社会主义现代化强国，除了富强，还要民主、文明、和谐、美丽。就是说，我们不仅要在物质财富上高水平地满足人民生活需要，在世界上处于领先地位；而且还必须在社会建设上充分满足人民健康多元的精神文明追求，在国际交往中富有文化魅力、价值观引领和环境吸引力。硬实力离不开教育，软实力更离不开教育，提高民族素质是社会和谐稳定发展的基石。

**（二）教育要回归本质**

教育是关乎人自身的事业，没有什么外在的东西能比人自身更为重要。过去，受条件所限，我们较多地关注了教育发展的外部因素，如经费保障、办学条件、制度环境等，以及统一的标志性标准，如考试成绩、获奖证书等。今后，需要更加关注人自身的成长，包括每个教育阶段的成长重点，如认知发展、心理健康、身体发育、个性特长等，立德树人根本任务需要在每个教育环节潜移默化、循序渐进地全过程体现。回归本质就是聚焦于人，先有人的身心健康再推至外部功用，有了人的健康成长也才能更有助于实现教育的社会功能。

学校教育具有助人成长和筛选育人双重作用。孩子长大是一个自然的历史过程，成长是回避不了的议题，正确的方向是健康成长；而教育资源是有限的，人是有差异的，因此又具有相应的筛选功能。实施义务教育的目的，就是让所有儿童都能够在符合成长规律的条件下成长，为未来满足基本的社会需求服务。因此，越是对年龄小的学生，教育的成长功能越是重要，而随着年龄的增长、教育层次的提升，筛选的作用才得以逐步提升。小学阶段是少年儿童社会化成长的启蒙期，除了规矩的养成、学业的进步、身体的发育、心智的形成，还要有团结合作友爱等集体主义意识的形成和稳定，今天的集体主义就是明天的爱国主义。

升学考试招生是学生人生成长的关键节点，影响着孩子的发展，刺激着家长的神经，牵引着社会的目光。小升初上下衔接的都是义务教育学校，应当尽量避免出现竞争现象；中考是对义务教育成果的检验，重点看过去，看义务教育的完成情况；高考的主要作用是科学选材，兼顾公平，主要看未来，看未来的可塑方向。德智体美劳"五育并举"就是要是培养有理想情操、道德规范、劳动观念、生活技能、工作能力的真正社会人，培养真实完整有血有肉的身心健康人。

现代社会是流动性社会，市场经济必须在规则中进行，个人之德需要在法治中实现，这就是治理现代化的重要性。不仅要有伟大理想、道德情怀和社会责任感，还要有决胜未来的能力。因此，学校教育要把理论学习、实践锻炼、思维训练有侧重地贯穿各学段过程；遵循教育规律，促进因材施教，使每个人的聪明才智得到都得到有效激发和发展。体育锻炼体魄，增进健康，优化生命状态；美育丰富感知，协调身心，涵养和谐文明；劳动是人生的正常状态，今日的劳动教育就是孩子们未来的工作和生活写照。不仅如此，它们还共同对年青一代价值观的形成、智力发展和身心发育产生影响。

**（三）社会当担负责任**

当今教育的短板在实践，问题出在理念与实践的差距上，出在教育与社会的融合不足上，因此迫切需要"坚持扎根中国大地办教育"。

就笔者与教育外界特别是领导干部的接触，感到社会对教育是普遍关切的，但大家的认识却主要停留在完成上级布置任务、关注亲朋好友子女上学和感悟儿孙学习压力上。教育部门为了化解社会压力，不断加强着自身自律性，因此教育工作的公平性和严谨性得到了社会的认可，如尽管大家对高考改革的呼声较高，但仍高度认可它的公平性。这样的循环强化出的结果是：因教育面向人人，外界普遍关注教育议题但也认可它的复杂性和专业性，教育系统深感责任重大也更加认真履职，反而导致教育与社会出现了割裂。

教育越来越局限于学校课堂教学上，如担心劳动教育、户外教育所带来的意外责任压力等慢慢地大家就都不去做了。结果是教育成了学校自己的事情，学校承担着无限的责任。单纯的学校课堂教学、知识学习并不能构成教育的全部。

其实，教育的本质内涵就是帮助年青一代走向社会，成为合格的社会人。教育是全社会的事业，需要学校教育与社会教育、家庭教育的通力合作。面向新时代，教育工作向内要春风化雨更加绵绵入心，向外要扎根大地更加融入社会。社会各部门不能仅把教育看作是教育部门或学校自己的事情，而要思考和承担自己的责任。

### 二、高等教育要面向两个大局助力双循环

中国作为一个发展中的大国，作为一个与西方资本主义国家走不同发展道路的社会主义国家，以维护产业安全为基础推动经济稳定发展逐步成为重要的政策取向，为此需要完善自身产业体系，扩大内需和融入世界相结合。高等教育要主动参与因国际关系变化而带来的全球分工产业链调整和为夯实强国基业而推动的国内生产供应链完善，发挥自己的创新和人才优势，面向国内国际两个大局助力实现双循环。

#### （一）全链条对接工业产业体系

我国社会的主要矛盾已经发生变化，经济转型发展、城乡结构调整、产业创新驱动、区域动能转换、劳动力技术升级等急剧变迁，处于迈向人均GDP12000多美元高收入经济体的关键节点，面对着跨越"中等收入陷阱"的挑战。世界产业布局将更多地呈现出区域性特征，产业链、供应链、价值链、消费链向国内市场收缩正在成为大国的战略选择，高等教育要服务国家经济的独立性和安全性，通过科技创新和人力资源护航关键供应链。

我国具有全球最完整的工业体系，有世界上最大的工业生产能力和第二贸易能力，有1亿多市场主体，数字经济正在成为驱动发展吸纳就业的新引擎；有世界最大的消费市场，多元的区域经济文化使得14亿中国人的消费意愿从低到高包罗万象，但又要产品优良；有着庞大的人力资源储备，各级各类教育全面进入普及化阶段，高等教育在学总规模超过4000万人，

受过高等教育的人数达到了1.8亿以上；有着强大的发展韧性，社会、经济、家庭、个人、心理、文化概莫如此，回旋调整余地很大。高等教育需要融入以科技革命推动新兴产业发展、把制造业做大做强、积极发展现代服务业、有效激发小微企业活力、推动实现区域和谐和乡村振兴的伟大实践，扎根中国大地办学，在融合中把自己的多样化体系完善好，实现体系中每所学校都能得到有特色高质量的内涵式发展。

内涵式发展其实就是按不同层次类型教育的本质属性和学校特色发展，在高等教育领域，大的框架就是把理论性人才和应用性人才培养的模式做好。相对于我国现在的高等教育模式，改革方向是普通高校要显著加强思维能力训练，应用型高校要明显加强实践能力训练，以教学教育办学模式而非层次区分两类高校。

**（二）花精力推动国际合作交流**

新一轮科技革命和产业变革的到来，使得高新科技成为未来经济高质量发展和国际竞争合作的核心因素，创新及其产品实现愈显重要。开放是滔滔大势，经济全球化是总的趋势，各国自然禀赋比较优势不同、资本趋利性本质存在、科技创新扩散而降低社会成本的特点不变，这些都是不以人的意志为转移的客观规律。任何"回流"都是阶段性的，但需要控制"水情"，加强疏导甚至主动泄洪，不能任其发展而漫越堤岸。

我国对外开放的大门不会主动关闭，但也不能被动关闭。开放是大学的天然和本质属性，现代科技发展处于大科学时代，科学问题是学术共同体的共同议题，合作交流是科技人员相互激发相互促进得以在前沿发展的关键。高等学校特别是"双一流"建设高校要发挥先导队、融合剂作用，关注未来全球产业链布局趋势，用更多智慧来推动学术合作交流，助力国家开放大局。

教育主管部门要从战略高度支持高校的开放工作，而高校也需要利用其特征优势主动作为。在具体政策上，要注重融入国与国人文交流机制，把教育合作交流当作国际关系重要的稳定器来看待；推动建立国别间大学学术交流的规范框架，为高等教育合作交流创造良好外部环境；有意识了解不同国家不同领域科技创新能力特色，分析发达国家的一流学科分布，理解各国的不同利益诉求，拓展多国合作；重视出国留学工作，公派留学要重视层次、方向、特色，对自费留学要给予更多支持和鼓励；重视以多种形式开展高水平的中外合作办学，如我们已批设了9所独立设置的中外合作办学法人机构，需要认真地进行经验总结，适当扩展。

在新形势下，我国高等学校与世界学术机构的合作交流在形式上要"重心下移"，注重结合各自优势，善用各种渊源关系，以多种形式开展工作。高校及其院系、教师要注重与全球科学家群体广泛建立民间友好关系，特别是积极发挥校友会等渠道的作用，与海外华裔科学家建立起切实联系机制，着力构建中华民族最大同心圆。

**（三）坚定地弘扬先进文化**

世界变化的加剧，引发了人们对文明价值的思考和构建人类命运共同体的关切。人类文明正在冲突中走向迷茫，未来面临的不确定性骤增，世界发展需要新的价值引领。毫无疑问，构建人类命运共同体是唯一正确选择。

夫物之不齐，物之情也。多样性是万物共生共荣的基础，并育而不相害、并行而不相悖才是世界发展的根本。构建人类命运共同体，是凝聚各国人民为解决和平、发展、治理三大赤字而坦诚沟通、相向而行的最大公约数；实现中华民族伟大复兴的中国梦，是凝聚海内外中华儿女为创造祖国美好未来而共同团结奋斗的最大同心圆；社会主义核心价值观，则孕育着共产党人带领全国人民追求美好生活的共同价值理想。这些，都是我们当代先进文化的结晶，集中体现在以人民为中心的价值取向上，得人心促文明向和平，需要大力弘扬。

社会文明是国家的软实力，我们要以推动民族复兴梦想和人类文明进步为方向确立教育的理想。当前，高等教育对推动社会文明发展的作用进一步凸显，因此需要更有责任地为社会进步做出自己独特的贡献。努力的方向是扎根中国大地、坚持改革开放、以人民为中心发展教育，实现制度体系的和谐有序有活力，培养学生的社会责任感、创新精神和实践能力。

### 三、教育扶智、扶业、扶志是扶贫的根本之策

2020年，全国上下正在竭力克服疫情影响，决战脱贫攻坚，确保全面建成小康社会。教育脱贫攻坚以52个未摘帽贫困县和"三区三州"为重点，以义务教育有保障为主攻方向，统筹发展教育脱贫一批各项任务，总攻力量有效汇聚的态势已经形成。脱贫攻坚接续的是乡村振兴，这说明扶贫不仅仅是扶资金、扶经济，也是扶理念、扶智慧，目的是建成物质文明和精神文明、产业发展和社会建设和谐共生的美丽乡村生态。

#### （一）教育扶贫"根"在扶智

扶贫先扶智，"通过教育扶贫脱贫一批"是扶贫工作分类施策的内容之一。较之于发展生产、易地搬迁、生态补偿、社会保障兜底等形式，教育通过改变人的素质、提高人的能力而实现根本脱贫，既阻断贫困代际传递又带动家庭发展，因而意义更加重大、作用更加长远，是教育扶贫的根本，体现着教育的社会功能本质。

发展为了人民，是马克思主义政治经济学的根本立场。在教育与社会的关系版图上，义务教育是孩子们走出家门、学习系统知识的营养基，职业教育和高等教育是年轻人连通社会、获得实际本领的双车道。对于乡村百姓而言，中小学校憧憬着未来的梦想，职业学校体现着谋生的本领，高等学校实现着远大的理想。义务教育面向每个孩子，是学习成长的起点和开智的基础，因此是教育扶贫扶智的重点，其中控辍保学是核心任务，之后则是通过提高教育层次而增强贫困学生的人生发展能力。各级各类教育要立足于以自己的本质属性培育人才，做好内涵式发展。

义务教育有保障是"两不愁三保障"的底线目标之一，是阻断贫困代际传递治本之策的基础。教育系统通过聚焦重点地区、聚焦重点人群、聚焦重点环节、聚焦重点因素，加大着对贫困地区义务教育发展的政策支持力度，不断增强学位、教学、资助保障能力。

控辍保学是实现义务教育有保障的核心。学生辍学原因多种多样，单纯的贫困因素好帮扶，但还有诸多智力、兴趣、心理、家庭、观念因素，甚至也还有外出打工、早婚早育、入教入寺等现象。这些因素都影响着年青一代的健康成长，影响着教育脱贫攻坚的成效，影响着乡村建设的未来，含义深远，因而成为教育脱贫攻坚的主攻点。

为贫困学生提供更多的接受高层次优质教育的机会，提高着贫困家庭全面脱贫的能力，扩展了贫困地区发展的空间，是促进社会公平的重要举措。这里面职业教育的作用最为直接，通过深化东西部协作对口支援，特别是发挥东部地区职业院校在市场理念、产教融合、教学水平方面的优势，实现高职招生倾斜、推进中职协作招生、开展定向订单培养和技术技能培训等。一系列帮扶行动，既帮助了贫困生个人和家庭，也提升着西部地区的职业教育水平。

高等教育发挥的是龙头带动作用，不断通过招生、培养、就业上的政策倾斜，持续有序实施重点高校招收农村和贫困地区学生专项计划。还通过多种措施帮助专项计划录取学生完成学业，如为接受高等教育贫困生建档立卡提供多种资助、实习、工作支持，开展针对性学业辅导；通过举办专场招聘活动、优先推荐工作岗位、设立专项岗位等实现精准帮扶就业指导。高等学校的对口支援、定点帮扶工作，力度更大，并已发展出若干个联盟形式，集团化定向解决难题。

**（二）教育扶贫"实"在扶业**

当前，我国教育发展的整体水平已经步入中上收入国家行列，进一步发展体现的政策方向是——义务教育重在均衡规范、职业教育重在融合产业、高等教育重在创新及应用。由于经济社会特别是区域、城乡发展的不平衡，在西部贫困地区农村，义务教育适龄儿童随父母打工流动或作为乡村"留守儿童"两种现象并存，职业教育因经济产业不发达及理念观念原因其实力相对薄弱，高等教育对经济的辐射能力也往往不高。地方各级各类教育需要考虑如何以特色内涵服务美丽乡村建设，融入经济社会发展，如何以自己的使命职责推动区域产业形态变革和社会文明进步；国家高水平大学也需要思考除了招生倾斜和消费扶贫外，还能给予什么样的科技、人才帮助以实现对贫困地区产业发展的精准帮扶。

县域产业是乡村经济的活力基础，没有产业贫困地区不可能走向繁荣。产业扶贫是稳定脱贫的长久之计，因此教育扶贫必须进一步与乡村振兴战略相衔接。除了人口素质因素，现在许多贫困地区之贫，一是贫在山高路远上，二是贫在生态脆弱上。山高路远可以转化为有山有水的后发优势，但生态脆弱的问题不好办，没有稳定的产业或产业链条太短，经济活动的供应链消费链价值链循环很难实现。贫困地区只有生长出自己的产业才能从根本上解决贫困问题，乡村振兴、新农村建设、新型城镇化道路要优先考虑发展地域特色产业，提高农村经济造血功能和脱贫能力。

教育要努力成为新型县域产业的孵化源。教育脱贫攻坚需要重视知识、科技赋能产业、农业，关注制约发展的突出问题，致力于推动绿色经济发展，设计开发文化和生态产业链，以美化环境和社会建设增添文化气息，大幅度提高产品的附加值，推动贫困地区增强自我发展的能力，使县域经济活跃起来。学校要充分利用自己的人才、知识、科技、文化、信息综合优势为发展朝阳县域产业服务，这些产业包括数字经济、生态农业、地区文化、休闲旅游等，致力推动发展地方经济和贫困人口能够广泛受益的产业。

教育是人才的蓄水池，有了学校就能吸引来相应的人才；教育是经济的活力源，有了人才就会积聚更多的人才，就会开创相应的事业，教育事业因为人的活动会带来更多的信息流和资金流；教育是科技的创新源，教育与创新往往紧密地联系在一起，高层次人才所创造的事业最有可能成为新兴产业的发源地。我们需要重新认识教育汇集人才的功能，合理布局相关学校，使学校成为地方的知识中心、技术中心、致富中心、文化中心。在人才需求方面，城市和乡村不同，后者需要更务实有用的创新和脚踏实地的建设及其相关人才，要鼓励广大教师献计献策并身体力行。

高等学校要为解决贫困地区生态脆弱、产业匮乏、经济落后问题贡献聪明才智，把能发展什么产业、如何发展问题当作自己的科研任务。高水平大学要通过创新帮助打造新型产业源头，地方高校要扶持和融入县域农村绿色产业，真正实现"扎根中国大地办大学"。整体发挥高等教育龙头作用，组建高校扶贫联盟，鼓励资金、项目、科技、培训、挂职、消费、信息化全方位推进。

### （三）教育扶贫"魂"在扶志

扶贫既要富口袋，更要富脑袋。贫困地区发展相对滞后，既有区位因素、生态原因和历史积淀，也有观念差距。表面看来贫穷是一个物质条件问题，但从根子上讲更是一个文化问题，包括进取心、良好风俗和眼界。教育其实也是一种文化存在，学校的育人过程是一个有组织有目的的文化过程，学校的存在、活动是科学知识、文化精神、理想信念、核心价值、国家意志的体现。学校是文化的栖息地，既是教育机构，也是文化普及和科技传播机构，还是一批有志改变命运理想者的精神家园。

知识就是力量，教育助力人生，文化浸润民风。教育是一代代人的事业，是人类自身进化和个体发展的途径，是通向美好生活理想的桥梁。教育扶贫本质上就是人才科技文化理想扶贫，学校的健康发展其实是抵御农村文化荒芜、科学精神衰败的重要手段。在脱贫攻坚中加强贫困地区社会建设，丰富贫困地区文化活动，提高贫困地区群众的综合素质，振奋贫困地区群众的精神面貌，同样是教育的使命和责任。教育要把扶贫与扶智、扶业、扶志紧密地联系在一起，要使青少年脑海憧憬美好未来，内心澎湃奋进动力。

今天，我们全面普及了九年义务教育，职业教育已成为改善民生的重要手段，高等教育已进入到普及化时代。社会变迁、人口流动都在加剧，但需要思考在乡村振兴中建设新农村、使人才留在乡镇的问题，需要考虑基层社会年轻人的志向问题。基层是社会文明、稳定的基础，社会组织越到基层，其综合性功能应该越强。除了正规教育作用，我们需要有意识地增强学校的社会教育职能，利用教师人才教育智慧纾解百姓精神困惑，开启乡村文明的新境界，开展移风易俗抵御陈规陋习和不良文化侵蚀，把学校建设成为乡村健康文化的辐射源。

高等教育要扎根中国大地，用创新科技培植生态产业，勇当乡村振兴的领路人，培育科学文化。学校既是当地的教育中心也是科技文化中心，让教师成为社会基层最受人们欢迎爱戴的人士，使教育激人奋进，用文化浸润乡风，涵养乡村和谐文明。

# 第二节　从适应经济到适应社会和人的全面发展

改革开放30年来，在中国共产党的领导下，中国社会发生了翻天覆地的变化，高等教育也相应地取得了举世瞩目的成就。2007年，全国普通高等教育招生566万人，比改革开放前增长了20倍；各类高等教育在学人数达2700万人，规模位居世界第一；高等教育毛入学率达到23%，而1990年开始统计该指标时仅为3.4%；民办高等教育从无到有，普通民办高校297所、在校生163万人，独立学院318所、在校生186.6万人；高等教育的多种办学形式日趋丰富，国际合作与交流明显扩大，高水平大学及其他各项重点建设成效显著，法治体系基本形成，宏观体制和内部制度不断完善。

## 一、30年的高等教育有力地促进了经济社会发展

从1978年到2007年，以当年价格计算我国国内生产总值增长了67.44

倍，年均增长15.96%[1]；与此同时，我国普通高等学校的本专科教育规模增加了数27.72倍，年均增长12.27%。具体数据参见表8-1。

表8-1　普通高校年本专科教育规模与国内生产总值对应表

| | 普通高校 | | | | 国内生产总值 | 国内生产总值比普通 |
|---|---|---|---|---|---|---|
| | 学校数 | 毕业生数 | 招生数 | 在校生数 | | |
| 单位 | 所 | 人 | 人 | 人 | 亿元 | 百万元/人 |
| 1978 | 598 | 164581 | 401521 | 856322 | 3646.2 | 2.22 |
| 1979 | 633 | 85085 | 275099 | 1019950 | 4062.6 | 4.77 |
| 1980 | 675 | 146635 | 281230 | 1143712 | 4545.6 | 3.10 |
| 1981 | 704 | 139640 | 278777 | 1279472 | 4891.6 | 3.50 |
| 1982 | 715 | 457244 | 315135 | 1153954 | 5323.4 | 1.16 |
| 1983 | 805 | 335344 | 390800 | 1206823 | 5963.7 | 1.78 |
| 1984 | 902 | 286937 | 475171 | 1395656 | 7208.1 | 2.51 |
| 1985 | 1016 | 316384 | 619235 | 1703115 | 9016.0 | 2.85 |
| 1986 | 1054 | 392792 | 572055 | 1879994 | 10275.2 | 2.62 |
| 1987 | 1063 | 531930 | 616822 | 1958725 | 12058.6 | 2.27 |
| 1988 | 1075 | 553466 | 699731 | 2065923 | 15042.8 | 2.72 |
| 1989 | 1075 | 576242 | 597113 | 2082111 | 16992.3 | 2.95 |
| 1990 | 1075 | 613614 | 608850 | 2062695 | 18667.8 | 3.04 |
| 1991 | 1075 | 614267 | 619874 | 2043662 | 21781.5 | 3.55 |
| 1992 | 1053 | 604200 | 754200 | 2184400 | 26923.5 | 4.46 |
| 1993 | 1065 | 570715 | 923952 | 2535517 | 35333.9 | 6.19 |
| 1994 | 1080 | 637400 | 899800 | 2798600 | 48197.9 | 7.56 |
| 1995 | 1054 | 805397 | 925940 | 2906429 | 60793.7 | 7.55 |
| 1996 | 1032 | 838638 | 965812 | 3021079 | 71176.6 | 8.49 |
| 1997 | 1020 | 829070 | 1000397 | 3174362 | 78973.0 | 9.53 |
| 1998 | 1022 | 829800 | 1083600 | 3408800 | 84402.3 | 10.17 |
| 1999 | 1071 | 847600 | 1596800 | 4134200 | 89677.1 | 10.58 |
| 2000 | 1041 | 949800 | 2206100 | 5560900 | 99214.6 | 10.45 |

---

[1] 该增长率系由笔者按表一给出的当年价格数据计算，国家统计局按可比价格给出的1979—2007年均增长率为9.8%。

续表

| 单位 | 普通高校 | | | | 国内生产总值 | 国内生产总值比普通 |
|---|---|---|---|---|---|---|
| | 学校数 | 毕业生数 | 招生数 | 在校生数 | | |
| | 所 | 人 | 人 | 人 | 亿元 | 百万元/人 |
| 2001 | 1225 | 1036300 | 2682800 | 7190700 | 109655.2 | 10.58 |
| 2002 | 1396 | 1337300 | 3205000 | 9033600 | 120332.7 | 9.00 |
| 2003 | 1552 | 1877492 | 3821701 | 11085642 | 135822.8 | 7.23 |
| 2004 | 1731 | 2391152 | 4473422 | 13334969 | 159878.3 | 6.69 |
| 2005 | 1792 | 3067956 | 5044581 | 15617767 | 183217.5 | 5.97 |
| 2006 | 1867 | 3774708 | 5460530 | 17388441 | 211923.5 | 5.61 |
| 2007 | 1908 | 4477900 | 5659200 | 18849000 | 249529.9 | 5.57 |

资料来源：根据历年《中国教育事业统计年鉴》人民教育出版社和国家统计局编《中国统计摘要2008》中国统计出版社2008年版。

可以看出，国内生产总值与普通高校毕业生数之比从1982年的1.16到1999、2001年的10.58，逐年基本在一个数量级范围内浮动，同样说明了二者的基本匹配，表明高等学校适时地向社会输送了建设人才，满足了经济发展的需要。这两者之比从1993年开始提速，并与世纪之交达到最高值，说明国内生产总值增幅较大且高于毕业生增幅；该比值在2002年开始下降并逐步于2005年趋于稳定，体现了高校扩招的作用，说明扩招更有助于促进经济的发展。

当然，扩招的另一个主要原因是考虑到百姓的就学需求，即开始考虑社会建设中的民生问题。在国家"十五"计划的制订中，曾明确提出对人的投资的重要性。党的"十七大"更是进一步确认，教育就是民生，把优先发展教育摆在加快推进以改善民生为重点的社会建设的首位。

## 二、以发展专科和研究生为主调整层次结构

从1979年到2007年，我国普通专科教育规模增加了39.04倍，本科教育规模增加了12.81倍，研究生教育规模增加了50.62倍。可见，较之于"文革"前以发展本科为主，改革开放后研究生和专科教育得到较大的发展，

高等教育层次结构已有很大的改观。

表8-2　年普通高等教育各层次招生数及比重

| 年份 | 专科生 | | 本科生 | | 研究生 | |
|---|---|---|---|---|---|---|
| | 招生数（人） | 比重（%） | 招生数（人） | 比重（%） | 招生数（人） | 比重（%） |
| 1978 | | | | | 10708 | 2.6 |
| 1979 | 70889 | 25.0 | 204210 | 72.1 | 8110 | 2.9 |
| 1980 | 77088 | 27.1 | 204142 | 71.7 | 3616 | 1.3 |
| 1981 | 76300 | 26.5 | 202477 | 70.3 | 9363 | 3.2 |
| 1982 | 84405 | 25.9 | 230730 | 70.7 | 11080 | 3.4 |
| 1983 | 134581 | 33.1 | 256219 | 63.0 | 15642 | 3.8 |
| 1984 | 190690 | 38.3 | 284481 | 57.1 | 23181 | 4.7 |
| 1985 | 301598 | 45.3 | 317637 | 47.7 | 46871 | 7.0 |
| 1986 | 259931 | 42.4 | 312124 | 50.9 | 41310 | 6.7 |
| 1987 | 284457 | 43.4 | 332365 | 50.7 | 39017 | 5.9 |
| 1988 | 328709 | 46.6 | 341022 | 48.3 | 35645 | 5.1 |
| 1989 | 296617 | 47.4 | 300496 | 48.0 | 28569 | 4.6 |
| 1990 | 291668 | 45.9 | 317182 | 50.0 | 27160 | 4.3 |
| 1991 | 290400 | 44.7 | 329500 | 50.7 | 29700 | 4.6 |
| 1992 | 404300 | 51.3 | 349900 | 44.4 | 33400 | 4.2 |
| 1993 | 537494 | 55.6 | 386458 | 40.0 | 42145 | 4.4 |
| 1994 | 490200 | 51.6 | 409600 | 52.0 | 50900 | 6.5 |
| 1995 | 478131 | 48.9 | 447809 | 45.8 | 51053 | 5.2 |
| 1996 | 460489 | 44.9 | 505323 | 49.3 | 59398 | 5.8 |
| 1997 | 420714 | 39.5 | 579679 | 54.5 | 63749 | 6.0 |
| 1998 | 430492 | 37.2 | 653135 | 56.5 | 72508 | 6.3 |
| 1999 | 611864 | 37.3 | 936690 | 57.9 | 92225 | 5.6 |
| 2000 | 1045881 | 44.8 | 1160191 | 49.7 | 128484 | 5.5 |
| 2001 | 1300955 | 45.7 | 1381835 | 48.5 | 165197 | 5.8 |
| 2002 | 1617037 | 47.5 | 1587939 | 46.6 | 202611 | 5.9 |
| 2003 | 1996439 | 48.8 | 1825262 | 44.6 | 268925 | 6.6 |
| 2004 | 2374271 | 49.5 | 2099151 | 43.7 | 326286 | 6.8 |

续表

| 年份 | 专科生 | | 本科生 | | 研究生 | |
|------|--------|--------|--------|--------|--------|--------|
| | 招生数（人）| 比重（%）| 招生数（人）| 比重（%）| 招生数（人）| 比重（%）|
| 2005 | 2680934 | 49.6 | 2363647 | 43.4 | 364831 | 6.7 |
| 2006 | 2929676 | 50.0 | 2530854 | 43.2 | 397925 | 6.8 |
| 2007 | 2838223 | 46.7 | 2820971 | 46.4 | 418612 | 6.9 |

资料来源：根据历年《中国教育事业统计年鉴》人民教育出版社整理

表8-2清晰地揭示了高等教育的层次结构变化过程。专科和研究生教育都有个快速发展、收缩、再逐步提高的过程，甚至还有过两至三个波浪。1985年，随着政治、经济、科技、教育体制改革的全面启动，研究生和专科教育迅速达到一个高峰，随后都有所回调，但研究生回调幅度较大，专科相对稳定有落有升。很快，专科教育比重就又升高，并在1993年达到了最高值（55.6%）、本科教育比重达到了最低值（40%），出现了专科生就业难。其中的重要原因之一，是我国其他形式的高等教育得到较快的发展，其中专科层次发展得最快，因而普通高等学校又开始逐步降低专科教育比重、提高本科生和研究生教育比重。而此过程中研究生教育从1990年至今，规模都在扩张之中。专科教育则从1997年的低点开始了规模上升，并从1999年起迅速地扩张起来。

这一切都反映国家在不断调整高等教育的层次结构，使之与经济发展相适应。同时，也顾及社会发展的全面性，及不同人群对教育层次的不同需求。通过发展专科教育，满足了人们更广泛的教育需求；通过发展研究生教育，满足了人们在本科教育之后进一步深造的愿望。

### 三、调整学科结构以满足经济社会和人的全面发展需求

新中国成立后，我国在相当长的时期内重点发展了工科、师范教育和一些专门学院。改革开放初期，社会对财经、政法高层次专门人才的需求日见增加，国家以加强经济法律科类为主进行了新的科类结构调整。随着

世纪之交高校扩招的顺利进行，法学人才开始过剩、培养比例开始下调，但与此同时管理学人才培养规模和比例都迅速上升。而理科（学）人才经历了两次下调期和一个稳定期，参见表8-3。

表8-3 分科学生数的比重（%）

| 年份 | 工科 | 农科 | 林科 | 医药 | 师范 | 文科 | 理科 | 财经 | 政法 | 体育 | 艺术 |
|------|------|------|------|------|------|------|------|------|------|------|------|
| 1978 | 33.6 | 6.3 | 0.9 | 13.2 | 29.2 | 5.4 | 7.5 | 2.1 | 0.2 | 1.0 | 0.6 |
| 1983 | 34.7 | 5.7 | 1.1 | 11.6 | 26.0 | 5.6 | 6.6 | 5.9 | 1.5 | 0.8 | 0.5 |
| 1988 | 35.2 | 4.5 | 1.0 | 9.3 | 25.7 | 5.4 | 5.3 | 10.0 | 2.1 | 0.7 | 0.8 |
| 1993 | 36.8 | 3.8 | 0.9 | 9.1 | 23.4 | 5.0 | 3.9 | 13.1 | 2.0 | 0.7 | 1.1 |

续表8-3 　　　　　　　　　　　　　　　　　注：1993年进行了学科调整

| 年份 | 哲学 | 经济学 | | 教育学 | 文学 | 历史学 | 理学 | 工学 | 农学 | 医学 |
|------|------|--------|---|--------|------|--------|------|------|------|------|
| 1995 | 0.002 | 14.9 | 3.2 | 4.0 | 12.6 | 1.7 | 10.7 | 40.1 | 3.8 | 8.8 |
| 1996 | 0.002 | 15.3 | 3.5 | 4.0 | 12.7 | 1.6 | 10.4 | 40.1 | 3.5 | 8.7 |
| 1997 | 0.002 | 15.2 | 3.7 | 4.1 | 13.0 | 1.5 | 10.5 | 39.8 | 3.5 | 8.5 |
| 1998 | 0.001 | 14.9 | 4.0 | 4.1 | 13.3 | 1.5 | 10.5 | 39.7 | 3.5 | 8.3 |
| 1999 | 0.001 | 14.9 | 4.0 | 4.1 | 13.3 | 1.5 | 10.5 | 39.7 | 3.5 | 8.3 |
| 2000 | 0.001 | 15.8 | 4.9 | 4.2 | 14.7 | 1.1 | 9.7 | 39.6 | 3.3 | 7.6 |

续表8-3 　　　　　　　　　　　　　　　　　注：1998年再次进行了学科调整

| 年份 | 哲学 | 经济学 | 法学 | 教育学 | 文学 | 历史学 | 理学 | 工学 | 农学 | 医学 | 管理学 |
|------|------|--------|------|--------|------|--------|------|------|------|------|--------|
| 2001 | 0.0007 | 5.0 | 5.4 | 5.2 | 14.7 | 0.007 | 10.0 | 34.6 | 2.6 | 7.4 | 14.3 |
| 2002 | 0.0007 | 5.2 | 5.3 | 5.2 | 15.1 | 0.006 | 9.4 | 34.2 | 2.4 | 7.3 | 15.3 |
| 2003 | 0.0005 | 5.4 | 5.1 | 5.3 | 15.5 | 0.005 | 9.1 | 33.3 | 2.3 | 7.3 | 16.1 |
| 2004 | 0.0007 | 5.5 | 4.7 | 5.4 | 15.9. | 0.005 | 8.7 | 32.8 | 2.1 | 7.3 | 17.0 |
| 2005 | 0.0004 | 5.5 | 4.5 | 6.5 | 14.8 | 0.003 | 6.2 | 35.1 | 2.0 | 7.2 | 17.8 |
| 2006 | 0.0004 | 5.3 | 4.1 | 5.9 | 15.2 | 0.003 | 6.0 | 35.3 | 1.9 | 7.3 | 18.6 |
| 2007 | 0.0004 | 5.2 | 3.7 | 5.5 | 15.4 | 0.003 | 5.9 | 35.7 | 1.9 | 7.4 | 19.2 |

资料来源：根据历年《中国教育事业统计年鉴》人民教育出版社整理

学科的调整事实上也是一个尊重市场，尊重百姓选择的一个过程。在这一过程中，百姓根据个人个性特点、学校学科水平、毕业生就业情况等进行了完全自主的选择，人性、人权得到了充分尊重。当然，由于教育的滞后性，存在着一个理性引导的问题。

### 四、调整高校地区布局以满足社会对高等教育的广泛性需求

建国初期我国进行了影响重大的高等学校院系调整工作，之后的高校布局也均是按大区重点设置的，这就带来了省际之间的不平衡现象。

表8-4　全国普通高等学校按省分布情况

| 年份<br>地区 | 1983年 | 1993年 | 1998年 | 2003年 | 2008年（截止4月8日） |
|---|---|---|---|---|---|
| 总计 | 805 | 1053 | 1022 | 1522 | 1924 |
| 北京 | 55 | 67 | 63 | 73 | 80 |
| 天津 | 21 | 22 | 20 | 37 | 44 |
| 河北 | 33 | 47 | 46 | 83 | 86 |
| 山西 | 17 | 25 | 23 | 45 | 61 |
| 内蒙古 | 14 | 19 | 19 | 27 | 37 |
| 辽宁 | 50 | 61 | 61 | 70 | 79 |
| 吉林 | 32 | 42 | 41 | 40 | 43 |
| 黑龙江 | 36 | 42 | 38 | 54 | 69 |
| 上海 | 38 | 50 | 40 | 56 | 61 |
| 江苏 | 58 | 67 | 66 | 94 | 120 |
| 浙江 | 24 | 35 | 32 | 64 | 74 |
| 安徽 | 30 | 36 | 34 | 73 | 92 |
| 福建 | 21 | 33 | 29 | 39 | 72 |
| 江西 | 19 | 28 | 31 | 54 | 69 |
| 山东 | 41 | 51 | 49 | 85 | 114 |
| 河南 | 31 | 47 | 51 | 71 | 84 |
| 湖北 | 46 | 57 | 54 | 75 | 87 |
| 湖南 | 26 | 45 | 47 | 73 | 96 |
| 广东 | 36 | 43 | 43 | 77 | 108 |
| 海南 | | 4 | 5 | 11 | 15 |
| 广西 | 17 | 24 | 28 | 45 | 58 |

续表

| 年份\地区 | 1983年 | 1993年 | 1998年 | 2003年 | 2008年（截止4月8日） |
|---|---|---|---|---|---|
| 四川 | 48 | 60 | 43 | 62 | 78 |
| 重庆 | | | 22 | 34 | 40 |
| 贵州 | 16 | 23 | 20 | 34 | 37 |
| 云南 | 20 | 26 | 26 | 34 | 51 |
| 西藏 | 3 | 3 | 4 | 4 | 6 |
| 陕西 | 34 | 45 | 42 | 57 | 76 |
| 甘肃 | 14 | 17 | 17 | 31 | 34 |
| 青海 | 6 | 7 | 6 | 12 | 8 |
| 宁夏 | 6 | 6 | 5 | 12 | 13 |
| 新疆 | 13 | 21 | 17 | 26 | 32 |

资料来源：《中国教育成就》（1949—1983），人民教育出版社1984年版；《中国教育统计年鉴》（1988），北京工业大学出版社1989年版；《中国教育综合统计年鉴》（1993），高等教育出版社1994年版；《中国教育统计年鉴》（1998、2003），人民教育出版社1999、2004年版；"2008年具有普通高等学历教育招生资格的高等学校名单"，《中国教育报》2008年4月9日。

由表8-4可见，在1993年之前的完全实行计划经济体制时期，华北地区高校以北京居多，东北地区高校以辽宁居多，华东地区高校以江苏居多，中南地区高校以湖北居多，西南地区高校以四川居多，西北地区高校以陕西居多。1993年，这6个省市虽然只占全国大陆地区省市数的19.4%，但其拥有的高校数却占到了33.6%。但到了2008年，该比例改善为27.0%。

在1993年转向市场经济体制后特别是1999年高校持续扩招后，大部分省市的普通高校数都有了明显的增长，本科院校也有了相应增长。这一时段，比较突出的是一些省份的高等学校在数量是取得了跨越式发展，如中南地区的广东高校数超过湖北，山东、浙江、河北、河南、湖南等高校的增长量也很大，华东地区高校总体增长比较明显。这种跨越式发展，在一些省市本科院校数徘徊不前的衬托下显得更加突出：北京、湖北、陕西等原高校密集城市，由于1998—2000年高等教育体制改革中的院校合并等原因，高校数总体处于稳定状态，这种稳定具有合理性；除四川外的大部分西部省份高校增长缓慢，这种缓慢不利于西部地区高等教育落后局面的改善。

高等教育机构的多样性和布局的广泛性同为大众化时期高等教育发展的重要议题。2002年中国明确了2020年全面建成小康社会的奋斗目标，2005年提出了和谐社会的具体要求，2007年提出了科学发展观的指导思想。这是一个惠及十几亿人口的更高水平的小康社会，将缩小差别、促进公平、更加注重经济、社会、文化、自然的协调发展。高等教育责无旁贷地要为实现这一奋斗目标服务，促进社会的和谐发展和人的全面发展，高等学校要面向百姓、面向地方，布局相对分散。我们需要充分挖掘和实现学校的社会功能。

### 五、高等教育持续加力国家创新发展

"十四五"以来，数字化时代正在加速降临，世界经济结构开始重塑。数字化时代就如同在原有的三维空间里增加了新的维度，这极大地扩展了人们的视野，但也增加了发展、竞争对技术的依赖。新兴技术越来越成为国家发展的战略要素，创新决定未来，创新正在成为经济社会发展的新动能和关键力量。

世界进入了以创新主导发展的时期，由创新引发的高等教育地位得以显著提升。在这个全新的数字化时代，传统旧动能不断衰减，靠学习、模仿、跟踪已经不行了，不创新必然受制于人，必须以创新引领发展。高等教育与社会形成良性互动，围绕高等学校形成了经济的创新链、产业链、价值链，大学真正进入了社会中心，成为经济发展的发动机。

党的十八大以来，高等教育把服务中华民族伟大复兴作为重要使命，取得了非凡的成就，有效地推动和支撑了国家发展。从2012年到2021年，高等学校累计培养高素质专业人才7700多万人，高等教育毛入学率提高了27.8个百分点达到57.8%，受过高等教育的劳动年龄人口比例提高了10.3个百分点达到24.9%，在学研究生增加了近一倍达到333.2万人。

十年来高等教育的辉煌成就，更加夯实了我国社会主义强国建设的基础，使得未来的新征程发展站到了更高的平台上。

尽管有着巨大的数量发展成就，但十年来高等教育的发展重点仍然在以提高质量公平为中心的内涵式发展上，在人才培养模式、学科专业调整、创新创业教育、混合式教学、"破五唯"评价等方面进行了深入的改革，在思想政治教育、"新工科、新医科、新农科、新文科"建设、基础科学发展和关键核心技术突破等方面开展了广泛的探索，有力地支持了国家经济发展、社会进步、产业升级和重点战略实施。

面向未来，高等教育将在探索中国特色世界一流大学新路、建设高质量教育体系、实现高水平开放、引领数字化时代的教育范式变革等方面再立新功。

## 六、大学如何从服务社会到引领社会

党的二十大报告在明确新时代新征程中心任务和首要任务之后，紧接着强调了教育、科技、人才所发挥的基础性、战略性支撑作用。就是说，在规划如何落实这些任务时，教育被置于尤为突出的位置。建设教育强国，龙头是一流大学，一流大学成为国之重器，大学的地位得到进一步提升。

### （一）历史长河中的大学变迁

大学，古老且常新。从历史脉络看，高等教育经历了从单一大学模式到多样化的变迁，功能不断扩大，由"象牙塔"拓展成不可或缺的社会组织。高等教育的发展，其实是一个高校模式不断适应社会需要而丰富完善的历史进程。

传统大学由欧洲中世纪大学的单一教学职能，演变为德国柏林大学教学与研究相结合的双职能，这时期的大学都在"象牙塔"里，即大学是大学、社会是社会，关联度不大。美国威斯康辛大学提出把整个州作为自己的校园，州需要什么就做什么，由此形成了著名的威斯康辛思想，产生了大学的第三职能，大学与社会开始互相成就并开启了自身的多样发展之路。

迄今，各国高等教育都有着自身的多样化模式，如美国有研究型大学、州立大学、专门学院、文理学院、社区学院等。我国在计划经济时代有综合大学、行业院校、地方高校，在进入市场经济体制后又有了研究型大学、特色高水平大学、区域性高校、服务型高校、独立学院、中外合作办学等模式的探索，近十年来主要是"双一流"建设高校、应用型转型高校、职业本科的发展改革实践，总体来说是推动高校在适应社会需要中实现有特色内涵式发展。

**（二）服务区域创新的创业型大学崛起**

围绕着服务社会和提升水平的多方探索，新型大学模式不断产生。从服务社会、适应社会到引领社会，大学的价值在不断超越校园。与社会发展的关联程度，成为观察高等教育发展路径变化的重要因素，创业型大学成为引领社会发展的大学典范。

创业型大学首先从服务社会开始，但其雄心不仅仅在于适应社会，而是要引领社会发展即让社会围绕着大学转。沿着这条道路，一些大学获得了成功，被研究者冠之为创业型大学。这些大学通过实施主动激发地方活力的整体性战略，逐步成为经济发展的引擎，成为区域性的科技创新源、产业孵化源和文化辐射源。英国的沃里克（Warwick）大学和美国的斯坦福大学是这类大学的成功例子。

沃里克大学是一所成立于1965的新大学，通过走创业型大学之路而跨入世界百强大学之列，成为新型研究型大学；斯坦福大学本已是研究型大学，它通过推动科学技术产业化而创造了硅谷的繁荣，也被一些学者称之为创业型大学。从内涵本质看，它们的确有着创业型大学的共同特征，如勇于创新的理念、共同奋斗的信念、学术创业的文化、整体发展的战略，且都创造出为世人称颂的不凡成就。

**（三）探索中国特色世界一流大学新路**

融入中国特色社会主义现代化强国建设的伟大征程，我国高等教育一直在开展着新的探索，如新工科、新农科、新医科、新文科建设、现代产业学院和先进技术学院建设、教育数字化战略行动和混合式教学模式改革、新型研究型大学探索，也包括服务主体功能区、攻克关键核心技术、探索自主知识体系等。

这些探索，在实践上把支撑高质量发展作为建设教育强国的重要任务，致力开辟新赛道塑造新优势；在理论上实现了政治论哲学和认识论哲学的统一，在把服务国家发展作为自己职责的同时遵循教育规律办学。

面向未来，进一步探索的方向有：第一，坚持扎根中国大地办学，推动办学从模仿借鉴向自主创新的模式转变；第二，促进高水平开放，积极主动地参与国际交流与合作；第三，推动针对问题的创新，竭力解决制约社会发展的难题；第四，促进教学模式变革，主要是面向数字时代的混合式模式探索；第五，加强大学的社会作用，充分发挥高等教育的龙头地位和战略支撑作用。

# 第三节　高等教育支撑创新型城市发展的深圳案例

创新正在成为经济社会发展的新动能和关键力量，一批创新型城市将成为我国社会主义现代化强国的重要支柱。自成为经济特区以来，深圳高等教育与城市互动经历了从参与到融合的两个"二十年"，目前正在开启支撑"双区"建设的新阶段。

## 一、深圳高等教育与经济社会发展关系的三个"二十年"

二者的关系大致可以用三个"二十年"来概括。以世纪之交为分界，深圳高等教育已经经历了前后两个"二十年"——一是由空白起步而参与城市发展，二是通过主动作为实现跨越而与城市转型融合，总体而言经济增长速度快于高教规模增长。随着中央"双区"（粤港澳大湾区、深圳先行示范区）战略的实施，高等教育将走向经济社会发展舞台的中央，进入支撑创新发展新阶段，开启第三个"二十年"新征程。

**（一）从特区设立到世纪之交的第一个"二十年"，高等教育作为"参与者"得到发展**

深圳建市之后，以有利于发展社会主义社会的生产力、有利于增强社会主义国家的综合国力、有利于提高人民的生活水平为标准[①]，在所有制形式、分配制度等方面大胆尝试，在特区内实施了一些特殊的经济政策；发挥土地和劳动力优势承接香港加工制造业，发展"三来一补"（来料加工、来料装配、来样加工和补偿贸易）加工业和转口贸易，形成以优惠政策吸引外商投资为主、生产以加工装配为主、产品以出口为主的工业发展模式。中央持续释放的政策红利，激发了市场活力，带动了经济的高速增长。但是，加工贸易和模仿性生产制造，对教育的直接需求不大，高等教育发展相对缓慢。

表8-5　20世纪后期深圳高等教育规模与经济规模的相关性

| 年份 | 1985 | 1990 | 1991 | 1992 | 1993 | 1994 | 1995 | 1996 | 1997 | 1998 | 1999 |
|---|---|---|---|---|---|---|---|---|---|---|---|
| 在校生规模（万人） | 0.32 | 0.4 | 0.38 | 0.36 | 0.37 | 0.42 | 0.53 | 0.65 | 0.76 | 0.85 | 1.06 |
| GDP（千亿） | 0.04 | 0.17 | 0.24 | 0.32 | 0.45 | 0.64 | 0.84 | 1.05 | 1.3 | 1.55 | 1.82 |
| GDP/在校生规模 | 0.13 | 0.43 | 0.63 | 0.89 | 1.22 | 1.52 | 1.58 | 1.62 | 1.71 | 1.82 | 1.72 |

数据来源：在校生规模深圳市教育局提供；GDP规模根据《深圳统计年鉴》2020。

由表8-5可以看出，在1993年之前，高等教育规模增幅很小，甚至曾略

---

[①] 中共中央文献研究委员会编辑：《邓小平文选第三卷》，人民出版社1993年，第372页。

有下降；国家科教兴国战略提出后，开始小幅上扬；1999年国家高教扩招政策开启，开始稳步增长。从1990年至1999年，深圳GDP增长10.71倍，而高等教育在校生规模只增长2.65倍。这说明在深圳建市之初，经济建设是重中之重，教育只是从属参与。

需要进一步提及的是，深圳大学于1983年创办，深圳职业技术学院于1993年创办。1995年之后，GDP与在校生规模之间的比值逐步稳定，主要因为高等职业教育规模扩张较快，高等教育在产业发展的带动下，逐步跟上经济增长步伐（见表8-5）。1995年，深圳发布了《关于推动科学技术进步的决定》，开始走向发展高新技术产业的经济转型之路。新发展模式需要高等教育的支撑，深圳高等教育发展滞后的问题日益凸显。20世纪末，深圳市开始构思建设深圳大学城的新战略。

**（二）从世纪之交到"双区"建设实施的第二个"二十年"，高等教育与城市同频共振而助力经济转型成功**

进入21世纪，深圳高等教育与城市发展紧密地融合在一起。

从形式上看高等教育成为推动经济转型的重要手段。随着社会主义市场经济体制的建立，中国加入世界贸易组织，深圳特区原有的政策优势在不断失去，加工业出现萎缩，需要走技术创新之路，人才竞争加剧。为推动深圳从传统产业向现代科技产业、现代服务业转型，深圳抓住全国高等教育跨越式发展的历史机遇，通过高标准建设大学城、引进国内外一流大学合作办学、高起点建设新型研究型大学等措施开始了高等教育体系建设，实现了地方高等教育的超常规发展。2002年，新的深圳信息职业技术学院成立；2003年，清华、北大、哈工大深圳研究生院入驻深圳大学城；2007年，开始筹建南方科技大学；2010年，深圳市政府与香港中文大学按合作办学模式建立香港中文大学（深圳）；2015年，深圳北理莫斯科大学获批筹设、中山大学·深圳获批建设。2016年10月，深圳发布《关于加快高等教育发展的若干意见》，这是深圳首个针对高等教育全面发展制定的文件，提出将深圳建设成为南方重要的高等教育中心。

从结果上看，高等教育与经济发展实现了同频共振。由表8-6可以看出，从2000年到2019年，深圳高校在校生数由1.41万人增长到11.32万人、增长8.03倍，GDP由2219.20亿元增长到2.69万亿元、增长12.12倍，基本实现二者的同步高速增长，经济增长略高。从世纪之交至2007年前，深圳高等教育发展速度快于经济发展速度，GDP与在校生规模之间的比值由1.72降低至1.1左右，说明国家扩招以及深圳高校建设扩张效果显著。2010年之后，高等教育前期发展的效应得以显现，深圳经济规模站上2.5万亿元的大台阶，高等教育规模与经济发展实现同步高速增长，有效支持了深圳经济社会的转型发展；同时，高等教育规模的增长相对减缓，也预示着经济需求下的未来成长空间还很大（见表8-6）。2019年，深圳高新技术产业产值是2012年的2倍，战略性新兴产业占GDP比重接近40%，拥有国家级高新技术企业1.7万家、是2012年的5.9倍。[1]高校贡献深圳发展战略性新兴产业的能力在不断增强，已紧密融入深圳经济社会发展之中，深圳创新型城市雏形开始显现。

表8-6　本世纪前期深圳高等教育规模与经济规模的相关性

| 年份 | 1999 | 2000 | 2003 | 2005 | 2007 | 2010 | 2013 | 2015 | 2017 | 2018 | 2019 |
|---|---|---|---|---|---|---|---|---|---|---|---|
| 在校生规模（万人） | 1.06 | 1.41 | 3.21 | 4.53 | 5.89 | 6.73 | 8.24 | 9.05 | 9.67 | 10.38 | 11.32 |
| GDP（千亿） | 1.82 | 2.22 | 3.64 | 5.036 | 6.92 | 10.07 | 15.23 | 18.44 | 23.28 | 25.26 | 26.93 |
| GDP/在校生规模 | 1.72 | 1.57 | 1.13 | 1.11 | 1.17 | 1.50 | 1.85 | 2.04 | 2.41 | 2.43 | 2.38 |

数据来源：在校生规模深圳市教育局提供；GDP规模根据深圳统计年鉴2020。

**（三）面向"双区"战略深入实施的未来"二十年"，深圳创新型城市建设需要高等教育发挥支撑作用**

置身于"两个大局"的时代前沿，深圳步入创新主导城市发展新阶段。我国发展的内部条件和外部环境都在发生深刻变化，《粤港澳大湾区

---

[1] 产学研资融合激发创新活力［DB/OL］. 2020-12-30. http://news.southcn.com/gd/content/2020-12/30/content_191914816.htm

发展规划纲要》和《关于支持深圳建设中国特色社会主义先行示范区的意见》赋予了深圳率先探索全面建成社会主义现代化强国新路径的使命，深圳成为多重国家战略的交汇地。按照要求，深圳到2025年，建成现代化国际化创新型城市；到2035年，建成具有全球影响力的创新创业创意之都；到本世纪中叶，成为竞争力、创新力、影响力卓著的全球标杆城市。中央"双区"战略标志着深圳步入创新主导发展、创建创新型城市范例的新阶段。

21世纪以来，深圳高等教育经过20年左右的高速发展，虽然实现了跨越发展，但要为"双区"建设提供高质量的服务，高等教育还需进一步增量、提质、优化结构。一是高等教育整体规模仍需扩大。截至2020年底，深圳各级各类高校15所，高校全日制在校生只有16.93万人，深圳高等教育整体规模远低于一线城市，与二线城市相比也处于低水平，深圳高等教育体系规模效应偏弱。二是高等教育结构亟待优化。从在校生层次结构上看，研究生、本科生、专科生之比为19∶38∶43，本科以上层次规模偏低，本科教育发展面临自身办学容量不足与异地办学政策收紧的困境，难以满足深圳经济社会发展对高层次人才的需求。三是对深圳创新贡献尚待提升。形成具有生产力作用的创新大体需要经过原理性突破、设计突破和制造的成熟化标准化三个阶段，深圳在后两个阶段表现突出，但没有基础研究，未来创新之路就无法走远。

## 二、深圳大学城发展

深圳大学城，是经教育部批准的由深圳市与国内最优秀大学合作进行研究生培养的科教园区。引入一流大学的研究生院进驻深圳办学，是其他城市难以想象的事情，充分体现了深圳的改革精神与国家的政策支持。深圳大学城促进了深圳高等教育在办学层次和水平上的跨越发展，提升了城市的品质和魅力，成为深圳创建国家创新型城市的重要组成部分。

### （一）创办初衷

深圳，从"名不见经传"的小渔村到全国第一个经济特区，曾经创造出令世人瞩目的"深圳速度"。经过三十年的快速发展，其经济总量、人均GDP、外贸出口总额、高新技术产品产值占GDP比重等重要指标，均居全国大中城市前列。但是，深圳高等教育的基础比较薄弱，建市时只有一所宝安电大。1982年，深圳市政府做出"教育与经济同步发展"的决策，并号召用改革创新的意识来发展教育，高等教育开始有了突破。1983年经国务院批准，深圳成立了由深圳市人民政府主办的第一所全日制普通综合性大学——深圳大学，到1993年又成立了深圳职业技术学院。

但是，高等教育发展规律难以逾越，质量水平的提高不可能一蹴而就。知识经济的到来，在世界范围里使得高等教育成为经济社会发展的发动机。深圳高等教育的薄弱，特别是层次不高，与其经济快速发展形成巨大反差，与其改革开放桥头堡的城市地位不相符合，进而也影响着城市发展的后劲。"深圳速度"无法等待新建地方高校经过几十年甚至上百年的建设发展，来满足特区经济对于一流大学培养拔尖人才、推动科技创新、开展产学研合作的全面要求。没有高水平大学强有力的智力支撑，深圳特区显然难以保持可持续发展的领先优势。在这种压力和挑战面前，深圳从城市发展的战略高度出发，提出了实现高等教育超常规发展的重要思路——依靠高水平的高等教育外来资源，较快地提升本地高等教育的层次和水平。经教育部同意，深圳市政府与国内著名大学合作，引入他们的研究生教育资源， 2001年创立了清华大学深圳研究生院和北京大学深圳研究生院，2002年创立了哈尔滨工业大学深圳研究生院，深圳大学城由此诞生。

深圳大学城的创建，既为深圳市高等教育的跨越发展争取到了最有利的政策支持、快速促进了研究生教育的规模发展，也为几所高水平大学在改革开放最前沿、技术创新最活跃的城市进行教育教学改革、管理体制创新、校企合作和国际交流提供了实验基地。

**（二）模式的创新意义**

高等学校是城市繁荣的重要基础设施，城市的发展离不开有效的高等教育支撑。首先，发达国家比较早地认识到了高等学校对城市建设的推动作用，因此普遍重视高等学校在各地的设立。如美国在一百多年前即通过莫里尔法在各州建立起了赠地学院，社区学院更是按人口密度分布设立；英国在工业革命时期在重要的工业城市建立起许多城市大学，它们有些现在已经迈入世界一流大学的行列，如曼彻斯特大学；德国《基本法》规定，国内各个地区的居民具有享受相同生活条件的权利，因此各州高等学校的发展比较均衡；法国高等教育实行中央集权制，1968年以前一个学区准设一所大学，之后开始改变和扩充；二战后，日本在"一县一大学"的名义下，在没有帝国大学的39个县重新组建了新的国立大学。其次，各国普遍认识到了高水平大学及其科技能力对城市发展的牵引作用，环绕一流大学的周边设立了大学科技园区。如那些已成为世界级的大学科技园区有美国的"硅谷"、北卡罗来纳州三角研究园、128公路，英国的剑桥科学城、法国的索非亚科技园、日本的筑波科技城等。这些以大学为人才和技术支撑的高科技园区，不仅对地方经济社会的快速发展做出了重要贡献，而且在全球范围内引领和推动了知识经济时代的迅速到来。

我国高等学校传统上是面向大区设置的，存在着按省市分布不均的状况。在1993年转向市场经济体制后，特别是从1999年高校扩招后，产生和发展了一批新的办学形式，也增设了一批高等学校，促进了高等教育对国家城市化战略的推动作用。但这些办学形式，基本属于高等教育大众化外延扩张的结果，贡献主要体现在数量规模上而非层次水平上。以大学城建设为例，它们产生于20世纪末期，到后来发展到50多个，但基本上都是高等学校规模扩张的产物。大学城的建设有企业投资（如北京廊坊东方大学城）、城市引凤（如广东珠海大学城）、校区置换（如辽宁沈北大学城）、高校统筹（如浙江5座大学城）等多种模式，主要是通过政府优惠、高校自筹或社会投入等措施，引入市场机制但仍按公办形式扩大已有高校的规模。因为它的大众化规模扩展属性及市场介入行为，使得大学城建设质量良莠不齐，在社会上的声誉不是太好。相对而言，那些政府参与力度大的模式，如城市引凤、高校统筹型，发展得比较好。

说深圳大学城是中国高等教育发展史上的一个创举，是因为它引来了最高水平大学的研究生教育资源，这就使得深圳大学城明显有别于国内的其他大学城。清华大学和北京大学等国内一流大学研究生院在深圳的进驻，本身就是一个不可估量的金字招牌，在全国具有独一无二性和不可复制性。深圳大学城，还有可能将来为深圳市孕育出一个以它为中心的世界级科技园区。因为从教育发展的规律来看，有研究生教育参与的科技园区其活跃性将明显增强，这又将使得深圳大学城的发展优于国内外的许多大学科技园区。

因此，深圳大学城不仅带来了深圳高等教育的跨越，而且进一步促进着深圳市城市发展的飞跃。

### 三、深圳高等学校体系建设

在发展高等教育方面，深圳从不缺乏雄心和胆识。但深圳高等教育如想再度辉煌并可持续辉煌，必须解决"领导人创建高水平大学的高立意起点与百姓基本的高等教育需求又要满足"之间的矛盾困境，不能让高水平大学过度承担满足市民基本需求的任务。否则，学校很难建成一流，百姓接受良好教育的愿望也很难满足。所以，抓高等教育体系建设，必须区分不同高校的功能使命和发展目标，有一个合理的结构。

在梳理深圳大学城模式之后，笔者牵头承担了对其高等教育体系规划设计的研究项目。总体思路是按照"引领作用的研究型大学集群、适应高端需求的高水平院校集群、满足基本需求的城市高校集群"构建深圳高等教育体系，以充分发挥城市高校的群落集聚效应，形象地比喻它们是心脏、骨骼和血肉的关系。

#### （一）优先发展一批起引领作用的研究型大学

未来深圳研究型大学群落，将主要由大学城的北大、清华、哈工大等国内知名大学，筹建中的南方科技大学，引进中的香港中文大学深圳学院、境外知名大学分校等构成。政策重点是加强支持、充分按现代大学规律和制度办学，促进国际化发展，打造一批通向世界的高科技平台。优先发展一批引领作用的研究型大学，也将是深圳市未来发展的战略重点。

**1. 充分发挥大学城的名校办学优势**

充分发挥北大、清华、哈工大这三所实实在在的已有名校资源在深圳高等教育体系建设中的龙头地位。深圳大学城是深圳市引进著名大学联合办学，以全日制研究生教育为主，集人才培养、科学研究及成果开发于一体的新型高等教育园区，在全国独一无二，模式很难复制。十多年来，深圳大学城为深圳市实现高等教育跨越式发展，为深圳建设创新型城市，加速高层次人才培养，增强自主创新能力和发展后劲，提高经济质量、人口素质和文化品位，做出了重要贡献。

2006年左右，深圳大学城已顺利度过名校在深圳移植发展的适应期和多方合作的磨合期，发展势头良好。高等教育体系建设需要发挥这三所名校的龙头地位，加快提升大学城规模和水平，明确其高端定位不动摇。进一步整合大学城内各类资源，共建创新团队、重点实验室和学科专业，探索课程开放、学分互认、师资互聘的新模式。着力提升拔尖创新人才培养能力和科技原创能力，将大学城建设成为全国高等教育开展科技创新、实现产学研结合的示范基地。各研究生院健全理事会运行机制，推进本地化和国际化，逐步开展本科教育。

**2. 按现代大学规律和制度加快建设南方科技大学**

努力把南科大建设成为国际水准与创新科技相结合的研究型科技大学。应当尽快高标准、高起点、高规格加快规划和建设，聚集一流人才，努力把南方科技大学建设成为国际化高水平研究型大学。按现代大学规律和制度创建科学的治理结构，充分发挥教授在教学、研究和学校管理中的作用，争取成为国家高等教育综合改革试验校；在师资队伍建设方面，贯彻国际化发展思路，面向全球招聘教师，打造国际化师资队伍；引进国际先进学术规范与管理模式，突出强调高端性、创新型人才的培养。

### 3. 引进香港特区大学来深办学

促进香港中文大学深圳学院的建设与发展。与深圳毗邻的香港是亚洲高等教育最发达也最成功的城市之一，有些学科和实验室处于世界科技前沿，国际交流合作较多，积累了丰富的办学经验。在粤港合作框架下，深圳有条件充分发挥香港高等教育资源优势，通过合作办学加快发展深圳高等教育。

《珠江三角洲地区改革发展规划纲要》提出，"支持港澳名牌高校在珠江三角洲地区合作举办高等教育机构，放宽与境外机构合作办学权限，鼓励开展全方位、宽领域、多形式的智力引进和人才培养合作，优化人才培养结构。"以此契机，2011年3月12日，市政府与香港中文大学签署《深圳市人民政府、香港中文大学关于在深圳办学的框架协议》，由市校合作举办的香港中文大学（深圳）。这有利于提高深圳及珠三角地区的人才结构、提高地区的创新科技能力。

### 4. 积极引进1—2所境外知名大学来深圳办学

在总结引进北大等三所大学成功经验的基础上，可探讨在深圳大学城引进国际知名大学来深圳办学，进一步扩大大学城的影响力，充分发挥其集聚效应。

为进一步落实把深圳建设成为高等教育国际合作重要城市的目标要求，深圳要加快高等教育体系建设中的国际合作进程，加快办学制度创新步伐，不断拓宽国际合作的层次、范围，提升国际合作的质量和水平。尽快形成深圳与香港或国际知名大学之间的长效合作机制，通过合作办学等形式在深圳设立分校，以更好汇聚全球优质高等教育资源，助推深圳实现更好更快发展。

### （二）重点建设一批适应城市高端需求的高水平院校

适应深圳发展高端需求的高水平院校群落，将主要由已有的深圳大学、深圳职业技术学院和一批待建的特色学院构成。政策重点是支持其上水平、有特色发展，打造适应区域和城市发展需求的高端人才支撑和文化、科技平台。需重申的是，这部分院校满足的不是基本需求，而是高端需求。

### 1. 促进深圳大学的高水平发展

把深圳大学打造成区域高水平大学。作为深圳的第一所综合性大学，深圳大学自成立以来，培养了一大批优秀的管理人才和技术人才，其中相当一部分留在深圳本地工作，为深圳经济社会发展做出了很大贡献。

为适应深圳未来发展趋势，进一步提高对深圳经济社会发展的贡献度，深圳大学应当瞄准深圳作为超大中心城市发展、创新型城市和国际化城市的发展目标，走"上水平"发展的道路。首先要提高生源质量，取消招生计划中深圳生源和市外生源的比例限制，面向全国招收"一本"优质生源。之后在师资、学科建设等方面重新规划，加快实现办学方针由以教学为主、科研为辅到教学与科研并重的根本转变。

### 2. 强力推进高水平专业学院建设

利用过去一批高水平大学在深圳设立研究院的基础，通过政府支持、产业合作等方式，打造一批高水平专业学院。高水平专业学院是学科建设与深圳经济、产业紧密结合的产物，也是探索我国高校、科研机构与企业协同创新机制的教育试验田。要适应深圳经济社会发展重大需求和产业特点，面向现代服务业、战略性新兴产业、高技术产业，在生物、互联网、新能源、新材料、文化创意、新一代信息技术等产业领域高起点建设一批特色学院。

### 3. 促进深圳职业技术学院的高水平发展

把深圳职业技术学院打造成区域和城市高技能人才培养的重地。经过多年的发展，深圳职业技术学院已成为全国高职教育的一面旗帜。国家正在启动编制《现代职业教育体系建设规划》，要利用此机会实现深圳职业技术学院的跨越发展。以4年制高职教育为主，培养高技能人才，为区域和城市现代产业体系和公共服务体系的发展服务。

### （三）系统规划满足城市市民基本就学需求的高校

满足深圳城市建设和市民就学基本需求的高校集群，将由两、三所本科院校——新设立深圳城市学院、师范学院，已有的暨南大学深圳旅游学院，部分职业技术学院，电大和一批非全日制高等教育机构构成。政策重点是方便、多元化地满足市民接受高等教育的基本需求，建设思路可以更加开放。

建立城市学院，弥补深圳大学上水平后留下的空缺，招收深圳本地"二本"生源，满足深圳市民接受本地高等教育的需求。师范学院可独立设，也可放在城市学院内。

在办好深圳信息职业技术学院的基础上，按需求继续发展高等职业教育，培养技能型人才。加强与中等职业教育的衔接与沟通，为产业升级服务。

鼓励社会力量参与兴办高等学校，支持"名校+名企"的合作模式探索，支持新的民间资本进入高等教育领域。

依托电大，开展深圳开放大学探索，提供开放式高等学历教育，满足市民多样化的高等教育需求。为全体市民终身学习提供多次选择机会，提供开放性、低成本、高质量的学习资源与服务。


（本章内容依序由以下论文节录、组合、改写而成：《面向第二个百年，教育的社会功用更强》，载《光明日报》2021年7月6日；《高等教育要面向两个大局助力双循环》，载《中国教育报》2020年6月15日；《西部高等学校要为培植新型县域产业作贡献》，载《高等理科教育》2020年第4期；《扶智、扶业、扶志：教育扶贫之根本》，载《光明日报》2020年6月30日；《一流大学应提供一流社会服务》，载《文汇报》2019年8月9日；《高等教育立足服务国家战略需求》，载《中国教育报》2022年12月28日；《高等教育：从适应经济到适应社会和人的全面发展》，载《北京教育》（高教版）2008年第11期；《高等教育如何支撑创新型城市发展——深圳案例与国际视角》，载《高等教育研究》2022年第6期；《深圳大学城发展模式探讨》，载《现代教育管理》2012年第4期；《一流体系建设中的地方高校模式》，载《现代教育管理》2010年第8期。）

# 第九章

## 不断推动大学高水平开放

改革开放是国家的基本国策，开放是大学的组织属性要求，高等教育既是国家开放政策的受益者又助推了国家的发展。当今，中美战略博弈的焦点在科技，美国越是封锁越说明我们过去的路子对，我们越是要去打破封锁。高水平开放对国家是战略选择，对高校是提高学术视野、实现高质量发展的重要方式，一流大学要在开放合作竞争中成就。高等学校要善用各种渊源关系，主动开展多种形式的学术合作与交流，服务国家"双循环"新发展格局，为培养具有国际竞争力的时代新人，为实现中华民族伟大复兴、为构建人类命运共同体建功立业。

# 第一节　开放是大学昌盛的基础

2007年，笔者到瑞士参加学术会议，主题发言后一位来自巴塞尔大学的经济学教授提出了一个问题，说："马教授，中国为什么能取得长达三十年的快速、稳定、持续增长？"我不是经济学家，我当时的回答是："中国人爱学习，世界上任何一种语言都有中国人在学，世界上任何一个地方都有中国人，中国人知道世界发生的一切。"这就是开放的结果，对后发型国家而言学习甚至比创新还要重要。

## 一、开放是大学的应有之义

学术是个共同体，越开放越有助于创新。大学是天然的开放型、学习型组织，之后成为创新性组织，开放是大学的应有之义。

### （一）对外开放是我们的国家战略

遵循着改革开放的国策，我国高等教育取得了举世瞩目的成就，从国际高等教育的学习者，到参与者，开始向高等教育强国迈进。国家层面正推动着国际合作、人文交流、"一带一路"、创新驱动等大国外交和发展政策，着力提升国家实力，促进中外民心相通。高等教育是其中最为恰当的载体，需要进一步深化对开放意义的认识，在"走出去、请进来"的过程中，完善教育对外开放的战略布局和内容形式。

开放是一种文化。教育具有文化的社会属性，远古时期的教育与礼仪训练密不可分、学校与祭典活动相伴相生，教育是文化的组成部分。作为一种文化存在，教育通过知识的传授、创造、应用，传承人类文明，实现人的社会化和自我进化。时至今日，高等教育以科学、理性、专业思维引领社会，学术性代表了对真理的普遍追求，民族性反映着对文化的特殊需要。开放是一种文化状态，体现出"地球村"时代人类的生存方式，是一种客观实在。而促进中华民族的繁荣昌盛，并实现与世界的和平共处，是教育的基本责任。每一个国人，当他走出国门，或与外界联系，都自然成为中国文化的组成部分。

开放是一种模式。系统科学的研究揭示：开放是系统健康发展的必要条件，封闭组织最终必然走向沉寂；同时，结构决定功能，系统功能需要相应的组织结构予以保证。这说明，开放既是必须的，也是一种模式选择，不同的开放模式造成的结果可能不同。这也是我们在不断完善教育开放政策、努力引进优质教育资源、关注合作办学质量、重视国际协同创新、引导国内学校境外办学、丰富发展人文交流机制、推动出国留学和引才回国相结合的意义所在。

开放是一种思想。既然我们认同、肯定对外开放的基本国策，就需要坚定不移地坚持。出现的问题是策略性、方法性、局部性的，而不是战略性、实质性、全局性的。小原则要服从大原则，小思想要服从大思想，不能因为有问题而否认开放。开放还是我国重要的发展理念，要不断优化环境扩大开放。

### （二）开放是大学的组织特征

早期的大学是国际性学术组织。现代大学起源于中世纪的欧洲大学，其师生来自不同的国家，使用着拉丁语这一共同的语言进行着教学活动。追根溯源，大学University一词系由拉丁文Universitas演变而来，原意为社团、行会、联合体，直至14世纪才成为特指大学的专用词；其词根universus，意味着普遍性、普适性、世界性、宇宙性；universus还有一解是由表示"一的unus"和表示"沿着……方向的versus"构成，字面意思就是沿着一个特定的方向；当时学校的专用词是拉丁文studium，它后来演变为学习的专用词，studium generale指接纳来自不同地方学生的学校，studium particulare指只接收当地学生的学校。以上揭示出大学在产生之初的四大特征：学者共同体、普遍真理、高深学问、国际化。

大学是开放性组织。伯顿·克拉克（Burton R.Clark）认为[①]，教师同时归属于一门学科和一所大学。知识在全球范围内流动，大学教师也因此具有世界公民的特征。时至今日，许多国外大学依然坚持国际化的办学方向，他们会如数家珍地向来访者介绍其国际教师、国际学生的比例，介绍他们的国际合作研究和合作项目。为什么？是因为不同国家人的思维方式是有差异的。东方人是由大到小、由综合到具体，西方人是由小大到大、由具体到抽象。试想，不同思维方式的人凑在一起，天长地久，能不互相影响、能不产生新想法吗？

大学是学习型组织。传授知识是早期大学的唯一职能，人才培养现今也仍然是高等学校的根本任务或首要职能。大学要探讨高深学问，而知识呈几何级数增长，高等学校就不能故步自封、封闭办学。学习是创新的基础，决定着创新的起点。大学要成为最新学术思想、前沿成果的聚集交流场所，就必须开放办学。越是一流大学，开放性就越强。

大学是创新性组织。创新需要思想的交流和碰撞，而这需要开放的环境。在高等教育发展的长河中，以学校为基础出现的制度性创新模式主要有：解决真实问题，著名的威斯康星思想和实用主义哲学成就了美国的研究型大学；访问讲座制，是吉尔曼（Daniel Coite Gilman）为美国研究生院设计的有助于思维碰撞、避免思想僵化的学术制度；跨学科中心，有助于催生新的知识生长点；产学研合作，学以致用，使学校和产业界产生紧密联系；健康校园文化，激发年轻人的朝气、活力和创意；国际化，实现跨文化的交流与思维碰撞；学术创业，促使科技与市场的无缝联结，成就了著名的硅谷，等等。这些模式都是在大学的开放中实现的，包括向世界、

---

① 王承绪主编：《高等教育新论多学科的研究》，浙江教育出版社1988年版，第124-127页。

278

社会、同行等不同方面的开放。最后，还需要有共同的范式、规范的学术语言，不能光求异还要求同，以构成科学共同体。

大量的地方高校产生，是大学开放遇到的新问题。随着高等教育社会服务功能的产生和学生规模的扩展，一批高等学校逐步地方化了。大学走出象牙塔，也是其向社会开放的过程。高等学校的地方化带来了高等教育性质的一些变化，如从为人类共同利益服务转向为地方发展服务，学科、教师的国际化色彩减弱、地域特色增强等，这将赋予开放新的含义。既要扎根地方，又要发展学术，需要教育规律加社会需求、全球视野加地方特色兼顾。地方化后，高校需要努力扩大师生来源区域的广泛性，否则，都是本地人必将固化思维，对创新不利。

## 二、在开放竞争中优化高校生态

开放是系统进化的基础，是高等教育活力的源泉。我们需要坚持开放的思想不动摇，寻求适宜的开放模式，形成大学开放进取的健康文化。

### （一）开放、协同与竞争

开放必有竞争，这种竞争需要有序开展，并主要在同一群落内进行；竞争对应着协同，群落之间错位发展，共同满足着社会的多样化需求。竞争与协同的呼应，将推动整个系统通过涨落不断达到新的有序——更高层级的有序，即推动高等教育系统的复杂性更高、有序程度增强，能适应社会新的发展，更全面地满足社会需求。经过八百多年的不断进化，世界上各个国家的高等教育系统都已不再是单一的大学模式，而成为复杂、多样、有序的高等学校体系。我们需要认真研究高等学校间的竞争、协同关系，有效激发、保护它们的发展活力。

开放是大学的本质特征，各高校间有着共同的需求，但不同学校在模式、重点、方向上还是有自己的特点的。一流大学是世界学术共同体公认的结果，它需要让自己置身于世界著名大学的星群之中，参与国际合作与竞争，它的开放要有利于吸引全球顶尖人才的流入，并保持与知识创新前沿的紧密合作；行业特色大学需要加强同本行业领先国家的合作，扩大对国内相关企业的开放，让大学成为国家行业发展的技术先导，让大学与龙头企业共荣共生；地方高校要加强同区域的合作，扩大向社会的开放程度，努力成为地方的文化、技术中心，同时要努力提高外省市师资、学生在自身总量中的比重；职业技术院校则需要直接面向市场，与企业对接学科专业，你中有我、我中有你，着力构建紧密合作的联合体。

社会、经济、家庭已进入多元需求时代，我国的两千多所高校本身也是一个层次、类型、区域的市场群落，各教育管理部门需要根据需求在完善整体政策的基础上进一步推行有差异化的政策。开放是滔滔大势，更是后发型国家后来居上的不二法宝，高等教育的开放政策方向应该是促进学校、教师更有效地学术交流，这也是衡量具体政策是否合理的基本依据。对不同高校群落的政策，应该强调针对性，如对一流大学是支持自主性的交流与合作、鼓励提高国际化程度，对行业特色大学是瞄向世界前沿技术、鼓励产学研结合，对地方高校是支持向社会开放、鼓励不同区域文化的交融，对职业技术院校是支持开门办学、鼓励与企业的合作。政府还需考虑个性化的政策，兼顾每所学校的创新和特色，灵活性地支持各地、校因地制宜的做法。

政策的软环境有时比经费的硬支持还要重要，因为开放的环境是金钱所不能买到的，它会使人眼界开阔，有助于直接进入世界科技前沿或推动生产力发展，事半功倍。我们需要不断扩大政策的包容性，努力实现体、面、点全覆盖。

**（二）一流大学建设需要开放和竞争的环境**

开放和竞争是系统进化的必要条件，一流大学建设也不例外。从严格意义上说，"一流"本身就是一个相对、比较和动态性的词汇，离开开放和竞争，无从谈起，也无法建设；从学术意义上讲，离开开放将会做很多无用功，而离开竞争则会使效率减少，总之是低效的。

1. 一流不能是自封的

一流大学不是自封和由行政力量决定的，而是世界公认的结果。这种公认即所谓的声誉，看似虚无缥缈，而又实实在在地存在，并最终由实力决定。一所大学的声誉主要由师资声望决定，并且决定着学生质量。

闭关自守建不成一流大学，单纯依靠行政干预也建不成一流大学。即使依靠某种外部力量的支持成了重点，但如果不积极参与竞争，坐享其成，得到的只是暂时的和虚假的繁荣，只能加剧掩盖大学本身存在的问题与矛盾。因此，过分的行政支持并不利于学校的发展和进步。

一流大学建设应该是开放性的和竞争性的。对外要有全球化意识，面向世界向好的学校看齐，研究其成功的道路，借鉴其有益的经验，走开放性办学之路；对内要有竞争的压力，把竞争视为自己前进的动力，乐于竞争、勇于胜利，通过竞争提高效益、办出特色、创出声誉。

2. 一流建设需要开放性办学环境支持

一流大学是在世界范围内以国际水平为参照系进行创建的，其办学环境必须是开放性的，国家应该有相应的配套政策，包括宽松的学术交流政策、合作办学政策、吸引留学生政策、学科发展政策、教师和管理人员的聘用政策等。

给一流大学建设高校以开放性办学环境支持，有利于高等学校根据自己的特点尽快实现跨越式发展。从某种意义上讲，政策性软环境的建立有时比经费的支持更为重要，因为开放的学术氛围绝不是金钱所能买到的，它会使人眼界开阔甚至直接进入世界前沿，事半功倍。

3. 大学要有积极的国际化战略

世界一流首先要在世界知名，要让世界知道你、了解你。因此，不能封闭建设，不能仅满足于在国内的曲高和寡。要想成为世界一流大学，就必须成为真正的国际化大学。

要加强与国际学术组织的合作，积极参与国际大学排名，利用各种机会扩大自己的知名度，并及时了解自己的差距与不足；要开放办学，实施积极的海外留学政策，注意从世界各地招收优秀的学生，并通过广泛的学术交流，使学校成为国际化的学术社会；要努力建立与世界著名大学交往的圈子，树立在竞争中求生存、在发展中创品牌的意识，逐渐壮大自己的实力和扩大自己的影响力。

### 三、促进高等教育区域发展的模式、机制和文化

2012年，中英双方过去三年就"区域现代化与高等教育发展"的合作而召开学术研讨会。

在会议的总结发言中，我回顾了当初和英方共同设计项目时的思考：在"高等教育区域发展政策"的框架中，重点研究"高等教育主动促进区域发展活力的政策"。提到按照当时设定的想法，我们需要研究高等学校对企业技术创新能力的支持，高等学校对城市活力与品位的提升，以及促进高等学校融入区域发展的政策。在这个过程中，使高等学校自身得到发展。

在项目执行过程中，我们得到了来自中英双方的广泛支持，进行了双边的互访。如这次研讨会，有来自英国HEFCE（英格兰高等教育拨款委员会）、BC（英国文化委员会）的代表，有国家教育发展研究中心、中国高教学会、地方政府和大学的代表，宁波市教育局、宁波诺丁汉大学、广西工学院对大会提供了支持，浙江省教育厅、宁波市政府派人参加了会议，中英双方几十位高等学校专家进行了研讨。正是这种支持使得我们沿着预定的目标有了收获。通过研讨我们看到了这一点，看到了专家、教育官员、政府官员和大学在"区域发展与高等教育良性互动"方面形成的共识。

我们要找的是什么呢？是促进高等教育区域发展的制度性因素。那么制度性的东西是什么呢——在大学层面是模式的探索，在区域政策层面是机制的建设，最终我们要构建出一种文化。这种文化是一种文化氛围，是一种有利于创新、有利于通过高等教育的各种活动来提升我们生活品质的文化。

模式、机制、文化。大学层面是模式，大学要注重模式的探索，这种

模式大到办学模式，小到具体的做法；区域层面是机制，如何保障创新实现，各种实现条件就是我们所说的要建立什么样的机制，我们怎样通过政策促进这种机制的建立；最终要构建出一种文化，这种文化氛围很容易孕育各种灵活机制，很容易产生各项政策，很容易使大学的各种模式得到承认并发展。我们的制度、我们的文化，不能是学校产生一种模式你就把它磨灭了，地方产生一种机制你就把它卡死了，那是不行的。

通过合作我们硕果累累，一是分享了各自的研究成果和实践经历，同时我们构建出了一种理论框架：模式+机制→文化。我们在大学层面要加强模式的探索，在区域层面要加强机制的探索，最终构建出一种文化。这种文化是一种氛围，使我们的教育和地方结合得更好，使我们的教育和地方相互促进发展。

# 第二节　国际视野看一流大学的新型路径

从正常演化的脉络看，大学进化的主流路径是：从起源于第一职能的欧洲中世纪的古典大学，到产生第二职能的德国柏林大学，再到产生第三职能的美国研究型大学。至此，研究型大学已成为世界大学的标杆，形成大家印象中的世界一流大学。但是，世界是复杂的，从历史长河中大学的其他发展路径看，还有很多，如经由技术学校发展起来的德国的工业大学和法国的大学校。本节选择一些对我国一流大学建设能有效借鉴的模式进行探讨。

## 一、融入产业、区域发展

走出"象牙塔"，担负起推动社会发展的责任，是现代大学不可逃避的必然趋势。有一些大学更是主动融入区域产业发展，形成了大学与区域产业发展的良性循环，从而走上了卓越发展之路。

融入产业发展的大学，如以曼彻斯特大学为代表的英国城市大学。曼彻斯特大学因产业而产生，从建校开始就一直致力于为产业提供高质量的毕业生和一流的研究成果。曼彻斯特是棉纺织工业的发祥地，也是世界上第一座工业化城市。曼彻斯特将学科建设融入地方产业发展需求中去，围绕纺织、材料、化学等学科领域培养人才和科学研究。曼彻斯特大学是世界化学工程学科的发源地，其化学工程学院和材料工程学院在英国大学中首屈一指，在欧洲乃至全球化学和材料科学的研究方面占有重要的位置，历史上出过许多著名的科学家和多位诺贝尔奖获得者，如因为发现石墨烯材料而获得2010年诺贝尔奖的科学家就出自于此。

主动融入社会的大学，如以威斯康星大学为代表的美国赠地学院。威斯康星大学提出社会服务的新职能，积极解决地方经济建设的关键性问题，鼓励教师为州政府提供咨询服务，使之由"乡村"大学跃升为一流大学。

参与和缔造创新型城市的大学，如斯坦福大学和麻省理工学院。这两所大学的崛起都源自对所在地区经济建设的参与和贡献。受到20世纪30年代美国经济危机的影响，麻省理工学院所在的新英格兰地区经济面临着倒退，时任校长康普顿提出，"新英格兰地区经济发展应该依靠技术创新，而大学应该成为推动新英格兰经济复苏的重要力量，麻省理工学院应该在其中扮演重要角色。"[①]麻省理工学院参与经济建设的主要方式就是创建基于大学科学技术研究基础之上的新公司。正是由于新科技公司的创建，以及被大学专利许可所吸引的大型技术公司的入驻，促进了波士顿128号公路高

---

① 亨利·埃兹科维茨著，王孙禹，袁本涛等译：《麻省理工学院与创业科学的兴起》，清华大学出版社2007年版，第115-116页。

新技术区的形成。斯坦福大学在20世纪50年代虽然已经具备了一定的研究实力，但还尚未进入一流大学行列。在借鉴麻省理工学院做法的基础上，斯坦福大学创先成立了斯坦福研究园，大学研究成果向公司转移"铺桥搭路"。同时，还将大学的实验室搬出了大学校园，进一步密切大学与工业界的联系与合作。硅谷高科技产业基地的形成，依赖于斯坦福大学源源不断的技术创新，同时，也正是由于硅谷高科技产业的发展，为斯坦福大学的研究提供持续动力，让斯坦福大学始终站在高科技的前沿和顶端。可以说，没有斯坦福大学就没有硅谷，但是没有硅谷就没有一流的斯坦福大学。

## 二、学科突破

学科是大学的核心，是发展的龙头。一流大学形成首先要有一流的学科，众多一流学科集合而汇聚出一流大学。如前面提到过的田长霖的观点——世界上地位上升很快的学校，都是在一、两个领域首先取得突破。卡内基·梅隆大学就是通过重点发展计算机和信息技术学科，实现了学校研究实力的实质性飞跃。在20世纪70年代，信息技术在当时还是一个全新的领域，不甚为人所知，卡梅隆大学敏锐地觉察到信息与计算机科学将来会大有作为，将信息技术与计算机科学作为发展重点和本校特色，通过建立多个跨学科研究中心与研究所，学校在计算机科学方面的实力得到进一步加强，成为学校的优势领域之一。由于其在信息技术领域的建树，卡梅隆大学开始变得闻名遐迩。卡梅隆大学前校长杰瑞德·科亨在总结学校发展时说道："了解你的长处，进行权衡，尽可能多地发挥你的长处，加强你的优势，脱颖而出，独树一帜"[①]。

加州理工学院则是在一开始就高起点创办学科，实现迈入顶尖研究型大学的成功飞跃。在20世纪初，加州理工学院的前身还是一所默默无闻的

---

① 杰瑞德·科亨：《提高质量 转变职能：以卡内基·梅隆大学为例》，载《中外大学校长论坛文集（第一辑）》，高等教育出版社2002年版，第270页。

以教学为主的技校。在1920年正式更名为加州理工学院前后，学校确立科学研究的办学宗旨，开始发展学科。最早成立了物理、化学、天文学三个学科，并聘请了当时本领域最优秀的人才来担任学科带头人和组建团队，学校很快步入顶尖研究型大学行列。在发展过程中，扩大规模不可避免，加州理工学院对每一个新增加学科都非常谨慎。增加新学科，始终坚持三大原则：一是要有学科前景；二是新学科与现有学科能够相互促进；三是新科学建设要和已有学科达到同等水平，即"不建则已，要建就必须是世界一流"。

### 三、整体高端建设

后发大学相对于先发大学而言具有与生俱来的后发优势。后发优势使得通过按照世界一流大学的标准，建立一所新的一流大学成为可能。香港科技大学就是通过创建一所新大学，从整体上进行高端建设，成为世界一流大学的成功者。

香港科技大学于1987年开始筹建，在短短不到20年时间里迅速崛起，成为世界一流大学行列的"新贵"。香港科技大学借鉴了加州理工学院"小而精"的办学理念，从一开始就设定了高起点、高定位的办学标准，在创办之初，就学习和借鉴了世界一流大学的普遍做法，如，全球范围内遴选优秀的校长，招收最好的学生，招聘一流的师资，开展一流的学术研究，采用"教授治校"的学术管理制度，等等。

### 四、重大科技项目攻关

以重大课题攻关为契机，引领创新平台建设，是一流大学建设的路径之一。世界一流大学大多是围绕国家重大战略需求、重大科技项目，为解决重大难题和关键性技术，建立联合实验室或研发中心。几乎所有的美国一流研究型大学都参与了国家重大科技计划。如加州大学伯克利分校、哥伦比亚大学、芝加哥大学、哈佛大学等72所大学参加了始于1941年的"曼哈顿计划"；加州理工大学、麻省理工学院等120所大学参与了始于1961年的阿波罗登月计划；加州大学伯克利分校、麻省理工学院、哥伦比亚大学等大学参与了始于1990年的人类基因计划。通过参与国家重大科技项目攻关，一方面，大学能够将基础研究的成果进行直接应用，在应用中又促进了大学原有的基础研究的发展；另一方面，通过建立国家支持的实验室或研究中心，大学得到了国家大量的持续的科研经费，集聚和培养了一大批顶尖科学家，这些都是一流大学形成的必备条件。

芝加哥大学能够在很短的时间内成为一所一流大学，与其参加"曼哈顿计划"有很大关系。由于承担了"曼哈顿计划"的部分任务，大批物理学家集聚芝加哥大学开展研究，芝加哥大学的研究水平得到了质的飞跃，芝加哥大学也被称为"原子能诞生地"。"曼哈顿计划"结束后，芝加哥大学原有的冶金实验室"升级"为美国阿贡国家实验室，大批参与"曼哈顿计划"任务的科学家留了下来。

### 五、国际合作牵引

全球化时代，几乎所有大学都开展了广泛的国际合作，一流大学更是走在国际化的前列，是国际合作的领导者。纽约大学将国际合作发挥到了极致，建立起了全球教育体系，利用全球性教育和学术网络来创造竞争优势，成为一所全球性研究型大学，跻身于世界一流大学的行列。

纽约大学崛起于20世纪80年代学校开始构建全球教育体系（Global Network University）之际。"为了更好地应对全球的挑战，确立了三大发展战略来提高学校的综合竞争力。在三大战略中，'建设美国第一所真正意义上的全球性大学'是纽约大学的最终战略。'加强并巩固其优势学科的地位'和'推动学科建设和学校基础设施建设齐头并进'这两个战略都是为其最终战略服务的。"[1]纽约大学先后分别在华盛顿特区以及柏林、

---

① 李谦：《全球性大学：高等教育发展的新趋势———以纽约大学为例》，载《世界教育信息》2013年第8期。

巴黎、伦敦、悉尼等世界中心城市建立11个海外教学中心，还与阿拉伯联合酋长国和上海政府合作，建立阿布扎比分校和上海纽约大学两所海外分校。纽约大学的全球网络为纽约大学教师提供了前所未有的国际和多学科研究、教学和学术合作的机会。教师通过海外教学中心和分校，与全世界的杰出教师开展合作，教师可以到不同校区任教。学生也可以拥有全世界的教育资源，共享大学各个教学中心和分校所有的课程、师资、图书等资源——学生可以借阅各个校区的图书资料；可以在不同校区之间选课；还可以参加特定项目，到不同校区学习和交流。

### 六、杰出教师引领

拥有一支结构合理、水平顶尖、国际影响力大的师资队伍，聚集一批世界公认的学术权威和大师，是一所大学迈向世界一流的关键。一些学校以一流师资建设为抓手迈入一流大学行列。

加州大学圣塔芭芭拉分校是20多年来美国实力提升最快的大学之一。加州大学圣塔芭芭拉分校的成功经验主要有两个，一是集中资源；二是聘请最优秀的教授。[①]集中资源就是办最有可能跃居美国前列的学科和专业，然后聘请最优秀的教授，形成研究群体，学校再集中资源重点打造。1994年之前，加州大学圣塔芭芭拉分校是一所研究型大学，但是还没有进入一流研究型行列。1994年杨祖佑就任校长后，开始"物色"最优秀的教授，精心打造适合的研究环境和研究团队，引进了几个有获诺贝尔奖潜质的教授。在他任职期间，学校在1997至2004年的短短7年间，学校有5位教授获得诺贝尔奖，还有多位教授获得国家人文奖、国家科技奖等多项大奖。

当加州理工学院从教学型大学向研究型大学转型之初，也是通过杰出教师引领实现跨越式发展。学校最早成立的三个学科，均邀请本领域内最

---

① 杨祖佑：《全球竞争与合作下的大学创新》，载《中外大学校长论文集（第三辑）》，高等教育出版社2006年版，第229页。

最优秀的人才担任学科带头人。

### 七、研究生教育突破

世界一流大学将研究生培养作为创新人才培养的重中之重。约翰·霍普金斯大学通过举办卓越的研究生教育，发展成为世界一流大学。霍普金斯大学创办之初，受到了德国洪堡思想的影响，学习柏林大学教育与科研相结合的办学模式。同时霍普金斯大学又超越了柏林大学的办学模式，不仅致力于高水平的科学研究，还将科研团队扩大到学生，教育学生掌握科学研究方法，让他们直接从事科学研究，成为研究团队重要组成力量。

在1876年霍普金斯大学创立之前，美国一些大学已经招收研究生，但是规模很小，而且只招收本校学生继续深造。霍普金斯大学率先在美国设立研究生院，开展大规模专业化的研究生教育，并率先在全国范围内招研究生，设立研究生助学金，吸引全国最优秀的学生。大规模研究生，尤其是博士研究生的教育，使得霍普金斯大学吸引了最优秀的学生和教师，培养了一大批杰出的研究者，产生了一大批卓越的学术成果。霍普金斯大学被公认为是"第一所美国现代研究型大学"，霍普金斯大学的办学理念对美国高等教育发展也产生了重大影响。

### 八、传统大学发展创新

世界一流大学始终走在高等教育前列，引领者世界高等教育的发展，它们是制度和模式的创新者，是大学办学理念和思想的供给者。诸如哈佛、耶鲁等一些老牌大学通过不断的制度和理念变革和创新，给大学注入了新的活力，推动了大学的演化与进步，最终成为世界一流学府。

哈佛大学在18世纪中叶完成了从学院到大学的转变，到19世纪中叶已经具有一定的影响力，但远未及一流大学。哈佛大学的蜕变从1869年查尔斯·艾略特开始担任校长，艾略特担任校长期间（1869—1909），哈佛大学开始实行综合性选修课、教师自治、终身教职、校级体育比赛、制定学生入学标准。随后接任校长的劳伦斯·洛厄尔（1909—1933），哈佛大学开始实行住宿制度（建立住宿系统）、通识课与专业课、推崇学术自由；继任者詹姆斯·科南特校长（1933—1953）实行非升即走的终身教职体制、择优录取的招生制度（基于SAT的入学考试和奖学金政策）、开展外部资助研究、通识教育、参与创建常青藤联盟等。[①]经过这三位校长连续的锐意革新，哈佛大学焕发活力飞速发展，成为首屈一指的世界一流大学。哈佛大学这些创新制度是今天研究型大学耳熟能详的典型特征，哈佛大学也成为高等教育制度和理念的输出者，成为全世界大学竞相学习和模仿的对象。

### 九、创业型大学战略

创业型大学是一个新兴的概念，特指大学通过战略性实施学术创业活动，在学术创业活动中实现大学学术发展的路径。学术创业是指咨询、企业资助合同、专利许可与转让、新创公司、衍生企业等将大学专有知识转化为生产力的活动。诸如麻省理工学院、斯坦福、沃里克大学等大学不断创新知识转化方式，在学术创业活动中发展学术，使得大学不仅成为知识创造的中心，还是经济社会发展的引擎，成为经济社会发展的轴心，成为世界一流大学。

咨询、企业资助合同在20世纪初就已经存在，是大学知识转化和服务社会的传统方式。当时主要是教师的个体行为，麻省理工学院首先建立了教授"五分之一原则"承认和规范了教师咨询活动；建立专门的组织（工业合作与研究部、企业合作办公室）来统一大学与企业合作事宜。随后，麻省理工学院还创新了知识转化方式，进行教师专利申请与转让活动，最早建立了专门的专利制度体系和技术转让办公室来保护和管理大学的知识产权；鼓励教师创建基于技术之上的"新创公司"，最早成立天使投资公司

---

① 克莱顿·M·克里斯坦森、亨利·J·艾林著，陈劲、盛伟忠译：《创新型大学——改变高等教育的基因》，清华大学出版社2017年版，第67—116页。

（美国发展研究公司），为大学以科技为基础的早期公司进行风险资本并提供商业运行帮助。斯坦福大学更是"青出于蓝而胜于蓝"，通过创立大学科技园，让整个斯坦福大学校园和硅谷地区成为新创公司的孵化器。

与研究型大学促进教师学术创业的方式不同，作为一所新兴的教学型大学，沃里克大学则整合若干个大公司，代表大学直接参与市场活动。如，集研究、教学、培训、咨询、技术服务为一体的沃里克制造集团，代表大学与外部组织进行合作，直接"商业化"大学的知识。

创业型大学的学术创业活动改变了大学在经济社会中的角色，大学直接参与或从事经济活动，成为经济活动的主体之一。同时，也创新了知识的生产方式。在传统的知识转化方式中，大学的学术活动和商业活动是分开的，大学知识生产和应用呈阶段性分开，新的知识转化方式，将知识生产和应用合为一体，二者螺旋上升。新的知识转化方式，直接"商业化"了大学实验室里的科研成果，为大学研究提供了市场和动力，促进了大学研究发展，同时，大学研究质量的提高，又提升了科技成果转化的成功率。创业型大学就是在这种良性循环中，实现了跨越式发展，成为世界一流大学。

# 第三节　构建人民命运共同体中的大学使命

新一轮科技革命和产业变革正在兴起，世界正在经历百年不遇之大变局，中华民族正在实现伟大复兴的中国梦，高等教育地位和作用愈发凸显。高等教育正在跨越普及化的门槛，多样性既是表现形态，也是本质特征。高等学校需要服务社会、服务国家战略、服务人民群众对美好生活的需求，把学问做在中国大地上，实现特色办学。同为高等学校，定位既有不同，却又相向而行，共同为人类命运共同体、中华民族伟大复兴提供人力智力和思想理念的支撑。

**一、伟大复兴离不开价值观的引领**

进入21世纪以来，中国与世界的关系发生了根本性变化，我们"前所未有地靠近世界舞台中心"，正处于由大向强发展的关键历史时期。实现"两个一百年"奋斗目标、实现中华民族伟大复兴中国梦、建设社会主义现代化强国，既需要硬实力也需要软实力，而价值观是硬的软实力，是软实力的灵魂。

**（一）价值观是共同体之魂**

世界多极化、经济全球化、社会信息化、文化多样化叠加，使得各国的依存度前所未有，但贫困、疾病、争端、战争、气候变化等传统与非传统安全威胁此起彼伏。当前，新的冷战思维正在加剧，形而上的人类文明与形而下的全球经济均处于重构之中，迫切需要新的新的价值引领。

"夫物之不齐，物之情也。"多元是万物之本然，是共生之基础，并育不害、并行不悖是根本。需要在共商、共建、共享的过程中，培育起命运共同体意识。

文明的影响力取决于价值体系的认同，因此我们需要统筹国内国际两个大局，凝聚各族人民、海外华人、世界人民的共同力量，不断巩固你中有我、我中有你、谁也离不开谁的命运共同体，寻求中华民族和世界发展的最大公约数。

社会主义核心价值观，是凝聚全国各族人民建设中国特色社会主义现代化强国的思想基础；中华民族伟大复兴，是凝聚海内外中华儿女为创造祖国美好未来而共同奋斗的中华民族命运共同体；人类命运共同体，则是凝聚世界各国人民为解决和平、发展、治理这三大赤字而坦诚沟通、相向而行的最大同心圆。它们反映着人类社会如何相向前行的共同价值。

**（二）文明需要相互尊重和交流**

中国共产党致力于为人民谋幸福、为民族谋复兴、为世界谋大同。以人文交流推动文明的多彩、平等、包容，构建持久和平、普遍安全、共同繁荣、开放包容、清洁美丽的人类命运共同体，这是对"世界怎么了，我们怎么办？"时代之问的正确解答。"多样带来交流，交流孕育融合，融合产生进步。"①因循着这个逻辑，以人文交流推动构建人类命运共同体为目标的新文明观得以确立。这就是：

承认"差异"才能增进"了解"。文明如七色阳光，多姿多彩，然尺有所短寸有所长，和而不同是一切事物发生发展的规律。每一种文明都扎根于本国本民族的土壤之中，拥有各自的本色和长处。通过人文交流，可以把文明多样性转化为扩大交流合作的动力，为各国民众增进了解搭建桥梁。

懂得"包容"才能学会"欣赏"。本国本民族要珍惜和维护自己的文明，也要承认和尊重别国别民族的文明。海纳百川，有容乃大，傲慢和偏见是文明交流互鉴的最大障碍。只有秉持包容精神，才可以实现文明和谐；只有文化上彼此欣赏，心灵上才能相近相亲。

立志"和平"才能走向"互鉴"。和平像阳光一样温暖、像雨露一样滋润，自古以来就是人类最持久的夙愿。有了阳光雨露，万物才能茁壮成长。有了和平稳定，人类才能更好实现自己的梦想。唯有坚定求和平的信念，才能通过推动跨国界、跨时空、跨文明的互鉴。

区分"义利"才能达成"心交"。以利相交、利尽则散，以势相交、势去则倾，唯以心相交方成其久远，这是中国的传统义利观。国与国相交，就是要找到利益的共同点和交汇点，即"义利相兼、以义为先"。只有"讲信义、重情义、扬正义、树道义"，才能化解本国利益与他国利益的矛盾，拉近国与国人民心与心的距离，进而实现弘义融利。

保障"合作"才能实现"分享"。积力之所举，则无不胜也，众智之所

---

① 中共中央宣传部：《习近平新时代中国特色社会主义思想三十讲》，学习出版社2018年版，第291页。

为，则无不成也。70多亿人生活在地球这一人类唯一赖以生存的家园里，各国利益交融、兴衰相伴、安危与共，任何国家都不可能独善其身，没有一个国家能凭一己之力谋求自身绝对安全。合作可以形成全球公共产品，使各国公平分享成果和收益。

推动"发展"才能获得"共赢"。发展是解决一切问题的总钥匙。对各国而言，发展是第一要务，寄托着生存和希望，象征着尊严和权利。唯有发展，才能从根源上维护世界和平；唯有发展，才能保障人民的基本权利；唯有发展，才能满足人民对美好生活的热切向往。但发展绝对不能有排他性，正如习近平总书记所指出："大家一起发展才是真发展，可持续发展才是好发展。"

## 二、高等学校具有办学多样与价值相向性

世界高等教育已走过八百多年的历程，既是高校办学模式逐步多样化的历史，是旧的教育形式不能满足社会需求而不断产生新的教育形式的历史；同时也是高校办学模式不断趋同的历史，是新的教育形式不断向旧的教育形式学习靠拢的历史。[①]如既有着少量世界意义上的大学，更有着广大的为地方服务的高校。高等教育的定位不同、办学多样，但又相互补充、价值相向，共同构成一个体系去支撑社会的发展。

### （一）大学从世界性走向地方性

大学首先是世界性的。在中世纪的欧洲，它们作为国际化组织而产生。时至今日，绝大多数高校也没有放弃这一目标，更有一批大学坚守着探索真理的崇高使命，在为全人类的共同利益而砥砺前行。

但是，就属性而言，越来越多的高等学校开始走向了地方性。随着社会服务第三功能的产生与发展，一批高校逐步地方化，地方性高校在数量上所占比例越来越大。现如今，高等教育既要为全人类的公共利益服务，同时

---

① 马陆亭：《为什么要进行高等学校分类》，载《中国高等教育》2010年第20期。

也要为国家的政治经济服务，还要为地方的经济建设和社会发展服务。

**（二）高等学校是办学多样和价值一致的统一体**

相对于高等教育的多样性，各高等学校在发展、办学、管理中除了组织功能结构相近性外，也有着核心理念的共同点。主要有：

专业性。大学是学习型组织，高深学问是高等教育的专属领域，教学科研学术活动是大学的核心工作，因此专业性成为大学工作的基本特征。虽然大学的创新会有对传统规则的挑战，但总体而言还需适应社会需要，地方高校更要适应和推动地区经济发展。

创新性。大学是创新型组织，创新是高等教育发展的灵魂，培养具有创新精神的高级专门人才是高等教育的本职使命。对地方高校而言，需要加强教育的务实性，注重提升学生的就业和创业能力，把创新精神培育和实践能力培养融为一体。

开放性。高等学校从国际化走向了地方化，也就容易从开放走向封闭，而封闭办学是不符合高等教育发展规律的。开放性首先是一种思想，要海纳百川有开放的视野，在思维的交流碰撞中发展与创新。地方高校特别要在为社会服务中形成特色，在与地方产业的交流中发展学术，推动办学特色和提升水平的齐头并进。

公益性。教育是公益性事业，大学是公益性组织。尽管存在着一定的部门利益，但不能放大。肆意放大会悖离这类组织的使命和初衷，产生异化现象。地方高校为地方发展服务，实质上就是在为国家和人类发展服务，是其中的组成部分。当今中国所有的高校都要思考如何担当支撑中华民族伟大复兴的历史责任。

高等学校需要正确把握"多样和一致"交互作用关系所体现出的教育发展规律，在坚守高等教育基本标准的基础上，努力办出高等学校不同的特色。简而言之就是"坚守核心理念，走向多元发展"。

### 三、高等学校应该在价值引领上发挥重要作用

教育是一种文化存在，以知识的传授、创新、应用方式实现以文化人，传承和发展人类文明。高等教育有责任以理性思考、科学精神引领社会思想，以专业思维、求真意识改造现实世界，使人类生存与发展得更加美好。

大学要以学术共同体助推实现人类命运共同体。大学在产生之初就是教授的学术共同体，共同体文化在大学深入人心也符合大学的特征，创造人类的美好未来更是大学的理想追求，因此高等学校是推动实现人类命运共同体的重要载体。

同时，不同文化涵养着不同思维方式，如东方文化重视整体，思维方式从综合到具体；西方文化重视个体，思维方式从具体到抽象。不同文化的交织既有助于相互理解，更有助于思维创新，这就是世界各国的大学特别是高水平大学，非常重视教师和学生国际化及国际交流与合作的内在原因。

民族性反映着对文化的特殊需求，学术性代表着对真理的普遍追求。①大学之大，在于开放和高深，人们在相互学习中推动融合与创新。所以，高等学校是国与国开展人文交流、学术合作的重要和基本场所，高等教育既推动民族文化走向世界，也帮助民族文化通过吸取世界文明养分而不断提高自身文化的先进性。

---

① 马陆亭：《向高等教育普及化的理论要点》，载《现代教育管理》2017年第1期。

# 第四节　"逆全球化"挑战下的大学变革

国际社会"逆全球化"思潮喧嚣，主要推手是美国单边主义盛行及全球疫情暴发。单边主义使"二战"后形成的传统国际秩序遭受挑战，突如其来的疫情使人们看到不同制度的运作成效，世界正在发生重大变化。我国进入疫情防控"常态化"，许多国家陷入疫情蔓延"长态化"。"常态化""长态化"长期共存，加之美国对我国的围堵升级，致使经济全球化受阻，产业链走向分割。面对复杂局势，中央明确要"加快形成以国内大循环为主体、国内国际双循环相互促进的新发展格局"，坚持主动开放。"逆全球化"改变着高等教育发展的内外部环境，也改变着高等教育本身。教育要服务国家战略，在主动谋变、化危为机中发展新优势，在勇于进取中强盛壮大起来。

## 一、未来大学将发生深刻变化

面向未来，世界高等教育竞争更加激烈，西方国家科技封锁加剧，大学的开放、创新责任重大；信息技术与高等教育加速融合，将产生新型教育模式。我国在制度、信息基础设施、市场等方面具有比较优势，高等教育发展存在着新的机遇。

### （一）大学在国际竞争格局中的地位显著增强

科技成为赢得国际竞争的关键性力量。疫情加剧了全球产业链调整，世界面临逆全球化的现实风险，世界主要经济体都在努力完善自身产业链，确保经济安全。美国动用政府力量对华为疯狂围堵，日本限制向韩国出口"光刻胶"等关键材料，充分显现出科技对于产业链和地缘政治影响的关键性作用。近来，备受青年人欢迎的TikTok在美国和印度遭受打压，也凸显出科技对于意识形态和文化传播的重要性。

大学肩负的责任更加重大。科技大国收紧科技合作交流，通过引进先进科技实现发展更加困难。我国加快了自研替代步伐，以解决在"卡脖子"技术环节的供给安全问题。高等学校特别是"双一流"建设大学在关键科技领域研发、汇聚和培养拔尖创新人才等方面责任加大，地位更加突出。我国高等教育迈入普及化阶段，也使得高等教育成为民生的基本因素，对国家践行教育公平的责任不断加大。

### （二）大学模式将发生重大变革

大学教育不再回到过去。疫情客观上加快了信息技术与学校的教育教学、学科发展、科学研究、管理与服务等方面的深度融合，带来了教育系统各要素之间的重组。全新教育体验产生教育新文化、育人和治理新模式，即使疫情过去，大学教育也很难完全回归旧有模式。

线上开启教学模式革命。线上线下混合教育成为高校教学的"新常态"，大规模线上教学为传统教学注入新技术、新理念，人工智能技术将进一步推动实现规模化教学的个性化安排，因材施教将变为现实。

国际化教育出现新形式。为应对疫情对国际学生的阻隔，美国部分高校开始主动与我国高校合作，开展留学生在国内高校授课新模式。目前，已有十多所美国高校采用此新形式，相信会有更多海外高校效仿。这是一个有积极意义的启示，国内大学的国际教育合作模式将会出现变化。

### （三）比较优势带来我国大学发展新机遇

我国高等教育资源组织调配能力强大。对疫情的有效应对，凸显出我国社会主义制度的优越性。我们有着世界上其他国家所不具备的、强大的资源组织能力，这表明我们能更好地统筹应对面临的挑战，对外吸收国外的优质高等教育资源，对内实现优质高等教育资源的共享。

有优良的教育信息化基础设施。得益于近十年来"三通两平台"、"中国教育和科研计算机网"等教育信息化建设，我国教育信息化基础设施处于世界前列。

有超大规模的高等教育服务市场。我国拥有世界上最大规模的高等教育体系，不仅能有效推动服务业的复苏，而且是新一代信息技术在高等教育服务领域创新应用的坚实市场基础。

中国特色高等教育模式加速发展。在高等教育发展新旧范式的交错中，我国高等教育比较优势得以显现，实现从更多借鉴到更多分享中国经验模式的转变，有着抢占国际教育制高点的基础。

### 二、从国家需求看大学方位

准确把握方位方能赢得变革，而方位体现在国家战略需求之中。我们要充分认识高校的学术组织属性，主动推动合作、突破西方封锁，助力国家开放大局。要大力吸引全球人才，把高校建设成为为国聚才的蓄水池。面对疫情下高等教育网络空间的迅速崛起，要采取强力举措抢占高等教育网络阵地，助力国家赢得网络空间竞争。

#### （一）使大学成为推进国家开放合作的先锋队

开放交流是大学的天然属性。科学问题是学术共同体的共同议题，合作交流是学术人员跟踪科技前沿的关键，开放是大学天然的本质属性。在已建立的国别间人文交流机制的基础上，还要发挥创造性，主动谋划推动中外高校之间合作交流的特色化、多元化发展，让高校之间的合作交流成为国家对外开放的稳定器与融合剂，助力国家开放之大局。

高等学校是打破科技封锁的突破口。美国联合其他西方国家对中国进行科技封锁，科技问题上升到美国国家安全高度。但美国政府与学术机构在对外科技政策上存在分歧，学术界民间科技合作交流的动力更强。目前，美国的国际科技合作论文中与中国合作的占比为23%，远高于英国（占

14%）、德国（占11%）[1]，中美双方高校科技互融、学术合作的土壤仍在。我国高校特别是"双一流"建设大学要发挥自身独特优势，善用各种渊源关系，以建设海外研究基地、提升国内研究平台国际化水平、创新中外合作办学模式等多种形式开展科技与育人合作，助力国家突破科技封锁。

**（二）把大学建设成汇聚全球拔尖创新人才的蓄水池**

高水平大学是高端人才的主要承载体。当今国际竞争最根本的是人才竞争，尤其是拔尖创新人才的竞争。单是国家2008年推出的一项高端人才海外人才引进计划，统计到2016年底，共引进高端海外人才6089人[2]，其中超过一半进入"双一流"建设高校。高水平大学作为我国汇聚高水平学者主要载体，对社会的贡献愈发引人期盼，我们可"润物无声"地开展引人汇智工作。

针对美国右倾政策吸纳人才回国。近年来，美国"麦卡锡主义"回潮，种族歧视日益严重，对华裔及其他与中国合作的科学家"审查"和"排斥"举动不断，使一些科研合作受到严重影响，但也为我国高校吸纳美国学者特别是华裔学者来华工作提供了一些机遇。

用好我国疫情控制的有利形势。要善于把握疫情对国际留学环境和国际学生流向的改变，把握住一些美国高校主动与我国高校合作育人的有利时机，通过高校的主动作为，充分运用我国疫情控制的制度优势积极与世界优秀人才合作。

**（三）为国家赢得网络空间竞争的主阵地**

疫情将高等教育推向广阔的网络空间。在过去的短时间内，疫情将中外数亿高校学生和教师深入推向线上教育应用。未来网络空间将作为教育教学的基本环境，成为获取教育资源服务的重要渠道，基于网络的教与学

① U.S. Universities Battle a Security Storm in Congress［EB/OL］.［2020-05-12］. https://www.sciencemag.org/news/2019/07/us-universities-battle-security-storm-congress.
② 全国人才资源统计结果显示 我国提速迈向人才强国［N］. 人民日报，2017-08-31（004）.

应用、教学管理、教育治理将出现常态化。网络空间成为学校、教师和学生教育信息化应用的主要入口，"一人一空间，人人用空间"已基本实现。

赢得高等教育网络空间竞争关系重大。网络空间已经成为各国激烈争夺的重要战略空间，高等教育网络空间的迅速崛起，将成为网络空间争夺的制高点，应予以高度重视。高等学校作为各种社会思潮的策源地，对青年学生的意识形态至关重要；高等学校作为文化的重要载体与象征，是传播文化的重要渠道；高等学校作为教育服务输出的主体，在网络空间中，供给范式较之于传统发生了很大变化，形成了大教育供给模式，这为我国高等教育服务输出实现跨越式发展提供了机遇。

### 三、通过战略布局做强我国高等教育

面对封锁，我们需要直面挑战抓住机遇，用中国智慧化解难题推动发展，充分运用我国的制度等比较优势，把握疫情下高等教育格局调整带来的新机遇，以开放破封锁，以数字化、网络化发展助推变轨超越，在斗争中壮大自己，不断提升我国高等教育的影响力。

#### （一）着力推动大学的开放交流

高等教育开放的大门要越开越大。未来中国开放的大门不会关闭，只会越开越大[①]。目前，我国本科以上中外合作办学机构和项目已有一千多个，与世界高等教育已深入交融，产生广泛良性互动。另外，我国高水平大学依然稀缺，与美国等发达国家相比整体质量仍有差距，还需要加强交流合作促进自身发展。

以开放破封锁。面对当前国际新形势，在海南国际教育创新岛建设、粤港澳大湾区国际教育示范区建设中，在支持长三角地区率先开放、先行先试等服务国家重大发展战略中，优先突出打造高等教育对外开放新高

---

① 习近平：在博鳌亚洲论坛2018年年会开幕式上的主旨演讲［EB/OL］.［2020-05-12］

地，以更大的开放力度吸引国际优质高等教育资源，推动本土的国际化教育发展。

实现我国与发达国家高校间的合作更加灵活多样。中美高校间的合作交流应"重心下移"，注重结合各自优势，用好姊妹校、合作校、国际校区等各种渊源关系，以更多种民间形式开展合作交流。应全面分析美国以外其他国家一流学科的分布情况，拓展视角、整合资源，推动高校的国际合作迈向更大范围，努力实现"以我为主""一对多""高水平""有特色"的合作目标，最终服务于建设创新型国家、构建人类命运共同体的大局。对"双一流"建设高校的国际学术交流，有关主管部门应给予更充分支持，在政策上给予一定灵活性和更大自主权。

**（二）因势提升我国高等教育的国际影响力**

把握住高等教育数字网络化发展新机遇。疫情带来高等教育数字化、网络化发展崭新格局，为我国高等教育变轨超车带来难得机遇。要充分发挥我国制度与信息基础设施优势，充分利用数字网络空间开放共享机制，搭建吸纳国内外优质高等教育数字资源的平台，服务全球，传播中国文化。

高等教育数字网络化建设向"一带一路"国家延伸。设施连通在"一带一路"建设和发展中发挥着先导性的作用。要带动"一带一路"国家推进高等教育数字网络化建设，提供在线教育中国方案、中国标准，使得"一带一路"国家的大学生更便捷地学习我国数字化课程，让我国优质高等教育资源和教育标准一起走出去，为民心相通提供基础性支撑。

**（三）促进中国高校学者深度融入世界学术圈**

为推动我国高校学者与世界学术圈深度交融，掌握世界科学研究的最新前沿动态，提升学术水平，要推动中国高校学者特别是优秀学者深度融入世界学术圈。

一是建立世界学术数据库集成平台，建议由国家出资购买世界上主要的学术数据库，将这些数据库集中在一个网络平台，向全国所有高校开放，使全国高校学者及时掌握世界学术研究的最前沿信息，共享最前沿动态。二是支持中外高校出版社合作出版我国高校学者学术著作，通过共同组织选题，接受国际同行评议，掌握并融入国际学术通行规则。三是支持高校建立国际学术联盟，支持有能力的高校建立起形式与主题多样的国际学术联盟，丰富我国高校学者与其他国家学者交流的平台，通过高校间的议题带动我国高校学者与世界学者更好地互动。四是实施世界高水平学者导师计划，每年在全国高校遴选资助一批在基础学科和关键领域内具发展潜力的一批中青年学者，以较为灵活的形式、较长的时间跟随世界高水平学者进行学习与研究。

**（四）主动谋划高等教育的数字化变革**

着力解决高等教育信息化建设中的"痛点"。突如其来的疫情，也暴露出我国数字化公共教育资源不足、基础设施区域差距较大、教育管理信息系统条块分割、数据标准不统一、欠缺统一教育数据平台等数字公共基础设施方面的诸多"痛点"。应以消除"痛点"为突破口，通过教育"新基建"主动推动高等教育领域数字化进程。

占据高等教育网络空间"制高点"。面对全球疫情，高等教育网络空间在国家网络空间中的地位更为突出。应以筹划中的教育专网建设为契机，大幅提升我国高等教育网络空间技术和治理水平，占据高等教育网络空间"制高点"，搭建交流合作的新纽带，建设教育资源传播的新渠道。

（本章内容依序由以下公开发表的论文及少量未正式公开发表的文稿节录、组合、改写而成：《经济全球化与高水平大学建设》，载《辽宁教育研究》2001年第12期；《在开放与竞争中建设一流大学》，载《学位与研究生教育》2002年第4期；《开放是大学昌盛的基础》，载《中国高等教育》2016年第5期；《促进高等教育区域发展的模式、机制、文化》，载《中国高教研究》2012年第8期；《世界一流大学的新型路径》，载《郑州大学学报（社会科学版）》2018年第4期；《百年未有之大变局与中国高等教育新使命》，载《探索与争鸣》2019年第10期；《"逆全球化"挑战下的高等教育变革》，载《复旦教育论坛》2020年第6期。）

# 第十章

# 改革完善现代大学制度

　　改革是为了发展的活力，而活力需要制度的保障。党的十八届三中全会的主题是全面深化改革，四中全会则聚焦中国特色社会主义制度，提出了治理体系和治理能力现代化的重要命题。以跨世纪为界，我国在高等学校管理制度方面的热点话题，之前为高等教育体制改革，之后为现代大学制度建设，它们是一脉相承的，目的都是为了提高学术创新水平和人才培养质量。前者重在放权、激发办学活力，后者重在规范、调整权力结构，是一个由政府主导转向学校自我建设的过程。本章对改革的历史过程、逻辑脉络、内涵特征进行阐释，内容涵盖体制改革、大学制度、章程建设等。

# 第一节　高等教育改革的逻辑

党的十八大报告在总体目标部分提出"必须以更大的政治勇气和智慧"深化重要领域改革，十八届三中全会通过的《中共中央关于全面深化改革若干重大问题的决定》进一步指出"改革进入到攻坚期和深水区，必须以强烈的历史使命感……敢于啃硬骨头，敢于涉险滩"，可见高等教育综合改革任务的艰巨性。

## 一、高等教育改革的深水区和攻坚期

### （一）国家总体改革的逻辑

改革是为了发展的活力和人民的福祉。

自改革开放以来，我国改革的方向就是激发发展的活力，并着力构筑保障活力的体制环境，十八届三中全会延续了这一思路。如提出深水区和攻坚期，是担心活力不足，而需全面深化改革；提出使市场在资源配置中起决定性作用，是为了增加活力；提出推进国家治理体系和治理能力现代化，是要以制度保证活力。最后，改革的目的是科学发展，改革成果要惠及全体人民。

### （二）高等教育改革的深水区

出现深水区，是因为我们的发展出现了悖论，如何解决悖论将成为继续发展的关键。

主要悖论有：这是一个高度重视教育的社会，科教兴国、人才强国都是国家战略，家庭、学生也都为教育付出了巨大的精力，结果却产生钱学森之问和毕业生就业难；这是一个高度重视人才的社会，政府想尽所能的称号、给出巨额资金、重用大量人才担当起各种职责，结果却难以见到真正的大师，大学又开始去行政化；这是一个高度重视科技的社会，我国每年发表的论文数已位居世界第二，近几年来科技投入每年以20%～30%的速度增长并于2013年越过GDP2%的门槛，但我们还不是创新型国家。

**（三）高等教育改革的攻坚期**

改革之难一是许多难题久攻未下。如1985年的《中共中央关于教育体制改革的决定》就提出关键是改变政府对高等学校统得过多的管理体制，1993年的《中国教育改革和发展纲要》指明要转变政府职能、逐步建立政府宏观管理、学校自主办学的体制，1998年通过的《中华人民共和国高等教育法》规定"高等学校应当面向社会，依法自主办学"，如果它们当时真正实现了的话也许就不会有后来的现代大学制度的提法了；再如1993年的《中国教育改革和发展纲要》也提出过"制订高等学校分类标准和相应的政策措施，使各种类型的学校合理分工，在各自的层次上办出特色"，2010年的《教育规划纲要》继续提出要"建立高校分类体系，实行分类管理，引导高校合理定位"，但分类体系是什么？标准是什么？目前怎么操作等，一直都还没有明确。

二是难在对一些有深度的问题没有形成共识。没有共识，怎么改革、朝什么方向前进？许多问题是提出来了，但往往各说自话、最后不了了之。例如对教授治校的理解，坚持者认为是必须的，是大学的本质特征之一；反对者认为正如战争太重要了不能让将军说了算一样，高等教育已成为国家战略怎么能让教授说了算；更多人则认为教授治校不可行，学校规模很大、还要实行战略管理，教授本身不懂、相互间不认识、又怕耽误时间，怎么治校？虽然后来有关教育部门用教授治学来代替，但学界也不是没有争议。

## 二、以改革促活力

在改革的深水区我们的攻坚任务十分严峻，因此需要综合改革。就是要解决掉那些综合性、深层次难题，增强解决问题方式的协同性、系统性，有效激发各方的活力。

### （一）构建学校政府社会新型关系

十八届三中全会提出要处理好政府与市场的关系，包括市场在资源配置中的决定性作用和更好发挥政府作用相结合，而政府的作用主要是有效履行职能、实现宏观调控。因此，高校需要完善面向社会依法自主办学的法人治理结构。

改革的重点是探索政府对高校的新型目标管理关系。高等学校有自己独特的社会职能和运行规律，不是行政机关，不能用政府管理模式管理学校；但教育也不可能超越社会而独立发展，政府也不该放弃自己应有的责任。因此，有效的管理应是学校特色和国家意志的综合体现，满足政府目标和学校自主的双向要求。政府与大学间建立起契约型目标关系就是这种要求的一种实现安排，即政府对大学提出目标和要求、提供财政及政策支持、进行绩效评估，大学在宏观框架内实行自主办学。

在高校与社会关系方面，还应探索各利益群体参与治理的途径，探讨不同高校的适宜治理模式。如行业特色大学需加强产业界的参与，地方性高校应加强省级政府统筹权和地方各界的参与。

### （二）促进高等教育内涵式发展

内涵式发展首先是思想观念层面的东西。因为在我们的发展文化上，扩张、外延式的发展深入人心，感觉地盘大了、楼高了才叫发展，有形的发展才叫发展。比如，大家都知道盲目扩张、"跑部钱进"、教授争官、官谋教授、论文唯上等不属于内涵发展的内容，但问题是都还这么做，因为非内涵发展可以得到资源、项目、荣誉、官位、机会等具体实惠。发展愿望与游戏规则不一致，说的和做的"两张皮"，对此现象经济学专门有个术语叫劣币驱良币。不加入价值判断，劣币驱良币符合规律，加入价值判断它是不好的规律，危害很大。

这种危害主要是对创新文化的破坏。例如，在现有体制下一个非专业人员可以通过课题立项、出版论著等专业环节得到教授称谓，甚至成为评委而决定着专业人员的学术命运，而事实是该教授研究不是自己做的、书和论文不是自己写的。这一现象想必大家已司空见惯，危害是什么呢？学术的平庸化！资源控制者成为大师，学术人员沦落为打工仔。

那么，如何改变这种状况，真正实现高等教育的内涵式发展呢？结论是把复杂的问题简单化，按事物最本质的属性去发展。每个事物都有其最本质的属性，如教师、行政各有其功，不能混淆，不能功夫在诗外。在什么位置谋什么政，本职工作是什么就评价什么，就是按本质属性发展，而遵循了本质属性发展也才能实现内涵发展。高等教育的内涵式发展需要：教师心无旁骛，潜心学术醉心育人；行政格守尽职，提高效率把握方向；学校面向社会，满足需要提高质量。不能什么都想要什么都占，必走歪门邪道，通吃是内涵发展之大忌，特色是内涵发展之结果。

### （三）把科学理念转化为治理结构

高校模式趋同、劣币驱良币现象等有一定的规律，但它们是不好的规律。那么就要制定规则，规避掉它们，如银行的回收机制就是使劣币退出流通。这就是制度建设，制度可以保障健康发展。

对制约高等教育科学发展的一些难题，学者们其实发表过不少高论，但对工作的推动并不明显。除了自说自话、没有共识之外，很多是只有理念描述，没有制度设计。有些话看上去很美，但不能操作。

当然，也不能说我们就完全没有共识。如在改革开放三十五年的历程中，从扩大高等学校办学自主权，到高等学校面向社会依法自主办学，再到建立现代大学制度，大学制度的建设方向十分明确。但是，我们的目标没有达到，我们的共识过于笼统，有时甚至成为空洞的口号。

问题出在我们虽有理念，但缺治理结构，很好的理念不能真正转化为制度。多年来我们循环不断地放权与收权、办学模式趋同、学者对权力的追逐等问题，不是源于认识上的不到位，而是由于治理结构的不完善。因此，治理能力现代化将显得尤为重要。

高等教育的改革最终要满足社会和人的发展需求，创建有助于学术创新和学生健康成长的环境，而这些需要治理结构予以保障。对外需落实办学实体地位，避免行政部门的过度干预和项目抓手的过度牵制，即所谓的面向社会和自主办学；对内需建立有效治理结构，通过职责明晰、程序公开、同行评议等措施规避学术寻租现象和人情关系影响，即所谓的自我管理和约束机制；因此，我们不能光讲意义，要有明确的制度约束和保障，通过治理结构解决热点、难点问题。

# 第二节　从体制改革到治理现代化

改革开放以来，我国在高等教育管理制度方面的改革经历了体制改革、现代大学制度建设而后走向综合改革、推进治理体系和治理能力现代化。党的十八大以后，中央政府开始了新的简政放权工作，国务院已分批开展了取消、调整行政审批项目等工作。这是我国第二轮的放权热潮，重点是权力归位，与第一轮的重在激发活力有很大的不同。

## 一、从高等教育体制改革到现代大学制度建设

从1985年起，我国开始实施深刻的高等教育体制改革，目的就是要激发学校的办学活力，因此宏观上的简政放权、微观上的激励搞活是一直是

改革的主旋律。当时没有明确的现代大学制度建设的提法，但在高等教育行政制度方面的提法是高等教育管理体制改革，在学校制度方面的提法是高等学校内部管理体制改革，它们是一脉相承的。

**（一）体制改革：从释放活力开始**

十一届三中全会后，中国走向了改革开放的道路，开始改革高度集中的计划经济体制。这一改革以上级开始给下级更多更大的选择权和自主权为起点，最初体现在经济领域。1979年底，苏步青等上海四所著名大学的校长在《人民日报》上联名发表文章[①]，呼吁给高等学校一点自主权，引起反响。此后，一个以扩大高校办学自主权为突破口的教育体制改革热潮逐步在全国展开。

1985年5月27日，中共中央颁布了《关于教育体制改革的决定》。《决定》指出："当前高等教育的体制改革的关键，就是改变政府对高等学校统得过多的管理体制，在国家统一的教育方针和计划的指导下，扩大高等学校的办学自主权，加强高等学校同生产、科研和社会其他各方面的联系，使高等学校具有主动适应经济和社会发展的积极性和能力。"为了在简政放权的同时，加强政府对教育的宏观管理工作，调动各部门、各行业办教育的积极性，全国人大常委会于1985年8月18日通过了《关于设立国家教育委员会撤销教育部的决定》；国务院还于1986年3月8日发布了关于《高等教育管理职责暂行规定》的通知，对国家教委、国务院其他部委、省级政府管理高等教育的主要职责及高等学校自我的管理权限均作了具体说明；1993年2月13日，中共中央、国务院印发了《中国教育改革和发展纲要》，提出要"逐步建立政府宏观管理、学校自主办学的体制"；1994年7月3日，国务院颁发《关于〈中国教育改革和发展纲要〉的实施意见》，指出"高等教育逐步实行中央和省、自治区、直辖市两级管理，以省级政府为主的体制"；1998年8月29日，全国人大常委会通过《中华人民共和国高等教育

① 苏步青、李国豪、刘佛年、邓旭初：《给高等学校一点自主权人民日报》，载《人民日报》1979年12月6日。

法》，规定"高等学校应当面向社会，依法自主办学"，"高等学校自批准之日起取得法人资格"。

这期间，放权是主旋律，旨在激发基层和学校的办学活力。经过十多年的改革探索，完成了在思想观念上的认识，那就是"逐步建立政府宏观管理、学校自主办学的体制"，其中包括"中央和省两级管理、以省级政府为主"的管理体制和"高等学校面向社会、依法自主办学"的法人地位。现在看来，这一认识依然是正确的。

**（二）现代大学制度建设：着眼于建立治理结构**

体制改革起始于计划经济时期，以政府为主导实施，重在解决权力过于集中问题，因此放权、激励是主旋律。但慢慢地，我国开始走向社会主义市场经济体制，而这需要新的制度模式与之相适应。在新旧交替之际，如果一味由上而下放权，而治理结构重建工作没有跟上，势必会出现"一放就乱、一乱就收"的局面，对此现象大家都不陌生。可以说，这个时期我们的认识是到位的，但制度建设没有跟上，空有理念而无法落实。换句话说，如果《高等教育法》上的有关规定都真正实现了的话，就不会有后来的现代大学制度建设的提法了。

现代大学制度建设流行自本世纪初，特别活跃于《国家中长期教育改革和发展规划纲要（2010—2020年）》颁布的2010年前后[①]。如袁贵仁"建立现代大学制度推进高教改革和发展"（《中国高等教育》2000年第3期）、潘懋元"现代大学制度笔谈"（《国家高级教育行政学院学报》2001年第2期）等，在《教育规划纲要》制定前、中、后期笔者也曾专题负责过教育部组织的有关现代大学制度建设研究。后来，现代大学制度建设成为《教育规划纲要》的重要内容，成为社会关注的热点和教育改革的亮点。《教育规划纲要》颁布后，国家成立了国家教育咨询委员会，其中专设现代大学制度建设组，在全国425个教育体制改革试点项目中现代大学制度就占有48个。

---

① 马陆亭：《从高等教育体制改革到现代大学制度建设》.《中国高等教育》，2013年（21）.

与早期的体制改革不同，现代大学制度建设是起因于市场经济，重在规范化建立起治理结构，是外部约束下学校的自我建设过程。因此，《教育规划纲要》所明确的现代大学制度建设的四项内容为：完善治理结构、加强章程建设、扩大社会合作、推进专业评价。无疑，这些工作都在推进和完善之中。

### （三）治理能力现代化：开始了新一轮的简政放权

虽然现代大学制度建设开始了对高等教育、高等学校各种权力间的规范、调整工作，问题也都提出来了，但在过程中感到难以深入。比如政府与学校间的关系，在教育部召开的有关章程制定的工作会议上，就有校领导询问"政府与学校的关系不是学校能决定的，是否就不写了"等问题；再如，谈到"去行政化"、学术权力与行政权力的关系等问题，理论上怎么界定好像大家都同意，但到了实际操作层面就有了"去行政化不是不要行政"、"校长没有级别到政府机关谁来接待啊"等诸多问题。高等教育走到改革的深水区和攻坚期，因此需要综合改革。

慢慢地，现代大学制度建设已逐步把改革重点收缩到完善内部治理结构上。如教育部2014年的工作要点在 "深化教育领域综合改革，加快推进教育治理能力现代化"下的二级标题"完善学校内部治理结构"中，具体地提出了"完善依法办学、自主管理、民主监督、社会参与的现代学校制度，加强高等学校章程建设，促进学校加快内部管理体制改革，制订落实加强直属高校领导班子建设意见，制订直属高校人事制度改革指导意见，出台《高等学校学术委员会规程》，落实《学校教职工代表大会规定》"等工作要求。关于完善内部治理结构重要性的凸显，笔者也曾专门撰文阐述，认为原因有二[①]：一是改革的节点到了这里，不突破很难继续前进；二是它与其他改革间的关联性上升，相互影响和制约。

大学不再是象牙塔，教育问题是社会问题的反映。党的十八届三中全

---

① 马陆亭.完善高等学校内部治理结构［J］.现代教育管理，2014（7）.

会报告在改革总目标中提出了"推进国家治理体系和治理能力现代化"的要求，它既是执政党关心的核心问题，也是国家科学发展保障。无疑，高等教育治理现代化是国家治理体系现代化的重要组成部分，推进实现高等教育治理能力现代化也是我们的重任。

而实现高等教育治理能力现代化，首先就要分清责任，该谁的权就是谁的权，责权利相统一。伴随着国务院简政放权工作力度的不断加大，高等教育主管部门也在清理着自己的需要取消和调整的行政审批项目清单。也可以说，治理能力现代化正从权力归位开始，也由此奠定了现代大学制度建设深化的根基。

**（四）全面依法治教：高等教育科学发展的根本保障**

从体制改革开始，我国开始调整高等教育的权力结构，直至现代大学制度建设，经历了一个由政府主导转向学校自我建设的过程。建设了几年突然发现，许多问题积重难返，因此在治理能力现代化的大旗帜下开始了综合改革、在国家简政放权的大方针下开始了新一轮的放权工作。根本出路是要走向依法治教。

十八届三中全会的主题是"全面深化改革"，四中全会的主题是"依法治国"，"全面深化改革"和"依法治国"如机之两翼、车之两轮，缺一不可。当今的改革是与制度建设紧密地联系在一起的。在"四个全面"中，全面依法治国和全面从严治党就是制度性建设，要通过"全面深化改革"而实现"全面建成小康社会"，而制度是根本性保障；实现国家治理体系和治理能力现代化也是制度性建设，是建设的目标和标志。改革和法治，成为事物发展的不同方面。

高校章程是把改革理念转化为治理结构的理想载体。在当今高等教育的综合改革进程中，我们需要把章程制定看作是推动科学发展的机遇，推动高等学校的依法自主和按章办学。最终目的是创建出让广大教师醉心于学术工作的机制，使高等学校的人才培养和科研工作极大地满足社会需求的机制。需要完善的重点领域有：政府与高校目标型管理关系的确立，党委全面领导与校长负责机制的确立，学者学术共同体模式的构建，适宜学校发展的社会治理模式。我们需要把思考清楚了的高校治理结构以章程的形式明确下来，使之成为高校依法自主办学的基础。

## 二、大学的有效治理取决于学者共同体机制确立

当去行政化、学术权力与行政权力冲突等概念提出后，学界反应强烈，说明它切中时弊。但是，再往下却争议纷起、莫衷一是，感觉该议题在不了了之。近年来，中央政府陆续确立了加强现代大学制度建设、推进国家治理现代化、全面依法治国的治理理念，高等教育领域也在政府简政放权、大学章程制定、完善治理结构等方面做了大量工作。政府与大学的关系、学术权力与行政权力的关系正在成为改革亟待突破的关键。

### （一）制度的激励和约束作用

自改革开放以来，高等教育就不断地进行着宏观管理体制和高校内部管理体制的改革，并形成了"宏观简政放权、微观激励搞活"的改革思路，方向无疑是正确的。但是，权力"一放就乱、一乱就收"反复困扰着我们，说明改革理念并没有切实转化成制度安排。

下放权力是计划经济的改革思路，权力归位是市场经济的改革思路，高等教育治理能力现代化的关键是规范住各方的权力边界。所以，伴随着国家体制从计划经济转向市场经济，国家对高等教育管理制度的提法也从体制改革慢慢地转变为现代大学制度建设，二者是一脉相承的。高等教育治理能力现代化的目标也是指向建成现代大学制度。

诺贝尔经济学奖获得者诺斯认为[1]："制度是一系列被制定出来的规则、秩序和行为道德、伦理规范，它旨在约束主体福利或效用最大化利益的个人行为。"可见制度虽有激励作用，但更是一种约束。计划经济时代的约束力太

---

[1] 道格拉斯·C·诺斯：《经济史中的结构与变迁》，上海三联书店、上海人民出版社1994年版，第225页。

强，所以要激励；而市场经济解放了旧的束缚，就需要建立起新的约束。

因此，我们的改革内容要变：过去的管理体制改革重在放权、激发下属的办学活力，而目前的现代大学制度建设应该是重在规范、调整权力结构。进一步地说，起源于计划经济时期的管理体制改革，着力解决的是权力集中问题，因此放权、激励是主旋律，政府完全主导；而起源于市场经济条件下的现代大学制度建设，重在治理结构的规范，激励约束并重，该谁的权就是谁的权，即把权力放进笼子，是一个由政府主导转向学校自我建设的过程。

**（二）大学是以教授为主导的学者共同体**

目前，国际高等教育学界基本认同现代意义的大学起源于中世纪的欧洲。中世纪欧洲大学是以行会模式治理的，其实行会也是当时社会的治理模式，大学只是遵从了社会。这说明大学在产生之初是行会式的教授共同体，这就是"教授治校"的本来面目。

共同体就是利益、责任共担的机制，大家地位平等、共同说了算，争议通过协商、表决机制解决。慢慢地，大学规模大了、职能多了，教授数量也多了，学科也分化了，出现了专职的校长和行政人员，政府、市场也开始介入，教授治校似乎已不可行。因此，我们现在的提法是教授治学。

若说教授治校不可行，还带来另一个问题：大学，在产生之初具有这么一个特征，现在如果让这个特征没了，那么现在这个机构还是不是"大学"？即出现了现代大学的合法性问题，是高等教育机构还是大学？

大学是舶来之物，那让我们继续观察一下国外。尽管社会对大学的影响因素在不断增多，但那些身处高等教育强国的大学还是力求维护与外界的边界及内部学术与行政的边界的。如英国大学设置学术评议会，是大学最高学术权力机构，享有制定大学学术政策的全部权力，是唯一和各个学部、系直接打交道的机构；德国大学的评议会是主要决策机构，对学术事务以及重大的行政事务拥有审议决策权，也负责选举校长和批准学校章程；法国大学设有校务委员会、学术委员会和学习与大学生活委员会等内部管理机构，各司其职。

所以，所谓学术权力，其实就是学者共同体特征如何体现。我们需要思考学者共同体的实现方式，具体而言就是加强教授共同体模式的构建。

### （三）搭建教授共同体治理模式

毋庸质疑，教授治学是实现教授共同体模式的一种路径选择，它选择的是窄化共同体的范围。是不是还有其他的选择，如降低层次到院系一级？答案无疑是肯定的，方案是：大学是以学院为基础的共同体、学院是由教授为主导的共同体；高等学校实行学院联邦制学术治理模式，在二级学院构建有决策地位的教授会，校学术委员对联邦制的学院决策予以制衡。

#### 1. 构建学院新型教授共同体

道理有：（1）二级学院层级与学术的关联最为直接和密切，这里几乎所有的管理事务都与学术相关，如人事、经费、学科专业方向、教学、科研、奖励等。在学院里，教授治学与教授治校意义近似相同，因此可以实现教授治院；（2）在二级学院里，教师们的学科比较接近，人数也比较少，相互之间可能知根知底，因此可设立教授会，为学院重大事务的决策机构，实现真实的学者共同体治理；（3）同行评议制度是被国外大学检验认可了的有助于创新的学术制度，实行教授治院有利于改变当前重"量"轻"质"的行政化评价方式，并减少行政权力学术寻租现象；（4）如果学院教授会集体僵化或占山为王或排挤人才怎么办？对此现象要一分为二地看：好的一面是也许有助于形成特色，真出现问题的话也还有许多制衡、申诉机制来加以解决。

#### 2. 高校实行学院联邦制

所谓学院联邦制就是学院是个相对独立的自治体，但其发展规划要得到校方批准，与学校整体战略一致。弱化校职能部门对学院、教师的管理权限，增强服务职能，也同时增强其对学生的服务职能及与社会的联系职能。大学的管理重心下移，学院的地位上升，但基础学科、新兴学科、跨学科中心的扶持发展责任在大学。院长不设定行政级别，由教授会推选，学校任命，在需要时也可直接担任大学的副校长而规避掉过去的逐级提拔模式，使大家把精力用在做事上而不是拉关系上。同样，行政人员的发展也是专业性的，很多行政岗位也不宜让教授来担任。

3.校学术委员会有权否定学院的决策

校学术委员会既是大学学术决策机构，也是二级学院政策的制衡机构。在大学层面，依据教育部《高等学校学术委员会规程》，实现"教授治学"。这个学不单指教学，而指整个学术。学术委员会平衡各学科学术发展，监督、制衡院系学术决策，形成全校以教师为主导的学术治理机制。为突出育人功能，学术委员会主席应由章程规定由主管教学的副校长担任，是全校最高的学术首脑，即首席学术官。

4.核定学术型行政岗位

大学领导人要不要有教授头衔？不能一概而论。都没有，成了外行来领导大学了；可都有也是问题，因为破坏了学术的神圣性和专业性。大学领导人的真实岗位是管理，不同职位与学术工作的密切程度不同。所以，大学要对行政岗位做出界定，有些是学术型行政岗位，而大部分不是。依据工作性质，大学的行政负责人，不论其原来的学术水平多高，从事管理工作后职责就发生了变化。大部分岗位不能继续使用学术头衔，更不能依据行政位置晋升学术职称。只有少数与学术工作密切的岗位可保留学术头衔，如校长、院长、主管学术工作的副校长、教务长等，以维护学术的严肃性。

**（四）构筑创新制度文化**

大学的制度文化不能扼杀新想法，而要有灵活机制激发和保护各种创新。从高教发展史来看，以高校为基础产生的制度性创新模式有：解决现实问题——科学研究和人才培养要面向社会实际；访问讲座制——避免思想僵化，促进灵感和理解；跨学科中心——新学科新生长点及解决综合问题；产学研结合——更好地面对社会需要；国际化——跨文化思想碰撞，促进思维方式的改进；科学共同体——共同的范式，平等、规范交流。这些，需要我们很好地归纳和总结。

# 第三节  现代大学制度建设框架

大学管理既是一项日常工作，更是一项制度建设。建设现代大学制度，需要我们在"宏观有序、微观搞活"的原则下，制度化地建构大学内外部关系的工作机制。大学外部关系的明晰，有助于大学成为自主办学的实体，也有助于在减少行政干预的前提下满足政府预期；大学内部治理结构的清晰，可使大学的决策和运行有章可循，有助于提高大学的办学效益和完善自我约束机制。因此，界定好政府与大学的关系，明确大学的治理结构，并以规范性的章程保证，是我国现代大学制度建设的基本内涵。

## 一、建立政府与大学间的新型契约关系

现代大学制度的建立，有赖于一种科学的政府与大学的关系，即我们已经确立了的"政府宏观管理、学校面向社会依法自主办学的体制"。目前，尽管我们在推动大学办学自主权方面做了许多工作，也取得了不少成绩。但是，政府对大学的管理，手段仍比较直接，管得还比较细，转变政府职能的工作还有待深化。例如，有学者通过指数评价分析，认为从1995年到2005年学术权力在政府与高校之间的下放程度指数仅从0.611变为0.615[①]，变化很小。这是一个制度性问题，可以通过加强政府与大学间的契

---

① 刘亚荣："我国高校学术自主权变迁的实证研究"，《人大复印报刊资料·高等教育》2008年第11期。

约关系而逐步解决。

## （一）大学与政府的关系

学校是专门进行教育的机构[①]，大学除实施高等教育外，还具有科学研究和社会服务其他两项基本职能。究其社会职能和服务性质，它们终属满足公共利益需求、提供公共服务的机构，因此是社会的公共事业。学校乃至大学，是现代社会中独立存在着的一类社会组织，如同政府、企业一样，有自己独特的使命，因此有自己的运行规律。

政府是国家权力机关的执行机关，代表着统治阶级的利益。中国共产党是中华人民共和国的执政党，代表着最广大人民的根本利益，立党为公、执政为民，因此党和政府除了人民群众的利益外而没有自身其他的特殊利益。在国外，特别是国家领导人由选举产生的国家，尽管执政党有其代表阶级的利益，但它需要考虑公共利益重视群众诉求。

以上说明在现代社会，政府和大学都是为公共利益服务的机构，或者说它们存在的基础是要为公共利益服务，二者在存在形态和地位上有一定的独立性和平等性，在现代社会最好不以"谁高谁低"而论，彼此的领域性质不同。既然它们都是为公共利益服务的，那么就应该以符合各自规律和运行规则的方式运转，也唯有此才能更好地践行各自的使命要求。

当然，作为一个现实的社会组织，政府和大学也会有自身包括其员工的利益。这种利益要求有时是合理的或有一定的合理性，但不能肆意放大，更不能公权私用。

公共服务有三个基本的参与者：消费者、生产者、安排者或称提供者。服务提供或安排与服务生产之间的区别明显且十分重要，是政府和大学角色界定的基础。对许多集体物品来说，政府本质上是一个安排者或提供者，是一种社会工具，用以决定什么应该通过集体去做，为谁而做，做

---

[①]《现代汉语词典》，商务印书馆1996年版，第1430页。

到什么程度或什么水平，怎样付费等问题。[①]而大学是一个生产者，是外在社会性（一种特殊的社会目标需求）与内在学术性（相对独立的自治体）的统一，只有充分尊重其学术性才能最大化地实现其社会性。

学术自由是捍卫大学目的的一个不可缺少的条件，对"大学的横加干涉最终会危及其对社会所做出的最具特色的贡献——知识的探索和新的发现"[②]。洪堡认为："大学倘若实现其目标，同时也就实现了、而且是在更高的层次上实现了国家的目标，由此而来的收效之大和影响之广，远非国家之力所及。"[③]当然，社会发展到今天，大学已从象牙之塔步入社会的轴心，国家利益与大学发展已紧密地结合到了一起，大学不可能不接受国家的调控，我们需要思考新的管理模式。

**（二）政府对大学的管理关系**

大学不是政权机关，不能用政府管理模式管理学校和进行学校内部管理。大学与政府间的平等、伙伴关系，也并不代表大学发展和管理上的无政府或无序，只说明只有当它们真正是自己时才能更好地实现其使命。因此要探讨各自的规律，按自己的运作规律管理。

当今社会高等教育已走出象牙塔，与社会经济发展、国家综合实力和竞争力紧密地联系在一起，优先发展教育、科技创新和人力资源强国、教育强国等成为重要的国家战略。大学不可能超越社会而独立发展，政府也不可能放弃对大学的支持。因此，有效的管理应是学校意志和国家意志的综合体现，满足着政府目标和大学自治的双向要求，这样才能实现学术和国家利益的最大化。问题的关键是什么样的管理模式能满足这样的要求。

政府对大学的契约管理是能满足这种要求的一种方式，即在《高等教

---

① ［美］E. S. 萨瓦斯著，周志忍等译：《民营化与公私部门的伙伴关系》，中国人民大学出版社2002年版，第68页。

② ［美］德里克·博克著，徐小洲、陈军译：《走出象牙塔——现代大学的社会作用》，浙江教育出版社2001年版，第20页。

③ 陈洪捷：《德国古典大学观及其对中国的影响》，北京大学出版社2006年版，第35页。

育法》等有关法律法规及国家发展战略的框架下，政府对大学提出目标和要求、批准学校的章程和发展规划，提供财政及政策支持、进行绩效评估，大学在宏观框架内实行自主办学。

### （三）探索政府对大学的契约管理

建设一流大学和创新型国家，有赖于建立起一个真正有利于创新的大学制度，需要大学与政府建立起一种相对平等的关系。我们需要重塑大学与政府的关系，充分尊重大学办学自主权，规范政府管理大学的行为。教育主管部门更需进一步转变职能，改进管理方式，突出工作重点，管好该管的事。如维护好高等教育健康发展的环境，保证政策、法规、制度的严肃性。

要进一步转变政府职能、落实大学的自主法人地位，淡化大学内外部管理中的行政色彩，在解决"政府和大学"间的关系方面需要有新的突破。具体可通过对大学实施中长期的目标管理加以推动，并以契约的形式把责任明确起来，即通过目标管理满足政府的要求和实现大学的自治。我国的"211工程"、"985工程"等许多专项建设，其实都已局部、分散地实验了这种管理方式。

政府对大学的管理转变为契约型管理模式，意味着大学不再是政府的下属机关，而是相对平等的伙伴关系。在性质上，政府与大学的契约关系为行政契约，界于行政行为和私法契约之间，兼具行政的公务性和契约的合意性。

## 二、外部对大学治理的参与

基本的逻辑关系是首先把政府与大学的关系纳入依法治教的轨道上，然后政府对高等学校发展进行总体规划和分类指导、批准学校章程，在此基础上提出政府目标并对大学实行契约管理，注重发挥社会对大学管理的参与。

### （一）把政府的宏观管理纳入依法治教的轨道上来

现代大学制度建设需要学校有办学的自主权力。前文所提到的建立政府对大学实行契约管理是在满足政府目标要求下促进大学自主办学的一种方式，而要真正实现大学的自主办学则需要政府和大学明确自己的责任定位、作好应有的准备。

纵观世界各国，立法都是宏观管理的重要手段。一般应用法律形式在以下几个方面的问题做出规定：规定各级各类学校设置标准，规定各级学位标准及其管理，规定各级各类学校教师的任职资格、教师的权利和责任，规定各级各类教育的办学、管理和投资体制。

改革开放以来，我国教育立法工作取得了很大成绩，逐步走上了依法治教的轨道。1985年《中共中央关于教育体制改革的决定》指出："在简政放权的同时，必须加强教育立法工作。"只放权不立法，就有可能在某些问题上失控，造成混乱与损失。因此，在扩大大学办学自主权的过程中，加强立法逐步成为国家从宏观上对全国教育工作进行管理与指导的一个重要手段。到目前为止，我国已初步形成了较完备的教育法律、法规体系。

教育法律规范的建立，有力促进了各级政府、教育行政部门和政府有关部门转变观念，树立法律意识，对教育的管理由主要运用行政手段、向主要依靠法律手段方向的转变，对建立与社会主义市场经济体制相适应的教育新体制有很重要的意义。但是，由于长期的计划经济体制，许多观念意识积习难改，政府与大学都还需要一个转变过程，改变宏观管理中过度的行政行为。我们要进一步在"有法可依"的基础上，加强"有法必依"工作。

**（二）合理设计参与大学治理的中间机构体系**

社会中间机构如同是治理模式中在政府、社会和大学之间寻求到某个平衡点，也可以说是在学校和政府间设立的缓冲器（buffer），既有利于维护大学的自由，国家又能施加影响。这种组织模式为大多数国家认可和采纳，如英国的高等教育拨款委员会、法国的国家评估委员会、荷兰的高等教育视导团等。

1994年，《国务院关于〈中国教育改革和发展纲要〉的实施意见》提出："为保证政府职能的转变，使重大决策经过科学的研究和论证，要建立健全社会中介组织，包括教育决策咨询研究机构、高等学校设置和学位评议与咨询机构、教育评估机构、教育考试机构、资格证书机构等，发挥社会各界参与教育决策和管理的作用。"这些中间机构先后已陆续设立并开始发挥重要作用。下一步需要对中间机构有一个系统设计，特别是在政策咨询、评估、拨款、认证领域，要对其基本职能、管理保障、监督制约等方面进行规范。

### 三、大学内部治理结构改革

近十年来，我国高等教育的管理模式已经发生了很大的变化，但学术领域存在的官大学问大、科研急功近利、创新贫乏、人才培养模式单一等问题仍没有根本性的改观。我们需要在充分把握大学管理特点的基础上，探讨"党委领导、校长负责、教授治学"的分工实现机制，使得党委的领导权、校长的行政权和教授的学术权，彼此既不缺位、也不越位，并在大的原则框架下各校可以有所不同。

#### （一）明晰大学内部领导决策体制

高等学校实行中国共产党基层委员会领导下的校长负责制、党委支持校长独立负责地行使职权、学术委员会审议评定有关学术事项是见诸于法律文本的内容，必须遵循，党的全面领导地位不容动摇。高等学校在其制度建设中应当创造性地探讨"党委领导、校长负责、教授治学"的实现机制，进一步完善党委会领导下的校长负责制。

党委的领导权和决策权体现在全面特别是重大事项上。负责保证学校的办学方向、领导思想政治工作和德育工作，组织协调理事会、组织章程的制订和修订、审批年度预算决算，会同大学理事会、学术委员会遴选校长候选人、组织发展战略规划的制订，会同校长决定内部组织机构及其负责人人选，以及对行政的监督。因此，党委成员的选择要有一定的广泛性。

按照党政分离的原则，校长在党委上述重大决策的基础上，独立负责学校行政体系的运转。不需要党委会议审议决策的事项由校长全权负责，定期向党委汇报。在学校主管部门的支持下，对大学校长、副校长的产生形式进行试点。校长的产生要通过公开的遴选程序，副职由正职提名产生等。

探讨如何从制度上保证学术委员会对学术问题的决策作用。整合学校的学术权力，由学术委员会统一负责，将相关学术机构如学位委员会、职称评定委员会、师资聘任委员会职能统筹于学术委员会之下。学术权力的有效发挥是高等学校制度建设的基础，行政权力应当服务于学术权力而不应当凌驾于学术权力之上，二者的激烈冲突将危及大学的根本使命。

**（二）建立人才发展双梯阶机制**

美国教育专家伯顿·克拉克（Burton R.Clark）认为[1]，学者们同时归属于一门学科（一个研究领域）和一个事业单位（一所特定的大学或学院），这两条成员资格线的交叉就是高等教育系统的总体矩阵。因此，在大学里应存有专业和组织两个方面的激励。但是，在学术机构内，专业激励与组织激励存在着相互冲突。专业人员受对某一知识领域作贡献和在其学术团体建立显赫声誉的欲望所驱动，而行政人员则期望得到组织层级中高层所具有的灵活性，因此对专业人员的激励显著地不同于行政人员。

雇用大量专业人员的组织，面临建立一个既能驱动专业人员又对组织目标有效的激励机制的难题：如果强调组织激励因而过多地鼓励专业人员与组织结为一体，则专业人员的工作质量就可能下降；而如果组织允许专业人员在工作中有太大的自主权，那么专家人员就不会受到有效的激励去实现组织目标。将专业人员提拔到管理层以作为对其奖励的做法，是与专业人员的工作目标相冲突的，其结果是使他们脱离了专门化发展的道路。

"双梯阶"方法即专门设计用来为专家和创造性人才提供个人发展和激励机制的战略方案。它一般形成两个平等的层级结构，向组织成员提供"双梯阶"的个人发展途径：一个提供管理生涯道路，另一个是专业人员的发展道路。双梯阶机制允许对两个层级中相同级别的人员给予同样的地

---

① 王承绪主编：《高等学校新论——多学科的研究》，浙江教育出版社1988年版，第125页。

位和同样的报酬和奖励。大多数双梯阶机制都允许在管理和专业梯阶之间横向移动，但往往不鼓励在等级制度的最高层上出现交叉者。

双梯阶给处于管理和专业上相同层级的人员以平等的地位，但对每个梯阶相关的激励则大为不同。专业人员从同行那里赢得地位，行政人员则从他们在组织中的优越感中获得地位。沿着管理梯阶的升迁，会通达权力地位以及参与组织事务；沿着专业梯阶发展，会保证人员对具有个人特点的学术实践活动拥有更大的自主权。专业梯阶不要沿着提高称号获得者权力的方向发展，这与专业人员的理想相一致，即权力等级的那种向上灵活性与对能表现自己特殊能力的实际活动所拥有的自主权相比，是微不足道的，并且专业人员的成就与高层管理人员拥有的那种灵活性并无直接关联。

进一步健全完善高等学校双梯阶机制的主要点，一是要尽量避免行政人员使用教师专业技术职称称号，二是要适当加大教师的梯阶等级。

### （三）改革大学基层学术组织权力结构

基层学术组织是高等学校的基本组成单位。对于任何一所高校来说，与基层学术组织有关的制度安排都直接影响到学校的学术生产率（productivity）。伯顿·克拉克认为：高等教育最佳的端点在基层，"首先要研究基层，研究生产。在基层了解任务和有关的技术，了解是什么东西使系统成为有生产能力（用工厂工作的术语来说）的系统，然后我们才能问到，哪些管理机构有助于使系统具有生产能力，哪些管理机构对系统起着阻碍作用"[1]，"那些用全面综合的形式阐述目的或概括高等教育特点的人，是典型地、重复地从错误的端点出发的人。他们从系统的顶端开始，而高等教育中最佳的端点是基层"[2]。

大学的基层管理应以学术为主导，以增加创新的活力，减少行政的官

① 迈克尔·夏托克主编，王义端译：《高等教育的结构和管理》，华东师范大学出版社1987年版，第14页。
② 伯顿·克拉克著，王承绪等译：《高等教育系统——学术组织的跨国研究》，杭州大学出版社1994年版，第25页。

僚色彩和权力寻租现象。要对学校内部院系一级的管理制度、模式进行重大调整，开展改革试点。在学校内部的院系一级设立教授会，为院系重大问题的决策咨询机构。

全面加强党的领导工作，突出党政联席会作用。院系党组织全面负责执行党的路线、方针政策和领导育人工作、思想政治工作等各项工作的开展，以院长或系主任为首的行政体系负责院系的正常运转。院长、系主任可不设行政级别，其他党政干部可有行政级别。

**（四）建立规范性的大学章程制度**

现代大学制度建设需要通过章程促进依法办学和规范管理工作。1995年我国的《教育法》规定学校有按照章程行使自主管理的权利，1998年的《高等教育法》规定申请设立高等学校应当向审批机关提交章程、章程的修改应当报原审批机关核准等内容，说明了章程的法律地位。章程的制订是一项极其严肃的事情，要规范章程的要素和生效程序。我们需要规范性的章程制度把前文所提到的大学与政府、社会的关系及内部治理结构明确下来，使之成为大学治理的基础。

章程是约定和阐述独立主体使命，界定内部各利益关系的责任和义务，书面写定的有法定意义的组织规程①。国有宪法（Constitution），党有党章（Constitution），联合国有宪章（Charter），任何一个有独立自主权的组织都需要明确自己的组织规程以使内外部了解自己的使命及组织运营。

我国《高等教育法》规定"高等学校自批准设立之日起取得法人资格"，高等学校法人需明晰两种关系：一是办学的外部关系，即所谓的面向社会和依法办学；二是办学的内部关系，即所谓的自主管理和自我约束。第一种关系主要由法律明确，章程承接一下；第二种关系主要由章程明确，辅之以具体的规章。因此，大学章程"上承国家教育法律法规、下启学校规章制度"，是推动和规范大学面向社会依法自主办学的基础，是处理

---

① "现代汉语词典"（商务印书馆1996年版第1585页）对章程的定义是：书面写定的组织规程或办事条例。笔者在此定义上作进一步的延伸。

学校与政府、社会及其内部关系的准则，是大学在法律框架下行使自治权利的自我规范，有大学"宪法"之称。

# 第四节  高校章程制定工作启动后的思考

2011年11月28日，《高等学校章程制定暂行办法》（以下简称《办法》）以教育部第31号令的形式颁布，并于2012年1月1日起施行。为推动《办法》的贯彻实施工作，教育部办公厅颁发通知要求全面部署高等学校章程建设工作，推动所有高等学校在2012年内全面启动章程制定或者修订工作，作好章程制定的分类指导与试点工作，建立健全章程核准程序与机制，并明确了"章程建设在完善现代大学制度，推动高等学校依法治校、科学发展中的基础性地位和重要作用"。章程制定是完善现代大学制度建设、推动学校科学发展的重要内容，而现代大学制度建设尚在进程之中。我们需要兼顾改革过程与成果规范的统一，来对待高校章程的制定工作，使其起到应有的法律效力。

## 一、章程对高等学校科学发展的保障作用

章程是约定和阐述独立主体使命，界定内部各利益关系的责任和义务，处理和外部利益相关方的关系准则，书面写定的有法定意义的组织规程。2010年《国家中长期教育改革和发展规划纲要》（以下简称《教育规划纲要》）在"完善中国特色现代大学制度"一节明确提出了"加强章程建设"的具体内要求，目前又开展了以推动《办法》贯彻实施为主要内容

的高等学校章程制定全面启动工作，预示着高校法人地位将进入实质性落
实阶段。

**（一）大学章程所具有的法理作用**

现代大学传承于中世纪的欧洲大学，大学章程也首先是舶来之物。但
是，现代社会办学不仅是高校内部的事情，还涉及学校与政府、与社会各
方面的关系，章程又有其新意。章程就是规矩，体现着法治精神。从国外
大学章程的作用看，所具有的法理意义主要是：

1. 章程是大学依法自主办学的产物

在中世纪，大学经由特许状而获得独立于出资人和举办人的独立法人
地位，享有学术自由和独立的财产权，并享有独立于股东或发起人的永久
存续权。由于各个时期、不同国家大学发展背景的差异，大学组织规程有
不同的表述方式。历史上总体的脉络是先有特许状后有章程，但后来因时
代和国别不同它们也交织在一起。按照传统，大学特许状一般由教皇或国
王颁发，赋予大学开设课程、招收学生、聘请教师、制定学术标准的权
利。在地位上，大学特许状有点像当今的执照或政府批文，是界定大学与
政府间权利义务关系的法律性文件。但其内容又规定得非常详细：确立大
学特许法人的法律地位，规定大学内部法人治理结构，纲领性地划分大学
内部各方的权力、职责。

为了保障大学拥有的办学自主权，先通过立法确立大学的自主地位，
再通过章程确定其运行规则，是现代西方市场经济发达国家的普遍做法。
法国有关高等教育法案赋予了大学的教学与学术、行政与财政自治权利，
规定以科学、文化和职业为特点的公立机构为国立高等教育和科学研究机
构，具有法人资格，在教学、研究、行政、财政方面享有自主权，同时又
要求大学依据法律由校务委员会的多数决定自身章程和内部结构；英国大
学自古就有高度自治和学术自由的传统，在法理上大学和学院属于"私人
部门机构"（private sector institutions），拥有很大的自主权，大学特许
状、章程对此均有明确界说；引导19世纪初期德国大学改革的思想家们认

为，大学只有获得自由，才能很好地完成历史赋予它们的使命，而大学自由的制度保障只能是大学自治。在以此大学理念指导下形成的制度中，大学虽为政府所立，却享有充分的自治权；日本在法人化改革中产生的《东京大学宪章》提到：本宪章，是关于东京大学的组织结构、管理运营的基本原则，对于东京大学相关的规定，必须依据本宪章的基本意旨进行解释和运用施行。

大学因自主办学而需要有章程，大学章程会同有关法律，厘清了大学和政府及其他社会组织的界线，明确了大学自治的空间和自治权的范围，因而成为大学运行的合法依据，也从根本上确立了大学的管理运行体制。

**2. 章程是外部对大学实施影响的产物**

西方大学成立以来，就一直是政教双方争相争取的力量，并因特许而获得自治权利。但是，大学的成长发展从来就不是孤立的自治，自诞生以来也从来就没有实现过完全的自治。"在其作为一个学术机构出现之后，就一直处于不同社会势力和力量的作用之下，最初是教会、皇帝、国王和城市的交互影响，之后是政府、市场和科学的相互作用。"[1]自治是一个程度和范围的概念。

特许状或大学章程本来是大学自治的象征和保障，但在强权面前它们又是脆弱的。虽然教皇和法国国王相继给予巴黎大学以司法特权，但权力毕竟掌握在当权者手中，干涉大学自治易如反掌。例如，13世纪中期，法国亚历山大四世通过发布"新的光明之源"谕旨，表示支持托钵会修士，并毫不犹豫地取消了大学的特许权。随着西欧民族国家的进一步兴起，大学更进一步从桀骜的"国王的大公主"成为"国王的掌中之物"[2]。

大学不能超越社会而独立发展。章程或特许状既是大学自治的一个保证，也是政府参与大学治理的一个机制。英国牛津大学从早期教皇特许、到1571年牛津和剑桥两所大学的成立法案（Act）对其法人地位的确认、再

---

① 张斌贤：《关于大学史研究的基本构想》.载《北京大学教育评论》2005年第3期。
② 雅克·勒戈夫：《中世纪知识分子》，商务印书馆1996年版，第132页。

到1636年查理士一世的皇家特许状（the Great Charter）对大学权力的强化与分配，以及从多个章程版本的并存、其修改要不要得到枢密院批准、再到2002年"女王会同枢密院"（Queen-in-Council）审议批准的新章程生效，无不体现出外部与大学之间及大学外部相互之间对大学的控制、妥协与协商。日本大学宪章的英文翻译是charter，也就是英国特许状的译法，作为新制定大学章程的日本选用它来作其英文用语，不能不让人感受到政府影响的作用。

**（二）我国高等学校章程制定的治理意义**

我国1995年的《教育法》规定学校有按照章程行使自主管理的权利，1998年的《高等教育法》规定申请设立高等学校应当向审批机关提交章程并专门规定了高等学校章程的内容，说明了章程的法律地位。但是，之后章程制定与建设工作滞后，未能实现按章办学。

1. 章程制定标志高校独立法人地位的实质性落实

章程的主体应是独立实体，非独立实体不能有章程而只能有内部规章。章程制定工作的全面启动，将标志着高校自主办学实体真正形成，预示着进入高校法人地位的实质性落实阶段。

我国《高等教育法》规定"高等学校自批准之日起取得法人资格"，《办法》第三条标明"章程是高等学校依法自主办学、实施管理和履行公共职能的基本准则"。高校法人地位的实现需要理清两种关系：一是办学的外部关系，即所谓的面向社会和依法办学；二是办学的内部关系，即所谓的自我管理和约束机制。第一种关系主要由法律明确，章程承接一下；第二种关系主要由章程明确，辅之于具体的内部规章。因此，章程"上承国家教育法律法规、下启学校规章制度"，是推动和规范高校面向社会依法自主办学的基础，是处理学校与政府、社会及其内部关系的准则，是大学在法律框架下行使自治权利的自我规范，这才有其"大学宪法"之义。

2. 章程可视为高校和政府间的一个合约

由于此次章程制定的主体是各高校，因此很多人认为章程不必涉及政府与高校的关系，因为学校无权界定它，其实不然。首先，章程的上位法律已充分地规定了高等学校的法人地位；其次，《办法》第五条明确表示"高等学校的举办者、教育主管行政部门应当按照政校分开、管办分离的原则，以章程明确界定与学校的关系"；另外，《办法》第二十三条还明确规定了教育行政部门的核准制度。核准即审核批准，表示认可，章程此时体现出了政府与高校间的合约价值。

现代大学制度的建立，有赖于一种科学的政府与高校的关系，方向是已经确立的"政府宏观管理、学校面向社会依法自主办学的体制"。因此，有效的管理应是学校意志和国家意志的综合体现，满足着政府目标和高校自主的双向要求，这样才能实现学术和国家利益的最大化。问题的关键是什么样的管理模式能满足这样的要求。

政府对高校的合约管理是能满足这种要求的一种方式。即在《高等教育法》等有关法律法规及国家发展战略的框架下，政府对高校提出目标和要求、批准学校的章程和发展规划，提供财政及政策支持、进行绩效评估，高校在宏观框架内实行自主办学。章程可视为政府与高校间的一种合约。在性质上，这种合约关系为行政契约，界于行政行为和私法契约之间，兼具行政的公务性和契约的合意性。

**3. 章程展示着高校独立法人的组织规程**

章程需要向内外部昭示它是如何办学和发展的，是如何依法治校、按章管理的。

章程首先要彰显高校的使命。不同高校的使命是有差异的，使命及其具体的办学目标与学校定位和人才培养特色密切相关。《办法》第七条规定章程应载明"学校的机构性质、发展定位，培养目标、办学方向；经审批机关核定的办学层次、规模；学校的主要学科门类"等，充分表达了对使命的要求。明确使命，能使高校内部、政府部门、社会机构与大众等主体从战略高度思考学校的发展方向，也会对教师和学生的行为起到一种潜移默化的指引作用。与使命一致的事情可以做，不遵循使命的事情不能做，保证高校不"见利忘义"、盲目发展。体现使命的办学目标，一定要明确、具体、稳定，要能把学校的定位规范下来。

章程更要清晰地界定内部治理关系。这种关系主要体现在决策机构、行政机构、学术机构的划定上，包括机构间的运作程序，各机构及重要岗位的职责、义务等。不同高校的内部治理结构在大的组织框架下可以根据学校实际与发展需要而有所不同，应当有利于推进教授治学、民主管理，调动基层组织积极性。对此，《办法》均有指导性意见。

## 二、章程制定是教育的改革过程

经历了三十多年的改革开放历程，我国高等教育在教育宏观管理体制改革和学校内部管理体制改革两方面均取得了巨大的进展，建设现代大学制度的条件已基本成熟。《办法》的贯彻实施，将与1993年的《中国教育改革和发展纲要》提出的"逐步建立政府宏观管理、学校面向社会自主办学的体制"，1998年《高等教育法》规定的高等学校的法人地位及七项基本自主权，2010年《教育规划纲要》提出的"建设现代学校制度"一起，逐步深化地描绘出我国现代大学发展欲构建的基本制度框架。

### （一）章程制定应反映教育的改革进程

章程是改革的成果，章程的制定更是改革的过程。我们需要以制定章程为契机推动高校依法自主办学工作。

章程是现代大学制度建设成果的集中体现。现代大学制度"是现代大学发展的重要标志"[①]，《教育规划纲要》）明确提出要"推进政校分开、管办分离"、"落实和扩大办学自主权"、"构建政府、学校、社会的新型关系"，在"完善中国特色大学制度"部分要求"各高校应依法制定章程，依照章程规定管理学校"。《办法》在第一章总则第一条开宗明义指出"为完

---

[①] 《教育规划纲要》工作小组办公室：《教育规划纲要学习辅导百问》，教育科学出版社2010年版，第147页。

善中国特色大学制度，指导和规范高等学校章程建设，促进高等学校依法治校、科学发展……制定本办法。"因此，章程制定是现代大学制度建设的重要内容，是为了高等学校的科学发展，章程应是高等教育最后改革成果的集中体现。

章程的制定过程需要与高等教育的改革过程相衔接。章程是改革的成果，但改革不是一次完成的，章程的制定要体现改革的进程。一般而言，通用的文件总是规范着最基本的要求，甚至可以说是最低的要求，因为它要促进改革而不能限制改革，否则就会定死了。因此，在许多改革的难点尚未突破的情况下，仅满足于近一、两年内把章程制定完成可能还不够，因为此时的章程还很难具备"大学宪法"之效力。因此，初步制定的章程需要有一个试行和完善期，这也是一个促进反思的时机，之后仍需不断吸收改革的成果。待再经历几年的实践探索、检验，各项改革已取得基本的成果，把它们吸收进来，到2020年形成规范性的正式章程，真正实现依法治教、按章办学。

**（二）章程制定应兼顾改革过程与成果规范的统一**

目前，各高校对章程的理解很不一样，甚至不排除有些学校就打算等别的高校制定后借过来抄一抄、走个过场。其实，章程的意义主要不在文本，关键是能否使它起到应有的法理作用。章程制定需要与改革相适应，但改革可能是漫长的。章程要反映高等教育的基本规律和学校自身特色，要具有法律效力，也需要有稳定性，最终它应是相对规范的。规范的意义在于尊重规律和依法治教，包括内容和程序上的严肃性，后人不能因人而异。

1. 就一校而言章程制定需要有一个充分的协商过程

制定章程绝不仅仅是少数领导和行政部门的事情，必须有教师的广泛参与。英国教育家怀特海说过，"教师的意见以及对大学办学目标的共同热情是办好大学的唯一有效保证。"[①]章程的制定是与教育改革和制度建设密

---

① 陈文博：《一流大学要有一流的软环境》，载《国家教育行政学院学报》2002年第4期。

切联系在一起的，需要各利益相关方的广泛参与和充分协商，是一个凝聚力量、形成共识的过程。

因此，《办法》在第三章"章程制定程序"部分多条款地规定了相关协商内容。如第十七条提出全方位听取意见，"使章程起草成为学校凝聚共识、促进管理、增进和谐的过程"；第十八条提出在校内公开听取意见，充分论证；第十九条提出"高等学校应当与举办者、主管教育行政部门及其他相关部门充分沟通、协商"。有些内容好像还略有重复，其实是在表明过程、协商的重要性。只有在构思未来发展时容纳了更多的师生员工及其他利益相关者的意见，实施时才能得到较好的配合，章程才能发挥应有的效用。

2. 就全国而言应允许前期章程版本的简繁多样

《办法》第二章具体规定了章程应包含的内容，但不同的人、不同的学校对章程的简繁程度认识却很不一致。如有的人认为应当简洁，要原则强一些，这样才能经得起检验；也有人认为太原则则无法操作，形同虚设，认为应具体一些。

综观国外的大学章程，有简有繁，如日本的比较简短、英美的比较繁多，这与它们章程的历史长短有关，从中可以发现一个由简至繁的过程。简与繁，代表了对办学、对管理、对规律的认识和把握程度。由于近期我国高等学校的章程制定还是个新生事物，需要有个完善的过程。因此，不要期望章程的制定一步到位，章程在内容的选择上需要有一个甄别、充实、完善的过程。初期，不会太繁，要定大事，要能经得起时间的检验，具体的细节可由章程之下的规章予以体现。

但是，各校的改革进程是不一样的，认识的深度也是不同的。前期我们不能限定死，应允许在满足《办法》要求的前提下有多种选择，以利于工作开展。要允许多样，鼓励百花齐放，特别要鼓励那些改革走在前面的高校拿出一些比较具体、比较细、比较有个性特点的章程版本来。

（本章内容依序由以下论文节录、组合、改写而成：《高等教育改革的逻辑》，载《北京教育》2014年第1期；《高等学校"面向社会自主办学"
改革目标的层次性》，载《教育管理研究》1997年第2期；《高等学校怎样
"面向社会自主办学"》，载《中国行政管理》1998年第1期；《关于健全
完善高等学校双梯阶机制的探讨》，载《教育发展研究》2000第10期；《我
国高等教育管理体制改革30年的回顾与思考》，载《中国高教研究》2008年
第11期；《教育体制改革30年后的新起点》，载《江苏高教》2015年第4期；
《从高等教育体制改革到现代大学制度建设》，载《中国高等教育》2013年
第21期；《现代大学制度的创新方向》，载《家教育行政学院学报》2004年
第3期；《当前现代大学制度建设的两个着力点》，载《苏州大学学报（社
科版）》2015年第4期；《要用制度保证高校综合改革成果》，载《社会科
学报》2015年6月25日；《大学思想与制度》，载《高校教育管理》2014年第
4期；《完善高等学校内部治理结构》，载《现代教育管理》2014年第7期；
《政府与高校间的契约型管理模式探讨》，载《中国高等教育》2008年第21
期；《高等学校自主办学的推进策略》，载《国家教育行政学院学报》2008
年1期；《高等教育内涵发展迫切需要制度攻坚》，载《中国人民大学教育
学刊》2011年第1期；《现代大学制度建设重在完善治理结构》，载《中国高
等教育》2012年第24期；《以制度保证质量和公平》，载《现代教育管理》
2010年第10期；《大学章程地位与要素的国际比较》，载《教育研究》2009
年第6期；《章程制定应反映教育的改革进程》，载《中国高等教育》2012
年第5期；《高校章程制定工作全面启动后的思考》，载《中国高教研究》
2012年第3期；《不再观望 我们真的需要大学章程》，载《中国教育报》
2013年10月14日。）

# 第十一章

# 建设高质量教育体系

　　我国已进入高质量发展阶段，教育体系建设在教育高质量发展中具有龙头牵引地位，发挥着纲举目张中的"纲"的作用。党的十九届五中全会通过的《中共中央关于制定国民经济和社会发展第十四个五年规划和二〇三五愿景目标的建议》在教育部分的引领句是"建设高质量教育体系"，四中全会通过的《中共中央关于坚持和完善中国特色社会主义制度、推进国家治理体系和治理能力现代化若干重大问题的决定》关于教育内容的引领句是"构建服务全民终身学习的教育体系"，共同聚焦在教育体系上，从内涵重点到形式形态都提出了建设要求，说明了体系建设的重要性。面对着时代和教育的深刻变化，国家以建设高质量教育体系来应对。教育体系属于国家基本教育制度范畴，其与社会的匹配程度是检验国家发展是否健康科学的基本指标。

# 第一节　教育体系是制度性因素

党的十九届四中全会专题对坚持和完善中国特色社会主义制度的重大问题作出决定，聚焦根本制度、基本制度、重要制度与相互衔接，从更加成熟更加定型到更加完善再到更加巩固三个阶段，对制度建设和改革深化进行战略部署。在教育领域，明确提出"构建服务全民终身学习的教育体系"，并具体通过总体要求、分门别类、新兴方式三大板块指明了方向。这说明，教育体系建设是制度性建设，是推进教育治理体系和治理能力现代化的重要内容，教育改革、制度建设应以体系构建完善为基础进行。

## 一、完善教育体系、制度的根本目的是培养人

新一轮科技革命和产业变革正在兴起，中国正在日益走近世界舞台中央。当今中国最鲜明的时代主题，就是实现"两个一百年"奋斗目标、实现中华民族伟大复兴的中国梦。当前在读学生工作后的职业生涯将同我国建成社会主义现代化强国奋斗目标的实现历程完全吻合，教育事关人才培养大事，事关国家未来发展，历史使命重大。

培养什么人？就是要全面贯彻党的教育方针，牢记立德树人根本任务，培养社会主义的合格建设者和可靠接班人。具体的教育教学活动要注重推进素质教育，特别要重视学生的社会责任感、创新精神和实践能力培养。

怎样培养人？涉及我们的教学内容和教学方式改革，涉及各级各类教育的体系建设、办学和教学模式建构等，需要完善落实立德树人的体

制机制。

为谁培养人？"四个服务"讲得很清楚，就是坚持"为人民服务，为中国共产党治国理政服务，为巩固和发展中国特色社会主义制度服务，为改革开放和社会主义现代化建设服务"不能动摇和含糊。

### 二、教育体系建设属于基本制度建设

推动实现治理体系和治理能力现代化，需要聚焦根本制度、基本制度、重要制度及其相互衔接。当然，这是一个发展的过程，从成熟、定型到完善、巩固渐次达成。

"中国特色社会主义制度是由党的领导和经济、政治、文化、社会、生态文明、军事、外事等各方面制度共同组成的制度体系。在这一制度体系中，起四梁八柱作用的是根本制度、基本制度、重要制度。"[①]所谓根本制度，就是在中国特色社会主义制度中起顶层决定性、全域覆盖性、全局指导性作用的制度；所谓基本制度，就是通过贯彻和体现国家政治生活、经济生活的基本原则、对国家经济社会发展等发挥重大影响的制度；所谓重要制度，就是由根本制度和基本制度派生而来的、国家治理各领域各方面各环节的具体的主体性制度。[②]

由此看来，教育相关制度在国家制度体系中，总体列为基本制度和重要制度范畴。但对于教育本身而言，可以遵循上述原则进行进一步地分析。

根本制度是方向性的、不能改变的，教育的根本制度就是坚持党对教育事业的全面领导、坚持社会主义办学方向、坚持马克思主义在意识形态领域指导地位、坚持把立德树人作为根本任务的制度安排；基本制度是体

---

① 本书编写组：《党的十九届四中全会〈决定〉学习辅导百问》，党建读物出版社、学习出版社2019年版，第2页。

② 本书编写组：《〈中共中央关于坚持和完善中国特色社会主义制度、推进国家治理体系和治理能力现代化若干重大问题的决定〉辅导读本》，人民出版社2019年版，第175-176页。

制性的，如教育体系和学制图、教育管理体制，一般也稳定不变；重要制度仍应该是全局性的或影响面大的，如考试招生制度、各级各类教育发展和保障原则、各级各类学校办学和管理框架。根本制度必须坚持巩固，基本制度需要定型完善，重要制度需要加强建设推动成熟。

教育体系是对一个国家教育情况的基本描述，对内是路径对外是标志，对个人成长与社会用人的影响巨大，需要定型和稳定，因此属于基本制度范畴。越是成熟的教育体系越定型，这种定型不是僵化而是宏观有序微观灵活，满足社会组织和家庭个人的多元教育需求。而教育体系的发展、成长有一个过程，也与教育普及程度和社会发展有关。不同层次类型学校的内部治理结构和外部管理方式，尽管有一定的统一规范性，但差异性也不言而喻，如综合性大学和职业技术学院。

教育体系，重在与社会的匹配和满足人的成长需求，这需要教育制度来安排。目前我国的教育体系已基本成形，但需要与时俱进，需要与教育和社会发展的新形势相适应，需要进一步成熟定型完善。社会和个人的需求是多元的，教育就应该是多样化的，不能千校一面。各级各类教育实现内涵式发展是教育多样化的前提，当然相互之间要能相互衔接与沟通。

### 三、工作重点是推动教育体系的丰富完善

2018年，我国初中、高中阶段和高等教育的毛入学率分别达到100.9%、88.8%、48.1%，今天的教育已全面进入到了普及化阶段。教育体系与社会的匹配程度，是检验教育发展是否科学的基本指标，匹配程度越高国家发展就越健康。

教育治理、学校制度与教育的层次类型密切相关，如中小学、职业院校、高等学校的内部管理体制就会有很大差异。教育体系是把制度优势转化为治理效能的基础，体系架构要遵循人才成长规律和实现各级各类教育的办学特征。

在基础教育阶段，体系建设的重点是科学有序，需聚焦学生成长阶段

的生理心理差异。青少年时期的孩子正处于长成时期,有着不同的身心发育阶段和学习活动敏感期,要在正确的时候做正确的事情,否则会好心办坏事。

在职业教育和专业教育阶段,体系建设的重点是特色活力,应聚焦教育类型及实施方式的差异。职业和专业教育都是面向社会接口的教育,其能力要素构成均包括知识、技能、思维力,都需要进行系统的理论学习和实践训练,只是侧重要求不同。普通高等学校要显著增强思维能力训练,职业技术类学校要明显加强实践能力训练,以此作为两类教育、两类学校的分野。

当然,不同层次类型教育的衔接沟通要有,继续教育的任务要上升,多种新型教育形式会出现,从而形成服务全民终身学习和社会要求的教育体系。

### 四、把改革成果转化为制度安排

改革与守正,是事物发展的不同方面。我国改革开放后的四十多年,就是在不断通过改革来激发发展的活力,而改革的目的是国家的繁荣昌盛和人民的幸福安康。因此,教育既需要改革,也需要守正,改掉的是不能适应时代发展要求的东西,守住的是规律和好的传统,这即"保持定力和改革创新的统一"。

"正"是什么?是规律,是依照规律形成的制度,是好的东西,需要坚持。因此,守正是改革的风向标,守正是改革的主心骨。改革中我们需要守正,守正时我们需要思考如何通过改革实现与时俱进。进一步地,还要把改革成果用制度稳定巩固下来,真正实现科学发展,实现依法治国、依法治教,实现长治久安。

教育的守正,就是要增强"四个意识",做政治上的明白人;坚持"四个服务",保证办学方向和立德树人根本任务;坚持以人民为中心,办好人民满意的教育。教育工作者要善于在多变中定方向、在多样中谋共识、在多元中起主导，"不忘初心"＋"撸起袖子加油干"，全面贯彻落实党的教育方针和各项政策要求，奋力推进教育强国目标的实现。

## 第二节　新时代高等教育的结构体系

　　建设高质量教育体系，是十九届五中全会对教育工作的明确要求。20世纪八九十年代，国家教育发展研究中心郝克明主任曾经组织过多项有关教育结构议题的研究，并于世纪之交指出当时存在着四方面问题[①]：普通教育与职业教育的衔接沟通缺乏制度保证，部分类型学校功能定位不清且与社会要求脱节，非学历教育尚未成为重要组成部分，尚未形成在政府宏观指导下面向社会自动调节的机制。现在看来这些问题依然不同程度地存在，并且随着时代要求变化还产生了社会需求升级、普职关系深化、国际化影响加大、城乡区域流动加剧、社会家庭教育融入等新问题，说明结构体系议题历久弥新且与时俱进。2020年，我国高等教育的毛入学率已达到54.4%，按照国家规划要求"十四五"结束时将达到60%。如何适应新发展格局下的产业发展需求，迎接新一轮科技革命产业变革期的国际竞争挑战，实现普及化阶段的教育高质量发展？这些重大问题迫切需要教育结构调整和体系建设有效应对。

---

　　① 郝克明：《当代教育结构体系研究》，广东教育出版社2001年版，第13-16页。

## 一、教育的高质量发展

我国已全面进入高质量发展时期，建设高质量教育体系、实现教育高质量发展是"十四五"教育的重要任务。教育的高质量发展，首先体现在各级各类教育的内涵建设上，并以此为基础实现彼此的相互融通，最终满足社会需求。为此需要：

### （一）厘清各级各类教育的社会功能定位

基础教育是使孩子们感知客观、形塑主观、健康成长的人生根基，高等教育和职业教育是青少年获得本领、奔向理想、通往社会的双车道，继续教育是在职人员融合工作、选择发展、提值赋能的营养剂。

基础教育毕业生直接进入劳动力市场，是教育短缺时代不得已而为之的一种状况，不符合现代产业分工的要求，只适合于粗放型发展阶段。而年轻一代经过高等教育或职业教育，有规格有质量有秩序地进入劳动力市场，正成为经济社会高质量发展的基础和要求，同时也是教育高质量发展的内涵和形态。

### （二）抓准抓稳各级各类教育的本质内涵

教育体系，对内是受教育者成长的路径，对外是市场识别人才的符号。各级各类教育的体系建设要抓准抓稳自身特有本质，按本质特征实现内涵式发展，有效满足学生相应的成长需求和社会需要。

在整个教育体系的链条中，基础教育重在奠基，职业教育重在尚技，高等教育重在培思，它们在体系建设中内涵发展的重点分别是健康科学、熟练适用和创新实现。高等教育要为提升国家创新能力服务，培养各行各业的前端人才，实现对各行各业的科技支撑，体系建设在普及化阶段需要体现出本质内涵的一致性和特色呈现的多样性，高校分类发展是面向社会分工要求的必然选择。扎根中国大地是大学根本的办学路径，推动基础学科和新兴学科建设、加强学科交叉及产业融入、致力重大关键技术突破是大学应答国家需求的关键，而在人才培养上需要特别加强对学生思维能力和实践能力的训练。

不同高校要依据自身特色和前瞻科技未来在内涵发展上下功夫，在国家教育体系中找准自己的办学定位，在知识传授、技能训练、思维开发、问题解决的匹配关系上实现自己的育人目标，评价改革要针对不同学校的内涵特征有所侧重。

**（三）实现各级各类教育的相互融通**

完善教育体系的目的是全面贯彻党的教育方针，落实立德树人根本任务，培养德智体美劳全面发展的社会主义建设者和接班人，满足经济社会高质量发展的要求，方向是朝着建设一个更大规模、更加多样化、更加公平的高质量教育体系而努力[①]。不同层次类型教育的衔接沟通是体系建设的重要内容。

面对国家高质量发展需求，创新心脏动力，应用是血液循环，都不可或缺。在创新方面，高等学校在"十四五"时期要致力通过创新扩充经济发展新动能，通过科技推动产业结构、经济业态、社会形态发生变化，紧抓第四轮科技革命和产业变革重要战略机遇，赢得国际竞争的胜利，推动百年未有之大变局成功实现；在应用方面，要重点解决好实用人才的培养方式和提高成长问题，完善从中职到本科、从学历教育到职业培训的纵向贯通、横向融通的现代职业教育体系，完成好疏通和嫁接工作，使职业教育毕业生能够在合规、有序、通畅的通道中实现学历提升，但其办学模式、升学方式、考试内容等必须与普通教育明显不同。

各级各类高等学校要力求增强自己的特色优势，融合创新和应用，上下沟通、左右连通，合力形成四通八达的人才成长立交桥，建构出普及化阶段高等教育多样化的理想形态。这也是通过体系建设而推动高等教育高质量发展的应有之义。

---

① 陈宝生：《推进教育治理体系和治理能力现代化》，载《旗帜》2019年第11期。

### （四）促进教育与经济社会的有机契合

世界正在发生重大变化，中国已经开启迈向第二个百年奋斗目标的新征程。教育发展环境复杂性和前行挑战性显著增强，需要用成熟稳定的结构性体系应对各种变化。

作为一个坚定不移地走社会主义发展道路的大国，经济健康和产业安全是发展的重大问题，为此需要加强和完善自身产业体系、扩大内需和融入全球相结合。教育需要应对国内国际两个大局，助力推动"双循环"新发展格局，加强构建为夯实强国基业而面向国内市场的生产供应链，有效调整因冲突加剧而引发国际分工变化的产业结构链。

要特别注重以科技革命推动新兴产业发展，把制造业做大做强，积极发展现代服务业，推动实现区域和谐与乡村振兴。其中，人口素质是发展的基础，教育的高质量发展是社会高质量发展的重要基础，创新型人才、工程类人才、应用型人才、技能熟练人才都不可或缺。

## 二、高质量教育体系

教育历史责任重大、战略地位突出、服务全产业链条的任务加重，对第二个百年奋斗目标实现具有决定性意义，体系建设需要跟上。

### （一）什么是好的结构体系

教育结构体系研究，包含着对结构体系的科学理解、构建原则、调整依据及目标方向，也包括如何看待各级各类教育自身、彼此之间及与社会间的相互关系，在复杂多变的现代社会还应包括结构体系的自适应能力。

好的教育结构体系就是高质量教育体系，是新时代教育结构体系建设的理想目标，以结构为基础、以关系作联结，体系是其呈现方式。一个好的教育结构体系应能遵循教育规律、满足时代要求、形塑社会理想，各级各类学校办学定位清晰，各级各类教育沟通衔接顺畅，整个教育结构体系开放包容，面向社会形成自适应调节机制。这里面，形塑社会理想和形成自适应调节机制，是新时代对教育结构体系的更高要求。高质量教育体系建设就是要在结构适应社会、体系自身通畅且能自动适应社会调节上开展工作。

## （二）结构体系的现状与优化

教育结构体系是对国家基本教育状况的架构与描述，需要成熟、定型和稳定。越是成熟的结构体系就越定型，以宏观有序、微观搞活的总体状态满足着社会的多元需求。而教育结构体系的构建、定型、完善体现在一个缓慢的成长过程中，这一过程既与社会发展阶段有关，也与教育的普及化程度相联。

建国70多年来，我国逐步建立起了能够满足不同阶段中国特色社会主义建设基本需求的教育体系，这一体系庞大而运行有效，这是我们对教育结构体系现状的判断和开展未来工作的基础。即说，教育体系已基本成形，教育结构趋于合理，但需要与时俱进，需要进一步与教育、社会发展的新形势相适应，需要进一步成熟定型完善。下一步的工作重点是优化完善，特别是克服掉过于刚性的问题，让教育结构更加契合经济社会，让体系根据社会变化而实现自主调节，还有就是把一些新兴教育形态和已经发展起来的合理教育形式有机地融入现行教育体系之中。

## （三）结构体系的构建原则

第一，适应社会需要。教育与社会经济的契合度，是教育发展是否健康和国家竞争力强弱的重要指标。教育规模越大普及化程度越高，对教育满足社会经济需求的要求就越高。

第二，方便个人选择。选择性增强是社会进步的标志，普及化阶段更是这样。人的个性特征千差万别，对教育的需求多种多样，教育结构体系在选择性供给、柔性衔接方面都要不断做出改善。

第三，遵循教育规律。教育越发展，结构越复杂，体系越丰富，就越要依据教育规律建构。其中，各级各类教育发展及其相互、内外衔接，一定要符合人的成长规律和教育内外部发展规律的要求，这是完善新时代教育结构体系需要关注的重点。

第四，联结关系和谐。基础教育、职业教育、高等教育内部关系协调不好，整个教育事业就难以健康科学发展，所以说规模、质量、结构、效益是永恒的议题。这里有需求、文化、观念等多种因素，但和谐、有序、平衡是政策的施力点。

第五，发挥最佳效益。体系的整体效益不仅仅是一个投入产出问题，更是一个推动社会经济按新理念发展的大效益议题。其中，内涵式发展是关键，内涵是什么要弄清楚，各级各类教育要按本质属性发展。

第六，动态调节通畅。自适应调节、适时动态调节是复杂系统良性循环的保障。新时代面对未来教育、社会发展复杂性的不断增强，市场在资源配置中的决定作用和计划、政策手段的关键作用需要综合运用，要注重建立起通畅的能反映动态要求的适应性反馈调节机制。

### 三、完善高等教育结构体系所涉及的重要关系

结构反映状态、体系反映关系，状态需要稳定、关系需要柔性，结构体系建设就是聚焦教育内涵结构匹配社会经济、体系自身流转通畅且适应社会主动调节目标开展工作。结构是体系的基础，传统的教育体系建设是以结构为重点开展的，甚至探讨的就是教育结构议题，主要包括层次、类型、区域、形式等，在不同时期也纳入过学科、管理结构等侧重方面。在教育全面进入普及化的今天，社会复杂性在增强，国际竞争挑战加剧，特别需要增强对关系的研究。改革开放以来，人口流动加剧、城镇化发展态势、国际化影响加大、新型教育形态产生、社会教育因素增多等也开始成为教育体系的基本内容或重要变量。

#### （一）需要处理好的四种基本关系

"十四五"期间，教育结构体系的定型完善工作需重点处理好层次间、类型间、形态间、内外间四种关系。其中，层次类型关系是老生常谈，永恒存在，但常谈常新；受信息技术、人工智能、教育理念的影响，教育形态较之于过去变化最大，新形态、新业态层出不穷；教育与社会的融合是

近年来教育发展的短板，而社会对教育的要求也在不断提高。教育结构体系的理想状态是结构问题反馈及时，体系通畅自动调节。

层次间关系主要体现在教育层次不断上升上。当前，各级教育均进入普及化阶段，其教育内涵的特征及如何实现内涵式发展构成了新时代教育发展的关键。高等教育跨入普及化的门槛后，硕士、博士研究生的发展规模成为引人瞩目的焦点。

类型间关系主要反映在多样性上。这些年教育类型的复杂性陡然增加，各项改革也非常活跃。大的方面指向理论型人才和实用型人才的差异性，具体反映在普职结构关系、应用型本科转型、学术性学位和专业性学位、学科结构调整等方面。

形态间关系主要体现在新形态不断涌现上。二十多年前谈教育结构体系几乎不太涉及教育形态问题，因为几大教育形式非常鲜明，那时候提得较多的是管理结构。时过境迁，教育与社会的关系发生了很大变化，信息技术成为教育改革发展的重要手段，课外线上教育成为规模庞大的产业，这些都需要我们深入研究。学校教育、家庭教育、社会教育三位一体的局面如何架构，是新时代需要关心的议题。

内外间主要反映在教育对社会的适应上。这是现代社会教育发展的重大问题，在教育规模庞大和社会变革加剧的情景下也可以说是教育发展的关键问题。在竞争日趋激烈的国际社会，教育与社会的契合度还是国家竞争力的重要标志。我国当今的教育不适应问题，很大程度上不是数量问题而是结构问题，是教育在结构上存在着与社会的不匹配问题。

当然，也还有公民办教育关系，它既可以归为类型上也可以归为形态间，所指形式也不一致。这就是事物的复杂性。

**（二）人口流动和城乡结构是影响发展的重要变量**

人口变化、迁移聚集和城镇化发展，与经济发展有关，影响着教育的发展布局，是制订教育规划的依据点，是配置教育资源的基础。从短期来看，各年龄段人口数量和结构直接影响人民群众对各级各类教育资源的需求；从长期来看，人口数量和结构的变动将影响市场人力资源状况。

改革开放40多年来，我国人口质量、城镇化水平大幅度提高，人口流动高度活跃，为社会经济发展贡献了丰富的人口红利。人口由乡村向城镇集聚，城镇人口比重由1978年17.9%提高到2020年63.9%，2020相比2010年也增加了14.2个百分点。近年来人口由欠发达地区向发达地区大规模流动的总体趋势存在，但西部地区人口流出现象正在得以扭转——如据第七次全国人口普查数据，在2010年到2020年间，广东、浙江、新疆、西藏的人口增长率超过10%，北京、重庆、贵州、宁夏、福建、海南在5%至10%间，上海、天津、江苏、山东、陕西、河南、广西在0至5%间，其他省和自治区为负增长[1]，总体上东部地区人口所占比重上升2.15个百分点、中部地区下降0.79个百分点、西部地区上升0.22个百分点[2]。

"十四五"期间，学龄人口变化对教育结构体系和教育资源配置产生较大影响。高等教育适龄人口数继续增长，18～22岁高等教育适龄人口数呈上升趋势，2025年上升至7303万，期间为增幅5.2%[3]。随着我国城镇化水平的进一步提高，国家主体功能区建设和区域协调发展战略推进将促进城市群落的形成，高级专门人才将向主要城市群特别是长三角、珠三角地区聚集。

至2035年以前，由适龄人口数量增长幅度看本专科生和研究生规模扩大的压力并不大，这将有利于实现内涵式发展。高等教育正好可以抓住契机，主动调整结构，理顺体系，推动高质量发展。要加强与社会的融合，注重满足经济社会发展需要和人民群众升学需求，特别要瞄向推动国家创新发展新动能的战略要求。

---

① 张庆华：《在人口结构变化趋势中挖掘人口集聚红利》，载《光明日报》2021年5月14日。

② 记者金振娅：《新疆稳定发展进入了新阶段》，载《光明日报》2021年6月18日。

③ 梁彦、王广州、马陆亭：《人口变动与"十四五"教育规划编制思考》，载《国家教育行政学院学报》2020年第9期。

### （三）教育国际化影响的变数加大

国际化是影响教育结构体系的重要因素，不能把它看作为外部变量，而是要当成内部变量。2017年我国出国留学人数首次突破60万大关，2018年度总数达66.21万人，增速明显，2019年高等教育来华留学在校生规模也达到33.31万人。这么大的体量，必然影响到国内的教育，影响到教育结构体系的状态及其调整。进一步来看，随着疫情全球蔓延和美国对我国打压的加剧，国际化影响的不确定性在增加。

2019年，我国人均GDP突破1万美元大关，按照正常发展的预测将于"十四五"期间进入世界高收入经济体行列。届时，国家、个人需要解决的问题，考虑问题的思路都会有所不同。这是推动我国教育国际化的积极因素，但由美国泛起的"逆全球化"思潮却是阻碍因素。

开放是滔滔大势，任何封闭的系统最终必将陷入混沌、走向死亡，只有开放的系统才能实现进化，这是由系统科学揭示出来的客观规律。经济全球化是总的趋势，各国自然禀赋不同存在比较优势、资本趋利的本质不变、科技创新能够降低成本，这些也是不以人的意志为转移的客观规律。江河东流是客观实在，任何回流都是局部的，但大水漫灌时回流处压力太大，需要控制水情加强疏导。我国对外开放的大门不会主动关闭，但也不能被动关闭，高水平对外开放仍是努力方向。2020年6月，教育部等八部门正式印发了《关于加快和扩大新时代教育对外开放的意见》，即表明了我们坚持改革开放基本国策的决心和相关的政策要求。

我们要对出国留学和来华留学的趋势规模结构形式等有所预研，对它们如何与国内教育体系衔接融合有所预判。如面对疫情后大量留学生的未来学业需求，可以考虑多通道多方式建立中外高校教育合作——由我国高校与海外高校达成合作育人协议，双方合作完成疫情防控期间归国留学生的学业；推动现有的中外合作办学机构和项目与国外院校合作，接收因疫情中断学业留学生在国内完成学业；推动大学的国际教育学院建设，与国外大学合作，开展语言学习和基础课学习，通过合作加强交流。这些，都是与结构体系相关的新变化，要注重这些通道、合作的长期性和规范化建设。

长期以来，高等教育既是改革开放参与者也是受益者。面向未来，更要发挥先锋队和融合剂作用。只要开放，就有交流与合作，就能打破封锁。打破封锁之功其实并不完全体现在教育方面，更主要的是反映在国家发展的战略上。

**（四）社会和线上教育成为重要的参与因素**

近年来，社会参与和信息化技术逐步成为教育的内生变量，渗透、应用越来越广泛，它们与学校教育的互补衔接成为未来教育绕不开的话题。网络社会正在形成，课堂与线上教育界限甚至不再清晰。

一方面要重视发展。从办学实践看，教育与社会的融合是高等学校面向的重大议题，"双循环"新发展格局背景下二者的关系将更加紧密，扎根中国大地办大学是根本的路径选择，深入社会、解决实际问题是高等学校育人和科研的重要方向；从信息技术的推动看，长期以来政府的高投入为在疫情防控期间发挥了实际的作用，教育战线"停课不停学"，"宅家教育"直接推动了教育新形态。未来的教育模式改革探索将进入活跃期。

另一方面要规避问题。学校是育人主阵地，要把该做的事情做好，同时要主动思考各种衔接问题，按教育规律办事，注意规避不良影响。

教育不简单等同于课堂教学。要关注未来教学场景、教育模式发生的深刻变化，"线上、线下+实践"的混合模式正成为未来教育的生长点。人们经常谈到的线上线下教育的混合式教学，不能是简单地将线下课程搬到线上，而是要如何利用线上教学方式特点培养人们的思维能力、如何实现因材施教。精品线上课程虽不能完全替代地方院校的课堂讲授，但会使部分教师的作用变成辅导讨论，从而推动教学模式发生变化。只有不脱离实践的教育，对人的成长促进才是全面的，高等教育需要直面社会遇到的现实问题。将来的学校可能越来越关注资源共享，成为对各方开放的平台，形成大教育办学格局。

## 四、新时代高等教育结构体系建构的重点

中国特色社会主义进入新时代，站在各级各类教育全面进入普及化阶段的新起点，面向建设教育强国的目标任务，面向教育新形态的不断产生，一个科学合理的教育结构体系对于教育发展至关重要。而建立起这样一个结构体系，需要以解决现实问题和实现现代化目标为导向。

### （一）在高等教育发展大逻辑下思考结构体系议题

党的十九届五中全会提出"十四五"时期经济社会要以推动高质量发展为主题，表明我国已经转向高质量发展阶段，贯彻新发展理念、构建新发展格局、推动高质量发展是未来的工作重点。

就高等教育而言，未来高质量发展的逻辑关系是：第一，时代和教育内涵正在发生深刻变化，有面向"两个大局"开启第二个百年奋斗目标新征程、高等教育普及化向纵深发展和扎根中国大地办大学等核心要素；第二，国家以建设高质量教育体系来应对，特别要服务"双循环"新发展格局、增强创新发展新动能等；第三，高校以在找准自己在体系中的方位来应对，聚焦办学和育人如何适应时代要求、自己的特色和内涵发展模式等；第四，评价改革要做好遵循新发展理念的护航工作，如果暂时还作不到引领，至少也要做到适应，要引领和适应变化。

"十四五"期间，教育体系建设在教育高质量发展中具有龙头地位，发挥着重要的牵引作用。建设重点是制度性地形成扎根中国大地办学、助推国家创新发展、充满生机活力、包容"学术理论性、工程实践性、科技应用性、职业技能性"多元人才成长需要的高等教育结构体系。

### （二）以提升国家创新发展新动能为关键来建设结构体系

新一轮科技革命和产业变革的到来，使得高新科技成为未来经济高质量发展和国际竞争合作的核心因素，创新及其产品实现愈显重要。

创新是赢得未来的根本出路。没有科技进步，产业结构、经济业态、社会形态就不可能发生变化，而只能原地踏步。在世界竞争日益加剧的今

天，不进则退，学习跟踪模仿已起不到治本的作用，必须通过创新来推动产业经济社会的根本性变化。

"四新"是高校创新工作突破口。习近平总书记在2021年4月19日清华大学视察时提出："要用好学科交叉融合的'催化剂'，加强基础学科培养能力，打破学科专业壁垒，对现有学科专业体系进行调整升级，瞄准科技前沿和关键领域，推进新工科、新医科、新农科、新文科建设，加快培养紧缺人才。"[①]新工科着力推动产业经济的升级换代，具有战略意义；新农科、新医科与新工科有相近性，学科方向形态及与之相关的产业都在发生变化；新文科既涉及中国道路、中国理论、中国自信等价值观软实力，也涉及智能技术等科技元素的融入，教育的内容结构方式都将发生重大的变化。所以，"四新"涉及学科交叉及科学技术与产业的融合，将催生新产品形成新产业，能促进创新实现经济结构调整，需要给予足够的重视，高校工作者更需要明白发展的方位点在哪里。

**（三）以高校分类发展为牵引来带动结构体系**

在高等教育的结构体系中，高等学校的类型架构是基础性的，因为它既是显性的也是可控的，关键是思路方向要正确。从根本上说，人才供给与需求的结构性矛盾是教育发展需要面对的永恒问题，人才需求变化与教育结构体系密切相关，但这是一个长期的缓变量，只能做大的方向性或战略性判断。不仅如此，办学模式影响着教学模式，高校类型还决定着人才的培养方式。

在我国经济发展进入中等偏上阶段，产业结构调整加速，高等教育社会需求增长迅速。由世界长期发展态势看也如此，如1960—2009年，美国劳动力市场对常规性认知、常规性操作和非常规性操作技能的需求呈下滑趋势，而对非常规性分析和非常规性人际交往技能的需求却大幅上

---

① 新华社北京4月19日电：《在清华大学建校110周年校庆日即将来临之际，中共中央总书记、国家主席、中央军委主席习近平来到清华大学考察》，载《人民日报》2021年4月20日。

升①。我国未来高校人才培养的层次重心将逐渐上移，本科、硕士和博士层次的人才培养规模进一步扩大。与产业分布的"三、二、一"结构相适应，就业和人才培养结构也呈现出面向"三、二、一"产业的特点。新需求催生新职业，高技能人才、专业人才、研发人员等科技推动科技经济发展人才将成为未来创新型国家建设需要的重点，卫生健康、人文艺术等促进人们美好生活的人才也将成为社会需求的重要关切。

在20世纪八九十年代，学校人才培养规格与社会人才需求职业划分的对应关系相对紧密，如以文理为主的综合大学培养科学家、工程类院校培养工程师、专科学校培养技术员、技校培养技术工人。后来，社会走向了市场经济体制，高等学校也更加综合化起来，高等教育更加重视通识教育，人才培养的规格逐步模糊起来。再后来，又有了"211""985""双一流"等一流大学建设和新建本科院校的转型发展及本科高职，两个体系的高等教育逐步明朗起来。现在分析看来，科学家、工程师、技术员、技术工人的人才规格划分还是具有经典意义的，大类非常清晰，当然每一大类也包含多种学科、行业、职业。核心变化在于科学家不完全是书斋型的了，工程师有了研究的成分，技术员的应用领域在不断扩大，部分技术工人需要有高学历，另外社会职业的变迁也在急剧上升。

因此，根据我国发展现实、国际走向脉络和学术划分逻辑，可按"理论型、工程型、应用型、职业型"四类来设计我国高等学校分类框架，当然这一框架不包含艺术、体育等特色院校，每一类里也幅度不同地存在着不同的层次。

**（四）以制度性架构为方向来完善结构体系**

教育体系"对内是路径，对外是标识"，是把制度优势转化为治理效能的基础。制度管根本，成熟稳定的教育结构体系是长久大计。

教育体系结构建设是制度性建设，今后一段时期将处于由成熟定型走

---

① 滕珺：《21世纪人才的十大核心技能》，载《中国教师》2015年第1期。

向完善巩固的过程中。我们需要把前面所说的内涵、活力、开放等状态要
素架构好，把衔接、融合、通畅等关系要素梳理好，在面向、模式、布局
等创新关键方面留有一定的探索空间。

# 第三节 "十四五"教育体系的多种关系

体系和结构紧密相连，并涉及其他多种关系，因为体系本身就是要讲
关系的。20世纪八九十年代，教育结构问题比较突出和重要，相关议题被
常被提及。现在，我们谈体系，是因为时代在发展、环境在变化、教育在
进步，单纯谈结构已容纳不了相关内容。教育体系是有形可见的，与新时
代产生的许多概念均有关联。不要怕复杂，复杂而有序，有序的不断提
高，才是系统进化的标志。

## 一、教育结构与教育体系

教育结构是教育体系的基础，过去探讨教育结构在宏观意义上就如同
现今探讨教育体系。即结构约等于体系，体系相当于结构，只是二者的侧
重点不同。

结构的核心是状态，好的状态应该稳定而有弹性，这弹性之处就是体
系的连接处；体系的重点在关系，好的关系需要柔性和畅通，但前提是结
构清晰。二者都需要与经济社会相匹配。因此，结构、体系有着共同的三
要素：自身状态、相互关系和适应社会。只是，体系以结构为基础，但更
重视关系，这一关系包括各级各类教育自身的序接、相互的衔接及与经济

社会的联结。

在教育短缺时期，首先需要的是结构，当然结构的内外部也需要有连接。因此，过去的用语是教育结构调整，经常提到的概念包括层次类型结构、区域布局调整、办学形式多样等，也有提到过学科专业结构、管理结构等。当今的高等教育已进入普及化阶段，各级各类教育也都脱离了量的短缺，社会主要矛盾在变化，社会环境更加复杂多样，新的教育形态在不断产生，教育与社会的联系更加紧密，因此教育的内涵发展和体系通畅更为突出。教育体系与社会的契合度，是检验教育发展科学与否的基本指标，也是国家竞争力的重要体现。

概而言之，结构体现状态、体系反映关系，状态侧重稳定、关系需要弹性，教育体系的理想状态是结构问题能有效反馈、关系通畅能有效调节。

## 二、教育高质量发展与高质量教育体系

《中共中央关于制定国民经济和社会发展第十四个五年规划和二〇三五愿景目标的建议》提出要"以推动高质量发展为主题"，在教育部分的引领句是"建设高质量教育体系"。表明贯彻新发展理念、构建新发展格局、推动高质量发展是今后各项工作的重点，而建设高质量教育体系是推动经济社会高质量发展的重要组成部分。

教育高质量发展，即各级各类教育以本质属性内涵发展为基础，实现相互融通并契合经济社会需要；而高质量教育体系，既包含各级各类教育的自身内涵发展和自身体系完善，更是要加强各级各类教育之间及整个教育体系与社会的匹配。可见二者的要素是完全一致的，只是关注重点有所不同。

因此，教育高质量发展与高质量教育体系是同一事物的"里""表"两面，前者是内涵实质，后者是呈现形式。与教育高质量发展首先关注各级各类教育的内涵建设不同，高质量教育体系构建重在满足人的成长需求和契合社会结构要求，并保持教育、学校的活力。

### 三、四中全会的教育体系与五中全会的教育体系

党的十九届四中、五中全会均以教育体系作为教育部分引领句的主体词，说明了体系建设的重要性。需要指明的是，教育体系是一个整体，四中全会提出的"构建服务全民终身学习的教育体系"和五中全会提出的"建设高质量教育体系"，是对同一个体系的不同侧重表述。高质量是体系的方向和本质要求，服务全民终身学习是体系的制度安排和关系实现。

同样需要指出的是，现阶段教育行政部门提出的构建更高水平的高等教育体系、构建技能社会职业技术教育体系等四大体系、八个体系，均是以推动工作实施而进行的行动部署。最终它们形成的是一个整体，构成一个大体系。用系统论的术语讲就是有不同的子系统，只是体系这个词不好说是子体系，但意思上如此，各体系与大体系之间属于阶段工作推动和目标工作方向的关系。这个大体系就是高质量的教育体系，制度化的描述就是服务全民终身学习的教育体系。

教育体系是对国家基本教育框架的设计安排，对内是个人教育成长的路径，对外是社会用人的标志，属于基本教育制度范畴，需要定型、稳定、巩固。成熟的教育体系需要定型，定型不是僵硬僵化，而是宏观有序而微观搞活，以此来满足社会、个人多元而有质量的终身学习需求。

### 四、"双循环"新发展格局与教育体系

加快构建新发展格局是"十四五"时期经济社会发展指导思想[1]。这是我国发展战略的重大方向性调整，表明发展的第一要务是确保经济社会运行的安全，同时推动高水平开放，通过满足内需与走向世界的结合而健全完善自己的产业供应链。这一战略格局将长期指导我国未来经济社会的发展实践，直至中华民族伟大复兴中国梦的实现，意义十分重大。

---

[1] 本书编写组：《党的十九届五中全会〈建议〉学习辅导百问》，党建读物出版社、学习出版社2020年版，第015-016页。

构建新发展格局，需要抓关键补短板。关键指能发挥引领性作用的东西，主要是创新和开放，创新要瞄向由0到1的突破和"卡脖子"关键核心技术，开放是要打破美国封锁和推动人类命运共同体构建；短板是要解决突出的问题，主要是民生和创新，民生是社会和谐的基础，民生产业总体而言是劳动密集型产业，创新是要提升民生产业的技术技能含量和创造新兴产业。所以，创新既是关键也是短板，第四轮科技革命和产业变革是世界百年未有之大变局的根本推动力，我们需要通过创新增强国家发展新动能。

高等教育应该深度融入"双循环"新发展格局，这一融入是全链条的，因此教育体系要完整且与之相匹配。面对创新作用的增强，高等教育的地位在上升，普及化阶段的到来又使得高等教育又具有一定的民生特征。面向"十四五"，高等教育将发挥龙头作用，牵动各级各类教育科学发展，实现教育体系与经济社会的匹配契合。庞大的高等教育体系将全面关注创新突破、关键技术、重点领域、新兴产业、区域发展、乡村振兴、技术技能等方面，推动高等学校扎根中国大地实现分类分层办学。高等学校还将在多个层面成为学术合作交流的方面军和民心相通的融合剂，引领教育开放并服务行业企业参与全球产业创新链、供应链、价值链重组，助推国家高水平开放大业。

## 五、教育体系建设与学校内涵发展

面对时代和教育内涵正在发生深刻变化的现状，国家以建设高质量教育体系来应对，学校以找准自己在体系中的位置来应对。因此，国家的高质量教育体系建设与高校在国家需求中找准发展方位是分不开的，学校的内涵发展是教育高质量发展和高质量教育体系建设的基本内容。

所谓内涵发展就是按照不同学校特色的本质属性发展，是什么就发展什么、就评价什么。你的本质属性与别人是不一样的，结果应该是越发展越有特色。当然，同为高等教育，高等学校自然会有一定的共性特征，因此不同高等学校有共性因子和特色因子。特色因子要成为高校评价的标志性因素，对"理论型、实践型、应用型、职业型"等不同类型高校的评价工作要推动差异化创新探索。

各高等学校在发展实践中要有效利用新一代人工智能技术的"头雁"引领效应，使之全面渗入各学科专业建设，还要注重推动不同学科专业的交叉复合，加强学科与产业的融合工作，积极开展新工科、新医科、新农科、新文科的创新探索，催生新型产品推动新兴产业，培养时代新人。

### 六、传统的教育结构与新兴的教育关系

中国教育发展至今，已经建立起了世界上最为庞大的体系，这个体系基本能够满足社会的多方面需求，这是对教育体系现状的基本判断。下一步的工作重点是优化完善，让结构更加适应社会发展，让体系能够根据社会需求实现自适应调节，还有就是把一些新兴的教育形态及已经发展起来的好的教育形式顺畅地融入现行教育体系之中。

传统的教育结构主要是层次、类型和布局。面向未来产业结构升级和创新型国家建设需求，学历层次要提升；而面向普及化高等教育的进一步发展，多样化进一步加大；在布局方面，中心城市高水平大学的集约发展和全国面上的均衡发展将成为政策调控的方向。

新兴的教育关系主要反映在与社会的关系方面以及教育模式的多样化上，体现在多种教育形态之中。面向未来，扎根中国大地办大学成为根本路径，国际合作交流的方式需要更加灵活，"课堂+线上+实践"的混合式教学将得到发展，社会教育新形态在不断产生，教育新业态会不断涌现，教育模式改革探索正在进入活跃期。

为此，在教育供给和政策安排上，需要以完善学校教育结构为基础，不断引导、规范、融入教育新形态，共同构建高质量教育体系；需要激发各教育组织的活力，提升教育服务水平，优化教育资源配置，实现教育的高质量发展；需要加强各级各类教育与社会的衔接与联系，以学分银行建设为载体构建服务全民终身学习的教育体系。

思想重要，技术也重要，技术是实现理想、让思想变为现实的手段。社会、科技发展在不断影响教育，人工智能技术将融入教育，这些对未来的教学模式改革将发生重大的影响，将显著影响教育的形态变化，教育体系会更加丰富多彩。

# 第四节　现代职业教育体系如何上延

自2014年教育部、发改委、财政部等多部委联合编制的《现代职业教育体系建设规划（2014—2020年）》发布以来，职业教育以类型为特征的体系架构议题得到了广泛关注，新建普通本科高校向应用型转型发展、职业本科教育试点等改革探索活跃。职业教育的类型发展离不开向上架构，而职业教育与高等教育大量交集的存在是现代职业教育的重要特点。如何抓稳抓牢职业教育的类型特点，实现职业教育的健康发展，是现代职业教育体系构建的关键。

## 一、现代职业教育发展的困惑

近年来，职业教育得到高度重视，困惑也依然巨大。重视主要来自社会的旺盛需求和国家的殷切期望，困惑则源于它对年轻人的吸引力不高。似乎较之于高等教育创新的"高大上"和基础教育人生理想的"奠基作用"，职业教育的技能显得有点"形而下"，产生落差。这里有"惟有读书高"的历史传统影响，也有我们对现代职业教育的认识及其办学模式实践的不足。因此，社会上对职业教育体系建设充满了期盼，但对如何向上提升建构却充满着彷徨。

**（一）职业教育从传统走向现代**

职业教育的早期表现形式就是手艺传授，即在手工业行当里教人以谋生的技艺，典型的实施方式就是师傅带徒弟。师傅带徒弟即学徒制，是在工作现实场景中对技能、经验的传授和学习，是言传身教式的。与知识的学习不同，手工技艺的传承有些方面是说不出道理的，知其然而不知其所以然，即虽不能抽象出明确的原理，但却能在潜移默化中使人达成一种条件反射式的熟练，这也就是技术技能的掌握或经验的感知。

随着工业化发展特别是科技不断进步，个体手艺劳动、小作坊式生产逐步演变为大工厂进而进化出现代化甚至智能化工厂，对熟练、操作、技能技术的需求不断增加，要求不断提高。学校的班级授课是最能体现工业化效率的教育制度安排，因此，职业学校广泛产生并逐步成为工业化社会的标配，而不断复杂化的科学技术也使得职业教育的开展需要有一定的知识文化基础。由于职业教育必须在工作场景中训练，双元制等近现代职业教育模式应运而生，学徒制得以延续。它们在欧洲大陆如德国最早成型，是因为那里有着上千年的手工业与行会治理传统：行会的自治性即约束能力很强，虽然企业是竞争开放的，但行业相对封闭，行业之间对技术技能人才的需求是不一样的，因此，为了整个行业的利益，本行业内的企业就必须承担起部分培养人的义务。这其实也是一种文化存在——培养能满足行业需要的技术技能人才，是行业、企业自身的事情，因此它们承担的是自己的责任。

在进一步的发展演变中，各国的文化不同，情况有异，但职业教育实施的双主体、达成的熟练性实质未变，培养的人要能直接在工作中顶岗上岗。从更宽的视角来看，企业进人还需要有职前培训，在职人员需要进一步提高也需要有职后培训。因此，国际上称呼职业教育一般为职业技术教育及培训，非常清晰明了。

在我国，情形也大致如此，学徒制古已有之。不同的是，新中国是在半封建半殖民地的旧中国废墟上建起的，早期缺乏大工业化的基础，我们的教育是从成人夜校扫盲、儿童读书认字、高校院系调整等起步的，之后在职业教育方面大致经历过中专大专、工人大学、技校、中职高职、应用型本科转型、本科高职等多种形态，同时社会、经济、产业形态也是多样多元。职业教育的概念、内涵、模式、实践尚未成熟定型，发展又非常迅速，导致在层次类型形式架构上产生了不少困惑。

**（二）大学从传统走向现代**

世界高等教育已经走过了800多年的历程，经历过教师行会模式的法国巴黎大学、学院制模式的英国牛津大学、教学与研究相结合模式的德国柏林大学。至此，大学都是在"象牙塔"里，即大学是大学、社会是社会。

随着大学社会服务职能在美国的提出，大学走出了"象牙塔"，与社会发生紧密联系。大学推动了社会的发展，社会进步进一步反哺大学，促进了大学的繁荣和扩展。大学的社会职能越来越丰富，模式在不断扩展，逐步产生了高等学校、高等教育机构、第三级教育、高中后教育等与大学相关但含义又不完全相同的概念，高等教育出现多样化。既有密集研究型大学，也有职业技术类高校；既有遵循科学本身规律设立的学科专业，也有遵循社会需求、产业发展逻辑设立的学科专业。

**（三）职业教育与高等教育的重叠交叉不断增加**

高等教育面向了社会，职业教育需要学习知识理论。原来二者泾渭分明，后来逐渐地有了交融。旧日王谢堂前燕，飞入寻常百姓家。

现代技术是以科学原理为支撑向前发展的。早期，职业教育作为一种以身体技术技能熟练为基础的习惯性反应获得，学习过程需要思考的内容并不多。但随着现代技术的发展，技术复杂性的增强，技能操作的背后存在着大量科学原理的支撑。学原理要既有知识文化基础，更要花时间去学习思考。现代职业教育的学习过程已不仅是身体的训练，还是脑力的锻炼，因此需要增加学习年限，而学习年限其实就是学历。现代职业教育已与传统有了很大不同，对基础教育有了较高的要求，也在不断增加其高等教育的内涵。

职业教育和高等教育，作为学生通向社会的教育阶段与工作阶段的联结接口，原来其内容、模式、层次相对分明，而现在出现了大面积的交集。职业教育向上延伸发展的部分，到底算职业教育还是算高等教育？例如，高职、应用本科、专业学位到底属于什么性质的教育？不在学理上弄清楚，职业教育以类型为特征的层次提升必然充满了争议，职业教育的类型发展很难在共识基础上实现良性循环。

我们的困惑也是世界的困惑，我们在思考世界也在思考。现代技术是建立在现代科学基础之上的，国际职业教育也呈现出了许多新的形式和变化。如在内涵上，职业教育对基础知识理论的要求在提高，一些高学历的专业人士也开始广泛接受工作需要的技术技能培训等；再如在制度上，素有制造业强国和职业教育强国之称的德国，于2018年底发布了《职业教育法修订草案》，提出建立"合格职业技师""职业学士""职业硕士"三级高等职业教育学位等，引起广泛争论。争议点主要包括：本硕学位冲击了传统职业教育理念、新学位制度与传统职业称谓相冲突、对学术学位的模仿容易导致忽视职业教育与实践相结合的特色、破坏职业资格与技能的整体性等，有学者甚至用"学术妄想化"表达了对职业教育希望通过模仿普通教育系统来提高自身地位和合法性前景的担忧[1]。

## 二、职业教育类型发展的上延

现代职业教育体系建设离不开向上的延伸拓展，职业教育发展的重点是解决好与社会、产业、企业的融合问题，向上架构应紧密围绕类型特征进行。既要体现担当、充满自信，解决好社会不可或缺、一大类人群的教育问题，又不可因为体系建设的重要而盲目拔高、失去自我。

---

[1] 巫锐，陈洪捷：《德国〈职业教育法〉修订的新动向及其争议》，载《比较教育研究》2020年第3期。

**（一）职业教育体系建设所涉及的向上延伸**

自2011年起，教育部在文件起草、调研过程中逐步提出了现代职业教育体系建设议题，并借全国职业教育工作会议的东风，于2014年6月联合国家发改委等六部门正式发布《现代职业教育体系建设规划（2014—2020年）》。

既然是体系建设，必然涉及向上怎么架构的问题。2014年5月发布的《国务院关于加快发展现代职业教育的决定》指出"牢固确立职业教育在国家人才培养体系中的重要位置，统筹发展各级各类职业教育""发挥高等职业教育在优化高等教育结构中的重要作用""探索发展本科层次职业教育""引导普通本科高等学校转型发展""建立以职业需求为导向、以实践能力培养为重点、以产学结合为途径的专业学位研究生培养模式""形成定位清晰、科学合理的职业教育层次结构"。

所以，由中职连通到高职，高职连通到职业型本科高校及部分应用型高校，之后再嫁接到研究生专业学位，是合乎情理的。但需要注意各级职业教育面向就业岗位需求的人才培养方向不能变。

**（二）职业教育体系建设向上延伸的基础**

对于国家的发展，创新和应用都不可缺少，科学、技术、工程、技能人才都非常重要。疏通接受职业教育学生进一步学习的升学渠道，既是社会发展的现实要求、人才成长的客观需要和终身学习体系的构建内容，也符合世界教育发展趋势和规律。但是，必须解决好以下四大问题：

1. 职业教育属性的不变

2003年前，职业学校追求升格和学生升学现象严重，甚至还把升学比例高当作成绩来宣传，导致职业学校的职业教育属性严重弱化；高一层次院校也不希望来自职业学校的生源接受过多的职业教育内容，因为那样一是文化基础薄弱，二是不好安排教学。为了抑制这种情况，教育部提出职业教育应以就业为导向，并确立了职业院校一般不升格的政策思路。时过境迁，当时代发展到今天，职业院校学生进一步提高学历的要求在加大、社会对职业教育的要求也在提高，但如何保证职业教育的基本属性不变，不把职业教育办成以升学为导向的普通教育，仍然是需要关注的议题。解决问题的关键在于把握住职业教育的模式，需要把理论教学和实践教学的比例关系及培养方式确定下来，以实践教学的主导地位及职业岗位的针对性来确定职业教育的性质。

### 2. 各级课程的有效衔接

当职高、高职大批量升学现象发生的时候，现有的高职院校和本科院校将面对两大群体生源——一类是普通高中毕业生，另一类是职业教育升上来的学生，教学复杂性增强。教学的组织、内容的衔接都需要提前思考。这需要不断通过试点，打造"中职、高职专科、职业本科或应用型本科和专业学位研究生"阶段对接或一条龙对接方案，使应用性人才培养系统化。

### 3. 教育公平性和科学性的体现

升学制度涉及社会公平和科学选才，职业教育升学的制度安排需要特别关注实践能力的成长，需要有一些特殊的考评和选拔办法。这既有自身的公平、科学问题，也有对普通教育的升学冲击，必然影响到整个考试招生制度改革。这是一项政策性极强的工作，社会关注度较高，需要认真进行制度设计，尽可能减少矛盾，保证公平公正科学，不偏离符合职业教育的人才成长特征，不引发社会认识上的混乱。

### 4. 促进技术技能积累

我国是一个具有五千年文明史的古老国家，既有着悠久的文化传统，又有着精湛的技艺制作，更不乏创意的作品，许多如神来之笔、巧夺天工。但是，我们的很多工艺、秘方、经验都已失传，即使留下来的也少有发扬光大。其原因在于不重视技术技能的积累。其一，蔑视劳动，劳心者治人、劳力者治于人，万般皆下品、惟有读书高，视技术技能为雕虫小技而不上台面；其二，传承方式单一，师傅带徒弟、又怕教会徒弟饿死师傅，传男不传女，因此不断创新、不断失传；其三，技术没有上升为科学认知，没有原理支撑，只知其然而不知其所以然，因此难以进步。当今社会知识不断产生、科学不断发现、技术不断更新，都需要创新、传承和积累。技术技能积累源自社会需求，需要科学支撑，能直接改变自然、改造世界、造福人类。

### （三）职业教育体系上延的"嫁接"通道

教育成长的通道要有但需有序。可以长出，如职业本科；也可以嫁接，如专业学位，只要有通道即可，不限定唯一或专属。每个阶段、每种类型教育都有多条成长道路，尽力在制度设计上做到人尽其才，尽量以教育的多样性满足社会的多元需求和个人的多元发展；同时，每个阶段、每种类型的教育也都要把自己的内涵属性做好。这才是真正的高质量发展及高质量的教育体系建设。

现代职业教育体系的构建，重点不是把某类研究生教育、某类高水平高校定义为职业教育或职业教育学校，而是完成好疏通和嫁接工作，使职业教育毕业生有合规、秩序、通畅的学历上升通道。具体来说就是，中职毕业生走向高职的通道，高职毕业生走向职业本科和应有型高校的通道，职业本科毕业生接受专业学位研究生教育的通道完整且畅通。需要注意的是，尽管职业教育需有升学通道，甚至通道口子也会越开越大，但各级职业教育培养人才的方向不能变，类型特征只能强化不能削弱，办学模式、升学方式、考试内容等要与普通教育明显不同。

职业院校不断强化自身的类型特点，其他各高等学校力求发展自己的特色优势，上下沟通、左右连通，形成四通八达的人才成长立交桥，这才是高等教育普及化阶段理想的多样化形态；也只有这样，才能真正通过体系建设实现"十四五"职业教育和高等教育的高质量发展。

（本章内容依序由以下论文节录、组合、改写而成：《教育体系是制度性因素》，载《国家教育行政学院学报》，2020年第1期；《教育体系是当前推动教育制度成熟定型的工作抓手》，载《中国高等教育》，2020年第7期；

《以体系建设引领"十四五"教育高质量发展》,载《中小学管理》,2021年第期;《新时代高等教育的结构体系》,载《中国高教研究》,2021年第9期;《建设一流的高等学校体系》,载《中国高教研究》,2009年第9期;《准确把握"十四五"时期教育体系的多种关系》,载《中国高等教育》,2021年第24期;《应用技术大学建设的若干思考》,载《中国高等教育》,2014年第10期;《职业教育高质量发展必须抓牢类型特征》,载《中国职业技术教育》,2021年第3期。)

# 第十二章

## 深化教育评价制度改革

　　教育评价是教育发展的指挥棒，特别在思想引领方面，也包含方式方法。我国有组织的高等教育评估工作迄今已有四十年的历史，业界普遍认可的标志性事件是1984年的"镜泊湖会议"。新时代高等教育以高质量发展为主题，落实立德树人根本任务和扎根中国大地办大学是其要义。当前教育工作的基本逻辑是——时代正在发生深刻变化，国家以高质量教育体系来应对，高校以找准需求方位来应对，教育评价要做好领航护航工作。高校评价工作要围绕主题、任务、路径开展，同时不能忽视外部评价的影响力。

# 第一节　破"五唯"立在其中

2020年，中共中央、国务院印发《深化新时代教育评价改革总体方案》开宗明义指出"教育评价事关教育发展方向"，旨在"引导全党全社会树立科学的教育发展观、人才成长观、选人用人观"①。时代在发展，世界竞争在加剧，高等教育跨入了普及化门槛，"双循环"新发展格局对教育提出了新的要求，"唯分数、唯升学、唯文凭、唯论文、唯帽子"成为阻碍科学发展的顽瘴痼疾。

## 一、高校评价改革的目的是实现科学发展

高校评价改革是整体性改革，需要推动发展、革除弊端、保证方向、指导过程，体现思想理念、政策措施、制度安排的一体化设计。

### （一）高等教育发展内涵正在发生深刻变化

独特的历史、文化、国情、时代决定了我国高等教育必须走自己的发展道路。2014年5月，习近平总书记在北京大学师生座谈会上提出了"扎根中国大地办大学"的重要命题②，指明中国的教育必须按中国的特点和中国的实际办。新时代高等学校的面向、路径和模式开始发生重大转变。

---

① 中共中央、国务院印发《深化新时代教育评价改革总体方案》，载《中国教育报》2020年10月14日。
② 习近平：《在同北京大学师生代表座谈时的讲话》，载《人民日报》2014年9月10日。

办学和育人是高等学校的永恒主题，而时代正赋予其新的内涵。新时代的办学即扎根中国大地办大学，新时代的育人即落实立德树人根本任务，高校评价要正确导航和护航。

新中国成立后，我们主要学习借鉴了苏联的高等教育经验，迅速建立起了适合当时社会主义建设需要的高等教育体系。改革开放后，我们积极向发达国家特别是欧美的大学模式学习，加速了中国高等教育与世界高等教育的融合。"211工程"特别是"985工程"实施之后，世界一流大学规律、现代大学制度建设成为高教研究的显学。伴随着现代职业教育体系规划的制订与实施，应用型高校的实践探索和特征研究也迅速升温。面向未来，中国高等学校要在扎根中国大地办学的实践中开拓自己的道路，从学习借鉴向创新模式转变，以满足火热的社会需求和自身的提升需要，在对国家、民族的贡献中建功立业，在创新发展中为世界高等教育贡献中国模式。

### （二）通过评价改革推动扎根中国大地办大学

有什么样的评价指挥棒，就有什么样的办学导向。高等学校要面向中国的实际，解决中国的问题，服务中国的发展。高校评价需要积极引导教育的内涵式发展，推动扎根中国大地办大学的伟大实践。

应当看到，"五唯"的评价方式是有其产生基础的，是逐步累积成顽瘴痼疾问题的。从发展阶段看，简单的量化指标能够刺激数量的增长，适用于学额、机会的短缺阶段或学习借鉴的粗放阶段；从管理方式看，是文凭社会、行政主导时期的识别手段。高校评价改革要抓内涵，从多元拓展入手，朝激发创新发力，以此促进高等教育的内涵式发展和人才的特色成长。

《总体方案》提出要推进高校分类评价，并聚焦"双一流"建设、应用型本科、师范教育三类典型院校评价，就是希望它们在特色建设上积极探索，在自身科学定位上实现高质量发展。高校评价标准要与体系目标相一致，"双一流"建设高校要紧盯"顶天"议题，应用型高校要倾心解决"立地"问题，师范院校要聚焦教师培养这一教育的"基础工程"的问题。评价改革要针对不同学校的本质内涵有的放矢，高校经费使用、组织管理要保障实现核心使命。

## （三）通过评价改革促进落实立德树人

深化教育评价改革的目的是发挥正向引导作用，推动建设良好教育生态，全面落实立德树人根本任务，因此要把立德树人成效作为根本标准。

人才培养是复杂的系统工程，需要正确用力多方用力久久为功，评价的导向不能走偏。在方向上，坚持以德为先、能力为重、全面发展，促进科学成才。在改革措施上，以学业标准为基础，从思想政治教育、教师教研参与、毕业设计指导、学生社会实践、用人单位满意度等多个方面改进本科教育教学评估，从强化人才培养中心地位、淡化数量指标、突出学科特色和贡献等方面改进学科评估，在研究生选拔中加强科研创新能力和实践能力考查。在教师育人职责上，明确师德师风为第一标准，着眼教育教学实绩，强化一线学生工作，突出质量导向。在增进对科学规律的把握上，注重改进教师成果认定，探索长周期评价，鼓励高校学报向教学研究倾斜，实施教材建设国家奖励制度，完善国家教学成果奖评选制度，推动全社会建立以品德和能力为导向的人才使用机制。

《总体方案》从过程、结果、增值、综合四类评价和提高评价专业性等方面提出了系统的改革思路，力图改变过去重投入轻过程、重选拔轻培养的评价倾向，推动实现以评促教、以评促学，促进学生全面健康成长。

## 二、破"五唯"关键在立

教育评价作为指挥棒，影响学校、教师、学生、家长的行为和心态，因此一定要扭转不科学的教育评价导向。破解"五唯"难题，是教育进入全面普及时期能否健康前行、科学发展的关键前提，在新时代具有特殊意义。

### （一）"五唯"具有发展阶段特征

"五唯"的形成有着深刻的社会原因，起于数量、成于刚性、错在单一。应该看到，分数、学历、论文等可量化指标有其合理性的一面，如表面公平、操作简单，否则也不会累积成顽瘴痼疾式的难题，在改革开放后很长一段时期对发展教育有功，对进入新世纪初的一段时期里对促进教育公平有利，只是慢慢地在教育发展起来之后开始成为阻碍科学发展的因素。因此，"五唯"在精英教育时期不仅构不成社会问题，而且让人信服，但在各级各类教育全面进入普及化之中、质量水平普遍提高特别是走向创新发展之后，问题就凸显了出来，是典型的阶段性问题。

近年来，破"五唯"成为教育评价改革政策的主基调，如把促进学生健康成长作为学校一切工作的出发点和落脚点，初步形成基于初中学业水平考试成绩、结合综合素质评价的高中阶段学校考试招生录取模式，逐步形成高等学校分类考试、综合评价、多元录取的考试招生制度，严禁简单用升学率和考试成绩评价中小学教师，不唯头衔、资历、论文作为高校教师评价依据，探索以代表性成果和原创性贡献为主要内容的科研评价等。

通过2010—2018年《教育部公报》检索，共搜索到中共中央、国务院及教育部等部门发布的含教育评价的相关政策208项，约占同期发布政策的1/5，即每5项教育政策中就有1项涉及教育评价改革，并随时间呈数量增长趋势。可以看出，教育部门在破除"五唯"顽瘴痼疾方面做了很多工作，方向已明。

**（二）破"五唯"就是要实现从"一"到"多"的立**

"五唯"错在"唯"字上，错在偏激、过分。破"五唯"改革其实就是以量化指标为基础，找非量化点突破，以此逐步建立起适应新时代的教育评价体系。即数量指标是基础，"不唯"是扩展，定量与定性相结合，教育评价既要有说服力又不能丧失信度。

这里面，基础教育资源均衡配置、高等教育多样化发展是评价的制度性基础。评学生看成长，有助于全面发展和特长发挥；评教师一看促进学生成长，二看结合学校定位个人专业发展；评学校看履职教育方针和社会职能情况。

比较发达国家教育评价的一些好的做法也发现，"本质、多元"是其共同趋势，内涵是什么就评什么，"多"的地方不再刚性。学生日常学业评价关注成长因素，重在改进教学和学习成果，呵护个性发展；升学评价兼顾综合素质，如中考成绩多以等级制呈现且不作为高中招生录取的唯一依据，高校招生考核制度越来越体现出综合、多元的特点，几乎所有著名的高校都不仅仅根据统一的入学考试分数招生，录取过程不怕花费时间。教师评价结合学校使命和核心职能，如不同高校均考核教学、科研、服务业绩但侧重有所不同。量化评价与质性评价相结合，定性部分不刚性不赋值而是尽情展现特长、经历等事实性和过程性内容，因为一刚性大家就又"唯"去应试了，会违背初衷。

**（三）促进学生健康成长是一切教育工作的基础**

让学生科学健康成长是教育的本分，成长过程应体现德智体美劳全面发展，成长标准有规律可循，任何评价都不能偏离这一本分。"基本（可转化为分数）+特长+健康"是对学生科学成长的概括要求，因此要坚持扎根中国大地办教育，知识学习、思维开发和实践参与相结合，反对填鸭式的题海练习，倡导人人出彩、人人健康、人人成才。为此，要把立德树人成效作为检验学校一切工作的根本标准，把师德师风作为评价教师队伍建设的第一标准，有了科学育人再讲其他。

学生成长是一个随着年龄增长而由低竞争性逐步走向高竞争性的过程。需遵从青少年身心发育规律、人才成长规律和教育规律，制订和完善青少年成长标准、学业标准、课程标准和学校标准。初等教育参与集体重视合作，中等教育尊重个性有所竞争，职业教育产教融合工学结合，高等教育提供多条通道实现多样化发展。学业考核要有助于促进德智体美劳全面发展，义务教育均衡发展实现就近入学，中考重在全面检验义务教育成果，高考实施分类入学制度。

高考是整个基础教育系统的指挥棒，但与高等教育的发展密切相关，解决的方向是放开两头、稳住中间，即：逐步实现高等职业技术教育依据高中教育阶段的学业成绩入学，以少量尖子大学为试点探索"参照但不唯高考成绩"的研究型大学的新生录取办法，大量的本科院校仍严格执行统一高考招生制度。这样，既兼顾了学生的个性差异和学校的不同特点，又顾及了百姓对公平的切实感受。高等教育一律实行严出政策，当然，有宽进严出，也有严进严出。

**（四）教师评价要匹配岗位职责**

在进一步落实教师社会地位的基础上，注重提高评价的有效性。本着成长性评价的目的，逐步形成参与式的教师评价氛围，增强职能部门与教师间的良性互动，促进教师相互之间的学习改进。

教师评价一定要与岗位职责相关联，评价内容第一是师德师风，第二是育人工作，第三是专业发展情况。在什么岗位用什么岗位的标准来要求，上述三点是评价的主要方面。对不同层次类型学校的教师，评价的引导方向应有所区别。总体而言，中小学教师侧重在促进学生科学健康成长上，职业技术院校教师侧重于工学合作育人上，高等学校教师综合衡量"教学、科研、服务"三大职能履职情况并依据学校办学定位有所侧重。

师德要求需从道德规范转向行为规范。教师的师德师风，将直接影响学生理想信念、价值取向的形成，影响学生的学业进步甚至行为习惯。但是，道德不好测度，师德师风评价容易陷入平均主义局面，流于形式；或教师被动接受，不关心甚至有抵触情绪。我们知道，道德一定会通过行为表现出来，因此道德规范可转化为行为规范，以行为约束进一步引导教师以身作则、以德修身，实现教书和育人相统一、言传和身教相统一、潜心问道和关注社会相统一、学术自由和学术规范相统一，做好学生锤炼品格、学习知识、创新思维、奉献祖国的引路人。各级各类学校应依据相应的新时代《教师职业行为十项准则》等具体要求，制订完善本校的教师行为规范内容，形成有操作性的教师行为规范细则，使师德师风成为贯穿教师教学科研过程中的硬约束。

**（五）学校评价要抓住内涵式发展的核心要求**

高等教育的内涵式发展即按本质属性发展，特别是在自身的优势特色上不断上水平。例如，各高等学校都要履职人才培养、科学研究、社会服务、文化传播、国际合作等基本职能，但每所高校对职能的组合、侧重面、用力点不同而实现办学模式不同，以此形成自己的特色。内涵是什么就评什么，学校评价要针对使命特色要求，在强化过程评价、增值评价、综合评价的探索中改进结果评价。

高校之间评价不能"唯"。工业大学和师范大学、体育大学和语言大学、音乐学院和经贸学院的人才内涵、教学模式等是不一样的，因此评价不能"唯"，一唯就表面化了。高校评价的重点是根据使命、定位看模式、贡献、发展，看特色优势的创建。在高等教育普及化阶段，特色是质量的基本内涵，各高校的发展越有特色，国家教育体系建设的质量就越高。

岗位之间评价不能"唯"。教师和行政人员、基础课教师和专业课教师、不同学科教师的评价需匹配岗位职责，视情而定，一唯就概念化了。教师评价的内容主要是师德师风、专业发展和育人实绩，行政人员评价的重点是战略、策略、运行、效率、秩序把握等。对不同层次类型高校教师的评价需区别引导，综合衡量履职情况并依据学校办学定位有所侧重。道德通过行为表现，因此考察师德师风可依据行为规范。

不"唯"不代表不能比。高等学校作为一种特有的社会组织，自然会有一定的共性特征，如有着共同的"教学、科研、服务"基本职能、"社会责任感、创新精神和实践能力"人才规格要求、"知识、技能、思维"能力要素、"理论学习、实践练习"教学环节。夯基础、补短板、抓关键，这是工作的几个方面，因此就有了可比性——学校育人工作是否扎实、状态是否稳定，这是共同的也是可比的；问题短板是消除了还是加剧了，虽然具体内容不可比，但工作的成效还是可以评价的；主要任务是否抓住了、主要矛盾是否抓准了、发展关键是否抓对了，工作的成就肯定是可以客观衡量的。

面向未来，我们需要关注评价技术对教育发展的影响，最重要的是智能自适应教育的应用和区块链技术的应用。智能自适应教育可使每位学生拥有自己独有的学习路径，能有效解决教育规模化与个性化的矛盾，实现规模化的个性教育；区块链技术具有透明化、数据不可篡改等特征，将对各级各类考试、各种学历学位证书的记录方式将产生重大影响，大数据的全面性有利于实现综合评价。思想有了，技术将成为实施美好理想的手段。

# 第二节　高等教育评价改革的几个思考点

升学考试、科研管理、高校分类评价，是评价改革的重要内容，更是社会各界关注的重点，需要率先进行改革探索实践。

## 一、考试应正确引导学生成长

考试是一项专业性强的工作，许多专业机构和专家对其规律都有过很深的研究；考试还是一项大众化的事情，每个人每个家庭都亲身经历并各有感悟。其结果是，各类考试都设计得很科学，而学生家长普遍感到很累，这似乎存在着悖论，也反映出"五唯"问题的确是顽瘴痼疾需要破除。《深化新时代教育评价改革总体方案》指出要树立科学的教育发展观、人才成长观、选人用人观。十九届五中全会指出我国"创新能力不适应高质量发展要求"，在教育领域提出要"建设高质量教育体系"，其中包括"重视青少年身体素质和心理健康教育"[①]。"十四五"时期，要注重加强考试对学生健康成长、科学成才的引导。

---

① 本书编写组：《党的十九届五中全会〈建议〉学习辅导百问》，载党建读物出版社、学习出版社2020年版，第004、038页。

## （一）考试要注意引导青少年的身心健康成长

教育的基本要义是成长，正确的方向是健康成长。因为资源的有限性，人又有差异性，因此教育又具有一定的筛选功能。教育的成长功能、筛选功能要通过考试评价来完成。过去，社会对筛选功能看得过重，客观上忽视成长功能，出现本末倒置，现在需要改过来。

改正的基础是要有科学的青少年成长标准。青少年的受教育阶段正是其身心的发育长成期，智力开发、学习活动的敏感期关注点也会随年龄的不同而不同，学习安排、考试评价应当科学有效，不能拔苗助长。心理学是教育学的基础，需要依据青少年成长的身心发展规律分学段制订学生成长标准，以作为中小学教学安排和考试评价的自然科学依据，并以此标准引导、教育、影响家长及社会辅导机构，告诉他们切不可违背教育规律，恰到好处才能事半功倍，拔苗助长其实是在害自己的孩子。

升学考试要针对不同学段的特点进行。升学考试牵动人心，十分敏感，更应科学对待。义务教育优质均衡发展是青少年健康成长的基石，学区内学校应当依据成长标准开展标准化改造，小升初上下衔接应当尽量减少竞争现象，在幼小时期的过度竞争有可能会扭曲孩子们的心灵。在高中阶段，学校开始走向多样化发展，中考应主要关注对学生义务教育成果的检验，并依据个性特点适当分流推动因材施教，不能把中考做成高考的预演，特别是不能让其成为个别高中囤积、预留高考高分生的工具。普及化阶段的高等教育更是要走多样化办学之路，高考的作用是竞争与分流并重，分数高低主要反映在思维方式的差异和水平上，要为国家科学选材。到了大学，天高任鸟飞，让青年一代充分施展个性，有序竞争，特色发展。由此可见，整个学历教育阶段不是不要竞争，而是把竞争时段后移、强度降低，更加重视合作等社会责任意识和健康意识。

## （二）考试要注意引导学生的思维能力提升

当前，举国上下十分关注创新能力的培养。其实，创新能力的关键是思维能力，包括思维的方法和层次。恩格斯就曾经指出：① "一个民族想要站在科学的最高峰，就一刻也不能没有理论思维"，并进一步指出"这种能力必须加以发展和锻炼"，盛赞思维是地球上最美丽的花朵。现在道理大家都明白，可一考试就考到知识点上面去了。

其实，知识点的学习是有助于思维能力的提高的，因为知识本身就是训练思维的素材，许多考试得分点的设计本意也是瞄准思维力去的。问题出在过分强化训练上，许多校外培训机构起了推波助澜作用。比如，解题的过程需要"想"，这个"想"就是思考就是思维活动，解题过程的思维训练无疑会有助于思维能力的提高，但是，过分强化、刷题就由思维训练演变成了技能训练，变成了解题技巧，而技能是条件反射，会阻碍思维的发展。其结果是使得学生成为世界上数一数二的考试工具，出现高分低能现象，导致创新后劲不足。这种情况必须改变。

从试题设计者来看，考试既考知识点、解题技能，又考思维力。知识结构是思维能力的基础，必要的解题技巧其实也是方法论的训练，难题、偏题的设计本意也是要考思维能力的。但为什么会在现实中演变成了知识点的体现？除了社会的功利因素外，还有考试时间有限的原因。有难度的试题考生根本没有时间去想去做，而经过知识点训练的学生却可以迅速做完拿到高分。

此时，历经千年的科举考试制度也许会给我们一些启迪：考生进入考场不能出来，完成考试后再出来。其显示的关键是：时间不重要，优秀才关键。因此，今后的考试设计一是要让时间从容起来。学了那么长时间，难道还在乎考试那一点时间吗？二是有关知识点的试题面向大多数考生，而提高性思维力考题则面向部分有兴趣有需求者，有所区分。这里将有很多的探讨空间。

当今的各级各类教育均进入全面普及化阶段，家长的心态也在变化。

---

① 恩格斯著，中共中央马克思恩格斯列宁斯大林著作编译局译：《自然辩证法》，人民出版社1971年版，第27-29页。

我们要顺势而为，尊重科学、宣传规律。慢慢地，素质教育会有更多的生长空间，学生身心健康成长和思维能力提升会作为教育和考试的要素而更加深入人心。

### 二、加强高校科研学术秩序建设

科研体制改革早已开始酝酿，一些重大科研计划开始调整实施管理方式。今后的改革方向是加强制度建设，提升活力，规避问题，完善高校科研学术秩序。

#### （一）高校科研的成绩与问题

改革开放后特别是2010年前后十年来，我国科研工作的成绩十分显著，但问题同样突出，呈现出的局面是矛盾的，由矛盾引发的困惑也是多重的。具体来看，主要是以下几个方面：

首先，全国科技投入以每年20%～30%的速度增长并越过占GDP2%的门槛，每年发表的论文数多年位居世界第二、被引用次数进入世界第四，其中高校的贡献率都在80%以上。但尽管如此，我们显然还不是创新型国家，科技转化率低、成果对社会的作用不高等为人诟病，高端论文出口转内销现象严重、国际合作的论文比例下降等，2013年我国国际科技论文平均被引用每篇7.57次也低于世界平均水平的11.05次。

其次，高校争取科研项目、经费，发表论文、获奖的冲动十足，显示出活力。但与此同时，科研工作重立项、轻过程，经费使用重物轻人，由此产生套用、挪用科研经费的"跑冒滴漏"现象严重。

第三，高教界提倡专心治学、内涵发展、十年磨一剑。但现实运行中，成果评价数量化、资源分配行政化倾向严重，导致寻租现象、逐官现象增多。"官"教授、"大"教授们有着太多的展现舞台：团队带头人、项目负责人、评审专家、各种称号、高峰论坛等。而"官"教授是成为"大"教授的捷径，虽然一个个"大师"著作等身，可回头望去：实验不是自己做的，文章不是自己写的，著作是挂名主编的，学术讲座是空洞的时髦话语。

造成上述成绩与问题相纠缠的局面的原因，是对权力、金钱、学术三者无边界的"通吃"现象。权力、金钱、学术本是三种不同的东西，它们的运行规律不同。权力遵循效率原则，下级服从上级，以位置取胜；金钱遵循利益原则，价值规律起根本作用，以利润取胜；学术遵循平等原则，尊重知识发现优先权，以智力取胜。而现实的"通吃"构成了对学术的伤害，也是对现代社会分工原则的极大破坏。

**（二）根源在于学术逻辑错误**

高校的科研问题，已经不是光靠经费就能解决了的了，已与学术制度有关。而制度的基础，是逻辑思路的问题，涉及科研导向、用人文化、评价方式、经费用途等方面。

首先，是科研导向的逻辑问题。作研究是为了什么？是为了发表论文、取得知识发现权而赢得同行的承认，还是为了解决实际问题、推动社会发展和改进人民的生活品质。前者是学者的逻辑、后者是国家的逻辑，我们错在用学者的逻辑代替了国家的逻辑。写论文是大学科研的表象而非本质，是教师的需要而不是国家的需要。

其次，是用人逻辑的问题。高等学校看人准但用人不妥，导致大量人才偏离了学术发展轨迹。现实中高校人才发展的潜规则是：各级领导重视和爱惜人才，因此"提拔"重用人才有所担当而成为"官"；在其位就要谋其政，由此人才潜移默化出"官气"；人才当然还要出成果，因此需要成立课题组，搭建队伍完成任务；那些还没有成为"人才"的学术人员，会有意无意加入到"官"教授的队伍。最后，"官"教授硕果累累而晋级为"大师"级人物，也有部分手下成长为新的"人才"。几家欢乐几家愁，也就因此而衍生出许多学术江湖恩怨。

第三，是评价逻辑的问题。学术界是以聪明才智取胜的地方，研究活动具有不确定性，真正的学术评价是同行的专业评价。可现在，我们的研究是计划性的，评价是可量化的，反映的是学术评价的外行性。一般而言，行政追求的是效率，标准清晰但结果可能模糊；而学者追求的是声誉，标准可能并不确切但结果却是明晰的。当前是以行政的逻辑代替了学者的逻辑，而行政必将导致量化，量化必然产生浮躁。更可悲的是，行政赋予作为一种外部承认，能够带来资源和声誉，学术界也由此开始追求起外部承认来，如各种称号、头衔、奖项、职位、荣誉，"标签"文化盛行。"标签"文化不是催发优秀的学术文化，但避免出问题一般会选择中等偏上水平的人和成果。因此，学术看上去虽然繁荣，但真正的创新却鲜见了。

第四，是项目管理的逻辑问题。项目经费使用重物轻人，成果重形式轻内容，一切看似合理却效果不好，因为这种方式的最大的受益者是相关负责人，助长了学术的"官本位"现象和资源的浪费现象。这是由于许多项目从评审、立项到检查、验收都追求形式上的光亮，表格、文字材料、光盘声像等，非常烦琐。谁才能把这些事情做好呢？当然是有很多下属和助手的"官"教授更占优势。其实，学术人员更希望把经费和精力用在有实质需求的地方。

### （三）科研学术秩序重在制度建设

制度是一种约束，更是一种激励。我国多年的改革开放侧重了释放发展的活力，当前的依法治国则需要建章立制，用制度保障活力。高校科研管理要进行有效的改革，就必须重建科研学术秩序。

在学术方向上，科学研究要致力解决社会发展问题。科学技术的重要性，其实已不用赘述，但把科技水平等同于论文发表却是很大的问题。科学是发现、技术是创新，科学无国界、技术有壁垒，科学是技术的支撑、技术能促进科学的发展。加强对现实问题的研究，其实正是研究型大学成长的道路，高校需要思考如何调整思路走到这条道路上来。

在宏观管理上，增强高校自主使用项目经费的力度。本世纪初，瑞士有关方面决定加大对巴塞尔大学的经费支持，为此需要先评估其原有经费使用是否合理，于是请了独立的会计事务所进行审计，结论是：再没有其他的方式比学校现在的资金利用更有效的了。英国的科研拨款按学科评估但款到后学校可以打通使用，即所谓的"一揽子"拨款。我们需要增加学校自主使用经费的统筹权，更进一步说是真正落实高等学校依法自主办学的法人地位。

在内部治理上，加强学者共同体评价机制建设。同行评议制是被国外大学检验认可了的有助于创新的学术制度，有利于改变我国当前重"量"轻"质"的行政化评价方式。其实，大学在产生之初就是行会式的学者共同体，这即"教授治校"的本来面目。后来，随着大学规模的扩大、职能的扩展，教授治校遇到困难。带来的新的问题是，大学在产生之初所具有一个特征，你现在让它没了，那么现在的这个机构是否还能称之为"大学"？所以，我们需要务实地构建学者共同体的实现模式。

在拨款科目上，适时调整项目支出内容。目前，财政部对中央部门的预算核定方式为：基本支出预算加项目支出预算。一般而言，基本经费有相对稳定的标准，为了获得更多经费就需做项目的文章。结果是项目越来越多，成为工作的抓手，产生弊端。改革的方向一是把一些重要的项目支出及时转化为基本支出，这样既可以保证工作的重点，又不破坏高校的自主办学；二是停止那些已完成历史使命或过时的项目，根据新情况设置一些新的项目，保证项目的活力和对工作的推动。

在项目设计上，加强非指向性科研基金建设。这其实是一种按成果进行资助和奖励的办法。对那些已取得一定创造性研究成果的全职学者，特别是高水平大学的年轻学者，在他们最需要支持、精力最旺盛和最有创造力的时候给予必要的资助。这样，既可以较大限度地开发他们的聪明才智和创新火花，开展高水平的研究工作；也可以抑制一些有身份的学者"跑"项目、挂名、转包、发包，低水平重复现象。同时，各种奖励可以学习诺贝尔奖的评选方式，以资深专家公开推荐的方式提名开展，减少学术寻租和过程烦琐的状况，这其实也是对推荐者和被推荐者学术声誉的双重检验。

### 三、推动实现高等学校的差别化评价

教育评价事关高质量发展方向，聚焦高校办学和育人，重视质量特色内涵，注重高校评价差别化的关键因子提取是一项有价值的工作。

**（一）区分共性与个性**

高等学校的评价设计要思考"理论型、工程型、应用型、职业型"等高校特征的不同，依据职能确立高校评价的共性标准和特色标准，对高校的评价要针对共性通用因子和特色标志因子综合进行。

**1. 通用因子是共有的组织特性**

"教学、科研、服务"等高等教育的基本功能是各个高等学校的共同组织功能，由我国《高等教育法》所规定的高等学校培养的高级专门人才其能力要素也都包含"知识、技能和思维力"，培养过程也均由"理论学习和实践练习"两大基本环节构成。这些都是通用因子。

不同的是每所高校对这些要素的搭配组合不同。例如，"四类"高校各自对高等教育功能的侧重不同，因此才会有自身的独特使命。人才培养中对学生的规格侧重不同，理论型高校加强思维力训练、工程型高校侧重综合实践问题解决、应用型高校突出知识转化技术应用、职业型高校强化动手操作能力，不同学校对学生培养环节的课堂教学、实践训练、操作练习的教学安排学时比例与方式不同。即都有，但内容侧重不同，评价在共性与特性的关系上要区分并有针对性。共性标准既要体现底线，也能体现水平。

面向未来，扎根中国大地开展模式探索是办学的行动点，提高创新能力进行教学改革是育人的行动点。这对于各级各类高等学校也都是通用的。

**2. 核心差异是办学特色的灵魂**

作为"类"的差异，不同类型高校在高等教育的共同属性之下还要有自己独特的内涵特征，彼此的内涵发展方向不同，要有鲜明的区分度。理论型高校重视知识创新，工程型高校重视综合实践，应用型高校重视知识应用，职业型高校重视技术技能。当然，这只是一种理想的划分，实际上

各高校甚至高校内部各院系也会有一定的交叉，全部高等学校将形成完整的"光谱"而整体适应社会要求，但作为类的区分还是需要有的。

这里说的理论是高深学问。理论型高校须重视知识创新与理论的概括总结，关注由零到一的原始性创新，推动基础学科、交叉学科和新兴学科建设，关注人类、国家、社会发展面对的重大议题，在人才培养上特别重视思维能力。与过去相比不同的是，现在的理论问题大部分不再是书斋式问题，需要面向社会实践、通过大型科学设备或模型数据、经过严密试验实验及逻辑推理解决。

这里所说的工程就是解决经济生产活动中的综合实践问题。工程教育长期是我们的长项，过去大部分专门学院基本上从事的都是工程教育活动，改革不能把传统优势丢掉。工程型高校要面向工程实践多学科解决综合复杂问题，按行业需求逻辑设立学科专业，突出学科交叉与产业融入，服务制造业强国建设致力重大关键技术突破是这类大学的使命方向，加强对学生设计能力培养和综合实践能力训练是其育人的核心。不同的是在现在的工程中，需要研究的成分在增加，对工程师理论知识和思维能力的要求在提高、应对变化的能力需增强。

这里所说的应用就是知识的使用和转化。应用型高校重视已有知识的应用，突出融入经济活动一线开展技术服务与推广，在应用中创新，其主流就是近年来我们推动的转型发展高校，特别注重培养学生把书本上的理论知识应用于工作场景中，迁移和转化能力非常重要。如果与传统的技术员岗位对应，会发现现在的应用领域在不断扩大，所学的知识和技术不再是一劳永逸的了。因此，专业知识要精、基础知识要广、动手能力要强，评判更为综合。

这里所说的技术技能重心在技能，是以技术为支撑的技能。职业型高校要加强与企业的联合，努力实现校企"双主体"办学，因此产教融合、校企合作、工学合一是其基本的办学育人模式，需以一定的理论知识为基础，完成职业岗位要求的动手操作能力训练，培养有技术含量的技能人才。与过去技校培养的经验式熟练技术工人的不同点在于，高等职业教育培养的是高层次技术技能人才，体现在以科学为基础的技术、以技术为基础的技能上，理论、技术、技能三位一体，最终呈现在技能上。

3. 差别评价是激发创新的保证

分类而有差别的评价，是推动高等教育高质量发展的指挥棒，重在促进特色和激励创新。

在人才培养上，理论型高校突出科学思维方式，评价点在"思考"；工程型高校突出综合实践，评价点在"设计实现"；应用型高校突出知识应用，评价点在"应知应会"；职业型高校突出技术技能，评价点在"动手操作"。

在科学研究上，理论型高校突出理论创新，评价点在"基金项目"和"论文"；工程型高校突出行业引领，评价点在"基金项目"和"行业重大项目"；应用型高校突出地方参与，评价点在"横向经费"；职业型高校突出校企结合，评价点在"合作经费"。

在社会服务上，理论型高校突出思想引领，评价点在"学术声誉"；工程型高校突出技术支撑，评价点在"行业产业地位"；应用型高校和职业型高校的服务与科研融为一体，着力开展技术服务与推广工作，评价点在"地方口碑""横向经费"及"企业口碑""学生顶岗实习"。

在文化传承与创新上，理论型高校突出求真，评价点在"科学影响力"；工程型高校突出求实，评价点在"工程技术影响力"；应用型高校突出能用，评价点在"毕业生受欢迎程度"；职业型高校突出工匠精神，评价点在"精益求精"。

在国际合作与交流上，理论型高校突出融合，评价点在"合作深度"；工程型高校突出特色，评价点在"同类高校合作项目"；应用型高校突出参与，评价点在"交流"；职业型高校突出了解，评价点在"是否有模式互鉴"。

不同高校教学、科研、服务、文化、国际职能"五位一体"，职能的匹配是一致的，而各自发展的重点是不同的。当今的分类发展和评价模式并未形成，不能限定太死，要鼓励改革创新。高等学校最鲜明的差别评价特色因子体现在科研学术方面，最具显著特点的标志因子是：理论型高校主要体现在获取国家科研基金类项目的能力或发表高水平论文的能力上，工程型高校要看对行业产业核心技术牵引支撑的程度，应用型高校看横向经费数量，职业型高校看校企合作密切程度。

# 第三节　高等教育的外部评价

"二战"后特别是20世纪六、七十年代以来，世界高等教育发生了很大的变化。学生规模急速膨胀，社会需求日趋多样，教育成本持续上扬，办学经费出现短缺。大学从"象牙之塔"步入世俗社会的"轴心"，外界开始审视高等教育的质量、效率和社会适应性，政府也有意从行政、政策、经费等方面宏观调控高等教育的发展。

## 一、高等教育评价从高等学校自身体系走向外部

"大学（拉丁文Universitas）"原意为社团、协会、组合或行会，直至14世纪才成为特指大学的专用词。它确切地显示出欧洲大学在其建立之初的组织形态：不论是"先生的大学"，还是"学生的大学"，最初都是仿照职业行会组织起来，从事学术活动的特殊团体，自治是大学的基本特征。之后，尽管有一些国家如德国的大学是由代表封建邦国的诸侯建立的，而不是作为学者联合体自发产生的，因此有受政府控制的一面，但其学术自治的特点并没有丢失。可以说，伴随着世界大学的产生和发展，在高等教育的精英时期，质量保证问题基本上是学校内部的事务。

随着高等教育的进一步发展，大学入学率的提高、高教机构的多样化，标准协调成为界内人士所关心的共同话题。例如，美国至20世纪60年代逐步建立起了六大地区性认证机构和一批专门认证机构，德国1997年后评估认证机构由4个扩展到每个州，整个欧洲也在考虑建立共同的认证体系。学校质量认证尽管带有行会性质，并基本属于高等教育自身体系的事务，但已经超出学校内部体系，呈现出外部系统介入学校教育的雏形。

自20世纪80年代以来，应对社会对于高等教育质量的普遍质疑，质量保障运动在欧美国家蓬勃兴起，各国政府对高等教育质量保证和评估投入了极大热情。首先，类似企业界曾盛行的全面质量管理的理念和模式在教育界运用起来，许多国家的高校纷纷建立了高等教育质量保障体系，这种质量保障从高校内部管理着手尚属于一种高校的自我质量保证。之后，人们又发现，尽管学校的内部质量保障很必要，但还远远不够，如果内部质量保障和外部质量评估结合起来，会有更好的效果。因此，各国又纷纷加强了高等教育质量外部保证、评估机构的建设。如日本在1991年成立了国家学位机构，2000年之后另被赋予其新的大学评估职能；英国拨款机构每4到5年进行一次科研评估活动，对大学和学院里的研究工作做出价值评估，1997年英国又组建了高等教育质量保证署；法国在80年代中期成立了国家评估委员会；以及荷兰的高等教育视导团等等。

在加强评估，保证高等教育质量的同时，许多国家政府开始赋予评估以第二重功能，即将评估结果与财政拨款相结合，以期可以提高高等教育的办学效益，部分弥补经费短缺的状况。如英国的科研评估是其科研拨款的基础，美国、法国、日本、韩国、俄罗斯、瑞典、澳大利亚、芬兰等许多国家也都在不同程度地从绩效的角度考虑高等教育拨款问题。

## 二、评估影响拨款的主要方式

评估影响拨款的基本形式无外乎两类：一是评估结果直接与拨款额挂钩，即绩效拨款；二是绩效因素参与拨款过程，即绩效预算。但是，按照影响的深度和广度，其变异可能是多种多样。

**（一）分等赋权式**

质量评估与财政拨款直接挂钩。评估结果被严格划分为若干等级，不同的等级得到不同的拨款额。英国大学的经常性科研拨款就属于这种类型，科研成果质量是其获得拨款多少的基础。

**（二）专项奖励式**

财政预算中专门切出一块，一般数额较小，根据评估结果对优秀者进行奖励。专项奖励的形式比较多，芬兰的情况显得制度化。

**（三）比例浮动式**

每一轮拨款有一部分依据前一轮情况固化处理，另一部分根据绩效进行拨款。这方面，印度的高等教育拨款具有代表性。

**（四）指标介入式**

在拨款公式中引入绩效指标，使绩效因素参与拨款过程，为典型的绩效预算。美国、澳大利亚等大多使用拨款公式的国家，现在一般都程度不同地考虑了绩效因素。

**（五）前提程序式**

评估是拨款的前提，即拨款前先要进行评估。有些专项评估也属于这种类型。具体到评估结果如何影响拨款，各国的情况并不一样。

**（六）竞争招标式**

表面看来，对科研项目的竞争与本文所说的评估关联不大。但是，由于项目的公开招标过程不可避免地涉及投标者的学校、学科背景和个人学术背景，评审委员会对项目的评审过程实际上就是一项综合评估的过程。对科研项目的公开竞争几乎在所有国家都多多少少采用着。

### 三、大学排行：如何构架官方与民间的桥梁

中国高等教育有组织的、比较系统的评估工作，主要起始于20世纪80年代，而民间对大学排行的研究则起始于90年代。随着高等教育规模

的迅速扩张，质量评估和办学条件改善日益成为政府和社会各界关注的焦点，学校选择已经成为千万个家庭关心的问题。因此，如何从提高大学水平、满足消费者需求角度看待当前的大学排行研究，引起官方和民间的共同关注。

**（一）官方评估与社会评价的实施特征分析**

各种评估活动的实施特征是不同的，在历史上及今后所起的作用也不尽相同。

1. 基本特点

高校重点建设项目评定工作的基本特点是"选拔性评价与重点建设"。由于中国是一个发展中国家，国家财力对高等教育发展的支持力度有限。通过重点建设高校评定与建设，迅速增强了一批大学的办学实力，并对全国高等教育有示范作用。

各种工作评价的基本特点是"阶段性评价与以评促建"。评价只是手段，而推动学校的建设和改革、提高教育质量才是真正的目的。因此，工作评价不仅评学校的办学、教学水平，而且评学校的办学指导思想，通过评价来引导学校的发展、促进学校的建设、提高教育的质量。

社会对大学排名研究的基本特点是"自发性评价与面向社会"。排名研究的初衷是希望面向社会、面向公众，增加高等学校办学的透明度，向大家提供有关高等学校办学条件、质量和效益的信息，但现实情况非常复杂。

2. 实施形式

高校重点建设项目评定工作一般根据同行评议、择优扶持的原则，先由学校提出申请及自评报告，然后由教育部组织专家评议或实地考察，最后由教育部审核批准，为限额评选。

各种工作评价一般根据公开、明确的评价方案和指标，由专家组实地考察和评议，向教育部提出评价结论的建议，并向学校及其主管部门反馈考察意见，系标准作业。

社会大学排名一般由各研究者根据自己的指标体系，通过数据计算或社会调查，得出并通过有关媒体公布自己的研究结论，属自发发展。

3. 共同点与不同点

从整体上说，政府评估与社会评价的主要出发点是为了教育事业的健康发展和希望公众更全面地了解大学、关心与支持高等教育。从这一出发点来看，二者具有相互沟通的共同基础。

主要不同点是：教育主管部门认为，目前社会上某些对大学的排序，其导向不是追求学术思想的继承与创新，而是一些急功近利的指标，往往容易对社会大众产生误导，对大学的发展形成不利影响，因此不赞同对大学进行整体排名；而社会上积极参与大学排名的人士则认为，大学排名有助于社会更好地了解大学，也有助于大学间的竞争与发展。作为吸取大学排名研究的一些有益尝试，教育主管部门也不断开展了一些单项、客观排序活动。

4. 主要问题

我国高等教育评估工作经过多年的实践探索，已经成为国家对高等教育宏观调控的重要手段、成为高等教育质量监控体系的重要内容、成为高等学校自身建设的重要组成部分。当前评估工作存在的一些主要问题有：系统设计不足，行政色彩较浓；政府评价容易产生临时性和短效性，社会评价缺乏准确性和权威性；评价指标较细，评价过程过于烦琐等。

**（二）如何构建官方与民间的桥梁**

展望21世纪，我国高等教育的评估制度会有如下发展趋势：第一，评估的功能将得到进一步加强。评估对高等教育的宏观调控作用将进一步加强，对高等学校发展的影响将进一步加大；第二，评估与拨款的联系将变得紧密。随着国家对高水平大学投资力度的增强，大学评估结果对拨款的影响将越来越大，大学也将越来越关注投资的效益问题；第三，将产生一批比较有权威性的评估中介机构。根据目前中国的国情，民间评估难以具有权威性，而政府教育管理部门直接进行的评估其行政色彩又太浓，因此一些接受教育管理部门指导的、由评估专家直接参与的评估中介机构将应运而生；第四，评估指标将逐步规范化。客观性、公开性的评估指标将逐步形成，评估的烦琐性将下降。

在高等教育评估中，如何沟通政府与社会的联系、构建官方与民间的桥梁至关重要。有以下四个努力方向：

1. 按学科进行评估与排名

按学科评估是官方和民间都能接受的观点，世界上许多大学排行榜也均是建立在学科评估的基础上的。学科的发展对大学的声誉有着至关重要的作用，众多一流学科的集合就是一流大学。另外，学科评估与排名更具有可比性和可操作性，对学生进行专业选择也更具有指导意义。

2. 对高等学校实施分类评估

如何使大学整体排名具有可比性、减少争议，一个很简单的方法就是对高等学校进行合理分类，并对同类学校进行比较。对高等学校实施分类评估，还能减少高等学校的盲目攀比现象，促使学校形成特色，有利于高等教育资源的优化配置和满足社会需求。

3. 尽量选择已经筛选的二次性指标

二次性指标业已经过了专家、社会的筛选，更具有客观性和代表性，更能代表水平，有助于高等学校克服浮躁心态、向提高质量的方向努力。

4. 发展中介机构操作大学评估事宜

由政府委托中介机构操作大学评估事宜，既有助于克服评估的行政化倾向，又有利于增强评估机构的责任感和权威性、提高评估的信度，是符合机关事务改革和公共事业单位发展方向的一种有效模式，可进行有序探索与实施。

### 四、高等学校排名的柏林原则

高校排名作为一种社会现象，对大学、学生、家长、企业、政府都产生影响，争议不断。高校排名的柏林原则（Berlin Principles on Ranking of Higher Education Institutions）认为，排名可以作为对高校质量评估的补充，但其所依据的信息基础和处理方式非常重要，结果公布应该包含这些内容。制订者声称，希望这项有创意的工作能够建立起排名研制与传播的框架机制，促进排名方法的完善。

**（一）国际性政府组织对高校排名的关注**

高校排名有其副作用，但它突出的优点是能体现市场经济体制中的服务精神，对学生及一些社会利益相关群体的信息选择有用。因此，一些国际性政府组织把高校排名的相关议题纳入其关注与研究视野，主要理由有：学生流动性的加剧希望各高校的质量能够互比，通过评价改善大学教学研究活动及其效率，加强对高校排名工作的引导以使其健康发展。

1. 欧洲委员会的项目尝试

早在20世纪90年代中期，欧洲委员会（EC）就曾经支持过两项计划——"欧洲指标：网络与科学技术经济系统"（European Indicators, Cyberspace and the Science-Technology-Economy System）和"科学、技术与创新研究的网站指标"（Web Indicators for Science, Technology & Innovation Research），进行过一些基于高校网站资源的排名指标研究，目的是促进大学成果与资源的传播与共享。

2004年，西班牙国家研究委员会下属的科学信息与文献中心网络实验室，就利用上述两项计划所建立的全球大学资料库及Google、Google scholar、Yahoo、Live Search等网络搜索引擎，针对各大学的网络学术表现进行"世界大学网络排名"，目的是使"全球的大学与研究中心能展现其对电子期刊、科学研究成果与研究活动之国际化的学术责任"。①

2. 联合国教科文组织制订的 "高校排名的柏林原则"

2004年，联合国教科文组织欧洲高等教育研究中心（UNESCO-CEPES）与美国华盛顿高等教育政策研究所（IHEP）共同发起成立排名国际专家组（International Ranking Expert Group），并于2006年5月20日公布了"高校排

---

① 侯永琪：《大学排名的另类思考——西班牙世界大学网络排名》，载《评鉴双月刊》（台湾财团法人高等教育评鉴中心基金会）2007年第10期。

名的柏林原则"，目的是促进排名的健康和规范发展。

高校排名的柏林原则提出，排名可以作为对高校质量评估的补充，但其所依据的信息基础和处理方式非常重要，结果公布应该包含这些内容。制订者声称，在排名得到正确的理解和解读时，可以被用来判断高等学校的质量；希望这项有创意的工作能够建立起排名研制与传播的框架机制，促进排名方法的完善。

3. 经合组织支持推进的"高等教育成果评价"

2008年1月11-12日，经合组织（OECD）在日本东京召开了教育部部长非正式会议，主题是高等教育的成果评价。来自18个成员国的教育部部长或代表、OECD方面的有关负责人及欧洲委员会的代表参加了会议。中国受邀请并派代表列席了会议。会上，OECD专家工作组组长马歇尔·史密斯（Marshall Smith）具体介绍了OECD的设想，详细描述了评定学习成果的方法、预期成果及挑战，并在大会报告中特别指出[①]：如果OECD国家不去把高等教育学习成果比较的工作做好，那么媒体将会继续糟糕地去做它简单的高校排名。

该项工作起因于2006年6月在雅典召开的OECD教育部部长会议所提出的"如何更好地理解和评价各种不同的高等教育的质量"问题，为此OECD成立了专门的专家工作组，探求国际统一评价高等教育成果的可能性。东京会议即对相关问题进行探讨，寻求共识。

OECD方面认为，对本科生的统一评价能为社会各界提供更好的信息，能够使学校知道自己的教学水平并知道如何改善。国际上现行的对高等学校的比较，多关注于"研究"的指标，还没有"学生究竟在大学期间学到了什么"的可靠而可比较的信息。但不管怎么说，大学排名对公众意识、学校决策和学生选择的影响都是巨大的。你不做，别人也会做，而别人做得可能更不科学。因此，OECD认为自己有责任开发一个涉及"教"和

---

① 笔者作为会议列席代表现场所记。

"学"的测量工具[1]。

**（二）柏林原则的具体内容**

高校排名的柏林原则认为，排行榜（rankings and league tables）应该：[2]

1. 排名的目的与目标

（1）成为评定高等教育输入、过程、输出众多方式中的一种。排名能提供可比的信息并加深对高等教育的了解，但不能成为评定高等教育是什么和做什么的主要方法。排名提供了一个市场的视野，可以补充政府、认证机构和独立检查机构的工作。

（2）明确自己的目的和对象群。排名设计必须与其目的相一致。为满足特定目的的需要或为一个对象群服务而设计的指标，可能并不适应于其他目的或对象群的需要。

（3）认识到高等学校机构的多样性并兼顾其使命和目标的不同。例如，研究型高校的质量测量与大众化型高校就截然不同。应该经常咨询被排名高校和排名专家的意见。

（4）提供明晰的排名信息来源及每个信息源所反映的要点。排名结果的信服程度取决于人们对信息接收和信息来源（比如数据库、学生、教授、雇主等）的判断。好的做法是把多种来源提供的不同视角结合起来，形成一个对被排名高校更全面的看法。

（5）阐明排名所处的语言、文化、经济、历史等教育系统背景。国际排名应特别注意可能存在的偏见以及目标的准确性。并不是所有的国家和教育系统对第三级教育机构的"质量"构成享有共同的价值标准，排名系统不应该进行这种强制性比较的设计。

---

[1] OECD International Assessment of Higher Education Outcomes，OECD IMHE-Info，December 2007.

[2] 笔者译自UNESCO-CEPES：Berlin Principles on Ranking of Higher Education Institutions，2008年1月11－12日OECD关于高等教育成果评价的教育部部长非正式会议（东京）材料。

**2. 指标的设计与赋权**

（6）排名产生的方法是透明的。排名的方法清晰而无歧义。这种透明性包括指标的计算和数据的来源。

（7）依据贴切程度和有效性选择指标。数据的选择应当基于对高校质量和学术水平代表性指标的认识，而不是它的可获取性。要明确为什么测量它们，解释它们所代表的内容。

（8）尽可能优先测量成果而不是输入。输入方面的数据通常反映一个给定机构的一般情况，并且容易获取。而成果的测量则可以给一个特定高校或专业的地位、质量以更准确的评定。排名的编制者应该确保达到相应的平衡。

（9）使不同指标赋权显著，并限制它们的变化。权重的变化会使用户难以判明究竟是实力还是方法的原因而导致高校或专业名次发生变化。

**3. 数据的收集与处理**

（10）注意伦理标准并吸收好的做法。为了确保每个排名的可信度，那些负责收集和使用数据、实地考察的人要尽可能地客观和公正。

（11）尽可能使用经审查、可核实的数据。这样的数据有许多优点，包括高校已认可它们，在高校间它们具有可比性和相容性。

（12）使用那些符合科学程序而收集获取的数据。来自不具代表性或不全面的学生、教师及其他群体子集的数据，可能不能准确地反映高校或专业的情况，不能使用这样的数据。

（13）对排名过程自身实施质量保证测量。在这个过程中应当注意那些专门知识，要能用评价高等学校的方法去评价排名本身。排名工作应该成为学习性系统，要不断运用专业知识完善排名方法。

（14）以组织性保障提升排名的可靠性。可以采取的措施包括建立咨询性甚至监督性机构，最好有国际专家的参与。

**4. 排名结果的公布**

（15）让使用者清楚地了解编制排名的所有信息，并给他们机会让他们自己决定如何排序。这种方式，将使排名的使用者对于用以排出高校或专业名次的指标有一个更好的理解。此外，他们将有机会就如何给指标赋权做出自己的选择。

（16）注意剔除或减少原始数据中的错误，并在处理和公布时使错误得以改正。要告诉高校和公众原来的错误是什么。

（本章内容依序由以下论文节录、组合、改写而成：《教育评价改革的思考点》，载《北京教育（高教版）》2022年第4期；《评价改革推动高校科学发展》，载《中国教育报》2020年11月10日；《加强高等教育评价改革方式的改革探索》，载《中国高教研究》2020年第11期；《破"五唯"立在其中》，载《光明日报》2019年3月26日；《推动新时代高校评价的差别化创新》，载《民族教育研究》2021年第6期；《国际性政府组织对大学排名的关注》，载《北京教育（高教版）》2008年第5期。）

# 第十三章

## 加大教育发展的投入保障

　　中国高等教育投入实行以财政拨款为主、其他多种渠道筹措经费为辅的体制。基于高等学校投入结构，研究型大学要努力增加科研收入，地方高校要多开展社会服务活动，要努力使捐赠成为大学经费来源的一个重要增长点。探讨了对重点建设拨款模式与公式，对高水平大学的学科费用系数进行了测算。分析了区分财政投入和社会投入占GDP比例的政策价值，结合学费探讨了不同分担机制反映的国家发展教育的政策和路径。

# 第一节　高等教育投入制度改革

自1992年始，中国的发展进入到一个新的历史时期，开始实现由计划经济向社会主义市场经济体制的转轨。之后，"政府对高等教育宏观管理、高校面向社会自主办学"这么一种政府与高校的新型关系逐步确立起来，高等学校的投入也逐渐多元化起来。这一切，极大地促进了高等教育的发展。如从1994年到2004年的10年间，高等学校经费收入增长了6.19倍，本专科在校学生数增长了2.26倍。

## 一、高等教育投入多元化的变化

高等教育的资金来源主要分成政府投入和社会投入两大部分。政府投入包括拨款、教育的税收减免、专项补助、对学生资助等。社会投入包括学费投入和高校自筹资金，高校自筹资金又包括科技创收、社会捐赠及其它创收。

### （一）高等教育投入多元化的结构

根据《中国教育经费统计年鉴》的数据，1994年，我国高等学校经费收入总计为247.54亿元，其中各类拨款179.02亿元，占总收入的72.32%。而到了2004年，高等学校经费收入总计为1778.60亿元，各类拨款849.96亿元仅占了总收入的47.79%。

2004年，全国普通高等学校收入来源结构为[①]：预算内事业性经费拨款42.87%，学杂费30.05%，校办产业、勤工俭学、社会服务收入1.14%，捐集资收入1.05%等。

### （二）高等教育财政拨款的种类

从2002年起，财政部对中央部门的预算核定方式为：基本支出预算加项目支出预算。基本支出预算是行政事业单位为保障其机构正常运转、完成日常工作任务而编制的年度基本支出计划；项目支出预算是行政事业单位为完成其特定的行政工作任务或事业发展目标，在基本支出预算之外编制的年度项目支出计划。教育主管部门对高等学校的拨款也开始按此方向进行改革。

具体来说，高等教育的财政支出由如下几大部分组成：

高等教育事业费。按定员定额的方法拨付。

高等学校科研费。通过招标、申请、评议程序，专项拨付。

高等学校基本建设费。采用立项申请的办法进行分配。

高等学校专项经费。随着中央财政的教育投入的增大，20世纪90年代以后，中央财政增加了对高等教育的专项资金投入。如分别于90年代初和末开始实施的"211工程"和"985工程"项目，此外还有《面向21世纪教育振兴行动计划》中的一系列其他高等教育建设项目，涉及资金总量达几百个亿。在《2003—2007教育振兴行动计划》中，高等教育的一些项目包括继续实施"985工程"和"211工程"，推进"研究生教育创新计划"，启动"高等学校科技创新计划"，实施"高等学校哲学社会科学繁荣计划"，实施"高等学校教学质量与教学改革工程"等，涉及高等教育的项目投资预算总计约200亿元。

---

① 根据《中国教育经费统计年鉴2004》，中国统计出版社2005年版，第36-37页有关数据计算整理。本节所涉及2004年经费数据均出自该书或通过该书数据计算，不再一一标出。

### （三）进一步筹措高等教育经费的重点

在目前我国教育经费的来源中，政府财政和个人支付是主渠道。如2004年，全国高等学校政府财政拨款和学杂费之和为78.64%，广东省高校为85.00%，河南省高校为89.01%，青海省高校为92.44%。但已经很难再有增长。

一是在我国的教育投资分配结构中，高等教育比例一直比较高，政府对高等教育的拨款已占整个教育拨款的1/4，不可能再通过挤压义务教育的投入来提高对高等教育的投资比例。国家原主要用于高等教育的"一个百分点"的财政增量，现已开始向农村基础教育倾斜；二是我国的学费水平也已经不低，已超过过去常说的国际所公认的1/4成本比例①。

所以，今后进一步筹措高等教育经费的重点是除学费外的其他社会投入。包括高等学校的通过教育和科技活动获得的社会服务收入，及通过积极融资活动获得的捐集资收入等。

## 二、不同国家高等教育投入体制特点

教育投入体制与教育管理体制适应。不同国家的教育管理体制可分为集权型、分权型和混合型，集权型以法国为代表，分权型以美国、德国、澳大利亚等实行联邦制的国家为代表，混合型以日本为代表。

### （一）多种形式的经费来源构成

高等教育经费投入来源可粗线条地划分为政府拨款、学生学杂费和社会投入三类。政府经费所占比例从绝大多数到绝大少数者都有，见表13-1。

---

① 自从1989年我国开始实行高等学校收费制度以来，在高等教育的成本分担中，学杂费占的比例快速提高，从1990年的4.6%，到1995年的11.1%再到2000年的22.1%，2004年在30%以上。

表13-1　第三级教育机构支出中的公共和私人资金比例　　单位：%

| | 2002 | | | | | 1995 | | | | |
|---|---|---|---|---|---|---|---|---|---|---|
| | 公共 | 私人 | | | | 公共 | 私人 | | | |
| | | 家庭 | 其他机构 | 合计 | 其中补贴 | | 家庭 | 其他机构 | 合计 | 其中补贴 |
| 法国 | 85.7 | 10.1 | 4.1 | 14.3 | 2.4 | 84.3 | 11.8 | 3.9 | 15.7 | 2.6 |
| 英国 | 72.0 | 16.6 | 11.4 | 28.0 | 0.6 | 80.0 | | | 20.0 | |
| 德国 | 91.6 | | | 8.4 | | 92.9 | | | 7.1 | |
| 美国 | 45.1 | 38.9 | 16.0 | 54.9 | | | | | | |
| 日本 | 41.5 | 58.5 | | 58.5 | | 42.0 | 58.0 | | 58.0 | |
| 韩国 | 14.9 | 63.8 | 21.3 | 85.1 | 0.2 | | | | | |
| 印度 | 77.8 | 22.2 | | 22.2 | | 99.7 | | | 0.3 | |

资料来源：Education at a Glance，OECD Indicators 2005，OECD Publishing，p198. Table B3.2b.

法国、德国的高等学校以政府投入为主；美国、日本政府投入比较稳定，接近一半；韩国以政府投入为辅；英国、印度政府投入还占大多数，但比例开始下降，其中印度下降得尤为显著。

乍一看，好似没什么规律。但事实上多元化的高等教育投入已逐步成为一种趋势。英国、法国、德国等都先后开始反思过度依赖政府拨款的效益问题。从日本国立大学财政收入构成情况看，20世纪60年代国家教育财政拨款高达80%多，充分体现出谁设校谁支付的原则。然而，随着时间的推移，国家在国立大学财政收入中的地位、作用不断下降，20世纪70年代下降到70%左右，90年代又下降到50%左右，近年一直保持在50%~60%的水平。相反，学生交纳的学杂费等学校自筹资金迅速提高，由20%上升至50%，几乎接近于政府教育财政拨款部分。

**（二）教育投入的理念**

首先，教育关系国家的未来，同时受教育权是宪法赋予国民的基本人权。因此，教育是国家社会经济发展的基础，是国家竞争力的保证，属于优先投入的领域。各国纷纷制订了相关教育优先发展的战略，加大对教育的投入，保证教育经费在GDP中的份额及政府预算在整个公共经费中的比例。

其次，促进地区间教育的均衡发展，改善由财政收入的差异而引发的教育不平等问题。高层级政府通过转移支付、专项补助的制度，减轻因教育经费过重而给地方财政带来的压力，这实际上是在调整着教育事业的受益者（如国家、区域和地方）之间的责任关系。注重建立生均经费的平衡机制，不断缩小地区间生均经费的差距，以保证教育的公平。

第三，随着社会经济发展水平的提高，政府教育拨款在各教育层次中的分配比重不断上移。在经济发展的初级阶段，国家财力有限，财政教育拨款重点投向初等教育；随着经济的发展，国家财力不断增强，政府财政对中等和高等教育的支出比例逐步上升。

第四，随着教育经费总量的不断膨胀，社会普遍开始关心产出的质量和效益。绩效理念得到重视，各国对教育经费的管理已逐步从简单拨款模式，向以结果和效益为导向的新型公共管理模式转变。

第五，多元教育投入的格局基本形成。各国政府投入总量在不断提高，但其在教育总投入中的份额却在下降，第三级教育更是如此，说明社会投入增长得更快。许多国家也主动为非政府渠道投入教育提供便利，积极通过非政府渠道增加教育资源。

**（三）值得关注的方向**

首先，重视拨款产生的绩效。二战后特别是20世纪六七十年代以来，世界高等教育发生了很大的变化。学生规模急速膨胀，社会需求日趋多样，教育成本持续上扬，办学经费出现短缺。大学从"象牙之塔"步入世俗社会的"轴心"，外界开始审视高等教育的质量、效率和社会适应性，高等学校也开始关注自身的特色、水平和经费使用效益。

其次，竞争性重点建设专项增加。专项的增设表明了一种导向，竞争方式则代表了一种机制。拨款通常可分为一般性经费和竞争性经费，竞争性经费是谋求效率与效果的产物。在绩效理念的牵引下，各国纷纷设立专项基金，通过竞争方式激励大学和研究人员向世界先进水平冲击。

第三，中央政府对地方高等学校的扶持。在各国高等教育拨款主体中，普遍实行"中央+地方"两级拨款模式。除集权制国家中央政府对高等学校的直接投入外，其他体制类型的国家其中央政府对地方高等学校的发展也给予一定的支持。一是出于社会公平的需要，二是保证国家责任和国家利益。

### 三、进一步完善高等教育财政拨款制度

虽然世界范围内高等教育的投入呈现出越发明显的多元化趋势，但政府的经费筹措仍承担着主体性作用。政府财政拨款的多少和模式，直接影响着高等教育的发展程度，其中拨款模式的改革还影响着高等学校办学的效率。

#### （一）逐步推进中央财政对普通高等学校的拨款制度改革

中国实行中央和省级政府两级管理、以省级政府管理为主的高等教育管理体制。与之相对应，中央部委所属高等学校的财政拨款主要由中央财政支出，省属高等学校的财政拨款主要由省级财政支出。同时，中央财政对地方高校、地方财政对中央高校也互有一定的项目支出。

高等教育事业费拨款分别经历了"基数加发展"、"综合定额加专项补助"，直至发展到"基本支出预算加项目支出预算"阶段。前两种模式的主要不足是没能反映高等学校的实际成本，行政色彩太浓、不利于政府转换职能，缺乏透明性、难以保证拨款的公平和公正，对学校的办学行为缺乏有效的激励。直接后果是前者造成年底突击花钱的行为，后者导致盲目扩大招生规模的现象。深层次后果是固化因素较多，不利于效益的提高、特色的形成和创新的产生。

高等学校的拨款模式改革，可在项目支出中派生出一块绩效支出，即改革的方向是"基本支出预算+项目支出预算+绩效支出预算"。基本支出预算维持学校正常运转，项目支出预算支持学校提高性项目的开展，绩效支出预算提升学校的办学水平。项目支出和绩效支出可面向全体普通高等学校。

具体的拨款模式设计是将高等教育的财政性拨款分为教学和科研平台建设两大部分。教学拨款以公平为主，主要按照生均成本和学生数进行拨付，以保证基本经常费对每所学校、每个学生的起点公平。而后辅之以评估为基础的质量与特色拨款，以利于产生更大的效益；科研平台建设拨款以促进科研效率、特色建设为主，按学科通过竞争性评估拨付，并辅之以体现国家利益导向的特色及创新拨款。该拨款为持续性常规拨款，将来可以替代或整合已有的高等学校重点建设项目。

即教学拨款包括经常性教学拨款（占80%，为基本支出）、多样化教学促进拨款（占10%，为绩效支出）、特殊拨款（占10%，为项目支出），科研平台建设拨款包括竞争性拨款（占80%，为绩效支出）、特色及创新拨款（占20%，为项目支出）。

为此，还要加强对中央财政"项目支出"专项经费的设计与管理。随着专项资金的逐步加大，需要引入"项目管理"的理念和方法进行科学管理。通过绩效评估等手段，提高拨款的效益。

**（二）积极推动省级财政按有关生均标准对地方高校进行拨款**

2004年，中央所属高等学校的财政拨款均按有关生均标准进行拨付，但大多数省份还没有做到，仅浙江、广东等少数省份开始这么做。在没有做到的省份，学生生均经费明显偏低。如按照2003年陕西省核拨的教育经费计算，每生每年拨款平均为2233元，而在陕部委院校标准为6300元（教育和农林院校为8300元/生·年）。因此出现地方高校办学经费严重不足。

2004年，中央部门普通高校生均教育经费支出2.41万元，地方高校仅为1.22万元；财政性教育经费投入中央部门高校为1.17万元，地方高校仅为0.49万元。地方高校是扩招的主要承担者，许多地方高校生均财政拨款呈大幅下降态势。前几年许多地方高校的发展主要靠银行贷款，现还贷压力逐步加大，学校财政更加吃紧。

究其原因，主要是省级政府对教育经费筹措的总量偏少，履行公共财政职能不够。我国在长期的计划经济体制环境下，逐步形成了一种大包大揽的财政管理模式，政府支出涵盖范围比较宽。而发达国家执行的公共财政职能偏向于政府消费和公共消费的性质，完全不同于我国政府执行的财政职能更多地倾向于政府投资的性质。具体到省级财政对高等学校的拨款上，要按生均成本制定有关标准，使拨款量与招生数直接挂起钩来。

**（三）建议成立专门的高等学校拨款机构**

高等学校拨款委员会不是政府的一个部门，而是承接政府对高等学校拨款的事业性中介机构。在业务上接受政府的指导，在运作上具有相对的独立性。主要优点是容易保证拨款的透明性、实现公平与效率，有利于政府职能的转变、促进学校的自主办学。

从国际高等教育拨款模式的经验来看，这种"基金制"式的拨款组织具有双重角色特征，在政府和高等学校之间起到了重要的"缓冲器（buffer）"的作用。一方面，它是政府的助手，帮助政府把相应的责任施加给高等学校；另一方面，它又是高等学校的代言人，帮助学校向政府提出要求。这一特点有利于在落实等学校学术自主权的同时，确保政府拨款的有效利用，促使高等学校恰如其分地履行其社会职责。

# 第二节　重点建设大学拨款计算

21世纪初，教育部教育发展研究中心受命开展了对第一轮"985"建设项目9所学校的拨款比例测算，对未来的拨款方案提出了一揽子建议，并完成系列研究报告，并由此开启了与OECD教育委员会和英格兰高等教育拨款委员会的长期合作。"985工程"建设属绩效支出，可实行以学科费用和绩效评估为基础的公式拨款办法。

## 一、拨款公式设计

以学科费用和绩效评估为基础的公式拨款，即按照不同类型大学和学科发展的特点，以学科发展费用比例为基础，利用高水平大学评价的结果，以普遍适用的公式计算拨款额度。

### （一）拨款公式

某大学高水平大学拨款总额M可通过如下公式计算：

$$M=\mu \times f$$

或表示为：$M=\mu \times (\alpha \times \gamma \times \delta \times \beta)$

其中，$\mu$ —— 拨款基点的单位投资强度

$f$ —— 学校的拨款基点

$\alpha$ —— 学校学科测算点

$\gamma$ —— 专业设置水平系数

$\delta$ —— 建设目标系数

$\beta$ —— 评价得到的效益系数

### （二）系数内涵

（1）拨款基点的单位投资强度$\mu$。当年高水平大学建设拟拨款总额，除以所涉及学校的拨款基点总量，即为拨款基点的单位投资强度$\mu$。

（2）学校的拨款基点$f$。毫无疑问，高水平大学的建设费用与学科特点、层次比例、建设目标、建设效益等有着直接的关系。建设拨款必须考虑这一因素，通过相应的系数进行调整。拨款基点的概念就是通过计算确定各学校的基本拨款单位，基本拨款单位越多，将来获得拨款的总量也就越大。

（3）学校学科测算点$\alpha$。将本科专业、硕士、博士、重点（基地）学科分别按1：2：3：4的系数折算出学校的专业总量（1：2：3为当时实际使用的学生折算比例），即为学校的学科基数；再按医科、工科、理科和人文学科（费用支出相近的学科予以归并）测算出各学科的花费比例，即学

科费用系数，初步确定为1.8∶1.5∶1.3∶1。将学校按学科类别划分的各学科专业总量分别乘以相应的学科费用系数，所得到的数量之和即为每所学校的学科测算点，也是拨款基点原始值。

（4）专业设置水平系数γ。在高水平大学的建设中，还应鼓励各学科、专业向高水平迈进，限制学校为提高"学科基数"而盲目扩大本科专业数。因此，引入专业设置水平系数是必要的，在计算上将其定义为学校博士专业数/本科专业数。

（5）建设目标系数δ。该系数根据国家制订的大学建设目标设计，如：

一流大学　　　　δ = 1.5

高水平大学　　　δ = 1.2

知名大学　　　　δ = 1.0

（6）评估得到的效益系数β。依据由课题组设计的"高水平大学评价"办法，对相关建设高校建设效益进行评价，评价后可得"985"项目第一轮建设完成高校的A、B、C、D四个绩效评价档次，并分别赋值1.5、1.2、1、0.8，即为效益系数。如评价用于新入围高校选拔，新入围高校的初始效益系数定义为0.8。

## 二、计算举例

以某大学为例，对高水平大学拨款测算过程作解释性说明。核心是计算其拨款基点。

### （一）学校分类别、分层次学科专业情况

某大学在2001的专业学科分类列表如下。为方便阅读，把后面由计算产生的拨款基点结果也放入表中（见表13-2）。

表13-2　大学1分类别、分层次专业数，及拨款基点计算结果

| | 本科 | 硕士 | 博士 | 重点学科、基地 | 学科基数 | 拨款基点 |
|---|---|---|---|---|---|---|
| 文 | 58 | 88 | 78 | 43 | 640 | 640 |

续表

|  | 本科 | 硕士 | 博士 | 重点学科、基地 | 学科基数 | 拨款基点 |
|---|---|---|---|---|---|---|
| 理 | 26 | 44 | 44 | 41 | 410 | 533 |
| 工 | 3 | 19 | 16 | 15 | 149 | 223.5 |
| 医 | 9 | 39 | 36 | 17 | 263 | 473.4 |
| 合计 | 96 | 190 | 174 | 116 |  | 1869.9 |
| 博士比本科 | 1.81 |  |  |  | f=1869.9×1.81 = 3384.5 | |

1. 本科专业数以《中国普通高等学校本科专业设置大全》（2001年版）为准；

2. 硕士、博士专业数以学位办编制的《中国学位授予单位名册》（2001年版）为准。其中获得硕士、博士学位一级学科授权的，涵盖了对应一级学科下所有的二级学科（学科、专业）；

3. 重点学科数以学位办公布的《高等学校重点学科点名单》为准；

4. 基地包括：国家重点实验室、高校人文社科重点研究基地，国家级教学基地；

5. 学科、专业划分以《授予博士、硕士学位和培养研究生的学科专业目录》（1997年颁布）为准，其中哲学、经济学、法学、教育学、文学、历史学、管理学归于文类，理学、农学归于理类，工学归于工类，医学归于医类。

**（二）某大学拨款比例测算**

1. 学校的拨款基点f

（1）学科基数。文科：本科专业58个、硕士专业88个、博士专业78个、重点学科（基地）43个；分别乘以1、2、3、4的层次系数，再求和。得文科学科基数等于58×1 + 88×2 + 78×3 + 43×4 = 640。

同理，理科：学科基数等于 26×1 + 44×2 + 44×3 + 41×4 = 410

工科：学科基数等于 3×1 + 19×2 + 16×3 + 15×4 = 149

医科：学科基数等于 9×1 + 39×2 + 36×3 + 17×4 = 263

（2）拨款基点原始值。各学科学科基数分别乘以相应的学科费用系数，再求和，即得拨款基点原始值为640×1 + 410×1.3 + 149×1.5 + 263×1.8 = 1869.9。

（3）专业设置水平系数。博士专业之和（78+44+16+36）/本科专业之和（58+26+3+9）= 1.81

（4）拨款基点f。拨款基点原始值（1869.9）×专业设置水平系数（1.81）= 3384.5。此处尚未加入需有评估得到的效益系数和主观设定的建设目标系数。

2. 拨款比例

第一轮"985"建设项目涉及9所学校，用同样的方法可以算出其他8所学校的拨款基点数。经测算，9所学校的拨款基点总量为15413.3。

则在不考虑效益系数和建设目标系数的情况下，大学1所占拨款份额为：3384.5 ÷ 15413.3 = 21.96%。

### 三、首批"985"高校拨款回测验算

用以上拨款公式，重新以1998年各校实际数据为基础，对9所大学"985"项目的重点建设经费额进行回测验算。计算结果表明，与已实施的"985"建设项目初期实际拨款比例基本一致（表13-3）。

此处假设北京大学和清华大学的效益系数为1.5，其他7所为1.2；北京大学和清华大学的建设目标系数为也为1.5，其他7所为1.2。

表13-3　九校"985"工程建设拨款验算结果比较表

| 学校名称 | 由公式计算的拨款份额% | | "985"项目实际拨款比例% | |
|---|---|---|---|---|
| 大学1 | 51 | 24.0 | 50 | 25 |
| 大学2 | | 27.0 | | 25 |
| 大学3 | 40.4 | 11.2 | 41.66 | 8.33 |
| 大学4 | | 4.1 | | 8.33 |
| 大学5 | | 5.3 | | 8.33 |
| 大学6 | | 8.5 | | 8.33 |
| 大学7 | | 11.3 | | 8.33 |
| 大学8 | 8.6 | 3.2 | 8.34 | 4.17 |
| 大学9 | | 5.4 | | 4.17 |
| 合计 | 100 | 100 | 100 | 100 |

# 第三节　高等学校学科费用系数测算

高等教育事业费拨款对学科费用差异重视不足，划分粗糙且主要靠经验[①]。由于大学的学术工作是以学科为基础进行的，且不同学校之间只有以学科为基础才具有可比性，因此研究高等学校主要学科间的生均成本比例关系即学科费用系数是有其积极意义的。在假设"大学内部不同学科的相对花费不同"的前提下，本研究具体测算了主要学科间的生均成本比例关系。

## 一、学科分类与样本选择

本节学科分类依据系费用支出的相对大小。例如，英国根据不同学科的相对花费将69个学科归并为三类费用权重：A.高花费的实验和临床学科；B.中等花费学科；C.其他学科。因此，本研究首先按经验将我国高等教育中的11个学科大类（军事学除外）进行相应的归并，把握不准的暂时单列；另考虑到特殊性，单列艺术类。这样，共得出7个学科类别。它们是：文科类（含文学、哲学、法学、教育学），经管类（含经济学、管理学），理科类，工科类，农科类，医科类，艺术类。

根据测算目的的需要，样本拟定在相同或相近层次的高水平大学范围进行，并兼顾大学学科类型、区域分布的平衡。具体来说就是选择了教育

---

① 如2001年生均拨款标准（每生每学年）为：本专科生理工科、综合性院校5500元，农林、师范院校7200元，医科院校6000元，艺术院校9000元，理、工、文大学科没有加以区分；硕士研究生10000元，博士研究生12000元，所有学科没有加以区分。

部直属的20所"211工程"建设高校，其中包括6所第一批"985"建设高校。其中北京5所、上海3所、天津2所、江苏2所、广东2所、湖北2所、陕西1所、东北3所。

2002年9月，主管部门向20个样本大学发函，请有关大学财务处填报高等学校学科费用支出调查表，包括学生情况、教学费用支出、科研费用支出等，含1998、1999、2000、2001四年数据。考虑到学科不是一级组织单位，经费无法剥离，故数据采集以学院为大学内基本单位进行。共回收调查表20份。经核查，2所大学的数据无效，有效样本共18个。

本次调查的18个样本大学，涉及学院一级基本教学科研单位294个，其中经费总支出135.96亿元，折合学生（即1个本科生折合学生数为1，1个硕士生折合学生数为2，1个博士生折合学生数为3）数126万。

## 二、 学科费用支出比例计算

在对各大学原始数据分项统计的基础上，进一步通过对整体数据，以及对按层次、按年度分类数据的计算，将学科及其费用系数进行聚类。

### （一）考虑全体样本数据的计算

以所有学院4年数据为基础进行统计计算。表13-4反映的是各类学科内，所有学院的费用支出和折合学生数，先分别求和后再计算其生均费用比例；表13-5反映的是在各类学科内，先计算各个学院的费用支出与折合学生数比例，再求和并计算所有同类学院的总体生均费用比例。

比较而言，表13-4方法反映着面上实际状况，但表13-5方法能避免某学院样本值过大而对其他学院情况的掩盖。因为表13-5采用二次平均法，每个学院不论样本数据大小均先计算自身比例，之后再地位相等地再次平均。样本学院越多，两种计算方法的结果越接近。但样本学院少，每个学院里的数据差异较大时，两种计算方法结果的差异也大。由表13-4、表13-5可看出，两种方法学科费用系数的趋向一致，相对而言艺术类差异较大。

表13-4　以所有学院4年数据分类求和为基础进行的学科费用支出比例计算

| | 文科类 | 经管类 | 理科类 | 工科类 | 农科类 | 医科类 | 艺术类 |
|---|---|---|---|---|---|---|---|
| 学院数 | 77 | 27 | 69 | 90 | 14 | 11 | 6 |
| 费用支出（万元） | 169447.60 | 106011.94 | 300343.80 | 595625.99 | 49725.93 | 121182.00 | 17334.25 |
| 折合学生数（人） | 214339 | 177748 | 220990 | 505002 | 42488 | 88313 | 11134 |
| 生均费用支出 | 0.79 | 0.60 | 1.36 | 1.18 | 1.17 | 1.37 | 1.56 |
| 学科费用系数 | 1 | 0.76 | 1.72 | 1.49 | 1.48 | 1.73 | 1.97 |

表13-5　以各个学院4年数据二次平均进行的学科费用支出比例计算

| | 文科类 | 经管类 | 理科类 | 工科类 | 农科类 | 医科类 | 艺术类 |
|---|---|---|---|---|---|---|---|
| 生均费用支出 | 0.92 | 0.83 | 1.49 | 1.31 | 1.24 | 1.92 | 1.40 |
| 学科费用系数 | 1 | 0.90 | 1.62 | 1.42 | 1.35 | 2.09 | 1.52 |

由表13-4、表13-5看出：各学科的费用支出存在着差异。工科与农科比较接近；医科与艺术类变化较大；出乎意料的是，工科比理科低、经管比文科低。所以，需要进一步的数据分析。

**（二）体现高水平大学特点的学科费用系数计算**

本项研究，针对高水平大学，需对基本数据有所取舍。表13-6去除无博士生无本科生学院进行计算，无博士生代表不了高水平，无本科生表明是研究机构；表13-7选择样本学校的代表性学科进行计算，比如农业大学里也可能会有文科或工科，但那决不是它的强项，它的强项是农科；表13-8同比例缩小各学科内学院个数进行计算。缩小4倍，按学院生均费用支出由大到小选择，目的也是选择强项。

表13-6　去除无博士生无本科生学院进行的学科费用支出比例计算

| | 文科类 | 经管类 | 理科类 | 工科类 | 农科类 | 医科类 | 艺术类 |
|---|---|---|---|---|---|---|---|
| 学院数 | 51 | 23 | 63 | 80 | 13 | 8 | 2 |
| 费用支出（万元） | 132421.80 | 100778.00 | 285522.10 | 538095.02 | 42027.74 | 119808.20 | 13635.56 |

| | 文科类 | 经管类 | 理科类 | 工科类 | 农科类 | 医科类 | 艺术类 |
|---|---|---|---|---|---|---|---|
| 折合学生数（人） | 173869 | 173263 | 209271 | 485094 | 38363 | 87400 | 7289 |
| 生均费用支出 | 0.76 | 0.58 | 1.39 | 1.11 | 1.10 | 1.37 | 1.87 |
| 学科费用系数 | 1 | 0.76 | 1.79 | 1.46 | 1.45 | 1.80 | 2.46 |

表13-7　体现样本学校代表性学科的学科费用支出比例计算

| | 文科类 | 经管类 | 理科类 | 工科类 | 农科类 | 医科类 | 艺术类 |
|---|---|---|---|---|---|---|---|
| 学院数 | 46 | 7 | 55 | 66 | 13 | 7 | 2 |
| 费用支出（万元） | 126207.20 | 43385.25 | 255924.80 | 467561.99 | 42027.74 | 119194.40 | 13635.56 |
| 折合学生数（人） | 162233 | 57584 | 186173 | 394591 | 38363 | 85779 | 7289 |
| 生均费用支出 | 0.79 | 0.75 | 1.38 | 1.19 | 1.10 | 1.39 | 1.87 |
| 学科费用系数 | 1 | 0.95 | 1.75 | 1.51 | 1.39 | 1.76 | 2.37 |

表13-8　同比例按生均费用大小排列的前若干名学院的计算

| | 文科类 | 经管类 | 理科类 | 工科类 | 农科类 | 医科类 | 艺术类 |
|---|---|---|---|---|---|---|---|
| 学院数 | 19 | 7 | 17 | 23 | 4 | 3 | 2 |
| 费用支出（万元） | 60963.32 | 35161.30 | 121952.40 | 232392.99 | 18999.14 | 143921.60 | 13397.64 |
| 折合学生数（人） | 40121 | 31224 | 58550 | 112941 | 10592 | 25735 | 5966 |
| 生均费用支出 | 1.52 | 1.13 | 2.08 | 2.06 | 1.79 | 5.59 | 2.25 |
| 学科费用系数 | 1 | 0.74 | 1.37 | 1.36 | 1.18 | 3.68 | 1.48 |

由表13-6、7、8看出：随着各学科水平、费用的提高，文科、理科、工科和农科的生均费用比例逐步趋于集中。

**（三）1998年数据与2001数据分别计算**

鉴于1998—2001年是我国高等教育改革与发展极为不寻常的几年，考虑到大学合并、扩招及"985"项目投入等因素，将4年数据中前后两年分别计算以观察其差异是有其实际意义的。

表13-9　以所有学院1998年数据为基础进行的学科费用支出比例计算

| | 文科类 | 经管类 | 理科类 | 工科类 | 农科类 | 医科类 | 艺术类 |
|---|---|---|---|---|---|---|---|
| 学院数 | 77 | 23 | 64 | 70 | 13 | 7 | 5 |
| 费用支出（万元） | 24947.26 | 15144.28 | 49770.38 | 103241.22 | 6575.89 | 26054.27 | 3157.91 |
| 折合学生数（人） | 41266 | 33393 | 43021 | 97718 | 7143 | 19398 | 2170 |
| 生均费用支出 | 0.61 | 0.45 | 1.16 | 1.06 | 0.92 | 1.34 | 1.62 |
| 学科费用系数 | 1 | 0.74 | 1.90 | 1.74 | 1.51 | 2.20 | 2.66 |

表13-10　以所有学院2001年数据为基础进行的学科费用支出比例计算

| | 文科类 | 经管类 | 理科类 | 工科类 | 农科类 | 医科类 | 艺术类 |
|---|---|---|---|---|---|---|---|
| 学院数 | 77 | 27 | 64 | 90 | 14 | 11 | 2 |
| 费用支出（万元） | 63061.63 | 41923.32 | 103034.50 | 182859.10 | 19131.48 | 78471.63 | 5776.39 |
| 折合学生数（人） | 68275 | 58963 | 66585 | 149124 | 15360 | 28018 | 3583 |
| 生均费用支出 | 0.92 | 0.71 | 1.55 | 1.23 | 1.25 | 2.80 | 1.61 |
| 学科费用系数 | 1 | 0.77 | 1.68 | 1.34 | 1.36 | 3.04 | 1.75 |

注：医科为2000年数据

可以看出，除艺术类基本持平外，其他各类学科的生均费用支出均有明显的增长。相对而言，工科增长最小，医科增长最大。

**三、学科间基本关系比例的确定**

因为此次调研是以大学内学院为基本统计单位进行的，表13-6与表

13-4相比差异不明显，主要是剔除了少量纯研究机构和新设的教学单位。因此，学科间基本关系比例的确定，可主要依据表13-6、7、8进行，局部问题再参照其他表格统计结果进行。首先比较直观地可以看出的是：随着学科层次、水平的提高，在生均费用支出上文科、医科提高迅速，相对而言理科、农科增幅较小。

**（一）确定学科费用系数的基本原则**

充分依据客观统计结果，在平衡各种统计数据时不扩大或合理地缩小学科间的差距。

依据上述原则，从统计结果的面上情况看，学科费用系数的最大最小比例以不超过2为宜。作为参照，英国高花费的实验和临床学科、中等花费学科和其他学科的费用权重分别是1、1.3、1.7。

**（二）文科和理科、工科的关系**

文科和理科的费用支出比例在1：1.37-1.79之间。从表13-6到13-8，文科的生均费用支出增长了1倍，理科的生均费用支出仅增长0.5倍。这说明在学科经费统计上，文科集中度高，理科集中度低；从另一方面也说明，较之于文科，理科发展得比较平衡，至少在经费的支撑上是如此。

乍一看工科的生均费用支出比理科低（约低0.2-0.3）有点出乎意料，但仔细分析也有其道理。一是工科学生就业前景比理科好，因此规模大，规模效益得以充分体现；二是一些好的工科大学其理科并不弱，如一些知名工科大学的理科费用均大大高于工科，体现好的工科必须有好的理科为基础；三是针对本研究主体学校的建设目标而言，一流大学建设最应关注的是原创性成果，加大理科投入合情合理。

综合考虑，高水平大学建设中文科和理科、工科的费用系数以1：1.6：1.4为宜。这也与表13-5的统计计算结果相一致，而恰恰这三个学科的学院数多、样本量比较充分。

**（三）工科和农科的关系**

从表13-4和表13-6可以看出，工科和农科的生均费用支出基本相同；

但从表13-6至13-8的发展趋势看，随着学科水平的上升与高水平学科的相对集中，农科的生均费用支出略低于工科。

从表13-9和表13-10看，1998年的农科生均费用低于工科，而2001年农科已略高于工科。表明这几年农科相对投入的增长高于工科。

综合考虑，工科和农科的费用系数选择相同。

**（四）文科和经管的关系**

经管类的分布最为离散。一是在表13-4、表13-6等的面上统计中经管类的生均投入要低于文科类，主要原因可能是每所大学都办有经管类专业，扩展得太快、太分散；二是在表13-7体现样本学校代表性学科的统计计算中，文科和经管基本持平；三是在对两所以世界一流为建设目标的大学的单项计算中，经管类生均费用又明显高于文科类。

建议在此次高水平大学学科费用系数的计算中，经管类与文科类的费用系数选择相同。一是将经管类选高选低都不合适。选高了，不符合面上统计情况；选低了，一些经管专业强的知名大学要吃亏。二是每所大学都办有经管类专业，在总体上不会引起明显的波动。

**（五）医科、艺术与其他学科的关系**

医科类和艺术类有两个共同的特点：一是生均费用比较高，二是离散性也比较高。例如，仅就表13-4、表13-5而言，同一基础数据的不同处理方式，医科类和艺术类就有着很大的差异。

医科类的差异与学校水平层次的差异密切相关，离散性高可能还与大学合并的因素以及临床费用计入的方式不统一等相关。综合考虑，医科类以表13-6（去除无博士生无本科生学院进行计算）和表13-7（选择样本学校的代表性学科进行计算）的统计结果为依据确定学科费用系数比较有说服力。即文科类与医科类的比值为1∶1.8。

从表13-6至表13-8，随着学科水平的上升，艺术类的学科费用系数逐步下降（从2.46到1.48），表明相对而言其生均费用支出增长得较慢。但其学院数一直是2，样本量太少。在样本量相对较多的表13-4、表13-5计算中，艺术类的学科费用系数计算值分别为1.97和1.52。此处，本着减少级差的原则，将其学科费用系数定为1.8。

### （六）最终计算结果

文科类（含文学、哲学、法学、教育学、经济学、管理学，不含艺术类），学科费用系数为1；工科、农科类学科费用系数为1.4；理科类学科费用系数为1.6；医科、艺术类学科费用系数为1.8。

## 四、本研究结论的适用性

受样本范围的影响，本研究结论比较适用于"211""985"和"双一流"建设高校的拨款，或适用于中央政府管理的111所高校，而不适用于其他地方普通高校。

作为一个经验性的逻辑推理，在地方普通高校中：工科、农科因其实践环节多，学科费用系数应高于理科；因科研工作量相对较少，学科费用系数的差别需减少。例如，地方普通高校的学科费用比例可定为文科类：理科类：工科、农科类：医科、艺术类等于1：1.2：1.3：1.5。当然，这仅是一种设想，需要验证。

作为一项副产品，本研究还单考虑了教学费用支出的学科费用系数，即不计入科研费用支出的学科费用系数计算（表13-11），但问题较多。如工科和农科的生均费用支出低于文科，可能是其规模大而实践经费的投入又压缩严重的缘故；也可能是国家对高水平大学文科的投入也比较多。将样本扩大至一般院校，情况不一定是这样。仅作参考。

表13-11　去除无博士生无本科生学院进行的学科教学费用支出比例计算

| | 文科类 | 经管类 | 理科类 | 工科类 | 农科类 | 医科类 | 艺术类 |
|---|---|---|---|---|---|---|---|
| 学院数 | 51 | 23 | 63 | 80 | 13 | 7 | 2 |
| 费用支出（万元） | 114630.50 | 85536.00 | 156859.90 | 286606.99 | 23484.64 | 59455.93 | 12945.30 |
| 折合学生数（人） | 173869 | 173263 | 209271 | 485094 | 38363 | 63294 | 7289 |

续表

|  | 文科类 | 经管类 | 理科类 | 工科类 | 农科类 | 医科类 | 艺术类 |
|---|---|---|---|---|---|---|---|
| 生均费用支出 | 0.66 | 0.49 | 0.75 | 0.59 | 0.61 | 0.94 | 1.78 |
| 学科费用系数 | 1 | 0.74 | 1.14 | 0.89 | 0.92 | 1.42 | 2.70 |

# 第四节　区分社会投入占GDP比例的政策价值

　　教育经费占GDP比例是衡量国家对教育重视程度及教育发展程度的重要指标，而财政投入和社会投入的侧重则代表了政策方向和发展路径的不同。纵观世界高等教育强国的发展，无不与相应的高等教育投入政策相关。长期以来，我国对社会投入的研究不够，也没有明确"社会投入教育经费占GDP的比例"统计指标，不利于提出有针对性的努力方向。

## 一、高等教育财政投入和社会投入占GDP比例的国际比较

　　近年来，OECD国家教育机构投入总计占GDP的比例超过6%，其中公共支出接近5%。从历年来的数据对比来看，每个国家公共支出比例大致稳定，但国家之间的差异还是很大的。如表13-12所示，1998—2010年，OECD国家教育投入平均占GDP的比重从5.6%左右逐渐上升到6.3%，教育财政投入占教育总投入的比例从88.3%左右逐渐下跌到85.7%，教育社会投入相应上涨。总体而言，教育投入占GDP的比重和来源结构变化比较平稳。

　　OECD高等教育投入占GDP比重也在逐年增长，其中：高等教育财政投

入始终保持在GDP1.0%出头，高等教育社会投入则明显上升，平均从1998
年GDP的0.29%上升到2010年GDP的0.5%。OECD高等教育经费增长主要源
于高等教育社会投入的经费增长。

表13-12　OECD国家教育和高等教育投入来源平均占GDP比重（1998—2010年）单位：%

| 年份 | 教育 | | | | | 高等教育 | | | | | (4)/(1) | (5)/(2) | (6)/(3) |
| | 总投入占GDP的比重（1） | 财政投入占GDP的比重（2） | 社会投入占GDP的比重（3） | (2)/(1) | (3)/(1) | 总投入占GDP的比重（4） | 财政投入占GDP的比重（5） | 社会投入占GDP的比重（6） | (5)/(4) | (6)/(4) | | | |
|---|---|---|---|---|---|---|---|---|---|---|---|---|---|
| 1998 | 5.66 | 5.00 | 0.66 | 88.3 | 11.7 | 1.35 | 1.06 | 0.29 | 79.7 | 21.8 | 23.5 | 21.2 | 43.9 |
| 1999 | 5.5 | 4.9 | 0.6 | 89.1 | 10.9 | 1.3 | 1.0 | 0.3 | 76.9 | 23.1 | 23.6 | 20.4 | 50.0 |
| 2000 | 5.4 | 4.8 | 0.6 | 87.3 | 10.9 | 1.3 | 1.0 | 0.3 | 76.9 | 23.1 | 23.6 | 20.8 | 50.0 |
| 2001 | 5.7 | 5.0 | 0.7 | 89.3 | 12.5 | 1.3 | 1.1 | 0.3 | 78.6 | 21.4 | 25.0 | 22.0 | 42.9 |
| 2002 | 5.8 | 5.1 | 0.7 | 87.9 | 12.1 | 1.5 | 1.0 | 0.3 | 71.4 | 21.4 | 24.1 | 19.6 | 42.9 |
| 2003 | 5.9 | 5.2 | 0.7 | 88.1 | 11.9 | 1.4 | 1.1 | 0.4 | 78.6 | 28.6 | 23.7 | 21.1 | 57.1 |
| 2004 | 5.7 | 5.0 | 0.7 | 87.7 | 12.3 | 1.4 | 1.0 | 0.4 | 71.4 | 28.6 | 24.6 | 20.0 | 57.1 |
| 2005 | 5.8 | 5.0 | 0.8 | 86.2 | 13.8 | 1.5 | 1.1 | 0.4 | 73.3 | 26.7 | 25.9 | 22.0 | 50.0 |
| 2006 | 5.7 | 4.9 | 0.8 | 84.5 | 13.8 | 1.5 | 1.0 | 0.5 | 66.7 | 33.3 | 25.9 | 20.4 | 62.5 |
| 2007 | 5.7 | 4.8 | 0.9 | 84.2 | 15.8 | 1.5 | 1.0 | 0.5 | 66.7 | 33.3 | 26.3 | 20.8 | 55.6 |
| 2008 | 5.9 | 4.9 | 1.0 | 83.1 | 16.9 | 1.5 | 1.0 | 0.5 | 66.7 | 33.3 | 25.4 | 20.4 | 50.0 |
| 2009 | 6.3 | 5.4 | 0.9 | 85.7 | 14.3 | 1.6 | 1.1 | 0.5 | 68.8 | 31.2 | 25.4 | 20.4 | 55.6 |
| 2010 | 6.3 | 5.4 | 0.9 | 85.7 | 14.3 | 1.6 | 1.1 | 0.5 | 64.7 | 29.4 | 27.0 | 20.4 | 55.6 |

资料来源：根据经济合作发展组织《Education at A Glance: OECD Indicators》
（2001—2013）相关统计数据计算而成。

　　但是，OECD国家高等教育的经费来源差异较大（见表13-13），大致
可以划分为三种类型：法国、德国的来源主要依靠财政投入；日本、韩国
主要依靠社会投入；英国则呈现二者平衡（这是由于近十年来社会投入增
长很快的结果）；美国呈现出的是财政投入、社会投入的"双高"形态。

表13-13　2010年OECD部分国家各级教育机构投入占GDP比例　单位：%

| 国别 | 教育投入占GDP比例总计 | 学前教育占GDP比例 | 初、中等教育占GDP比例 | | | 高等教育占GDP比例 | | |
|---|---|---|---|---|---|---|---|---|
| | | | 合计 | 公共财政 | 私人资金 | 合计 | 公共财政 | 私人资金 |
| 法国 | 6.3 | 0.72 | 4.1 | 3.8 | 0.3 | 1.5 | 1.3 | 0.2 |
| 英国 | 6.5 | 0.32 | 4.8 | 4.8 | － | 1.3 | 0.7 | 0.6 |
| 德国 | 5.3 | 0.5 | 3.7 | 3.0 | 0.7 | 1.1 | 1.0 | 0.1 |
| 美国 | 7.3 | 0.5 | 4.0 | 3.7 | 0.3 | 2.8 | 1.0 | 1.8 |
| 日本 | 5.1 | 0.22 | 3.0 | 2.8 | 0.2 | 1.5 | 0.5 | 1.0 |
| 韩国 | 7.6 | 0.27 | 4.3 | 3.4 | 0.9 | 2.6 | 0.7 | 1.9 |

资料来源：Education at a Glance，OECD Indicators 2013，OECD Publishing，p195. 根据Table B2.3的数据.注："－"表示未获得该项数据。德国取自2005数据。

因此，考虑教育经费占GDP比例，需要区分公共财政投入与社会投入，甚至还需进一步区分出家庭支出。因为各国发展教育的策略不同，这在高等教育中更为明显，因为一般来说政府对基础教育的责任要明显大于高等教育。如表13-14所示，社会投入高的国家，其家庭高等教育投入的比例，都是很高的。

表13-14　2010年OECD部分国家高等教育机构支出中的公共和私人资金比例　单位：%

| | 2010 | | | | |
|---|---|---|---|---|---|
| | 公共投入 | 私人资金 | | | |
| | | 家庭投入 | 其他机构投入 | 合计 | 其中补贴 |
| 法国 | 81.9 | 10.1 | 8.0 | 18.1 | － |
| 英国 | 25.2 | 56.1 | 18.7 | 74.8 | 26.5 |
| 德国 | － | － | － | － | － |
| 美国 | 36.3 | 47.8 | 15.9 | 63.7 | － |
| 日本 | 34.4 | 51.5 | 14.1 | 65.6 | － |
| 韩国 | 27.3 | 47.1 | 25.6 | 72.7 | 1.0 |

资料来源：Education at a Glance，OECD Indicators 2013，OECD Publishing，p207. 根据Table B3.1的数据.注："－"表示未获得该项数据。

综上所述，发达国家的高等教育投入占GDP比例一般在1.1%以上，美国、韩国的明显偏高体现着一种战略选择。其中，法国、德国高等教育以财政投入为主；美国、日本财政投入比较稳定，占总教育投入的三分之一强；韩国和英国则主要以社会投入为主。这里面的政策含义是不同的。

### 二、社会投入增长是OECD国家高等教育经费投入的重要特征

多年来，OECD国家高等教育投入占教育投入比重总体上升，高等教育是各级教育中的发展重点，是教育社会投入的"吸金大户"。尽管OECD国家财政并没有给予高等教育持续增长的资金投入，但并没有影响高等教育投入总量的上升，社会给予高等教育的支持已经使OECD国家高等教育从二战后到21世纪前的"国家高等教育"逐步迈向21世纪后"社会高等教育"。

以美国为例，如表13-15、13-16所示，二战后到1990年美国高等教育的财政投入比重从48.68%下降到40.11%，学杂费快速增长，其他社会投入几乎一直保持在33%以上。进入21世纪后，2000—2010年仅有两年（2002年和2003年）的财政投入比重高于40%，其他都在40%以下，甚至下探到32.26%（2007年）。

表13-15　美国高等教育经费投入来源分析（1943—1990年）　单位：千美元

| 年份 | 总投入 | 财政投入 | | 学生学杂费 | | 其他社会投入 | |
|---|---|---|---|---|---|---|---|
| | | 实际值 | % | 实际值 | % | 实际值 | % |
| 1943-44 | 1047298 | 509780 | 48.68% | 154485 | 14.75% | 383033 | 36.57% |
| 1963-64 | 9543514 | 4511721 | 47.28% | 1892839 | 19.83% | 3138954 | 32.89% |
| 1973-74 | 31712452 | 14621560 | 46.11% | 6500101 | 20.49% | 10590791 | 33.40% |
| 1983-84 | 84417287 | 35682068 | 42.27% | 19714884 | 23.35% | 29020335 | 34.38% |
| 1989-90 | 139635477 | 56005573 | 40.11% | 33926060 | 24.30% | 49703844 | 35.59% |

资料来源：根据National Center of Education Statistics:《120Years of American Education， A Statistical Portrait》P97.Table33."Current-fund revenue of institutions of higher education， by source of funds:1889-90 to 1989-90"有关数据整理而成。表中"政府投入"包括了联邦、州和地方三级政府的拨款，本应还包括政府对学生的资助，但由

于该项数据的较多年份的值无法获得，故未计入。"其他收入"，指政府投入、学生学杂费以外的所有投入。

表13-16　美国高等教育投入来源占GDP比例变化情况（1998-2010年）　单位：%

| 年份 | 公共财政占GDP比例 | 私人资金占GDP比例 | 总投入占GDP比例 | 公共财政占高等教育总投入比例 | 私人资金占高等教育总投入比例 |
|---|---|---|---|---|---|
| 1998 | 1.07 | 1.22 | 2.29 | 46.72% | 53.28% |
| 1999 | 1.1 | 1.2 | 2.3 | 47.83% | 52.17% |
| 2000 | 0.9 | 1.8 | 2.7 | 33.33% | 66.67% |
| 2001 | 0.9 | 1.8 | 2.7 | 33.33% | 66.67% |
| 2002 | 1.2 | 1.4 | 2.6 | 46.15% | 53.85% |
| 2003 | 1.2 | 1.6 | 2.8 | 44.83% | 55.17% |
| 2004 | 1.0 | 1.9 | 2.9 | 34.48% | 65.52% |
| 2005 | 1.0 | 1.9 | 2.9 | 34.48% | 65.52% |
| 2006 | 1.0 | 1.9 | 2.9 | 34.48% | 65.52% |
| 2007 | 1.0 | 2.1 | 3.1 | 32.26% | 67.74% |
| 2008 | 1.0 | 1.7 | 2.7 | 37.04% | 62.96% |
| 2009 | 1.0 | 1.7 | 2.7 | 37.04% | 62.96% |
| 2010 | 1.0 | 1.8 | 2.8 | 35.71% | 64.29% |

资料来源：根据经济合作发展组织《Education at A Glance: OECD Indicators》（2001—2013）中美国的相关统计数据计算而成。

再如日本，如表13-17所示，1970年日本高等教育经费投入52.2%来自财政，2010年财政比重下降为33.3%；与此同时，私人投入比重不断上升。

表13-17　日本高等教育投入来源占高等教育总投入比例变化情况（1970—2010年）　单位：%

| 年份 | 公共财政占高等教育总投入比例 | 私人资金占高等教育总投入比例 |
|---|---|---|
| 1970 | 52.2% | 47.8% |
| 1980 | 53.4% | 46.6% |
| 2001 | 43.7% | 56.3% |
| 2009 | 33.5% | 66.5% |
| 2010 | 33.3% | 66.7% |

资料来源：根据日本文部科学省统计数据计算而成。

此外，近十多年来OECD主要高等教育强国的高等教育经费来源明显发生了"高等教育投入社会化"的趋势。如表13-18所示，1998—2009年OCED主要高等教育强国高等教育社会投入平均约为财政投入的0.36倍，但人口1000万以上的高等教育强国如韩国、美国、日本、澳大利亚、加拿大、英国等都显著高于0.36倍这一OECD成员国平均水平；意大利0.35倍接近OECD平均水平，仅法国、德国低于OECD平均。2010年OCED国家的平均数据已为0.45（见表13-19）。

表13-18　OECD主要高等教育强国平均高等教育社会投入占各项教育投入比重比较
（1998—2009年）

| | 高等教育财政投入占GDP的比重（1） | 高等教育社会投入占GDP的比重（2） | 高等教育社会投入占高等教育总投入的比重 | （2）与（1）的比值 |
|---|---|---|---|---|
| OECD平均 | 1.03% | 0.37% | 26.4% | 0.36 |
| 韩国 | 0.48% | 1.88% | 79.7% | 3.92 |
| 美国 | 1.04% | 1.71% | 62.2% | 1.64 |
| 日本 | 0.48% | 0.79% | 62.2% | 1.65 |
| 澳大利亚 | 0.78% | 0.80% | 50.6% | 1.07 |
| 加拿大 | 1.49% | 0.97% | 39.4% | 0.65 |
| 英国 | 0.68% | 0.44% | 39.3% | 0.65 |
| 意大利 | 0.65% | 0.23% | 26.1% | 0.35 |
| 法国 | 1.03% | 0.21% | 16.9% | 0.20 |
| 德国 | 0.97% | 0.14% | 12.6% | 0.14 |

资料来源：根据经济合作发展组织《Education at A Glance: OECD Indicators》（2001—2012）相关统计数据计算而成。

表13-19　2010年OECD主要高等教育强国平均高等教育社会投入占各项教育投入比重比较

| | 高等教育财政投入占GDP的比重（1） | 高等教育社会投入占GDP的比重（2） | 高等教育社会投入占高等教育总投入的比重 | （2）与（1）的比值 |
|---|---|---|---|---|
| OECD平均 | 1.1% | 0.5% | 31.25% | 0.45 |
| 韩国 | 0.7% | 1.9% | 73.08% | 2.71 |

续表

|  | 高等教育财政投入占GDP的比重（1） | 高等教育社会投入占GDP的比重（2） | 高等教育社会投入占高等教育总投入的比重 | （2）与（1）的比值 |
|---|---|---|---|---|
| 美国 | 1.0% | 1.8% | 64.29% | 1.80 |
| 日本 | 0.5% | 1.0% | 66.67% | 2.00 |
| 澳大利亚 | 0.8% | 0.9% | 56.25% | 1.125 |
| 加拿大 | 1.5% | 1.2% | 44.44% | 0.8 |
| 英国 | 0.7% | 0.6% | 46.15% | 0.86 |
| 意大利 | 0.8% | 0.2% | 20.00% | 0.25 |
| 法国 | 1.3% | 0.2% | 13.33% | 0.15 |
| 德国 | – | – | – | – |

资料来源：Education at a Glance，OECD Indicators 2013，OECD Publishing，p195. 根据Table B2.3的数据. 注："–"表示未获得该项数据。

可见，OECD国家高等教育逐步从国家需求扩散到社会需求，从国家战略部署、政府政策推进发展成社会大众的发展需求、个人成长的普遍选择；从国家和政府的自上而下、外驱型的行为，逐步演进为社会和个人自我意识、内驱型的需求。OECD国家高等教育投入占GDP比重总体呈"总量增，财政降，社会增"趋势。由此可以看出，随着OECD国家经济社会的发展和高等教育的进程，政府财政投入不再是包办高等教育的价值取向，也不是"政府投入为主，社会投入为补充"的政策策略，而是由政府分担部分基本的教育成本需求，约翰斯通的高等教育成本分担理论为政府财政投入的责任转型提供了理论依据。即政府的责任从提供高等教育逐步转向为提供高等教育机会，"机会"能否为受教育者所有所用，社会和个人也应为此付出智力和资金两方面的追求和努力。

### 三、我国高等教育财政投入和社会投入占GDP比例的政策选择

高等教育财政投入与社会投入占GDP的比例，反映了一个国家的教育发展程度和路径选择，有很强的政策含义。并且，在国家教育发展的不同

阶段，财政投入和社会投入所占比例也会不同，其比例变化也与高等教育毛入学率存在一定的关联。2012年中国教育投入达到GDP4.28%，高等教育财政投入约为GDP的0.7%，仅占教育投入的16.36%。完善社会投入的政策、机制是中国发展高等教育的必需。

**（一）中国高等教育社会投入的变化**

1. 比重变化

1998—2011年，中国教育社会投入占GDP比重总体呈上升的趋势，从1998年的1.086%上升到2005年的1.778%后稍有回落至2011年的1.117%。高等教育社会投入占GDP比重从1998年的0.275%上升到2005年的0.835%这一峰值后，缓慢回落至2011年的0.618%，是整个教育投入占GDP的比重的12.24%。

从高等教育投入的结构看，高等教育社会投入占高等教育总投入的比重从1998年的36.1%上升到了2010年的47.3%，高等教育投入中有一半左右的经费是来自社会投入（如表13-20所示）。总体而言，1998年以来高等教育社会投入不断增长，到2008年高等教育社会投入比例达到最高是国家财政性投入的1.11倍，社会投入在高等教育投入中扮演着越来越重要的角色。

表13-20　中国教育和高等教育投入来源占GDP比重情况（1998—2011年）　单位：%

| | 教育 | | | | | 高等教育 | | | | |
|---|---|---|---|---|---|---|---|---|---|---|
| | | | 社会投入占GDP的比重 | | | | | 社会投入占GDP的比重 | | |
| | 总计% | 财政投入占GDP的比重% | 小计% | 学杂费占GDP的比重% | 其他社会投入占GDP的比重% | 总计% | 财政投入占GDP的比重% | 小计% | 学杂费占GDP的比重% | 其他社会投入占GDP的比重% |
| 1998 | 3.494 | 2.408 | 1.086 | 0.438 | 0.648 | 0.696 | 0.421 | 0.275 | 0.101 | 0.174 |
| 1999 | 3.735 | 2.55 | 1.185 | 0.517 | 0.668 | 0.840 | 0.496 | 0.344 | 0.154 | 0.190 |
| 2000 | 3.880 | 2.583 | 1.297 | 0.600 | 0.697 | 0.974 | 0.534 | 0.440 | 0.218 | 0.222 |
| 2001 | 4.229 | 2.788 | 1.441 | 0.680 | 0.761 | 1.107 | 0.577 | 0.530 | 0.285 | 0.245 |
| 2002 | 4.554 | 2.901 | 1.653 | 0.767 | 0.886 | 1.269 | 0.627 | 0.642 | 0.354 | 0.288 |

续表

| | | 教育 | | | | 高等教育 | | | | |
|---|---|---|---|---|---|---|---|---|---|---|
| | | | 社会投入占GDP的比重 | | | | | 社会投入占GDP的比重 | | |
| | 总计% | 财政投入占GDP的比重% | 小计% | 学杂费占GDP的比重% | 其他社会投入占GDP的比重% | 总计% | 财政投入占GDP的比重% | 小计% | 学杂费占GDP的比重% | 其他社会投入占GDP的比重% |
| 2003 | 4.571 | 2.835 | 1.736 | 0.826 | 0.910 | 1.309 | 0.618 | 0.691 | 0.404 | 0.287 |
| 2004 | 4.530 | 2.793 | 1.737 | 0.842 | 0.895 | 1.316 | 0.604 | 0.676 | 0.434 | 0.242 |
| 2005 | 4.595 | 2.817 | 1.778 | 0.848 | 0.930 | 1.451 | 0.616 | 0.835 | 0.457 | 0.378 |
| 2006 | 4.632 | 2.996 | 1.636 | 0.732 | 0.892 | 1.443 | 0.615 | 0.828 | 0.428 | 0.400 |
| 2007 | 4.721 | 3.218 | 1.503 | 0.828 | 0.675 | 1.462 | 0.641 | 0.821 | 0.496 | 0.325 |
| 2008 | 4.823 | 3.475 | 1.348 | 0.781 | 0.567 | 1.446 | 0.686 | 0.760 | 0.490 | 0.270 |
| 2009 | 4.324 | 3.116 | 1.208 | 0.701 | 0.507 | 1.296 | 0.615 | 0.681 | 0.440 | 0.241 |
| 2010 | 4.915 | 3.686 | 1.229 | 0.758 | 0.471 | 1.414 | 0.745 | 0.669 | 0.433 | 0.236 |
| 2011 | 5.048 | 3.931 | 1.117 | 0.701 | 0.416 | 1.504 | 0.866 | 0.618 | 0.394 | 0.224 |

资料来源：根据《中国教育经费统计年鉴》（1999—2012）和《中国统计年鉴》（1999—2012）相关统计数据计算所得。

2. 结构变化

从高等教育社会投入结构看，中国高等教育社会投入的增长主要源于学杂费增长，学杂费和其他社会投入占GDP比重都呈上升趋势，学杂费占GDP的比重从1998年的0.101%上升至2011年的0.394%，其他社会投入占GDP比重从1998年的0.174%起主要呈上升趋势，2006年达到峰值0.400%后再回落至2011年的0.224%。总体而言，根据表10呈现的数字计算，2008年高等教育学杂费收入接近1998年的五倍，高等教育其他社会收入约为1998年的1.5倍。由此可见，从1998年到2011年期间高等教育投入占GDP百分比的增长主要是由学杂费提高带来的增长，2008年，学杂费增长到占整个高等教育社会投入的64.5%，为最高点，到2011年，稍回落至63.75%，1998年学杂费仅为其他社会投入的58%，2008年已经激涨为其他社会投入的1.81

倍，到2011年又回落到1.76倍，如表13-21所示。

表13-21　中国高等教育学杂费收入与其他社会投入比值变化情况（1998—2011年）

| 年份 | 1998 | 1999 | 2000 | 2001 | 2002 | 2003 | 2004 | 2005 | 2006 | 2007 | 2008 | 2009 | 2010 | 2011 |
|---|---|---|---|---|---|---|---|---|---|---|---|---|---|---|
| 比值 | 0.58 | 0.81 | 0.98 | 1.16 | 1.23 | 1.41 | 1.79 | 1.21 | 1.07 | 1.53 | 1.81 | 1.83 | 1.83 | 1.76 |

资料来源：根据《中国教育经费统计年鉴》（1999—2012）相关统计数据计算所得。

**（二）中国高等教育投入与OECD国家的差异**

高等教育投入占GDP比重反映了一个国家对高等教育的支撑力度，高等教育社会投入则反映了该国社会力量对高等教育的成本分担程度，是研究各国高等教育发展动向的重要指标。自1998年以来，中国和OECD国家平均的高等教育社会投入占GDP比重总体都呈上升趋势（如表13-22所示）。1998年，中国高等教育社会投入占GDP比重和OECD国家平均水平基本处在同一起跑线上，分别为0.28%和0.29%，但各自"占高等教育总投入""是国家财政投入几倍"已经明显不同，中国均高于OECD平均。在中国高等教育社会投入占高等教育投入三分之一强、是国家财政性投入0.57倍的时候，OECD国家平均仅稍高于五分之一，仅是国家财政性投入的0.27倍。换言之，在高等教育投入来源结构中，与OECD相比中国高等教育社会投入比重更大，OECD国家平均高等教育的国家财政投入比重高于中国。

此外，从1999年开始，中国高等教育社会投入"占GDP百分比"、"占高等教育投入百分比"以及"是国家财政性投入几倍"的增幅犹如"三驾马车"，将OECD同项数据越抛越远。占GDP百分比峰值出现在2005年（0.84%），占高等教育投入的57.54%，是国家财政性投入的1.36倍，同期三项数据在OECD国家平均为0.4%、26.67%、0.36倍，中国分别是OECD平均的2.1倍、2.2倍、3.8倍。总而言之，中国高等教育社会投入份额已经超过了国家财政性投入，成为高等教育投入的最大来源，而且增幅迅猛。1998年仅为国家财政性投入的一半有余，2008年已经增长为国家财政性投入的1.11倍，在高等教育成本分担中成为主角。而OECD国家平均高等教育社会投入也逐年增长，但仅目前上升到高等教育投入的三分之一左右，最高年份仅为国家财政性投入的一半。

表13-22 中国和OECD国家平均高等教育社会投入变化情况（1998—2010年）

| 年份 | 中国 | | | OECD国家平均值 | | |
|---|---|---|---|---|---|---|
| | 高等教育社会投入占GDP百分比 | 高等教育社会投入占高等教育总投入百分比 | 高等教育社会投入与国家财政性投入比值 | 高等教育社会投入占GDP百分比 | 高等教育社会投入占高等教育总投入百分比 | 高等教育社会投入与国家财政性投入比值 |
| 1998 | 0.28% | 36.11% | 0.57 | 0.29% | 21.80% | 0.27 |
| 1999 | 0.34% | 38.22% | 0.62 | 0.3% | 23.08% | 0.30 |
| 2000 | 0.44% | 42.45% | 0.74 | 0.3% | 23.08% | 0.30 |
| 2001 | 0.53% | 45.83% | 0.85 | 0.3% | 21.43% | 0.30 |
| 2002 | 0.64% | 48.82% | 0.95 | 0.3% | 21.43% | 0.27 |
| 2003 | 0.69% | 51.11% | 1.05 | 0.4% | 28.57% | 0.36 |
| 2004 | 0.68% | 52.39% | 1.10 | 0.4% | 28.57% | 0.40 |
| 2005 | 0.84% | 57.54% | 1.36 | 0.4% | 26.67% | 0.36 |
| 2006 | 0.83% | 57.40% | 1.35 | 0.5% | 33.33% | 0.50 |
| 2007 | 0.82% | 56.19% | 1.28 | 0.5% | 33.33% | 0.50 |
| 2008 | 0.76% | 52.55% | 1.11 | 0.5% | 33.3% | 0.50 |
| 2009 | 0.68% | 52.55% | 1.11 | 0.5% | 31.2% | 0.45 |
| 2010 | 0.67% | 47.31% | 0.90 | 0.5% | 29.4% | 0.42 |

资料来源：根据经济合作发展组织《Education at A Glance: OECD Indicators》（2001—2013）和《中国教育经费统计年鉴》（1999—2012）相关统计数据计算而成。

**（三）对我国高等教育投入政策方向的思考**

高等教育投入构成是一个很复杂的政策议题，又多受外部因素影响。当"财政性教育经费占GDP比例达到4%"的政策目标尘埃落定，我们需要综合考虑新的政策架构，高等教育社会投入正在成为一个显性的政策议题，财政、学费和其他社会投入已成为高等教育投入的三驾马车。

但是，我们现在还没有明确的"社会投入教育经费占GDP的比例"统计指标，因此也很难提出有针对性的努力方向。国际社会虽有一定规律，但不同国家遵循的具体路径却是不同的，这就有了不一样的政策选择。如在社会投入比例方面，法国与许多OECD国家在社会投入结构上差异较大，家庭教育投入与其他机构投入各占社会投入的一半，而其他国家家庭投入则要远高于其他机构投入；美国和韩国又是两个极端的例子等。政策选择不同，表明各个国家发展高等教育的策略不同。我国该如何选择，需要有明确的政策方向，讲清楚各方的责任、义务和权利。

为提高4%后高等教育投入的效率，市场的力量不容忽视。我国是个发展中大国，需要有积极有效的增加社会经费投入教育的政策。2010年，我国高等教育社会投入占高等教育总收入的47.31%，已经超过OECD国家平均水平的1.5倍，但与英国、日本、美国等高等教育发达国家还有较大差距，还有增长空间。当然，如何看到这个增长空间取决于路径选择，是值得进一步研究的课题。

# 第五节　由学费上涨看教育投入的分担机制

2014年，全国有九个省份调整了普通高校的收费标准，涨幅多在20%-35%之间，更有宁夏超过了50%，也还有部分省份存在着调整意愿。教育涉及千家万户，物价又是社会敏感问题，时值新学年开学前夕，因此引起舆论关注。

## 一、高校学费上涨其实是件很难的事情

在我国，教育问题关系千家万户，高校收费有着严格的定价程序，定价权并不在教育部门和高校手中。有关文件规定：国务院或有关部门负责

制定学校收费管理的宏观政策，省级人民政府负责制定具体实施方案；各省在调整学费标准时，要科学核定高校生均培养成本，综合考虑居民经济承受能力、财政拨款水平和就业情况等；要严格执行教育收费决策听证制度和教育收费公示制度。因此，学费标准不仅要通过省物价部门的审批，更需要得到省级人民政府的批准。

既然这么难，怎么还涨了呢？并且是多省市在涨。笔者认为，这恰恰体现出了一定的规律性或客观性。从2001年起，每年经国务院批准，教育部、国家发改委、财政部都联合发文，要求学校收费标准保持稳定。2007年，国务院发文规定五年内各级各类学校收费标准保持稳定。因此，高校学费少则七年、多则十几年没动过。而这十余年，我国经济发展惊人，2002年人均GDP才刚刚迈过1000美元的门槛，而现在已达6000多美元。期间，个人收入、物价水平、办学成本也都在不断增长。因此，今年的学费上涨属于恢复性调整。多年未涨、突然上涨当然具有新闻要素。

2013年，全国公办普通本科高校生均学费为5775元，占城镇家庭户均收入的比例为7.49%，占农村家庭户均收入的比例为16.73%。九个省份在2013年的生均学费分别是：宁夏3102元，福建5183元，江苏5225元，天津5265元，山东5409元，湖南5479元，广西5656元，湖北5730元，贵州6436元。可见，其中的八个低于全国平均水平。宁夏这次涨幅超过了50%，舆论反应强烈，其实它的基数很低，原来的收费标准在全国排在了倒数第二，且其学费占城镇和农村家庭户均收入的比例分别为4.97%和11.53%，也远远低于全国平均水平。贵州是个例外，它的各项指标都高，是一个多山的西部省份。

北京、上海尚没有涨的迹象。上述三项指标分别为：7287元、6.32%、10.24%，9299元、7.41%、12.23%。学费高于全国平均数，而占户均收入比例低于全国平均水平。这两个直辖市是高校的集中地，有风向标意义，且人均收入也高，它们的不涨表明了政府的趋稳心态。

可见，受政策起点的影响，各省的学费标准差异很大，如最高的上海与最低的西藏2514元竟相差3.7倍。另外，目前省属本科院校也都招收着大量的外省份学生，大致能占到总数的30%，收费低的省份高校明显吃亏。

## 二、高等教育成本的分担机制

随着高等教育大众化和知识经济社会的到来，教育成为人力资本形成的基本方式，经济发展需要教育提供知识和人才支撑。高等教育的社会作用显著增强，功能拓展，规模上扬。高等学校办学成本日益庞大，经费紧缺成为世界性难题。

教育经济学的研究认为：高等教育供给能力有限和需求增长旺盛的矛盾将长期存在，因此有一定的竞争性和排他性；高等教育属于准公共产品，个人、社会和国家都能从中获益，因此需要共同投入，并由此形成了高等教育成本分担理论；成本分担不仅有助于推动高等教育发展，还有利于提高高等学校的办学效率和促进公平。如美国著名的比较高等教育财政问题专家约翰斯通（D.B.Johnstone）在1986年就认为[①]：一所运行合理的大学，其经费来源应该主要包括政府投入、学费、社会捐助和学校创收。后三项也可笼统称之为社会投入，这是理论的转向。

那么实践是否也跟着转向了呢？ OECD国家高等教育发展的进程表明，它们执行的不是"政府投入为主，社会投入为补充"的政策策略，而是由政府分担部分基本的教育成本需求，政府的责任由提供高等教育转为扩大高等教育机会。而机会能否为受教育者所享用，还要看个人为此付出的智力和资金努力。根据OECD的有关统计数据表明，整个OECD国家在1998到2009年间，高等教育投入占GDP比重呈增长趋势，从1.3%提高到1.6%。其中：财政投入基本保持在1.0%至1.1%之间，社会投入则明显上升，从0.29%上升到0.5%。结果在高等教育自身的经费结构中，社会投入比重不断攀

---

① ［美］约翰斯通著，沈红译：《高等教育财政》，人民教育出版社2004年版，第158页。

高，从1998年的43.9%上升到2009年的56%，2006年是最高年份曾达到过62.5%，而财政投入的比重则呈下降趋势。

我国从1989年开始试行高等教育收费制度，到1997年终结双轨制，开始全面实施高等教育收费制度，逐步建立起了以政府投入为主、受教育者合理分担、其他多种渠道筹措经费的投入机制。

### 三、不同国家的具体实践

进一步看各国高等教育的投入结构，差异较大。在1998至2009年间，美国高等教育财政投入和社会投入占GDP比重平均为1.04%和1.71%，维持"双高"但社会投入更高的状态，总数超过了2.7%；欧洲大陆国家，以法国和德国为例，数据分别是1.03%、0.21%和0.97%、0.14%，财政投入高；韩国和日本是另一个极端，数据分别为0.48%、1.88%和0.48%、0.79%，社会投入高。

投入结构不同，表明各国发展高等教育的战略不同。美国奉行的是"高投入、高学费、高资助"政策，以充足的教育资金使美国高教发展处于世界领先地位，在公立高校学费约占20%；法国、德国的高等学校以政府投入为主，各种家庭支出的总和也就10%左右；韩国、日本以社会投入为主，家庭高等教育支出占主要成分。

尽管政策不同，但多元化的高等教育投入还是成为一种趋势。法国、德国等都先后开始反思过度依赖政府拨款的效益问题。地处欧洲的英国已开始分化，甚至走得更远。英国在1995年的时候，高等教育的公共支出占到80%，比法国的84%略低，到2002年公共支出已降至72%；这种情况大致维持到2006年，之后英国将每年1000英镑左右的学费标准提高到了3000英镑，2007年起其财政投入和社会投入已基本持平；2012年更是再次将学费标准提高到9000英镑。

日本的情况发生得更早。从国立大学财政收入构成情况看，20世纪60年代国家教育财政拨款高达80%以上，充分体现出谁设校谁支付的原则。

然而，随着时间的推移，国家在国立大学财政收入中的地位、作用不断下降，70年代下降到70%左右，90年代又下降到50%左右。相反，学生交纳的学杂费等学校自筹资金迅速提高，由20%上升至50%，几乎接近政府教育财政拨款部分。

在中国，1996年由国务院审定、三部委颁布的《高等学校收费管理暂行办法》规定："现阶段，高等学校学费占年生均教育培养成本的比例最高不得超过25%。"尽管学校收费实行属地化管理，但这项政策还是基本得到了执行。据统计，2012年，全国公办普通本科高校总投入中财政性经费占比为68%，学费收入占比为17%。当然，大家对成本的构成有争议，是仅指教学运行经费、还是包括多年教学科研设施的积累？笔者认为，这个问题没必要细抠，因为科研、校园文化也是高校育人不可或缺的因素。我们可以估算，那些全国最好的大学，学费占其当年总经费的比例可能也就在1%–2%的水平上，这还不算历年的校产积累。问题主要出在高等学校发展的不平衡上。

### 四、未来政策思考

中国是一个社会经济发展极不平衡的国家，几千元的学费对有些人来说是小菜一碟，而对另外一些人就是个天文数字，根本出路是要依靠资助体系和政策解决问题。成本分担是大势所趋，我们更要顺势而为。

第一，完善学生资助体系。目前，国家已经建立起了国家奖助学金、国家助学贷款、勤工助学、困难补助、伙食补贴、学费减免、绿色通道等多种资助方式。今后需加强的是，加强系统设计，努力覆盖各种情况；加强工作宣传，让政策惠及每个需要的学生。

第二，建立差异化的收费标准。收费标准应兼顾生源的地区和城乡差异，考虑群众的实际承受能力。如以来自中部地区农村和西部地区城市生源6000元为基本标准，西部地区农村可降至4500元，中部地区城市和东部地区农村可升至7000元，东部地区城市可升至8000元。当然这只是示意性举例，高校收费为属地化管理，要在科学测算的基础上充分考虑学生来源的差异性。

第三，确定学费补偿机制。在高校，最优秀和最贫困的学生应是政策关注的重点。比如，可规定学费的5%用于奖励优秀学生，5%用于资助贫困学生。要鼓励高校设立奖助基金，逐步扩大奖助学金的资金总量。

第四，加强其他社会投入的资金筹措。当前，我国学费在社会投入中一枝独大，特别对一些地方高等学校更是如此，占比较高。其实，在高等教育投入的结构中，财政投入和学费的制约因素很多，存在着"天花板"现象。而高校通过教育和科技活动获得社会服务收入、通过融资活动获得捐资收入，应是今后很重要的努力方向。

第五，加强地方高校的特色建设。学生缴费上学相当于购买了教育服务，尽管这种购买不是全成本的，高校有责任使学生获得有质量保证的教育。从2010年起，中央财政已建立起奖补机制，支持各省份提高所属公办普通本科高校的生均拨款水平，基本标准是12000元，2012年全国地方高校生均拨款实际平均水平已达到14120元，这是保障质量的基础。高等学校更应加强特色建设，有特色的教育才能有更高水平的质量，才更具有活力和竞争力。


（本章内容依序由以下论文节选、组合、改写而成：《试析我国高等教育投入制度的改革方向》，载《高等教育研究》2006年第7期；《高等教育财政拨款模式改革研究》，载《北京教育（高教版）》2006年第5期；《高水平大学学科费用系数的测算》，载《高等教育研究》2005年第2期；《教育投入政策的国际比较与我国改革重点》，载《国家教育行政学院学报》2006年第12期；《高教财政投入和社会投入占GDP比例的政策价值》，载《华中师范大学学报》2015年第1期；《高等教育学费和学生资助政策》，载《高校教育管理》2007年第2期；《由学费上涨话题看高等教育投入的分担机制》，载《光明日报》2014年9月2日。）

# 第十四章

## 迎接数字时代的教育变革

　　人类社会正在开启一场史诗级的时代变迁。新一轮科技革命扑面而来，世界百年变局急剧演变，智能数字空间已然出现。蕴含的逻辑关系是：以人工智能技术为头雁的科技革命催生出崭新的数字时代，中华民族伟大复兴是实现世界百年大变局的主要标志，其中创新发挥着关键性作用，教育具有决定性意义。我们要认真思考人工智能所带来的变化并主动布局推动发展，积极运用人工智能、大数据等技术助学、助教、助管、助研，探索数据赋能学习型社会建设。

# 第一节  人工智能正在引领教育变革

近年来，人工智能及相关的大数据、区块链发展引起社会广泛关注，正在形成未来社会的基础性、环境性要素，是助推我国实现变轨超车的重要推手。新一代人工智能技术的迅速发展，不断催生着教育的新形态、新业态，教育方式总体转向智能化的潮流已经开始。

## 一、人工智能正在赋能教育引领变革

2018年和2019年，中央政治局分别就人工智能和区块链技术发展进行集体学习，习近平总书记指出："人工智能是引领这一轮科技革命和产业变革的战略性技术，具有溢出带动性很强的'头雁'效应。" [①] 新一代人工智能正加速向商业应用领域渗透，出现了资本与技术的深度结合。人工智能将像电力、互联网一样成为社会构成和发展的基础，尤其是在教育、医疗、金融等一些经验与知识密集型行业，教育面临着巨大的机遇与挑战。

### （一）推动新一代人工智能崛起的主要因素

自20世纪九十年代中期开始，随着信息技术的进步，人工智能开始进入快速发展期，尤其是最近几年来，更是呈现爆发之势。阿尔法狗战胜人类、ChatGPT横空出世，极大地冲击了人们的思想、震撼着人们的心灵。

---

① 习近平：《加强领导做好规划明确任务夯实基础 推动我国新一代人工智能健康发展》，载《人民日报》2018年11月1日。

人工智能技术之所以爆发，其推动因素主要体现在四个方面：第一，新一代人工智能是由大数据驱动的，伴随着互联网、移动终端等大量普及，产生了呈指数规律急剧增长的海量数据，为人工智能发展提供了至关重要"原料"。第二，各种人工智能芯片的研制取得突破，解决了处理图像、语音、视频等多媒体数据的难题，实现了运算能力的大幅提升。第三，深度学习概念的提出，推动了算法模型的有效突破，人工神经网络算法获得了极大发展，提高了计算机系统的自我学习能力。第四，人工智能加速着向产业领域的渗透，深入商业应用市场，资本、商业应用需求与技术发展形成了良性循环。

在教育领域，校园里存在着大量日常重复性教育活动，教材的标准化程度高，教育制度与教程的安排相对规范，教师与学生的信息相对准确，这些都构成了人工智能的开发与应用的有利因素。新一代人工智能正在强势崛起赋能教育发展，教育方式总体转向智能化的潮流已经不可阻挡，新技术正在催生新业态、改变旧形态。

### （二）企业面向市场创新带来教育新业态新形态

企业对市场的嗅觉更为灵敏，企业界面向教育市场开发出了从教学、测评到管理等环节的多种智能教育产品，教育领域出现了新业态。这些产品已经切入教育主环节，开始重构教育教学活动中的各方关系，促进着规模化教学的个性化实现，扩展了优质教育资源，提高了教育效率，形成了教育新形态。新业态激发着新形态，新形态助推着教育变革。

国内智能教育领先企业，运用图像识别、语音识别、深度学习等技术，研发出了系列人工智能教育产品，应用于教学和测评等教育场景，实现了规模化自动作业与试卷批改，进行个性化评价反馈，根据个体学习状况自动化辅导、智能化推荐相关内容学习等。国内已有领先企业落地了多款人工智能教育产品，包括智慧课堂系统、个性化学习评价系统、英语听说模考系统等，虽有不足，但已得到一定的市场认可，其区域教育信息化整体解决方案已参与承建多个省级平台。企业面向市场开发的智能教育产品主要分为智能教育机器人，自适应学习应用，虚拟教职人员，教育信息的智能化管理四类，这些智能教育产品，极大丰富了教育形态，让规模化的个性教育成为可能，能全过程记录学生的成长轨迹，在教学针对性、学生的学情数据化可视化等方面，挑战了传统。

一些传统教育企业正努力向智能化转型。如调研中就发现有传统教育培训机构在通过投资并购向智能教育企业奋力转型，投资对象包括美国Knewton这样的明星企业，同时也在不断收购信息产业领域的中小企业，以及通过引进人工智能技术开发团队独立开发人工智能教育产品。2012—2017年，对63家披露融资信息的人工智能教育公司的统计显示，我国人工智能教育融资呈现快速增长趋势，尤其从2015年开始呈爆发式增长，2017年我国该领域融资额达42.17亿元。

**（三）政府积极推动布局引领**

近年来，中央政府接连出台了一系列推动人工智能发展的战略规划，其中许多内容涉及人工智能教育领域。《互联网+人工智能三年行动实施方案》，《促进大数据发展行动纲要》，《新一代人工智能发展规划》，明确提出发展智能教育，支持开展形式多样的人工智能科普活动，建立新一代人工智能基础理论体系，加快培养聚集人工智能高端人才；教育部在推动人工智能教育发展方面积极部署，先后印发了《教育信息化2.0行动计划》、《高等学校人工智能创新行动计划》、《关于开展人工智能助推教师队伍建设行动试点工作的通知》等文件，布局建设了57个人工智能类项目，成立教育部人工智能科技创新专家组，推出"中国高校人工智能人才国际培养计划"，积极开展新工科建设等。2019年初，教育部启动遴选具有较好发展条件的地区，开展"智慧教育示范区"建设与实践探索工作。

在地方政府层面，人工智能产业发展的相关规划也相继出台，发展智能教育是其中重要内容，有些地方已经开始用不同方式进行区域性人工智能教育实践，打造智能教育城市。例如，合肥市政府与知名企业合作打造人工智能教育城市，以人工智能教育整体解决方案为基础，依托智能平台、人工智能实验室等线上+线下方案打造全国首个人工智能教育城市；镇江市聚焦智慧校园建设打造"教育e城"，依托云计算、大数据、人工智能技术，镇江教育云平台已融入教、学、管、评等四十多个应用系统，全部完成了统一身份认证和统一账号管理，主要业务数据同步，数据仓库渐趋完善，基于教育云的各类教育教学应用正发挥出越来越大的效益。

**（四）高等学校加强着相关学科建设**

高校积极设置人工智能相关学科、引进人工智能专业教材、成立人工智能学院。清华大学2018年成立人工智能研究院，该院为校级跨学科交叉科研机构，以人工智能基础理论和基本方法研究为核心，探索学科大跨度交叉融合，推进学校与产业开展大范围产学研结合。根据美国计算机学科排名的统计数据，过去十年清华大学在人工智能领域发表的高水平论文已居全球第二。秉承"顶天"与"立地"的发展方略，背靠广东人工智能产业蓬勃发展，广东工业大学贴近市场多学科推动人工智能科研。一项关于全球人工智能知识产权情况的检索分析显示，在全球人工智能领域有效专利数50强中，广东工业大学排名第40位，作为一所省属应用型大学表现突出。

## 二、我国教育领域人工智能发展的机遇与挑战

总体来看，我国在抢抓人工智能发展机遇上并不落后，而且在人工智能应用方面还位居世界前列。在教育领域，人工智能创新发展有自身独特优势，具有广阔发展前景，甚至成为发展的先导。

**（一）主要发达国家在智能教育领域的举措与创新发展**

发达国家将人工智能视为确保未来经济和军事优势的关键技术，美国于2017年发布《国家人工智能研究和发展战略计划》，提出了七大战略，欧洲25国签署了《人工智能合作宣言》，旨在通过加强协调、共同面对挑战，2016年日本发布了《人工智能科技战略》和新版《下一代人工智能/机器人核心技术开发计划》。鉴于教育之于人工智能的重要性，人工智能在教育领域的应用也是发达国家政府和企业重点关注的一个领域。主要的作为方

向有：

### 1. 高度重视高校人工智能学科建设

为了推动人工智能的发展和应用，主要发达国家在前述的战略规划中，均将人工智能人才培养作为重要方面内容，并拨专款加大人才培养力度。高等院校作为培养人才和科研的重要基地，在政府的大力推动下，许多国家的高校开设了人工智能专业，如英国二十多所大学开设了人工智能本科课程和相关的研究生项目、美国麻省理工学院成立了一个全新跨学科架构的人工智能学院。

### 2. 中小学加强人工智能素养教育

从2019年开始，"数字科技"成了法国高中二年级的必修课，高一、高三开设配套的数字科技选修课程；2018年，美国匹兹堡蒙托学区推出一个新的人工智能项目，为学生提供大量探索和体验人工智能的机会，人工智能教育开始进入美国中小学；日本安倍政府在基础教育阶段，从小学开始就开展编程与统计课程教学，在2020年"大学入学共通测试"考试中，将信息处理科目纳入考试范围。

### 3. 促进人工智能产学研合作

继工业4.0平台之后，2017年9月，德国联邦教研部推出的第二个以数字化为主题的研发平台，这个学习系统平台成员包括150多名产学研各界专家，协同开发和应用；《法国人工智能发展战略研究报告》建议，以大学科研力量为依托，整合研究资源力量，建立4至5个跨学科人工智能研究中心，巴黎综合理工大学已开始分别与谷歌和富士集团合作联合开展人工智能研究。

### 4. 智能自适应教育产品广泛应用

早在20世纪90年代，自适应学习在美国就开始发展，目前智能自适应教育产品得到较为广泛的应用。智能自适应学习主张每个人都拥有自己独特的学习路径，以数据和技术为驱动力，把人工智能技术渗透到教学的核心环节中，实现规模化的个性化教育。在美国，从早幼教到大学阶段都有应用，覆盖多个学科，是一种非常有前景的教育技术。培生集团旗下的**Mylab&Mastering**面向高等教育学生提供自适应学习产品，其官网显示每年有超过1100万个学生在使用。

5. 统一学习标准

美国通过建立"ExperienceAPI，xAPI"行业标准，旨在规范教育数据格式，以追踪更多场景的学习经验。这样不同机构、不同个体的数据可实现交易，人工智能产品可以互相嵌套，从而形成一个有序充分竞争的市场，实现全行业的整体价值提升。

### （二）我国教育领域人工智能发展前景广阔

在教育领域，我国人工智能创新发展有自身独特优势，具有广阔发展前景，有望成为相关领域的引领者。

1. 教育主管部门高度重视

面对未来科技革命和产业变革的需要，以及新技术发展的不确定性，教育主管部门在部署相关政策的同时重视研究工作，将"人工智能对教育业态和形态影响"列为"奋进之笔"内容要求深入研究，并先后出台了一系列推进文件，成熟一步前进一步。

2. 高校相关领域人才聚集度高

据清华大学《中国人工智能发展报告2018》的研究，国内人工智能人才以高校为核心载体，全国累计179349位人工智能人才在高校，占据人才总量的81.3%。在过去20年间，中国人工智能论文产出量前20的机构，有19所来自高校，其中清华大学等四所高校产出量均超过1万篇。在人工智能专利产出方面，高校的产出也十分突出，远高于除国家电网之外的企业产出量。高校人工智能领域人才的高度聚集，为人才培养和科技输出奠定了较为坚实的基础。

3. 教育市场规模巨大

我国举办着世界上最大规模的教育，教育行业拥有快速增长的庞大市场，据不同指标、不同分析报告，中国教育市场的总体规模在数万亿至十万亿元之间。国家统计局数据显示，教育文化支出占居民人均消费支出的比重持续增长。中国人有重教传统，据汇丰银行2017年调查，包括各类学校教育，家庭平均教育支出达42892美元。巨大的市场规模吸引了大量资本的注入，带动一批企业投身到智能教育行业，成为新一代人工智能的重要创新和应用领域。

**4. 拥有极其丰富的教育数据**

我国共有50多万所学校，3亿多学生，1500多万教师，随着信息技术的普及，每时每刻都创造出海量教育数据，成为国家重要的核心数据资源。国家积极推进"三通两平台"建设，目前，我国中小学互联网接入率已经超过90%，多媒体教室占比超过80%，师生共有6300多万个网络学习空间。数字化教育设施的配备，文本、图像、语音、视频等信息跨媒体交互的实现，大幅提高了我国教育数据的广度和深度。新一代人工智能的爆发正是建立在大数据的基础上，教育数字化的量变，必将带来智能教育的质变。

**（三）我国教育领域人工智能发展面临的挑战**

这些挑战有世界共性的，也有是我国特有的。

**1. 近期发展面临的挑战**

人才培养严重不足。我国对人工智能的人才需求数量已突破百万，人才不足将制约产业发展，人工智能人才大规模高质量的培养是我国教育今后的一大任务方向。

基础研究亟待加强。要实现国务院提出的成为世界主要人工智能创新中心目标，必须大幅提升人工智能基础理论水平。高等院校在人工智能理论研究方面承担着重要责任，高校人工智能基础研究亟待加强。

在教育领域中的应用还远远不够。从全国总体情况看，人工智能在教育领域中的应用尚限于局部地区和个别学校，许多政府部门和学校尚未意识到人工智能在教育领域的重要价值，这不利于人工智能的发展和在教育领域的应用。

教师的人工智能素养需要提高。广大教师使用人工智能教学的能力不足，从传统教学模式转向使用智能技术时遇到困难，构成人工智能教育应用的重要障碍，相关培训需要及时跟进。

教育数据标准化和有效性有待加强。教育数据远远没有实现标准化，不同人工智能教育产品之间、不同平台之间无法相互嵌套，教育领域"数据孤岛"现象严重。此外，教育数据采集不准确，成为人工智能有效性的一大障碍。

人工智能可能带来新的"数字鸿沟"。随着人工智能的大规模推广和应用，有可能出现新一代的"数字鸿沟"，使得发达地区和落后地区的教育差距进一步拉大。

教育数据的监管问题需要引起重视。目前教育数据的收集、存储、管理与使用等均缺乏规范，更缺乏监管，主要依靠政府部门和学校的自律。

人工智能可能取代部分教工。随着人工智能在教育领域的应用，部分从事重复性、机械性教学和管理的工作将被人工智能取代。

2. 长期面临的风险挑战

ChatGPT的出世是继2016年AlphaGo战胜人类顶级棋手后人工智能技术再次带给世界的惊喜。与AlphaGo的观摩效应不同，ChatGPT可以使每个人有沉浸式体验，这无疑增强了人们的参与欢乐感及对人工智能未来的憧憬。科技正在改变世界，没有你做不到的而只有你想不到的，新一轮科技革命和产业变革正在以人工智能为引领技术展开。

从学术概念看，人工智能（Artificial Intelligence）是指被人设计出来的智能机器或新的智能体（Intelligent Agents），它能够感知环境，思考并采取行动使成功机会最大化。从前期实践路径看，主要活跃于两大学科而集聚发展要素：计算机学科——硬件基础（芯片等）、算法、大数据、数据标识，典型例子是下围棋的AlphaGo，在有明确边界的场景机器已完胜，类似的例子还有机器写命题诗词；自动控制学科——信号、识别、传感、反馈，典型例子是智能汽车，因驾驶环境的复杂性目前仍处于概念实验阶段。当然，最终各学科会走向融合，包括数学、哲学、神经学科等，使算法、数据、伦理、控制紧密结合在一起，基于数据的算法、搜寻、算力成为关键，使得智能体由自适应学习、逻辑推理、反馈调整等所形成的思考能力在不断增强。

一切边界明确的人工智能应用都只是弱人工智能阶段的问题，而突破边界的智能应用则必须得到强人工智能技术的支撑。世界才刚刚开启人工智能的进程，人类目前只是处于弱人工智能阶段。

人工智能就是被用以超越人类的，总体可控但也存在不可控要素。机器终归是机器，学理基础仍是遵循二进位制的与非门，算法是人设计的，因此理论上讲应该都是能够可控的。比如，一些智能推送的片面信息和一些涉及科技伦理方面的失控，会带人走向系统性偏差或产生破坏性影响，需明白这些系由有意无意的人为因素造成，完全可以通过完善算法或限制性措施加以改进。但是，有一些客观原因造成的失控则不容易弥补，也可能是灾难性的。客观原因导致的失控与数据边界突破有密切的关系，是强人工智能时代需要解决的问题。主要有：

其一，技术不足失控。火爆出圈的ChatGPT很直接地把这个问题带出——对有大数据支撑的通用问题可以回答得很有条理，而对于数据支撑不足的个性问题就一本正经地胡说八道。问题在于我们面临着一个知识膨胀、信息爆炸的社会，未来世界上的真伪信息将完全混在一起。过去人为地编造虚假信息有追责机制，将来我们会在欢乐的人机聊天中自动产生海量的貌似真实的虚假信息。

其二，物理损坏失控。是机器就有坏的时候，这是毋庸置疑的。AlphaGo的边界在棋盘内，系统内存入海量的棋谱，通过算法实现自动学习，记忆力和速度远远强于人类。ChatGPT在超越边界，归纳能力极强速度极快，所导致的失控是对知识体系的挑战，成也萧何败也萧何。而智能汽车或说自动驾驶汽车则面对着极其复杂的环境，数据的边界随时打破，所以在实验室里、特定地段或者轨道交通中更容易实现，而在现实路况中很难实际应用。这里面还有一个可靠性问题，即使整个系统万无一失，但只要有机器故障产生也足以车毁人亡。因此，智能汽车走入在现实生活的时间可能是最漫长的。

其三，系统关联失控。算法是人设计的，当然是可控的，但是，大的系统都是多种算法的叠加。如果有一天，当设计者没有想到的某些算法突然建立起了新的联系，自动触发了一些指令，这时候机器人甚至某一个社会系统不听人话的事情就会真正发生。人当然能够解决这些问题，但灾难已经产生，情况严重的话可能就没给人类解决问题的机会。这需要各阶段的"防火墙"。

新一代人工智能正在引领社会和教育变革，智能技术的发展在不断带给人惊喜的同时也偶尔会给人以惊吓。说问题是为了防范，面对时代趋势和大国竞争，我们应该积极发展而不是因噎废食。

# 第二节 数字时代教育的新形态和新范式

如果说信息化还是工业化的延续和扩展，那么数字化则是在开启另一个崭新时代。以人工智能技术为头雁的科技革命正在催生出崭新的数字时代，将对工业革命以来形成的学校班级课堂教学模式产生变革性影响，出现教育新形态新范式。形态即状态，适应新一轮科技革命、契合未来数字时代发展的泛在智能学习空间将普遍存在；范式即模式，以信息技术为手段、以数字化为基础、以智能融入教育本质的整体性教育模式重构将会发生。

## 一、数字时代的教育变革

教育数字化是教育领域为迎接数字时代降临所作的战略性准备。从历史来看，我国经由电化教育、远程教育、教育信息化1.0和2.0，已经奠定夯实了教育发展的信息化基础，并通过今年初实施的国家教育数字化战略行动开启了新的发展阶段。

**（一）教育信息化的前期行动**

应该看到，我国的教育形态、模式已经开始出现变化。例如，疫情防控期间的"宅家教育"，停课不停学直接推动了教育新形态；大量的线上教学，尽管是浅层次，还处于课堂教学搬移状态，但是实实在在地开启了教学模式的转变。这一切，既有赖于国家长期对教育信息化的推动，也有待于未来对混合式教育教学模式的升级及智慧教育平台更广泛的开发利用。可以预见，与教育数字化相关的模式改革探索正在进入活跃期。

1. 过去的政策脉络

信息化是数字化的基础，教育信息化既是国家信息化的重要组成部分，也是教育现代化的重要内容。因此，我国教育信息化经电化教育、广播电视教育起步，历经教育信息化1.0和教育信息化2.0阶段，在2022年国家数字化战略行动中迈上新台阶，跨入智慧教育新阶段。除了大型教育综合性文件外，本世纪以来国家颁布了多个专项政策文件规划来推进教育信息化，如《关于在中小学实施"校校通"工程的通知》《教育信息化十年发展规划（2011—2020年）》《关于积极推进"互联网+"行动的指导意见》《教育信息化"十三五"规划》《教育信息化2.0行动计划》《高等学校人工智能创新行动计划》等。《"十四五"国家信息化规划》《"十四五"数字经济发展规划》等其他专项规划也对发展数字教育予以部署[①]。

2. 持续的行动推进

在国家大的方针政策和各专项政策任务的推动下，一系列教育信息化行动在实践中蓬勃开展，有力地推动了教育现代化进程。一是建设驱动，先后启动"校校通"工程、"农村中小学现代远程教育工作"等项目，迎来

---

① 雷朝滋：《抓住数字转型机遇构建智慧教育新生态》，载《中国远程教育》2022年第11期。

信息化建设大潮；二是应用驱动，如通过"三通两平台"，强化深度应用、融合创新，大力提升教育信息化在推进教育公平、提高教育质量中的效能；三是体系支撑，系统全面开展高质量信息化教育保障工作，如开展数字校园规范建设、推动网络学习空间全覆盖、启动智慧教育示范区工作、建设"互联网+教育"大平台等，以教育信息化全面推动教育现代化，全面提升教育信息化发展水平。

3. 已有的巨大成就

形成了优质教育供给、教学改革跟进、学习环境优化、管理服务保障等不断提升学校信息化水平和师生信息素养的有效实施经验。信息化基础设施建设基本成型，信息技术与教育整合得到重视，教学应用覆盖全体教师、学习应用覆盖全体适龄学生、数字校园建设覆盖全体学校，实现了从教育专用资源开发向大资源应用、从提升信息技术应用能力向提升信息素养、从融合应用向创新发展的三大转变，为实现教育数字化的转换升级奠定了坚实基础。

**（二）教育数字化战略行动开启智慧教育新局面**

2022年初，教育部在全国教育工作会议上提出启动实施国家教育数字化战略行动，以建设国家智慧教育公共服务平台为重点，着力打造优质教育资源网络学习空间，促进优质教育资源开放共享。当年，教育数字化战略行动已集成建起国家中小学、职业教育、高等教育三大智慧教育资源平台和学生就业考试综合性服务大厅，总体思路是以公共服务平台建设为重点推进优质教育资源的开放共享，为泛在学习搭建起国家教育资源库。这预示和标志着中国教育面向数字时代的智慧教育已"元年启航"。

2023年初，中国教科院发布《中国智慧教育蓝皮书（2022）——迈向智慧教育的中国教育数字化转型》，对智慧教育的内涵特征、实践演进、发展水平、未来展望等进行了深入的学理分析，构建了智慧教育发展的测度指标，并对总指数及基础教育、职业教育、高等教育三类教育指数进行了具体测算。

与农业社会相对应的教育范式特征是因材施教，因为其个体化色彩非常明显；与工业社会相对应的典型特征是班级教学，带有鲜明的规模化、标准化色彩，这一基本模式一直延续至今。数字时代的到来，使得教育面临着一场范式意义上的变革，在泛在学习的形态下实现规模化教学的个性化学习。生态构建、模式探索是基础，最后实现范式跃迁，形成教育新形态，结果指向智慧教育。

## 二、对教育变革前景的认识

教育资源数字化是实现智慧教育的基础，之后还要进入教育本质内涵，推动教育理念、模式、体系变革，形成教与学交互作用的教育新范式，形成学习型社会的教育新形态。其过程要以健康、良好的教育生态来维护。

### （一）对数字时代教育方位的基本判断

思想代表着境界，战略预示着方位，技术反映着能力，应用成就着未来，服务支撑着进步。加快推进教育数字化，建设教育强国，需要强化以下几点认识：

1. 科技革命带来的变革是全方位的

创新推动社会进步，重塑社会形态。伴随着蒸汽机、电气化、计算机等引领性技术的突破，人类社会经历了从农业社会到工业社会、信息社会的时代变迁。未来以人工智能为牵引的数字时代，如同在我们的视觉三维空间里嵌入了一个智能数字空间，使得人类活动的维度大大拓展。

2. 数字时代是一个全新的时代

时代变迁以典型形态特征改变为衡量，既包括新形态的形成、也包括新形态对旧形态的改造。因此，数字时代包含着对信息社会、工业社会、农业社会的融合和改造。数字空间和智能技术是形态转换的关键，二者就像当今的水、电、路一样是未来社会的环境性因素。

3. 教育形态将发生根本性转变

形态体现着一种整体状态，教育形态总体上要适应经济社会的形态。

通往数字时代，广泛的教育资源数字化及其应用平台的搭建，将为人人时时处处可学提供技术保障，多资源开发、多情景展现、多形式交流将改变原有的课堂教学方式。

4. 教育的模式探索将推动范式跃迁

随着智能数字空间的发展完善，工业革命以来形成的班级教学模式有望被新型教学模式所取代。新模式以混合式教学为形式、以智能自适应学习为关键，将帮助每位学生拥有自己的学习路径。模式的发展是渐进和多元的，而范式的变革则是显著的，以特征改变带动本质不同。未来教育范式的基本特征是大班授课下的因材施教。

5. 产生大教育办学模式

将来的学校会越来越关注资源共享，成为对各方开放的平台，形成大教育办学格局。将呈现于数据的治理，大数据的全面性有利于实现综合评价，区块链技术具有透明化、数据不可篡改等特征，走向都将对各级各类考试、各种学历学位证书的记录方式产生影响。教学、办学、治理模式的相互作用，教学模式的改革必将影响到办学模式和治理模式，如何提高学生的思维能力和实践能力是未来教育教学的关键，信息技术本身也会影响办学模式和治理模式。

**（二）当前教育工作的关注点**

面向未来建设教育强国的伟大实践，聚焦数字时代是改革发展的环境和方位，扎根中国大地开展实践探索是办学的行动点，提高创新能力进行教学改革是育人的行动点。

1. 更新教育理念，加强统筹规划

思想是行动的先导，要系统谋划我国教育数字化转型的战略路径和政策措施，加强方向引导和统一认识，充分发挥制度优势，注重以数字化为杠杆撬动教育的整体性变革。

2. 加强网络平台建设，营造数字化教育发展环境

加速教育资源的数字化改造，完善数字化公共服务平台，关注网络连

通衔接而避免形成孤岛，不断克服应用中出现的各种问题，促进个性化服务和精准化管理。

### 3. 推动教育模式改革，探索智能自适应教育路径

积极开发、探索、升级人工智能技术辅助的"课堂+线上+实践"混合式教育模式，注重发挥各种类型教育资源、方式的优势，促进人机协同、时空融合，致力实现规模化教学安排的个性化学习，推动适应终身学习需要的质量保障和认证机制建设。

### 4. 提升教师数字素养，提高多媒体互动交互教学能力

教师是改革的实施者，要加强数字时代的教师队伍建设，多层次开展教师数字化能力培训工作，为教师职业发展赋能，为教学改革升级。

### 5. 重视网络安全，关注数字伦理

具体包括技术安全、算法安全、数据安全等，要保障教育数字网络平台的可用、可靠、可控性，不断提高教育数字化管理水平。

### 6. 加强创新引领，扎根大地办学

数字时代是一个全新的时代，需要不断解决前进发展中的问题，创新是未来办学和育人的着力点，面向社会、深入实践是办学的必然选择，提高创新能力和实践能力是育人的关注要点。

我们要以积极进取的姿态融入新时代，为加快建设教育强国赋能，全力支撑社会主义现代化强国实现。

## 三、教育形态将发生根本性转变

形态体现着一种整体状态，教育形态总体上要适应经济社会的形态。通往数字时代，广泛的教育资源数字化及其应用平台的搭建，将为人人时时处处可学提供技术保障，多资源开发、多情景展现、多形式交流将改变原有的课堂教学方式。

### （一）数字时代是人类社会全新的历史形态

当前，人类社会正在以前所未有的方式迈向数字时代。如同农耕时代

对应着农业社会、工业时代对应着工业社会、信息时代对应着信息社会，数字时代对应着数字社会，数字化是有别于过去的时代性变迁。未来的经济、社会、教育形态都将发生重大改变。例如，如在2020年数字经济产业占GDP比重美国已为9.6%、中国为8.0%[1]，这是窄口径的理解即数字产业化；其实更重要的还不是比重，而是数字化向所有经济产业的渗透从而形成主导型形态，2021年我国数字经济规模就达到了45.5万亿元已占GDP比重的39.8%[2]，这是宽口径的理解即产业数字化。

数字时代的关键要素一是智能技术、二是数字空间，相当于在人类可视三维生存空间里增加了新的维度且实现智能化运转。信息时代与数字时代的主要区别是从刚性的物理网络到灵动的智能空间，前者是死的后者是活的。信息化是工业化的延续和扩展，而数字化则是在开启崭新的时代，人类的思维方式总体上将由工业思维转向数字思维。

数字化时代的"根"基础非常重要，谁掌握了关键核心技术，谁就有了时代的主导地位，拥有着不对称状态的竞争优势，可以洞察和支配别人的一切，实现"赢者通吃"。这只是简单描述了初见端倪的信息技术发展对人类社会的影响，而生命科学、生物技术的突破仍存在着巨大的不确定性和不可知性，甚至可以说还没有真正地发力。新兴技术越来越成为国家发展的战略要素，创新决定未来。

### （二）数字形态的状态轮廓

科技推动社会进步，重塑社会形态。数字技术拓展了人们交往的方式，重组了社会生产组织形式，改变了社会治理模式，重构了人在社会中工作、学习、生活的基本状态。

从农业社会、工业社会到信息社会，人类生存环境由泥土上的村落，演变成钢筋混凝土中的城市，再进一步拓展为镶嵌在建筑物里的数字空

---

① 张赤东：《培育数字创新优势要有紧迫感》，载《瞭望》2022年第19期。

② 新华社广州7月8日电（记者马晓澄、洪泽华）：《中国数字经济规模快速增长》，载《光明日报》2022年7月9日。

间。数字空间我们肉眼看不到，但可以通过各种设备如手机电脑链接，由此改变了人们的生产生活方式。不管乐意与否，数字经济时代正在到来，这是历史的趋势。就像在工业社会，有人不喜欢城市而愿意居住在乡村，但要明白这已不再是农业经济时代的乡村，各种基础设施已经完好配置。人工智能技术正广泛应用，将成为未来社会的基础性、环境性要素，就像当今的自来水、电和公路。

在教育上，教育空间和平台发生变化，人机互联扩展着学习的途径，社会机构承担着部分教育职能，教育技术不断升级迭代，教育数据、标准等成为重要的教育资源，教育公共服务的责任越来越大。聚集教育新形态要素，构想适应数字时代的智慧教育理想生态，建立与数字时代相适应的体系、学制、教学、评价、考试、招生等，其责任越来越大。

时代变迁以典型形态特征改变为衡量，既包括新形态的形成、也包括新形态对旧形态的改造，最终形成新形态及与被改造过的旧形态的融合与共生。因此，数字时代其实是数字化智能空间对信息社会、工业社会、农业社会的融入并包容共存的时代，数字化隐形场景建立、社会资源数字化呈现、人工智能技术应用是实现形态转换的关键。

## 四、教育的模式探索将推动范式跃迁

随着智能数字空间的发展完善，工业革命以来形成的班级教学模式有望被新型教学模式所取代。

### （一）数字时代教育的新范式

与农业经济相伴的教育模式是书院、私塾，甚至简单的拜师学艺，因材施教、言传身教能得以具体的体现。与工业经济相伴的教育模式是学校制度、班级教学，有规模经济但失去了个性化教育。随着数字经济时代的到来，人工智能技术能够帮助我们把规模教学和因材施教两种教育模式的优点结合在一起，形成一种全新的教育模式。这一模式就是"线下线上混合式教学"加"智能自适应学习"再加"实践活动"的综合体。

新模式以混合式教学为形式、以智能自适应学习为关键，以实践应用为根本，将帮助每位学生拥有自己的学习路径。模式的发展是渐进式的，一般是平行地增多且保持不同模式的相互共存；而范式的变革则是全方位的，以特征跃迁带动本质改变①。

未来教育范式的突出特征就是能够实现规模化教学下的个性化学习，即大班授课下的因材施教，使教学活动更有效开展。

**（二）人工智能正在重塑教学模式**

人工智能技术正在成为引领新一轮科技革命的领头雁，对教育影响巨大。

疫情发生后，线上教学得到广泛重视和应用，但理想的线上教学绝不仅仅是简单地把课堂教学搬到线上，而是使课堂教学与线上教学形成有机联系，互补互动，充分发挥各自优势而达到更高质量教学的目的。智能自适应学习以数据和技术为驱动力，把人工智能技术渗透到教学的核心环节中，使学生的学情数据量化和可视化，实现每位学生拥有自己独特的学习路径，在规模化的教学安排中达到个性化学习的目的，从而缓解教育规模化与个性化的矛盾，提高教与学的针对性。只有不脱离实践的教育，对人的成长促进才是全面的，因此混合式教学的概念内涵在进一步拓展，要把实践教学或活动加上。

近年来，各级各类学校对这一新型模式已有过许多局部探索。比如，线上教学大规模实施后，线下线上的混合式教学已有多方探讨，实践在不断提出新问题、教师不断有新应用、学者在不断研讨新情况；智能自适应学习在一些学校已开始应用，考试后学生可依据智能推送只练习自己答错的同类试题，基于大数据的个性化学习评价系统可对课堂教学、学生个人学习情况进行智能评估、诊断而给予针对性指导；实习实践、社团活动、创新创业教育等在学校更是广泛开展。当然，这类新型教学模式目前尚处于萌芽阶段，今后需要有更多的探索工作，有待进一步深化、整合和完善。

---

① 马陆亭：《新工科、新医科、新农科、新文科——从教育理念到范式变革》，载《中国高等教育》2022年第12期。

未来是创新发展的时代，创新的核心在思维，创新还需要向实践转化。产业革命以来形成、壮大、定型的规模教学模式正在被新型教学模式所取代。我们对教育模式变革的规律和特点要加强研究，学生思维的参与、活跃、提升程度将成为模式成功与否的重要标志。

### 五、以技术应用推动形态和范式跃迁

面对数字时代的到来，教育要适应经济社会的形态变迁促进自己的形态变化，通过模式探索推动教育范式变革。

前进道路需要思想的光辉，这要求我们正确认识时代，主动融入时代变迁。而技术是实现思想的手段，应用是推动发展的有效方式，这需要我们在技术应用中学习、适应、改造、进步，不空中楼阁，不好高骛远，一步一个脚印地扎实前行。

以现时可见的眼光，教育面临着两大改革重点：一是泛在学习场景的建立；二是规模化教学下的个性化学习实现。

未来教育形态将逐步形成以下特点：办学上扎根中国大地注重解决社会问题，教学上"课堂+线上+实践"的有机混合全面实现，学习上人人能够时时处处可学，评价上区块链技术推动多元增值效果，管理上精准服务适时有效衔接。

而教学模式改革，主要是探索人工智能技术辅助的"课堂+线上+实践"混合式教育模式，实现规模化教学的个性化学习，切实提高学生的思维（创新）能力和物化（实现）能力；利用超越传统学校的数字学习平台，使学习者可以开展更广泛和针对需求的学习，切实开拓学习者的视野和知识深度；建立新型教学信息管理系统，使学生的学情数据量化和可视化，推动教与学更具针对性，进而重塑教学体系。

# 第三节　以教育数字化推进学习型大国实现

　　面对数字时代的到来，教育必须适应社会变迁并促进自己的变革，培养时代新人。但是，数字化只是推动发展的基础和手段，进一步的发展还需要融入教育内容内涵，实现教育的整体性变革。党的二十大报告提出"推进教育数字化，建设全民终身学习的学习型社会、学习型大国"，可以想象，当有着14多亿人口的国家成为学习型大国时，教育强国的目标已定然实现。

## 一、终身学习是时代的要求

　　终身学习是教育发展到一定阶段和社会开启创新发展新时代的双重需求。活到老学到老，过去主要是一种倡导，现在则是一种迫切的内在需要，并且是由个体走向全民的需要。

### （一）终身学习是高等教育普及化后的提升需求

　　20世纪六十年代，发达国家通过规模扩张普遍进入到高等教育大众化阶段，之后即开启迈向普及化的历史进程。所以，他们在20世纪后期三四十年的高等教育政策，大致经历了扩大入学机会、促进多样化办学、加强质量保障、搭建立交桥、构建终身教育体系等不同的主导阶段。终身教育理念后来居上，逐步成为一种新型但有着广泛影响的国际教育思想。

　　世界是个地球村，终身教育思想在20世纪末开始影响我国，并于我国高等教育进入大众化阶段之后影响进一步加大。我国是一个后发型国家，高等教育发展在2005年至2015年间，面临着巨大的提高质量、促进公平、分类发展等现实诉求，多重发展目标、理念、挑战交织在一起；我国也是一个快速发展的国家，从2002年高等教育跨越大众化的门槛，到2019年进入普及化阶段，也就短短地17年，高质量教育体系建设的任务很快凸显出来。在终身教育方面，开始是理念跑在了现实前面，后来呈现出客观的迫切需求。

在精英教育阶段，质量的维度相对单一，多样化办学需求不明显；在大众化阶段，社会需求和人的个性特征出现多元差异，分类办学和相互连通的诉求不断加大；在普及化阶段，教育体系与社会体系的契合成为高质量发展的体现，人们不断学习和更高水平学习的要求不断增强。

逐步地，终身教育从教育者主导转向学习者主导，需要更加关注学习者的多样性需求，开始强调以学习者为中心。这样，在用语上就出现了从终身教育向终身学习的转变，在实践中从更多着眼理念走向推动制度安排，学习型社会建设融入教育主体之中。

**（二）终身学习是科技、产业不断创新的迫切需要**

当前，新一轮科技革命和产业变革扑面而来，数字智能空间已经出现，国际格局正在深度调整，社会经济产业开始呈现形态性变化。近十几年来，传统产业发展动能锐减，亟待通过创新积聚新动能塑造新优势，拓展新领域开辟新赛道。因此，创新是国家发展新动能，正如党的二十大报告所指出，创新是第一动力，要加快实施创新驱动发展战略。

一切都在变化，未来最大的不变就是变化本身，谁赢得了变化谁就赢得了未来。创新在社会主义现代化强国建设中居于核心地位，由创新所带来的产品多样、产业升级、经济转型、社会进步愈发成为国家竞争力提升和人民生活水平提高的关键。

而这一切意味着需要不断学习和终身学习，专业人员需要通过学习推动创新发展，普通百姓需要通过学习适应社会变化。

**（三）终身学习是个人全面发展的实现途径**

科技进步和产业发展，使得社会职业岗位在不断更新，知识、技能、技术、专业在不断扬弃迭代，人一辈子从事一种职业、面对一个岗位工作的可能性越来越小。因此，个人的知识不能固化，需要有持续学习、不断发展的能力，即使同一岗位也需要结合工作需求而不断提高业务能力和成长性工作技能。成长、进步、变化贯穿于终身学习之中。

全面发展是教育目标的理想，但要与因材施教相结合。每个人有着先天和后天的心理个性差异，因此全面发展应该顺应自己的身心特点。基础教育应该奠定青少年未来发展的基础，职业教育和高等教育要给年轻人以相应的职业、专业能力培养。需要注意的是不能光是知识传授和技能训练，更重要的是思维开发。思维力伴随一生，助人成长，思维方式的变化、思维层次的提升是思维力提高的重要方面。

终身学习是每个人思想、能力不断进取的过程。不断终身学习且有终身学习能力的人，才能不断达到自己的自由王国，成为自己人生的主人，最终实现全面发展。

## 二、教育数字化拓展并夯实学习型社会的基础

教育数字化是适应数字时代降临的教育准备。数字化只是基础、是手段，最终还是要深度融入教育的本质、内容、内涵，推动教育模式变革，满足学习型社会的充分必要条件。泛在学习场景的存在，人工智能技术参与下的混合式教学，都将推动教学模式超越工业化时代的班级授课教学，有效协调规模化教学与因材施教的关系，满足人们不同的个性化学习需求。

### （一）泛在学习场景既是数字化的优势也是学习型社会的条件

改革开放以来，我国区域间、城乡间人口流动性加快，经济结构调整、城镇化进程加速，这一切都对传统学习模式特别是场景固化的模式提出挑战。1996年，联合国教科文组织在其《学会生存》报告中提出：① "从

---

① 联合国教科文组织国际教育发展委员会：《学会生存——教育世界的今天和明天》，教育科学出版社1996年版，第119—120页。

农村迁移到城市，劳动力的转移，商业和旅游业——这种大规模移动的结果是巨大的。个人的平衡、社会生活和制度的稳定性以及传统价值都受到冲击，而这种冲击和变化都要求人们能够以空前规模的变化去适应。"先期我国终身教育、终身教育体系等概念模式超前于高等教育阶段的到来，就有着这种人口大规模流动的原因。

人人、处处、时时可学成为学习型社会的基本理念。从早期强调终身教育转向后来的终身学习，就是通过在全社会的教育资源配置，使学习活动从学校教育扩展到社会的各个方面，形成有助于灵活学习的泛在场景，使学习者能够按照个人需求在任何时间都可以无障碍地进行学习。这是终身教育研究者、工作者心中的理想目标，也是学习型社会形成的条件。

数字时代的到来，将为人人处处时时可学的理想实现提供技术保障。数字空间的存在、教育资源的数字化、数字资源的智能化、多情景教学的互动呈现等是数字化教育的优势，更完全符合学习型社会的理念要求，为建设学习型社会、学习型大国准备着物质条件。

**（二）在服务学习型社会建设中开拓开放大学新功能**

开放大学的起源就是有别于传统高校的教育新模式新形态，从广播电视大学成立到更名为开放大学后的职能定位、使命职责皆如此。面向未来，在自己常规发展的基础上，开放大学需要依据自身优势特点超前谋划数字时代的新功能。

1. 加速教育资源的数字化改造

依据于多年的办学实践，开放大学已经形成了覆盖全国城乡的五级网络系统，具备相应的资源、技术、人才优势和便捷、独特的人才培养模式，因此是学习型社会、学习型大国建设的重要依托。开放大学要善用这种既有顶层设计、又能扎根基层、还是触角多元的优势，加强各种资源的数字化改造，完善数字化学习环境和公共平台，连通各网络而避免成为孤岛，实现个性化服务和精准化管理。

2. 推动远程教育融入教育主流

在学习型社会建设中，传统上正规教育主导下的一次考试定终身局面将会被打破，过去长期被边缘化的短期教育、继续教育、成人教育、家庭教育等将进入教育主流，而这需要体系和制度的保障。开放大学要用好自己的天赋特点，注重弘扬而非摒弃自己的功能优势，注重开发各方面优质课程、凝聚各领域优秀教师、多方汇聚优质教育资源，推动远程教育融入教育主流并尽可能扩大影响。

3. 逐步建立学习经历结算中枢地位

学习型社会建设是全社会的事情，谁也不能、不会处于垄断地位。相对而言，普通高等学校在服务社会方面还具有学科全面、专业深厚的更大优势。党的二十大报告指出要聚天下英才而用之、把各方面优秀人才集聚到党和人民事业中来，开放大学可思考如何以学分银行为基础建立学习经历的结算中枢，聚天下英才而记之评之荐之。人才培养靠大家，学分结算由我开放大学提供服务。为此，要研究各种学习经历、各类资格证书的等值性和兼容性，推动终身学习的质量保障和认证机制建设，建立数字化终身学习公共服务平台，为学习者提供学习情况记录、学习经历折算、学习账户管理等服务。


（本章内容依序由以下论文节录、组合、改写而成：《加快推进教育数字化 建设教育强国》，载《中国教育报》2022年12月9日；《加快推进教育和人工智能的融合发展》，载《国家教育行政学院学报》2019年第12期；《人工智能何以不听人话》，载《北京教育（高教版）》2023年第4期；《人工智能将重塑教学模式》，载《北京教育（高教版）》2022年第5期；《智慧教育，为教育变革赋能》，载《留学》2023年第14期；《以教育数字化加速学习型大国进程》，载《终身教育研究》2022年第6期。）

# 附录

## 普及化阶段高等教育发展的理论要点（提纲）

## 一、顺应时代要求，重新认识高等教育属性

（1）当前教育处于转型发展的时代

（2）强国是高等教育现代化的目标指向

（3）文化属性是对高等教育社会属性的新拓展

（4）高等教育具有自己的本质属性

（5）高等学校是现代社会不可或缺的社会组织

## 二、积淀思想理论财富，实现从精英教育到大众化普及化的跨越

（6）观念变革为先导

（7）教学改革是核心

（8）体制改革是关键

（9）本科教育是基础

（10）规模、结构、质量、效益协调推进

（11）建设有中国特色社会主义高等教育

## 三、满足社会多元发展需求，完善高等教育结构体系

（12）多样性是普及化之后高等教育的基本特征

（13）多样性表现为办学、管理和教学模式的不同

（14）高教结构调整要与高校分类发展相关联

（15）建设一流的高等学校体系

## 四、立足高级专门人才成长，全面推进素质教育

（16）素质教育是中国特色的现代教育思想

（17）从文化素质教育到全面素质教育是认识的发展深化

（18）"知识、技能、思维"是高级专门人才的基本能力要素

（19）"知识、能力、素质"表现为后者对前者的包容

（20）素质教育的基础是大学文化建设

（21）素质教育需要探索实施途径

## 五、落实教学工作中心地位，重视高等学校人才培养

（22）人才培养是高等学校的首要职能

（23）教学工作是学校经常性的中心工作

（24）教学内容、方法的改革是重点和难点

（25）创新创业教育是社会提出的新要求

（26）以科学的教学评价推动高等教育的内涵式发展

## 六、助推创新型国家建设，强化科学研究的问题导向

（27）科学研究是高等学校的重要职能

（28）高等学校是国家创新体系的重要组成部分

（29）一流大学和学科建设是国家战略发展需要

（30）高等学校开展科学研究有自己的优势特征

## 七、增强社会责任感，服务国家现实需求

（31）社会服务需要内化为高等学校的使命责任

（32）社会服务有多种实现形式

（33）高等学校需要做好技术技能的积累和推广工作

（34）学术创业是高等学校异军突起的新路径

## 八、落实教师办学主体地位，保障学术轨迹的持续性

（35）教师是高等学校最宝贵的财富

（36）让教师在学术轨道上成长

（37）不同高校教师的学术倾向应有差异

（38）兼顾教师个人成长与学术团队建设

（39）让教师成为大学生的人生楷模

## 九、完善现代大学制度建设，推进高等教育治理现代化

（40）"宏观有序、微观搞活"是高等教育管理的基本原则

（41）必须把改革理念转化为治理结构

（42）实现治理能力现代化重在权力归位

（43）建立政府对高校的目标式管理制度

（44）加强高校学者共同体模式构建

（45）存在着多样化的社会参与高校治理路径

## 十、优化高等教育发展环境，坚持高等学校开放政策

（46）开放是高校的组织特征

（47）开放的教育意义是推动思维的交流碰撞

（48）高校要着力构建制度性创新模式

（49）优化不同高校的生态发展环境

（50）在开放竞争中建设一流大学和一流学科

## 十一、构筑大学精神，担当社会理想

（51）高等教育健康发展需要改革守正并重

（52）培育积极先进的大学文化

（53）构筑新型理想主义大学精神

（54）用制度保证大学精神的实现

（55）建设高等教育强国是我们不懈的追求

## 十二、广纳人类文明思想结晶，走中国特色高等教育发展道路

（56）发扬光大中华民族优秀教育思想

（57）重视借鉴国外先进教育经验

（58）重视学校基层的探索实践

（59）重视高等教育研究工作

（60）加强党的领导是建设中国特色高等教育的根本保证

（本提纲依据刊登于《现代教育管理》2017年第一期的《迈向高等教育普及化的理论要点》而微调。该文分别被《人大复印报刊资料（高等教育）》2017年第7期和《新华文摘（网络版）》2017年第12期全文转载，为教育部哲学社会科学研究重大项目"中国特色高等教育思想体系"的前期研究成果。该重大项目由原教育部副部长周远清任顾问，中国高等教育学会会长瞿振元为首席专家，笔者是副组长。）

# 后　记

　　我的学科背景和工作经历比较多元。大学本科所学专业是机械制造工艺与设备、硕士学的是学校管理与领导、博士是管理科学与工程、博士后的研究方向是国际与比较教育，参加过大学校长科研管理的海外培训和中央党校的领导干部培训，在到教育部教育发展研究中心工作之前也曾经在大学教师、行政管理、行业部委教育部门、经理、记者等岗位工作过或锻炼过，这形成了自己以工科思维为基础的综合性思维方式。在1995年调入教育部教育发展研究中心工作后，受组织安排参加过百余次的教育部政策调研任务、领导讲话稿起草、国家报告撰写和委托课题研究等具体工作，这形成了自己的建设性思维方式。自2006年起开始在北京航空航天大学带教育经济与管理专业的博士生，也先后被聘为南京大学、华中师范大学、首都师范大学、华中科技大学、浙江大学等博士生导师，这形成了自己的学术性思维方式；也曾经多次出访，使自己的眼界不至于过于狭隘。

　　自1990年起开始在教育研究领域发表学术论文，迄今为止在国内外发表研究论文文章接近400篇，其中40余篇次被《新华文摘》《人大复印报刊资料》《中国社会科学文摘》等全文转载。本书以这些文章为基础摘录整理改写而成。最初的打算是按时间每年选1~3篇代表作结集而成，以反映自己的研究脉络及政策主题的时间脉络，更忠实于原貌，但缺点是学术性不够，像一个论文集。后来，选择按内容专题的方式进行，每专题部分（章）按逻辑组织内容（节）。这样，形成了一部有独特价值的教育研究专著，学术性更强，但工作量也显著增大。

限于篇幅，本书注释标注偏粗，有明确文件文献名或一些公开统计数据就不再一一标注，有深入研究者可通过每章后面所列文章来源进一步查询。另外，原来打算以附录的形式按年份提供一个发表文章清单，以代替部分参考文献的作用，也限于篇幅和时间原因没有提供。

本书是自己在工作之余特别是利用年假赶出来的，谢谢韩延明教授的组织，谢谢山东教育出版社的帮助，谢谢夫人林淑萍给予的后勤保障支持，更谢谢编辑室李红和王柏林两位老师的耐心和精心。

马陆亭

2023年酷暑于北京中信沁园